The K

These *Graded Reading Sets* are desig
Learner's Course (KLC), a step-by-step guide to mastering all the *kanji*
needed for genuine literacy in Japanese. KLC's self-guiding, self-
reinforcing curriculum teaches non-native learners to read and write
kanji, gain a native-like understanding of kanji meanings, and acquire a
rich kanji-based vocabulary.

The Kanji Learner's Course Series also includes the *Kanji Learner's Course
Green Book* (a writing practice workbook), the *Kanji Learner's Course Wall
Chart*, and *The Ultimate Kana Wall Chart: A Visual Guide to Japanese Phonetic
Writing*.

All nine volumes of this *Graded Reading Sets* series are available in ebook
form at keystojapanese.com/klcgrs-volumes. Thank you very much for
supporting this series.

The Kanji Learner's Course
Graded Reading Sets

Volume 4: Kanji 401-700
Paperback version

Andrew Scott Conning

Acknowledgments

The author gratefully acknowledges the valuable work of the authors and institutions that have made available the source material used in this series, as well as the following organizations, without whom this project would not have been possible:

The Agency for Cultural Affairs

The Harvard Graduate School of Education

The Harvard University Libraries

The Harvard-Yenching Institute

The Okayama Prefectural Library

The University of Tokyo Libraries

I also wish to gratefully acknowledge the skilled support of Amy Mae Lee, who performed a very complex series of data processing tasks, as well as Kunisuke Hirano and Rina Zahlten, who checked the Japanese text and phonetic guides with meticulous care. Thank you very much for making this project possible.

This series honors the memory of Misako Takahashi
With gratitude for your warm friendship and hospitality
And blessings for the precious children you left behind
Bless Robert
Bless Sayaka
Bless Asami

Contents

KLC-GRS Series Introduction

The *Kanji Learner's Course Graded Reading Sets* contain over 30,000 parallel text segments distributed as reading practice for all 2,300 kanji in the course. The exercises for each kanji contain only kanji previously introduced, and are designed to give you contextualized practice with reading the kanji-based vocabulary introduced in the course. The *Graded Reading Sets* allow you to immediately apply each kanji you learn, and continuously review what you have already studied. See Volume 1 or visit **keystojapanese.com/klc-grs-files** to read the Series Introduction and full information on how to use this series.

Stages (*dan*) attained in this volume

キ	セツ	ホ
RISING	**PREPARING**	**AFOOT**

See full stage sequence at keystojapanese.com/kanji-ranks

The Reading Sets

401:　左

401-1. 左手用のはさみ。

左手用(ひだりてよう) の はさみ。

Left-handed scissors. (101)

401-2. 左の方を行くんだよ！

左(ひだり) の 方(ほう) を 行く(いく) ん だ よ！

Keep to the left! (90)

401-3. 左の道を行って下さい。

左(ひだり) の 道(みち) を 行っ(いっ)て 下(くだ)さい。

Please take the road on the left. (87)

401-4. 空さんは車を左車線に進めた。

空(そら)さん は 車(くるま) を 左(ひだり) 車線(しゃせん) に 進め(すすめ)た。

Sora nosed the car into the left lane. (101)

401-5. それから左足で立つと、ゆっくりとこう言いました：

それから 左足(ひだりあし) で 立つ(たつ) と、 ゆっくり と こう 言い(いい)ました：

Then she stood upon her left foot and said slowly: (99)

402:　右

402-1. 右回り。

右(みぎ) 回り(まわり)。

A rightward spin. (101)

402-2. 右への回転。

右(みぎ) へ の 回転(かいてん)。

Rotation to the right. (100)

402-3. 左右にも行けます。

左右(さゆう) に も 行け(いけ)ます。

Right and left we can go. (89)

402-4. 小坂さんは左右を見た。

小坂(こさか)さん は 左右(さゆう) を 見(み)た。

Kosaka-san looked right and left. (101)

402-5. 右上から左下にかけての線。

右上(みぎうえ) から 左下(ひだりした) に かけて の 線(せん)。

Lines from top right to bottom left. (100)

「～から～にかけて」 ["from __ through __"]: DJG v2 p101; Tobira ch11 #3.

402-6. 英語を書くときの方向は左から右である。

英語(えいご) を 書く(かく) とき の 方向(ほうこう) は 左(ひだり) か ら 右(みぎ) で ある。

The directionality of written English is from left to right. (101)

402-7. 生後77日目、節子ちゃんはほ乳ビンを右手に取った。

生後(せいご) 77 日目(にちめ)、 節子(せつこ)ちゃん は ほ乳(ほにゅう) ビン を 右手(みぎて) に 取っ(とっ)た。

When 77 days old, Setsuko took the sucking bottle in her right hand. (12)

402-8. 「フック」とは、右ききのゴルファーにとって左にカーブするショット のことを示す。

「フック」 と は、 右(みぎ)きき の ゴルファー に とって 左(ひだ り) に カーブ する ショット の こと を 示(しめ)す。

A "hook" is a shot that curves to the left for a right-handed golfer. (100)

402-9. 「スライス」とは、右ききのゴルファーの右方向へカーブするショット のことを示す。

「スライス」 と は、 右(みぎ)きき の ゴルファー の 右(みぎ) 方向 (ほうこう) へ カーブ する ショット の こと を 示(しめ)す。

A "slice" is a shot that curves to the right for a right-handed golfer. (100)

402-10. 全地はあなたの前にあるではありませんか。どうか私と別れて下さい。 あなたが左に行けば私は右に行きます。あなたが右に行けば私は左に行きます。

全地(ぜんち) は あなた の 前(まえ) に ある で は ありません か。 どうか 私(わたし) と 別れ(わかれ)て 下(くだ)さい。 あなた が 左(ひだり) に 行け(いけ)ば 私(わたし) は 右(みぎ) に 行き(いき)ます。 あなた が 右(みぎ) に 行け(いけ)ば 私(わたし) は 左(ひだり) に 行き(いき)ます。

Is not the whole land before thee? Separate thyself, I pray thee, from me: if thou wilt take the left hand, then I will go to the right; or if thou depart to the right hand, then I will go to the left. (33)

「どうか～」 {如何か～** 2197; 815} ["please by all means __"; "pray __"]: DJG v3 p82.

403： 石

403-1. 石綿。

石綿(いしわた)。

Asbestos. (50)

403-2. 最高品質の宝石。

最高(さいこう) 品質(ひんしつ) の 宝石(ほうせき)。

The highest quality gems. (100)

403-3. 切子面のない宝石。

切子(きりこ) 面(めん) の ない 宝石(ほうせき)。

4

An unfaceted gem. (101)

403-4. 宝石を売買する会社。

宝石(ほうせき) を 売買(ばいばい) する 会社(かいしゃ)。

A firm that sells and buys jewelry. (100)

403-5. 石鹸×は合成物質である。

石鹸×(せっけん) は 合成(ごうせい) 物質(ぶっしつ) で ある。

Soap is a compound substance. (101)

403-6. 新石器時代からの石のツール。

新石器(しんせっき) 時代(じだい) から の 石(いし) の ツール。

A stone tool from the Neolithic Age. (100)

403-7. 阪本さんの顔面は、石と同じくらい固かった。

阪本(さかもと)さん の 顔面(がんめん) は、 石(いし) と 同じ(おなじ) くらい 固かっ(かたかっ)た。

Sakamoto-san's face was as hard as stone. (101)

「～くらい」 {～位* 577} ["to __ extent"]: DJG v2 p151.

403-8. 入り口は見当たらないし、大きな石ひとつさえありません。

入り口(いりぐち) は 見当たら(みあたら)ない し、 大(おお)きな 石(いし) ひとつ さえ ありません。

There is no entrance to be seen, not so much as a large stone. (64)

「～さえ」 ["even __"; "(if) just __"]: DJG v2 p363; Marx v2 day60; Tobira ch5 #6.

403-9. 日本にはたくさんの温泉地がありますが、池田さんが最も好んでいるのは石川の山中温泉です。

日本(にほん) に は たくさん の 温泉地(おんせんち) が あります が、 池田(いけだ)さん が 最も(もっとも) 好ん(このん)で いる の は 石川(いしかわ) の 山中(やまなか) 温泉(おんせん) です。

There are many hot spring areas in Japan, but Ikeda-san most favors Yamanaka Onsen in Ishikawa (Prefecture).

404： 若

404-1. 若々しい社長。

若々しい(わかわかしい) 社長(しゃちょう)。

A youthful CEO.

404-2. 若い男性の店員。

若い(わかい) 男性(だんせい) の 店員(てんいん)。

A young male shop assistant. (100)

404-3. 活発な若い女の子。

活発(かっぱつ) な 若い(わかい) 女の子(おんなのこ)。

A sprightly young girl. (101)

404-4. これは若者向きの車です。

これ は 若者向き(わかものむき) の 車(くるま) です。

This is a car for young people. (87)

404-5. 我々は土地を若返らせた。

我々(われわれ) は 土地(とち) を 若返ら(わかがえら)せた。

We rejuvenated the land. (101)

404-6. 私はその当時まだ若かった。

私(わたし) は その 当時(とうじ) まだ 若かっ(わかかっ)た。

I was still young at that time.

404-7. 子犬じゃないけど、まだ若いんだ。

子犬(こいぬ) じゃ ない けど、 まだ 若い(わかい) ん だ。

He's not a puppy, but he's still young. (64)

404-8. この作家は、若い女性の共感を得る。

この 作家(さっか) は、 若い(わかい) 女性(じょせい) の 共感(きょうかん) を 得る(える)。

This writer strikes a chord with young women. (101)

404-9. かれは太っていて、背はやや高く若い男だった。

かれ は 太っ(ふとっ)て いて、 背(せ) は やや 高く(たかく) 若い(わかい) 男(おとこ) だった。

He was a stout, tallish young man. (25)

404-10. 我が社のショールームは若い女性に大人気だった。

我が社(わがしゃ) の ショールーム は 若い(わかい) 女性(じょせい) に 大人気(だいにんき) だった。

Our company's showroom was a hit with the young ladies. (87)

404-11. 若い男だもの、もちろん若気の至りから道楽をしたこともあった。

若い(わかい) 男(おとこ) だ もの、 もちろん 若気(わかげ) の 至り(いたり) から 道楽(どうらく) を した こと も あった。

As a young man he had sown his wild oats, of course. (15)

「〜もの(だ)」 [emphasis on a particular situation]: DJG v1 p257.

404-12. 我々が自分の生活条件を、他の国若しくは他の時代とやりとりするだろう等と言うことを私は信じない。

我々(われわれ) が 自分(じぶん) の 生活(せいかつ) 条件(じょうけん) を、 他(ほか) の 国(くに) 若(も)しくは 他(ほか) の 時代(じだい) と やりとり する だろう 等(など) と 言(い)う こと を 私(わたし) は 信(しん)じない。

I do not believe that we would exchange our living conditions for those of any other country or era.

405： 苦

405-1. 良薬は口に苦し。

　　良薬(りょうやく) は 口(くち) に 苦し(にがし)。

　　A good medicine tastes bitter. (87)

405-2. 肉体的な苦しみ。

　　肉体的(にくたいてき) な 苦しみ(くるしみ)。

　　Corporeal suffering. (101)

405-3. 苦しみを共有する。

　　苦しみ(くるしみ) を 共有(きょうゆう) する。

　　Share the suffering of. (100)

405-4. 苦しんで前進した。

　　苦しん(くるしん)で 前進(ぜんしん) した。

　　She moved painfully forward. (101)

405-5. 心は苦しみに満ちていた。

　　心(こころ) は 苦しみ(くるしみ) に 満ち(みち)て いた。

　　His heart filled with sorrow. (87)

405-6. 若林さんはスペルが苦手だ。

　　若林(わかばやし)さん は スペル が 苦手(にがて) だ。

　　Wakabayashi-san is weak in spelling. (101)

405-7. 空さんは最もひどく苦しんだ。

　　空(そら)さん は 最も(もっとも) ひどく 苦しん(くるしん)だ。

　　Sora suffered worst of all. (101)

405-8. 私は人の名前を思い出すのが苦手だ。

　　私(わたし) は 人(ひと) の 名前(なまえ) を 思い出す(おもいだす) の が 苦手(にがて) だ。

　　My retrieval of people's names is very poor. (101)

405-9. 社長の意見は、石川さんを苦しめた。

　　社長(しゃちょう) の 意見(いけん) は、 石川(いしかわ)さん を 苦しめ(くるしめ)た。

　　The President's remark stung Ishikawa-san. (101)

405-10. 白石さんたちは食物の不足に苦しんでいる。

　　白石(しらいし)さんたち は 食物(しょくもつ) の 不足(ふそく) に 苦しん(くるしん)で いる。

　　The Shiraishis are suffering from a lack of food. (100)

405-11. 若松さんは今朝の見出しを苦い顔で見つめた。

　　若松(わかまつ)さん は 今朝(けさ) の 見出し(みだし) を 苦い(にがい) 顔(かお) で 見つめ(みつめ)た。

　　Wakamatsu-san stared gloweringly at this morning's headlines. (101)

405-12. 私はまだ意思が二つに分かれていることに苦しんでいた。

私(わたし) は まだ 意思(いし) が 二つ(ふたつ) に 分かれ(わかれ)て いる こと に 苦しん(くるしん)で いた。

I was still cursed with my duality of purpose. (84)

406： 在

406-1. 英国政府の所在地。

英国(えいこく) 政府(せいふ) の 所在地(しょざいち)。

The seat of the British government. (100)

406-2. 父は商用で不在です。

父(ちち) は 商用(しょうよう) で 不在(ふざい) です。

My father is absent on business. (87)

406-3. アメリカ人の海外駐在員。

アメリカ人(じん) の 海外(かいがい) 駐在員(ちゅうざいいん)。

American expatriates. (101)

406-4. 石原先生は在校生たちをつれて図書館に行きました。

石原(いしはら) 先生(せんせい) は 在校生(ざいこうせい)たち を つれ て 図書館(としょかん) に 行(い)きました。

Ishihara-sensei took the currently enrolled students to the library.

Note: If you wish to review the KLC entry of any kanji appearing in these examples, you can quickly find its entry number using the cross-reference number file posted at **keystojapanese.com/klc-grs-cross-refs**.

407： 存

407-1. 質素な存在。

質素(しっそ) な 存在(そんざい)。

A spartan existence. (101)

407-2. 思う存分食べる。

思う(おもう) 存分(ぞんぶん) 食べる(たべる)。

Eat to one's heart's content. (100)

407-3. 同時に存在する。

同時(どうじ) に 存在(そんざい) する。

Existing at the same time. (100)

407-4. 身元不明の生存者。

身元(みもと) 不明(ふめい) の 生存者(せいぞんしゃ)。

Unidentified survivors.

407-5. あとはご存じの通りです。

あと は ご存じ(ごぞんじ) の 通り(とおり) です。

You know the rest. (89)

「**Honorific verbs**」：DJG v1 p36; Genki ch19; Marx v1 day89; Tobira ch2 body.

407-6. 神は存在すると思いますか。

神(かみ) は 存在(そんざい) する と 思い(おもい)ます か。

Do you believe that God exists? (87)

407-7. お名前はよく存じあげています。

お名前(なまえ) は よく 存じ(ぞんじ)あげて います。

I am well familiar with your name. (87)

「**Irregular humble polite forms**」：DJG v1 p40; Genki ch20.

407-8. 存続に最も好都合ではない条件だった。

存続(そんぞく) に 最も(もっとも) 好都合(こうつごう) で は ない 条件(じょうけん) だった。

They were the conditions least favorable for survival. (100)

407-9. 石原さんは私にとって父親のような存在だ。

石原(いしはら)さん は 私(わたし) に とって 父親(ちちおや) の ような 存在(そんざい) だ。

Ishihara-san is like a father to me. (87)

407-10. 私たちはできるだけ長くその仕事を存続させた。

私(わたし)たち は できる だけ 長く(ながく) その 仕事(しごと) を 存続(そんぞく) させた。

We kept the work going as long as we could. (101)

「**できるだけ〜**」["as __ as possible", "as much as possible __"]: Marx v2 day4.

407-11. 身の回りには昔ながらの工作室が、以前とまったく同じ形で存在していました。

身の回り(みのまわり) に は 昔ながら(むかしながら) の 工作室(こうさくしつ) が、 以前(いぜん) と まったく 同じ(おなじ) 形(かたち) で 存在(そんざい) して いました。

Around me was my old workshop again, exactly as it had been. (89)

408： 干

408-1. 干し牛肉。

干し(ほし) 牛肉(ぎゅうにく)。

Dried beef. (101)

408-2. 私に若干の花を注文して。

私(わたし) に 若干(じゃっかん) の 花(はな) を 注文(ちゅうもん) して。

Order me some flowers. (101)

408-3. 毎日、通常2回ずつ満潮と干潮がある。

毎日(まいにち)、 通常(つうじょう) 2回(かい)ずつ 満潮(まんちょう) と 干潮(かんちょう) が ある。

There are usually two high and two low tides each day. (100)

408-4. その川は毎年夏に干上がってしまった。

その 川(かわ) は 毎年(まいとし) 夏(なつ) に 干上がっ(ひあがっ)て しまった。

The creek dried up every summer. (101)

408-5. お前の不注意で、おれらは首を吊られて天日干しだ。

お前(おまえ) の 不注意(ふちゅうい) で、 おれら は 首(くび) を 吊ら(つら)れて 天日干し(てんぴぼし) だ。

We'll all swing and sun-dry for your negligence. (90)

409：　刊

409-1. 新刊『文学作品などで』。

新刊(しんかん) 『文学(ぶんがく) 作品(さくひん) など で』。

A fresh publication (as of a literary work). (100)

「～など」 {～等* 393} ["such as __"]: DJG v1 p267; Tobira ch2 #2.

409-2. 大石さんは駅の売店で週刊誌を買った。

大石(おおいし)さん は 駅(えき) の 売店(ばいてん) で 週刊誌(しゅうかんし) を 買っ(かっ)た。

Oishi-san bought a weekly magazine at a station kiosk.

409-3. その日誌が生のままなので発刊できなかった。

その 日誌(にっし) が 生(なま) の まま な ので 発刊(はっかん) できなかった。

The rawness of his diary made it unpublishable. (101)

「～なので」 ["since __"]: DJG v1 p322; Marx v1 day60.

409-4. 小寺さんが毎週読んでいる雑誌は廃刊になった。

小寺(こでら)さん が 毎週(まいしゅう) 読ん(よん)で いる 雑誌(ざっし) は 廃刊(はいかん) に なった。

The magazine Kodera-san reads every week went out of publication. (100)

409-5. 「ニュースウィーク」は、毎週刊行されるニュース雑誌です。

「ニュースウィーク」 は、 毎週(まいしゅう) 刊行(かんこう) される ニュース 雑誌(ざっし) です。

Newsweek is a news magazine published each week.

409-6. 犬は外に出て、朝刊を地面からひろって、持って入って来た。

犬(いぬ) は 外(そと) に 出(で)て、 朝刊(ちょうかん) を 地面(じめん) から ひろって、 持(も)って 入(はい)って 来(き)た。

The dog went outside, picked up the morning paper from the ground, and brought it inside.

410：　汗

410-1. ダラダラ汗が出る。

　　ダラダラ　汗(あせ)　が　出る(でる)。

　　Sweat is pouring out. (10)

410-2. 駅まで走って顔に大汗をかいた。

　　駅(えき)　まで　走っ(はしっ)て　顔(かお)　に　大汗(おおあせ)　を　かいた。

　　After running all the way to the station I had a faceful of sweat.

410-3. 若松さんの顔は汗でびっしょりだった。

　　若松(わかまつ)さん　の　顔(かお)　は　汗(あせ)　で　びっしょり　だった。

　　Wakamatsu-san's face was drenched with sweat. (87)

410-4. 坂道を一気に走って発汗作用をうながす。

　　坂道(さかみち)　を　一気に(いっきに)　走っ(はしっ)て　発汗(はっかん)　作用(さよう)　を　うながす。

　　Running all the way up a slope will make you sweat.

410-5. 「ひや汗」とは、発汗と寒気が同時に出る体調のことを示す。

　　「ひや　汗(あせ)」　と　は、　発汗(はっかん)　と　寒気(さむけ)　が　同時(どうじ)　に　出る(でる)　体調(たいちょう)　の　こと　を　示(しめ)す。

　　A "cold sweat" refers to the physical condition of experiencing concurrent perspiration and chill. (100)

410-6. 四川レストランでとうがらしを多く食べてしまい汗だくになった。

　　四川(しせん)　レストラン　で　とうがらし　を　多く(おおく)　食べ(たべ)て　しまい　汗だく(あせだく)　に　なった。

　　I ate too much hot pepper at the Sichuanese restaurant and sweat buckets.

411：　竿

411-1. 山の男が長い竿を持っていた。

　　山(やま)　の　男(おとこ)　が　長(なが)い　竿(さお)　を　持(も)って　いた。

　　The man of the mountain carried a long pole.

411-2. ドロシーは両手をのばして、かかしを竿から下ろした。

　　ドロシー　は　両手(りょうて)　を　のばして、　かかし　を　竿(さお)　から　下ろし(おろし)た。

　　Dorothy reached up with both hands and lifted the scarecrow off the pole. (99)

411-3. 足が地面にとどかなくて、あの竿の上に居続けるしかなかった。

　　足(あし)　が　地面(じめん)　に　とどかなくて、　あの　竿(さお)　の　上(うえ)　に　居続ける(いつづける)　しか　なかった。

　　My feet would not touch the ground, so I was forced to stay on that pole. (99)

　　「-なくて」　["not __, so __"]: DJG v1 p279; Marx v1 day39; Tobira ch2 #15.

411-4. あのトウモロコシ畑の竿から持ち上げて、エメラルドの都につれてきてくれたんだ。

あの　トウモロコシ畑(ばたけ)　の　竿(さお)　から　持ち上げ(もちあげ)て、エメラルド　の　都(みやこ)　に　つれて　きて　くれた　ん　だ。

She lifted me from the cornfield pole and brought me to the Emerald City. (99)

412：　利

412-1. 名目金利。

名目(めいもく)　金利(きんり)。

Nominal interest rates. (101)

412-2. 明白な利点。

明白(めいはく)　な　利点(りてん)。

Patent advantages. (101)

412-3. 利用を禁止する。

利用(りよう)　を　禁止(きんし)　する。

Bar access to. (100)

412-4. だれかの不利に。

だれ　か　の　不利(ふり)　に。

To someone's disadvantage. (100)

「だれか」{誰か 2155} ["someone"]: Marx v1 day18.

412-5. 利発で快活な子供。

利発(りはつ)　で　快活(かいかつ)　な　子供(こども)。

Bright bubbly children. (101)

412-6. 右利き用のはさみ。

右利き用(みぎききよう)　の　はさみ。

Right-handed scissors. (101)

412-7. 元金のみにかかる利子。

元金(がんきん)　のみ　に　かかる　利子(りし)。

Interest paid on the principal alone. (100)

「〜のみ」["only __"]: DJG v2 p307.

412-8. 学生は図書館の本を利用すべきだ。

学生(がくせい)　は　図書館(としょかん)　の　本(ほん)　を　利用(りよう)すべき　だ。

Students should make use of the books in the library. (87)

412-9. あなたは私の好意を利用しています！

あなた　は　私(わたし)　の　好意(こうい)　を　利用(りよう)　して　います！

You are taking advantage of my good will! (101)

412-10. 親に向かってその口の利き方はなんだ！

親(おや)　に　向かっ(むかっ)て　その　口(くち)　の　利き方(ききかた)　はなん　だ！

That's no way to speak to your parents! (87)

412-11. 私たちは有利な条件を最大限に利用した。

私(わたし)たち は 有利(ゆうり) な 条件(じょうけん) を 最大限(さいだいげん) に 利用(りよう) した。

We took full advantage of the favorable conditions. (10)

412-12. 私たちは好天を利用してテニスを楽しんだ。

私(わたし)たち は 好天(こうてん) を 利用(りよう) して テニス を 楽しん(たのしん)だ。

We took advantage of the good weather to play tennis. (87)

412-13. 利口な人でも時にはぼんやりすることがある。

利口(りこう) な 人(ひと) でも 時には(ときには) ぼんやり する こと が ある。

Even intelligent people are sometimes absent-minded. (87)

「～ことがある」 {～事がある* 80} ["＿ does occur"]: DJG v1 p198.

412-14. 節子さんは左利きだが、字を書くときは右手だ。

節子(せつこ)さん は 左利き(ひだりきき) だ が、 字(じ) を 書く(かく) とき は 右手(みぎて) だ。

Setsuko is left-handed, but she writes with her right hand. (87)

412-15. 利口そうな、パーシー人の若者がその仕事を申し出た。

利口(りこう) そう な、 パーシー人(じん) の 若者(わかもの) が その 仕事(しごと) を 申し出(もうしで)た。

A young Parsee, with an intelligent face, offered his services. (7)

412-16. 仕事を得るために、仕立て屋は有力な友人を利用する。

仕事(しごと) を 得る(える) ため に、 仕立て屋(したてや) は 有力(ゆうりょく) な 友人(ゆうじん) を 利用(りよう) する。

The tailor uses influential friends to get jobs. (101)

413： 害

413-1. 公害防止法。

公害(こうがい) 防止(ぼうし) 法(ほう)。

Antipollution laws. (101)

413-2. これは、無害な子供のゲームだ。

これ は、 無害(むがい) な 子供(こども) の ゲーム だ。

This is a harmless children's game. (101)

413-3. 近所の人たちは利害の一致を共有した。

近所(きんじょ) の 人(ひと)たち は 利害(りがい) の 一致(いっち) を 共有(きょうゆう) した。

The neighbors' interests were aligned. (101)

413-4. 害虫がいないかどうか子供の頭を調べた。

　　害虫(がいちゅう)　が　いない　か　どう　か　子供(こども)　の　頭(あたま)　を　調べ(しらべ)た。

　　They examined the child's head for vermin. (101)

413-5. ほどほどに飲めば、アルコールは害にはならない。

　　ほどほど　に　飲め(のめ)ば、　アルコール　は　害(がい)　には　ならない。

　　Drunk in moderation, alcohol is not harmful. (100)

414：　益

414-1. 国益。

　　国益(こくえき)。

　　National interests. (101)

414-2. 有益な仕事。

　　有益(ゆうえき)　な　仕事(しごと)。

　　A useful job. (101)

414-3. 共通の利益。

　　共通(きょうつう)　の　利益(りえき)。

　　The common good. (101)

414-4. 利益のある仕事。

　　利益(りえき)　の　ある　仕事(しごと)。

　　Remunerative work. (101)

414-5. 不正な利益を得た。

　　不正(ふせい)　な　利益(りえき)　を　得(え)た。

　　Took an unfair advantage. (101)

414-6. テレビは有害無益だ。

　　テレビ　は　有害(ゆうがい)　無益(むえき)　だ。

　　Television does harm rather than good. (87)

414-7. 平均利益は約5%だった。

　　平均(へいきん)　利益(りえき)　は　約(やく)　5%(パーセント)　だった。

　　The average return was about 5%. (101)

414-8. 満足できる利益を上げる。

　　満足(まんぞく)　できる　利益(りえき)　を　上げる(あげる)。

　　Make a satisfactory profit. (100)

414-9. 代償なしで公益のために行われる。

　　代償(だいしょう)　なし　で　公益(こうえき)　の　ため　に　行わ(おこなわ)れる。

　　Done for the public good without compensation. (100)

414-10. 同社は、100万ドルの利益を上げた。

同社(どうしゃ) は、 100万(まん) ドル の 利益(りえき) を 上げ(あげ)た。

The company cleared $1 million. (101)

414-11. 会社は、1年後には良い利益を上げた。

会社(かいしゃ) は、 1年後(ねんご) に は 良い(よい) 利益(りえき) を 上げ(あげ)た。

The company turned a good profit after a year. (101)

414-12. 当社は来年益々利益を上げると予言します。

当社(とうしゃ) は 来年(らいねん) 益々(ますます) 利益(りえき) を 上(あ)げる と 予言(よげん) します。

I predict that our company will make increasing profits next year.

414-13. ファンサブ屋で、自分の作品から利益を得た人物はいなかった。

ファン サブ 屋(や) で、 自分(じぶん) の 作品(さくひん) から 利益(りえき) を 得(え)た 人物(じんぶつ) は いなかった。

No fansubber made a profit off of his or her work. (69)

415： 溢

415-1. 溢血をおさめる薬。

溢血(いっけつ) を おさめる 薬(くすり)。

A drug that controls hemorrhaging.

415-2. 親切さに溢れた個性。

親切(しんせつ)さ に 溢れ(あふれ)た 個性(こせい)。

A personality brimming with kindness.

415-3. 溢れるばかりの元気。

溢れる(あふれる) ばかり の 元気(げんき)。

Exuberant liveliness. (100)

415-4. 溢れるほどに満たされた。

溢れる(あふれる) ほど に 満たさ(みたさ)れた。

It was filled to overflowing. (100)

415-5. 溢れるほどいっぱいになる。

溢れる(あふれる) ほど いっぱい に なる。

Become filled to overflowing. (100)

415-6. 父親が頭の中の溢血で亡くなった。

父親(ちちおや) が 頭(あたま) の 中(なか) の 溢血(いっけつ) で 亡くなっ(なくなっ)た。

My dad died from a hemorrhage inside his head.

415-7. 秋子さんの洗面器が血で溢れた。

秋子(あきこ)さん の 洗面器(せんめんき) が 血(ち) で 溢れ(あふれ)た。

Akiko's washbasin overflowed with blood.

415-8. このため、カリフォルニアには新しいアニメクラブが溢れかえった。

この ため、 カリフォルニア に は 新(あたら)しい アニメ クラブ が
溢れ(あふれ)かえった。

This prompted the overabundant formation of new anime clubs in California. (69)

「〜ため(に)」 {〜為に* 1236} ["because of __"]: DJG v1 p447; Tobira ch2 #7.

416： 割

416-1. お皿が割れた。

お皿(さら) が 割れ(われ)た。

The plate fragmented. (101)

416-2. 半分に分割する。

半分(はんぶん) に 分割(ぶんかつ) する。

Divide into halves. (100)

416-3. 細かい割れ目の線。

細かい(こまかい) 割れ目(われめ) の 線(せん)。

A fine network of cracks. (100)

416-4. 水割りにして下さい。

水割り(みずわり) に して 下(くだ)さい。

I'd like whiskey and water. (87)

416-5. 15 は 3 で割り切れる。

15 は 3 で 割り切れる(わりきれる)。

15 is divisible by 3. (101)

416-6. 別の仕事を割り当てる。

別(べつ) の 仕事(しごと) を 割り当てる(わりあてる)。

Assign to a different duty. (100)

416-7. 夏木さんはいつも割り込む！

夏木(なつき)さん は いつも 割り込む(わりこむ)！

Natsuki always cuts in! (101)

416-8. コップを割らないように注意しなさい。

コップ を 割ら(わら)ない よう に 注意(ちゅうい) し なさい。

Take care not to break the glasses. (87)

「〜ようにする」 ["make sure (that) __"; "(act) so as to __"]: DJG v1 p562; Marx v2 day72; Tobira ch3 #13.

416-9. その多くはひびが入り、割れていた。

その 多く(おおく) は ひび が 入り(はいり)、 割れ(われ)て いた。

Many of them had cracked and broken. (89)

416-10. 若林さんは年の割りには平均的な身長だ。

若林(わかばやし)さん は 年(とし) の 割り(わり) に は 平均的(へいきんてき) な 身長(しんちょう) だ。

Wakabayashi-san is of average height for his age. (101)

「**〜わりに(は)**」 {〜割に(は) / 〜割りに(は) 416} [**"considering __", "for (a) __"**]: DJG v3 p697.

416-11. アラブ半島は、英国人によって分割された。

アラブ 半島(はんとう) は、 英国人(えいこくじん) に よって 分割(ぶんかつ) された。

The Arab peninsula was partitioned by the British. (101)

416-12. 我々は、新しいユニフォームを割り当てられた。

我々(われわれ) は、 新(あたら)しい ユニフォーム を 割り当て(わりあて)られた。

We were assigned new uniforms. (101)

416-13. 私は、毎日1個のパンをみんなに割り当てている。

私(わたし) は、 毎日(まいにち) 1個(こ) の パン を みんな に 割り当て(わりあて)て いる。

I am allocating a loaf of bread to everyone on a daily basis. (101)

416-14. セールスマンは全員その月の割り当てをこなした。

セールスマン は 全員(ぜんいん) その 月(つき) の 割り当て(わりあて) を こなした。

All the salesmen met their quota for the month. (101)

416-15. 私は、上手く会話に割り込むことが出来なかった。

私(わたし) は、 上手く(うまく) 会話(かいわ) に 割り込む(わりこむ) こ と が 出来(でき)なかった。

I could not get a word in edgewise. (101)

416-16. 夏木さんはいつも私たちの会話に割り込んで来る。

夏木(なつき)さん は いつも 私(わたし)たち の 会話(かいわ) に 割り込ん(わりこん)で 来る(くる)。

Natsuki's always breaking into our conversation. (87)

416-17. 空さんは自分の割り当てられた雑用を素早く仕上げた。

空(そら)さん は 自分(じぶん) の 割り当て(わりあて)られた 雑用(ざつよう) を 素早く(すばやく) 仕上げ(しあげ)た。

Sora quickly finished her allotted chores. (101)

416-18. お前が不注意にお皿を割ったんだから、「お皿が割れた」と言うなよ。

お前(おまえ) が 不注意(ふちゅうい) に お皿(さら) を 割っ(わっ)たん だ から、 「お皿(さら) が 割れ(われ)た」 と 言う(いう) な よ。

You broke the plate due to your carelessness, so don't just say "the plate broke". (87)

416-19. ライオンが返事をしようとした時、またもや別の地割れにつき当たった。

ライオン が 返事(へんじ) を しよう と した 時(とき)、 またもや 別(べつ) の 地割れ(じわれ) に つき当たっ(あたっ)た。

The Lion was about to reply when yet again they came to a crack in the road. (99)

417 ： 憲

417-1. 立憲政体。

立憲政体(りっけんせいたい)。

A constitutional system of government. (100)

417-2. 憲法の草案。

憲法(けんぽう) の 草案(そうあん)。

Draft constitution. (101)

417-3. 憲法の立案者。

憲法(けんぽう) の 立案者(りつあんしゃ)。

The framers of the Constitution. (101)

417-4. 上原先生の法案は憲法と一致しないのです。

上原(うえはら) 先生(せんせい) の 法案(ほうあん) は 憲法(けんぽう) と 一致(いっち) しない の です。

Dr. Uehara's proposed bill is inconsistent with the Constitution. (100)

418 ： 羽

418-1. 白鳥の綿羽。

白鳥(はくちょう) の 綿羽(わたばね)。

Down of the swan. (100)

418-2. 鳥の羽から作られたペン。

鳥(とり) の 羽(はね) から 作ら(つくら)れた ペン。

Pen made from a bird's feather. (100)

418-3. 屋根の上に鳥が一羽見えます。

屋根(やね) の 上(うえ) に 鳥(とり) が 一羽(いちわ) 見え(みえ)ます。

I see a bird on the roof. (87)

418-4. 一羽だけでなく、小鳥が数羽いた。

一羽(いちわ) だけ で なく、 小鳥(ことり) が 数羽(すうわ) いた。

There was not one little bird but several. (70)

「～だけで(は)なく / ～だけじゃなくて」 ["not just __"]: Tobira ch1 #14.

418-5. 目が覚めてみると部屋に１羽の鳥がいた。

目(め) が 覚め(さめ)て みる と 部屋(へや) に １羽(わ) の 鳥(とり) が いた。

I awoke to find a bird in my room. (87)

418-6. 四方八方には見事な花々の土手があり、あざやかな羽根の鳥たちは木々の中ではためいていました。

四方八方(しほうはっぽう) に は 見事(みごと) な 花々(はなばな) の 土手(どて) が あり、 あざやか な 羽根(はね) の 鳥(とり)たち は 木々(きぎ) の 中(なか) で はためいて いました。

Banks of gorgeous flowers were on every hand, and birds with brilliant plumage fluttered in the trees. (99)

419： 翌

419-1. 私は翌朝パリに向かう予定だった。

私(わたし) は 翌朝(よくあさ) パリ に 向かう(むかう) 予定(よてい) だった。

I was leaving for Paris the next morning. (87)

419-2. 次の週も同じ、その翌週も同じでした。

次(つぎ) の 週(しゅう) も 同じ(おなじ)、 その 翌週(よくしゅう) も 同じ(おなじ) でした。

It was the same next week, and the same the week after. (4)

419-3. 翌朝、わずか23人が、まだ生きていた。

翌朝(よくあさ)、 わずか 23 人(にん) が、 まだ 生き(いき)て いた。

The next morning only 23 were still alive. (100)

419-4. 二人はドロシーが翌朝目を覚ますのを待ちました。

二人(ふたり) は ドロシー が 翌朝(よくあさ) 目(め) を 覚ます(さます) の を 待ち(まち)ました。

They waited until Dorothy awoke the next morning. (99)

419-5. ラングーン号は翌日午前四時に下田にいかりを下ろした。

ラングーン号(ごう) は 翌日(よくじつ) 午前(ごぜん) 四時(よじ) に 下田(しもだ) に いかり を 下ろし(おろし)た。

The Rangoon weighed anchor at Shimoda the next day at four A.M. (7)

420： 習

420-1. 集中学習。

集中(しゅうちゅう) 学習(がくしゅう)。

Concentrated study. (101)

420-2. 見習いの身分。

見習い(みならい) の 身分(みぶん)。

The position of apprentice. (100)

420-3. 子供の言語習得。

子供(こども) の 言語(げんご) 習得(しゅうとく)。

The child's acquisition of language. (101)

420-4. ヘロインの常習者。

ヘロイン　の　常習者(じょうしゅうしゃ)。

Habitual heroin users.

420-5. 作家は英語を独習した。

作家(さっか)　は　英語(えいご)　を　独習(どくしゅう)　した。

The writer taught himself English. (100)

420-6. 節子さんを見習いなさい。

節子(せつこ)さん　を　見習い(みならい)　なさい。

You should follow Setsuko's example. (87)

420-7. 本を読むことにより学習する。

本(ほん)　を　読む(よむ)　こと　に　より　学習(がくしゅう)　する。

Learn by reading books. (100)

「〜によって/〜により」 {〜に依って* / 〜に依り* 701} ["**based on/depending on** __"; "**due to** __"]: DJG v2 p292; Marx v2 day43; Tobira ch8 #2.

420-8. 受賞者は二年未満で日本語を習得した。

受賞者(じゅしょうしゃ)　は　二年(にねん)　未満(みまん)　で　日本語(にほんご)　を　習得(しゅうとく)　した。

The award winner mastered Japanese in less than two years. (101)

420-9. 広島市立図書館には個人学習室がない。

広島(ひろしま)　市立(しりつ)　図書館(としょかん)　に　は　個人(こじん)　学習室(がくしゅうしつ)　が　ない。

There are no individual study rooms at the Hiroshima Municipal Library. (100)

420-10. 松山さんは中国語を習いに北京へ行った。

松山(まつやま)さん　は　中国語(ちゅうごくご)　を　習い(ならい)　に　北京(ペキン)　へ　行っ(いっ)た。

Matsuyama-san went to Beijing to study Chinese. (87)

420-11. 来年我らはホンコンで広東語を習います。

来年(らいねん)　我(われ)ら　は　ホンコン　で　広東語(カントンご)　を　習(なら)います。

Next year we will study Cantonese in Hong Kong.

420-12. イヴァンカさんはロシア語を素早く習得した。

イヴァンカさん　は　ロシア語(ご)　を　素早く(すばやく)　習得(しゅうとく)　した。

Ivanka acquired Russian quickly. (87)

420-13. ラテン語は母国語としてもはや習得されていない。

ラテン語(らてんご)　は　母国語(ぼこくご)　として　もはや　習得(しゅうとく)　されて　いない。

Latin is no longer acquired as a native language. (100)

420-14. 古代ギリシャ語を、ホメロスやプラトン自身の口から習えるかも。

古代(こだい) ギリシャ語(ご) を、 ホメロス や プラトン 自身(じしん) の 口(くち) から 習える(ならえる) かも。

One might get one's Ancient Greek from the very lips of Homer and Plato. (89)

「や」 ["and" within a non-exhaustive list; cf. と]: DJG v1 p536; Genki ch11; Marx v1 day57. 「-じしん」 {-自身 81; 60} ["__ oneself"]: DJG v3 p174 & 553 (under -じたい and そのもの).

421： 弓

421-1. この弓は足でひく。

この 弓(ゆみ) は 足(あし) で ひく。

This bow is drawn with the foot.

421-2. 高校の全国弓道大会。

高校(こうこう) の 全国(ぜんこく) 弓道(きゅうどう) 大会(たいかい)。

National High School Archery Championships.

421-3. 来週弓子さんの画廊に行く予定です。

来週(らいしゅう) 弓子(ゆみこ)さん の 画廊(がろう) に 行く(いく) 予定(よてい) です。

I'm planning to visit Yumiko's gallery next week.

421-4. 一度すもうの弓取り式を生で見てみたい。

一度(いちど) すもう の 弓取り式(ゆみとりしき) を 生(なま) で 見(み)て みたい。

Sometime I'd like to see the sumo *yumitorishiki* in person.

421-5. その三人の侍は平安時代の弓の名手だった。

その 三人(さんにん) の 侍(さむらい) は 平安(へいあん) 時代(じだい) の 弓(ゆみ) の 名手(めいしゅ) だった。

Those three samurai were the best archers of the Heian Period. (86)

421-6. 石弓とは、古代中国で用いられた武器のことを示す。ヨーロッパの武士が用いたクロスボーに当たる。

石弓(いしゆみ) と は、 古代(こだい) 中国(ちゅうごく) で 用い(もちい)られた 武器(ぶき) の こと を 示(しめ)す。 ヨーロッパ の 武士(ぶし) が 用い(もちい)た クロスボー に 当たる(あたる)。

The *ishiyumi* was a weapon used in Ancient China. It corresponds to the crossbow used by warriors in Europe.

422： 引

422-1. 公正な取引。

公正(こうせい) な 取引(とりひき)。

A square deal. (101)

422-2. 割引の商品。
割引(わりびき) の 商品(しょうひん)。
Cut-rate goods. (101)

422-3. 注目を引く。
注目(ちゅうもく) を 引く(ひく)。
Draw the attention of. (100)

422-4. 引火性が高い。
引火性(いんかせい) が 高い(たかい)。
Highly inflammable. (100)

422-5. 潮の満ち引き。
潮(しお) の 満ち引き(みちひき)。
The rise and fall of the tides. (101)

422-6. この弓は足で引く。
この 弓(ゆみ) は 足(あし) で 引く(ひく)。
This bow is drawn with the foot.

422-7. 割引して売られる。
割引(わりびき) して 売ら(うら)れる。
Sold at a reduced rate. (100)

422-8. 潮は正午に引いた。
潮(しお) は 正午(しょうご) に 引い(ひい)た。
The tides ebbed at noon. (101)

422-9. 人を引き付ける人物。
人(ひと) を 引き付ける(ひきつける) 人物(じんぶつ)。
A magnetic personality. (101)

422-10. 王家の血を引くもの。
王家(おうけ) の 血(ち) を 引く(ひく) もの。
A scion of royal stock. (101)

422-11. 不法に取引きする。
不法(ふほう) に 取引き(とりひき) する。
Deal illegally. (100)

422-12. 外国政府と取引する。
外国(がいこく) 政府(せいふ) と 取引(とりひき) する。
Transact with foreign governments. (101)

422-13. 他国の当局へ引き渡す。
他国(たこく) の 当局(とうきょく) へ 引き渡す(ひきわたす)。
Hand over to the authorities of another country. (100)

422-14. 手を引いた方がいいよ。

手(て) を 引い(ひい)た 方(ほう) が いい よ。

You'd better back off. (87)

422-15. 二頭以上の馬が引く車両。

二頭(にとう) 以上(いじょう) の 馬(うま) が 引く(ひく) 車両(しゃりょう)。

A wheeled vehicle drawn by at least two horses. (100)

422-16. 夕食後自室に引き上げた。

夕食後(ゆうしょくご) 自室(じしつ) に 引き上げ(ひきあげ)た。

He retired to his own room after supper. (87)

422-17. 政府は支出から手を引いた。

政府(せいふ) は 支出(ししゅつ) から 手(て) を 引い(ひい)た。

The government pulled the plug on spending. (101)

422-18. 自分自身に注意を引き付ける。

自分(じぶん) 自身(じしん) に 注意(ちゅうい) を 引き付け(ひきつけ)る。

Attract attention onto oneself. (100)

422-19. 私は校正の仕事を引き受けた。

私(わたし) は 校正(こうせい) の 仕事(しごと) を 引き受(ひきう)けた。

I took on the job of proofreading. (87)

422-20. 男が、そっと私の手を引いた。

男(おとこ) が、 そっと 私(わたし) の 手(て) を 引い(ひい)た。

The man gently took me by the hand. (10)

422-21. 人を引き付ける映画のタイトル。

人(ひと) を 引き付ける(ひきつける) 映画(えいが) の タイトル。

A catchy title for a movie. (101)

422-22. 私はストッキングを引っかけた。

私(わたし) は ストッキング を 引っかけ(ひっかけ)た。

I snagged my stocking. (101)

422-23. 全ての仕事から手を引いたんだ。

全て(すべて) の 仕事(しごと) から 手(て) を 引い(ひい)た ん だ。

I washed my hands of the whole business. (87)

422-24. 男性は、図書室に引きこもった。

男性(だんせい) は、 図書室(としょしつ) に 引き(ひき)こもった。

The men retired to the library. (101)

422-25. 新入生は、引っ込みがちである。

新入生(しんにゅうせい) は、 引っ込み(ひっこみ)がち で ある。

The new student keeps to herself. (101)

422-26. 利用できる以上のお金を引き出す。

利用(りよう) できる 以上(いじょう) の お金(おかね) を 引き出す(ひきだす)。

Draw more money from than is available. (100)

422-27. 性的に両方の性に引きつけられる。

性的(せいてき) に 両方(りょうほう) の 性(せい) に 引き(ひき)つけられる。

Sexually attracted to both sexes. (100)

422-28. 若林さんは前回に引き続いてです。

若林(わかばやし)さん は 前回(ぜんかい) に 引き続い(ひきつづい)て です。

Wakabayashi-san is continuing on from the last time. (10)

422-29. 店は、不満足な商品を引き取るべきだ。

店(みせ) は、 不満足(ふまんぞく) な 商品(しょうひん) を 引き取る(ひきとる) べき だ。

Shops should take back unsatisfactory goods. (101)

422-30. なにが最も多くの注意を引き付けますか？

なに が 最も(もっとも) 多く(おおく) の 注意(ちゅうい) を 引き付け(ひきつけ)ます か？

What attracts the most attention? (101)

422-31. 我々が昨年の夏とったルートを引き返した。

我々(われわれ) が 昨年(さくねん) の 夏(なつ) とった ルート を 引き返し(ひきかえし)た。

We retraced the route we took last summer. (101)

422-32. 正午前でさえ、そこには多くの取引があった。

正午(しょうご) 前(まえ) で さえ、 そこ に は 多く(おおく) の 取引(とりひき) が あった。

Even before noon there was a considerable patronage. (101)

「〜さえ」 ["even __"; "(if) just __"]: DJG v2 p363; Marx v2 day60-61; Tobira ch5 #6.

422-33. 寺田神父は左手でチョークを上に向かって線を引いた。

寺田(てらだ) 神父(しんぷ) は 左手(ひだりて) で チョーク を 上(うえ) に 向かっ(むかっ)て 線(せん) を 引い(ひい)た。

Father Terada drew an upward stroke of the chalk with his left hand. (101)

422-34. もう一度引き出しをあけて、リボルバーに右手をかけた。

もう 一度(いちど) 引き出し(ひきだし) を あけて、 リボルバー に 右手(みぎて) を かけた。

He opened the drawer again and laid his right hand on the revolver. (16)

422-35. 手が引き出しに触れた時から、自分がそうすることは分かっていた。

　　手(て) が 引き出し(ひきだし) に 触れ(ふれ)た 時(とき) から、 自分
(じぶん) が そう する こと は 分かっ(わかっ)て いた。

He had known he would do so from the moment his hand touched the drawer. (16)

423 ： 強

423-1. 強い薬。

　　強い(つよい) 薬(くすり)。

Strong medicine. (101)

423-2. 強く引く。

　　強く(つよく) 引く(ひく)。

Pull hard. (100)

423-3. 力強い個性。

　　力強い(ちからづよい) 個性(こせい)。

A forceful personality. (101)

423-4. 強固な決定。

　　強固(きょうこ) な 決定(けってい)。

A firm decision. (101)

423-5. 強い無線信号。

　　強い(つよい) 無線(むせん) 信号(しんごう)。

A strong radio signal. (101)

423-6. 最大限の強さ。

　　最大限(さいだいげん) の 強(つよ)さ。

The greatest possible intensity. (100)

423-7. 強い共感を示す。

　　強い(つよい) 共感(きょうかん) を 示す(しめす)。

Show strong sympathy for. (100)

423-8. 強い体を持った武士。

　　強い(つよい) 体(からだ) を 持っ(もっ)た 武士(ぶし)。

A strong-bodied warrior. (101)

423-9. 強火で手早くあげる。

　　強火(つよび) で 手早く(てばやく) あげる。

Fry very quickly over high heat. (100)

423-10. 水不足は節約を強いる。

　　水不足(みずぶそく) は 節約(せつやく) を 強(し)いる。

The water shortage compels us to conserve.

423-11. この点は新たに強調したい。

この　点(てん)　は　新た(あらた)　に　強調(きょうちょう)　したい。

I wish to again emphasize this point. (100)

423-12. 私はこの点を特に強調したい。

私(わたし)　は　この　点(てん)　を　特に(とくに)　強調(きょうちょう)　したい。

I want to emphasize this point in particular. (87)

423-13. 音楽家は音の強さを調節した。

音楽家(おんがくか)　は　音(おと)　の　強(つよ)さ　を　調節(ちょうせつ)した。

The musician adjusted the intensity of the sound. (101)

423-14. ある特定のポイントを強調する。

ある　特定(とくてい)　の　ポイント　を　強調(きょうちょう)　する。

Place emphasis on a certain point. (101)

423-15. 私にはやり続けるだけの強さがない。

私(わたし)　に　は　やり続(つづ)ける　だけ　の　強(つよ)さ　が　ない。

I don't have the strength to keep trying. (87)

423-16. このヘビの毒は 1000 倍も毒性が強い。

この　ヘビ　の　毒(どく)　は　1000 倍(ばい)　も　毒性(どくせい)　が　強い(つよい)。

This snake's poison is a thousand-fold more toxic. (101)

423-17. どんなに強い圧力でも私は同意しないだろう。

どんなに　強い(つよい)　圧力(あつりょく)　でも　私(わたし)　は　同意(どうい)　しない　だろう。

No amount of arm-twisting will get me to agree. (101)

「どんなに〜」　["no matter how __"]: DJG v3 p135 & 138.

423-18. 私のこの個性の特質は成長するとともにだんだん強くなり、大人になってからは自分の主な楽しみの源泉の一つとなったのであった。

私(わたし)　の　この　個性(こせい)　の　特質(とくしつ)　は　成長(せいちょう)　する　とともに　だんだん　強く(つよく)　なり、大人(おとな)　に　なって　から　は　自分(じぶん)　の　主(おも)　な　楽しみ(たのしみ)　の　源泉(げんせん)　の　一つ(ひとつ)　と　なった　の　で　あった。

This peculiarity of character grew with my growth, and in my manhood, I derived from it one of my principal sources of pleasure. (13)

「〜とともに」 {〜と共に 356} ["along with __"]: DJG v2 p532; Marx v2 day48; Tobira ch11 #8. 「-てから」 ["after __ing"; "since __"]: DJG v1 p177. 「のである/のです/のだ/んだ」 [explanation or assertion]: DJG v1 p325; Genki ch12.

424：　弱

424-1. 寒さに弱い。

寒(さむ)さ に 弱い(よわい)。
Susceptible to cold. (101)

424-2. 火を弱くして。
火(ひ) を 弱く(よわく) して。
Turn the flame down low. (87)

424-3. バイオリンの弱音器。
バイオリン の 弱音器(じゃくおんき)。
A mute for a violin. (100)

424-4. 長女は朝に弱いんです。
長女(ちょうじょ) は 朝(あさ) に 弱い(よわい) ん です。
Our elder girl is not a morning person. (87)

424-5. 石川さんは肉体的には弱いが、頭が強い。
石川(いしかわ)さん は 肉体的(にくたいてき) に は 弱い(よわい) が、
頭(あたま) が 強い(つよい)。
Ishikawa-san is weak physically, but his mind is strong. (100)

424-6. この弱点は年を取るにつれて大きくなった。
この 弱点(じゃくてん) は 年(とし) を 取る(とる) につれて 大(おお)
きく なった。
This weakness increased as he became older. (101)
「～につれて / ～につれ」 {～に連れて* / ～に連れ* 582} ["as __"; "in proportion to
__"]: DJG v2 p285; Tobira ch13 #6.

424-7. 両親は年を取るにつれて身体が弱まっているようだ。
両親(りょうしん) は 年(とし) を 取る(とる) につれて 身体(からだ)
が 弱(よわ)まって いる よう だ。
My parents seem to be growing weaker with age.
「～ようだ」 ["looks like __"; "seems (that) __"]: DJG v1 p547; Marx v2 day66.

425： 風

425-1. 独特の風味。
独特(どくとく) の 風味(ふうみ)。
A distinct flavor. (101)

425-2. 古風な文書。
古風(こふう) な 文書(ぶんしょ)。
Archaistic writing. (101)

425-3. 家風を続ける。
家風(かふう) を 続ける(つづける)。
Continue the family tradition. (101)

425-4. 風が弱まった。

風(かぜ) が 弱まっ(よわまっ)た。

The wind slackened. (101)

425-5. 風化した古い小屋。

風化(ふうか) した 古い(ふるい) 小屋(こや)。

A weathered old hut. (101)

425-6. 風雨にさらされた面。

風雨(ふうう) に さらされた 面(めん)。

A weather-beaten face. (101)

「〜にさらされる」 [passive form of さらす ("expose"): **"be exposed to ＿"**].

425-7. 身を切るように寒い風。

身(み) を 切る(きる) よう に 寒い(さむい) 風(かぜ)。

A nipping wind. (101)

425-8. 今朝は風が強いですね。

今朝(けさ) は 風(かぜ) が 強い(つよい) です ね。

Windy this morning, isn't it? (87)

425-9. 古風なわらぶき屋根の家。

古風(こふう) な わらぶき 屋根(やね) の 家(いえ)。

Houses with quaint thatched roofs. (101)

425-10. 古代ギリシャ神話の風の神。

古代(こだい) ギリシャ 神話(しんわ) の 風の神(かぜのかみ)。

God of the winds in ancient mythology. (100)

425-11. 高い草が風に強くなびいた。

高い(たかい) 草(くさ) が 風(かぜ) に 強く(つよく) なびいた。

The tall grass whipped in the wind. (101)

425-12. ボートは強風で四苦八苦した。

ボート は 強風(きょうふう) で 四苦八苦(しくはっく) した。

The boat beat in the strong wind. (101)

425-13. 部屋は明るく、風通しが良かった。

部屋(へや) は 明るく(あかるく)、 風通し(かぜとおし) が 良かっ(よかっ)た。

The room was bright and airy. (101)

425-14. この風習は平安時代にさかのぼる。

この 風習(ふうしゅう) は 平安時代(へいあんじだい) に さかのぼる。

This custom goes back to the Heian Period.

425-15. 私は島根に一年住んだ後に、すっかり日本風になった。

私(わたし) は 島根(しまね) に 一年(いちねん) 住ん(すん)だ 後(のち)に、 すっかり 日本風(にほんふう) に なった。

After living a year in Shimane, I was thoroughly Nipponified. (101)

425-16. どちらに話したものかと思案した風に我々二人を比べ見た。

どちら に 話し(はなし)た もの か と 思案(しあん) した 風(ふう) に 我々(われわれ) 二人(ふたり) を 比べ見(くらべみ)た。

He looked from one to the other of us, as if uncertain which to address. (73)

「〜もの(だろう)か」 [expression of uncertainty or wish]: DJG v3 p268.

425-17. お母さんがこんな風だったら、子供たちはそれを利用するのです。

お母(かあ)さん が こんな 風(ふう) だったら、 子供(こども)たち は それ を 利用(りよう) する の です。

So long as mothers are like this their children will take advantage of them. (64)

425-18. 子豚は、草が青々と生えた岡の上の古びた風車小屋の中に住んでいた。

子豚(こぶた) は、 草(くさ) が 青々(あおあお) と 生え(はえ)た 岡(おか) の 上(うえ) の 古び(ふるび)た 風車小屋(ふうしゃごや) の 中(なか) に 住ん(すん)で いた。

The piglet lived inside the old red mill atop the grass-grown mound. (29)

426： 己

426-1. 自己と他の者への感受性。

自己(じこ) と 他(ほか) の 者(もの) へ の 感受性(かんじゅせい)。

Sensitivity to oneself and others. (100)

426-2. 自己発光の源から発っせられる光線。

自己(じこ) 発光(はっこう) の 源(みなもと) から 発っ(はっ)せられる 光線(こうせん)。

A light beam emitted by a self-luminous source. (100)

426-3. あの人は自分一己で回っていると思う。

あの 人(ひと) は 自分(じぶん) 一己(いっこ) で 回っ(まわっ)て いる と 思う(おもう)。

I think he's travelling on his own account. (49)

426-4. 弓子さんの自己満足には全くうんざりした。

弓子(ゆみこ)さん の 自己(じこ) 満足(まんぞく) に は 全く(まったく) うんざり した。

I was absolutely fed up with Yumiko's complacency. (101)

426-5. 秋山さんはとても利己的な生き方をしている。

秋山(あきやま)さん は とても 利己的(りこてき) な 生き方(いきかた) を して いる。

Akiyama-san leads a selfish existence.

426-6. 己は、己の一生を通じて、生命のひみつを見出そうとしたのだ。

己(おのれ) は、 己(おのれ) の 一生(いっしょう) を 通じて(つうじて)、 生命(せいめい) の ひみつ を 見出(みいだ)そう と した の だ。

I have sought through all my life to find the secret of life. (39)

「〜をつうじて／〜をとおして」 {〜を通じて／〜を通して 159} [duration: **"throughout __"**]: DJG v2 p330.

427： 記

427-1. 手話の全記号。

手話(しゅわ) の 全(ぜん) 記号(きごう)。

An alphabet of all the manual signs. (100)

427-2. 今日は独立記念日です。

今日(きょう) は 独立(どくりつ) 記念日(きねんび) です。

Today is Independence Day. (87)

427-3. 自伝とは自身の伝記のことを示す。

自伝(じでん) と は 自身(じしん) の 伝記(でんき) の こと を 示(し め)す。

An autobiography is a biography of oneself. (100)

427-4. 私は英語で日記をつけている。

私(わたし) は 英語(えいご) で 日記(にっき) を つけて いる。

I keep a diary in English. (87)

427-5. 古代ローマの記数法における記号。

古代(こだい) ローマ の 記数法(きすうほう) に おける 記号(きごう)。

A symbol in the Ancient Roman numeral notation. (100)

「〜において／〜における」 {〜に於いて*／〜に於ける* 1885} [**"in/on/at/to __"**]: DJG v2 p265; Tobira ch13 #13.

427-6. お名前とご住所を記入して下さい。

お名前(なまえ) と ご住所(じゅうしょ) を 記入(きにゅう) して 下(く だ)さい。

Please fill in your name and address.

427-7. 私はその記事を雑誌から切りとった。

私(わたし) は その 記事(きじ) を 雑誌(ざっし) から 切り(きり)とった。

I cut the article out of the magazine. (87)

427-8. 岡島さんはタイム誌の記者になった。

岡島(おかじま)さん は タイム誌(し) の 記者(きしゃ) に なった。

Okajima-san became a reporter for Time magazine. (87)

427-9. この記事がどこまで本当か調べてくれ。

この 記事(きじ) が どこ まで 本当(ほんとう) か 調べ(しらべ)て く れ。

Check up on the accuracy of this article. (87)

「〜くれ」 {〜呉れ** 1478} [impolite request]: DJG v1 p210.

427-10. 昔私が若かった時には毎日日記をつけていた。

昔(むかし) 私(わたし) が 若かっ(わかかっ)た 時(とき) に は 毎日(まいにち) 日記(にっき) を つけて いた。

I used to keep a diary every day back when I was young. (87)

427-11. 特別な発音を示すために文字に付けられる記号。

特別(とくべつ) な 発音(はつおん) を 示す(しめす) ため に 文字(もじ) に 付け(つけ)られる 記号(きごう)。

A mark added to a letter to indicate a special pronunciation. (100)

427-12. 五月三日は憲法記念日だから、仕事に行かない。

五月(ごがつ) 三日(みっか) は 憲法(けんぽう) 記念日(きねんび) だから、 仕事(しごと) に 行か(いか)ない。

May 3rd is Constitution Remembrance Day, so I don't go to work.

427-13. 春子さんはその翌日から日記をつける決心をした。

春子(はるこ)さん は その 翌日(よくじつ) から 日記(にっき) を つける 決心(けっしん) を した。

Haruko resolved to keep a diary starting the following day. (87)

427-14. 原産地を明記していないフランス産の安いテーブルワイン。

原産地(げんさんち) を 明記(めいき) して いない フランス 産(さん) の 安い(やすい) テーブル ワイン。

Cheap French table wine of unspecified origin. (100)

427-15. 親友の空さんと花火を見に行った話を13日の日記に書きます。

親友(しんゆう) の 空(そら)さん と 花火(はなび) を 見(み) に 行っ(いっ)た 話(はなし) を 13日(にち) の 日記(にっき) に 書き(かき)ます。

In my journal for the 13th I shall write about going with my good friend Sora to see the fireworks. (10)

427-16. 書記が次の事件を読み上げていた時、立ち上がってこう言った：

書記(しょき) が 次(つぎ) の 事件(じけん) を 読み上げ(よみあげ)て いた 時(とき)、 立ち上がっ(たちあがっ)て こう 言っ(いっ)た：

Just as the clerk was calling the next case, he rose, and said: (7)

427-17. 目白さんは親友の記者がその翌日まで出発できないと分かっていた。

目白(めじろ)さん は 親友(しんゆう) の 記者(きしゃ) が その 翌日(よくじつ) まで 出発(しゅっぱつ) できない と 分かっ(わかっ)て いた。

Mejiro-san knew that his journalist friend could not depart until the next day. (30)

428： 紀

428-1. デボン紀。

デボン 紀(き)。

Devonian period. (100)

428-2. 武士たちの風紀が乱れている。

武士(ぶし)たち の 風紀(ふうき) が 乱れ(みだれ)て いる。

The warriors' morals are collapsing.

428-3. ネルヴァルが『東方紀行』を書いた。

ネルヴァル が 『東方(とうほう) 紀行(きこう)』 を 書い(かい)た。

Nerval wrote *Journey to the East*. (87)

428-4. 紀元前 221—206 年、古代中国王朝の首都。

紀元前(きげんぜん) 221—206 年(ねん)、 古代(こだい) 中国(ちゅうごく) 王朝(おうちょう) の 首都(しゅと)。

Capital of ancient Chinese empire, 221-206 BC. (100)

429： 改

429-1. 品行を改める。

品行(ひんこう) を 改める(あらためる)。

Reform one's conduct. (101)

429-2. 本は、まだ未改正である。

本(ほん) は、 まだ 未改正(みかいせい) で ある。

The book is still unrevised. (101)

429-3. 中原さんは外国出身だが、日本の名前に改名した。

中原(なかはら)さん は 外国(がいこく) 出身(しゅっしん) だ が、 日本(にほん) の 名前(なまえ) に 改名(かいめい) した。

Nakahara-san is from overseas, but he changed his name to a Japanese name.

429-4. 元来英国で発明されたが、その後日本で改良された。

元来(がんらい) 英国(えいこく) で 発明(はつめい) された が、 その 後(ご) 日本(にほん) で 改良(かいりょう) された。

It was originally invented in Britain, but it was later improved in Japan. (100)

430： 起

430-1. 事故を引き起こす。

事故(じこ) を 引き起こす(ひきおこす)。

Cause an accident. (101)

430-2. トルコ起源の音楽。

トルコ 起源(きげん) の 音楽(おんがく)。

Music of Turkish derivation. (101)

430-3. 毎日六時に起きます。

毎日(まいにち) 六時(ろくじ) に 起き(おき)ます。

I get up at six every day.

430-4. 毎日 7 時までには起きた。

毎日(まいにち) 7時(じ) まで に は 起き(おき)た。

Up by seven each morning. (101)

430-5. それは当たり前に起こる。

それ は 当たり前(あたりまえ) に 起こる(おこる)。

It's the natural thing to happen. (101)

430-6. やる気が全く起きなかった。

やる気(やるき) が 全く(まったく) 起き(おき)なかった。

I had absolutely no motivation. (10)

430-7. なにが起こるか私には分かる。

なに が 起こる(おこる) か 私(わたし) に は 分かる(わかる)。

I can see what will happen. (101)

430-8. 七日の後、洪水が地に起った。

七日(なのか) の 後(のち)、 洪水(こうずい) が 地(ち) に 起っ(おこっ)た。

After seven days the floodwaters rose upon the earth. (33)

430-9. 不意にかのじょは体を起した。

不意(ふい) に かのじょ は 体(からだ) を 起し(おこし)た。

Suddenly she sat up. (42)

430-10. 2つの出来事は同時に起こった。

2つ の 出来事(できごと) は 同時(どうじ) に 起こっ(おこっ)た。

The two events coincided. (101)

430-11. ほぼ同じことが毎回起こった。

ほぼ 同じ(おなじ) こと が 毎回(まいかい) 起こっ(おこっ)た。

Much the same thing happened every time. (101)

430-12. 土屋さんはまだ起きていません。

土屋(つちや)さん は まだ 起き(おき)て いません。

Tsuchiya-san has not yet risen.

430-13. 高校生の時は毎朝 6 時に起きていた。

高校生(こうこうせい) の 時(とき) は 毎朝(まいあさ) 6時(じ) に 起き(おき)て いた。

Back in high school, I got up at 6 a.m. every morning. (87)

430-14. 全ては昔々に起こったことだから。

全て(すべて) は 昔々(むかしむかし) に 起(お)こった こと だ から。

For all this happened long ago. (64)

430-15. その中で一つの事件が起こりました。

その 中(なか) で 一(ひと)つ の 事件(じけん) が 起(お)こりました。

Meanwhile, one incident occurred. (10)

430-16. 潮の干満は月の引力によって起こる。

潮(しお) の 干満(かんまん) は 月(つき) の 引力(いんりょく) に よっ て 起こる(おこる)。

Tides are caused by the moon's gravity. (87)

430-17. 家中のだれよりも早く起きるんだと思う。

家中(いえじゅう) の だれ より も 早く(はやく) 起きる(おきる) ん だ と 思う(おもう)。

I get up before anybody else in the house, I think. (30)

430-18. その交通事故はどうやって起きたのですか。

その 交通(こうつう) 事故(じこ) は どう やって 起き(おき)た の で す か。

How did the traffic accident happen? (87)

430-19. ボクサーはリングから自力で起き上がった。

ボクサー は リング から 自力(じりき) で 起き上がっ(おきあがっ)た。

The boxer picked himself up off the canvas. (101)

430-20. 音を立てたら子供たちが起きてしまう。

音(おと) を 立て(たて)たら 子供(こども)たち が 起き(おき)て しまう。

The children will wake up if you make noise. (87)

430-21. これは、坂田さんの以前の注意を思い起こす。

これ は、 坂田(さかた)さん の 以前(いぜん) の 注意(ちゅうい) を 思 い起こす(おもいおこす)。

This harks back to a previous warning Sakata-san made. (101)

430-22. 法王さま自身が入って来るとしても、神父さんは起立しないのだ。

法王(ほうおう)さま 自身(じしん) が 入(はい)って 来(く)る として も、 神父(しんぷ)さん は 起立(きりつ) しない の だ。

The Pope himself could walk in, and still the priest would not stand up.

430-23. 子供のほほえみは、主に母親を見る時に起こるから、多分心からのもの だろう。

子供(こども) の ほほえみ は、 主(おも) に 母親(ははおや) を 見る (みる) 時(とき) に 起こる(おこる) から、 多分(たぶん) 心(こころ) から の もの だろう。

The children's smiles arise chiefly when looking at their mother, and therefore are likely of mental origin. (12)

430-24. 本当のことが一番ですし、私も本当に起こったことだけをお話ししたい のです。

本当(ほんとう) の こと が 一番(いちばん) です し、 私(わたし) も 本当に(ほんとうに) 起こっ(おこっ)た こと だけ を お話し(おはなし) した い の です。

Truth is best, and I want to tell you only what really happened. (64)

430-25s. その時、ある出来事が起きて、みんなの注意がそっちに行ってしまったんだ。

その 時(とき)、 ある 出来事(できごと) が 起(おき)て、 みんな の 注意(ちゅうい) が そっち に 行っ(いっ)て しまった ん だ。

Just then an incident occurred to divert our attention. (8)

431： 姓

431-1. この申込書に姓名をご記入下さい。

この 申込書(もうしこみしょ) に 姓名(せいめい) を ご記入(ごきにゅう) 下(くだ)さい。

Please write your full name on this application form.

431-2. 今年は米に害虫が多くてお百姓さんがこまっている。

今年(ことし) は 米(こめ) に 害虫(がいちゅう) が 多く(おおく)て お 百姓(ひゃくしょう)さん が こまって いる。

Farmers are having trouble with vermin in the rice this year.

431-3. 春子さんは会社で改姓せず、きゅう姓で通している。

春子(はるこ)さん は 会社(かいしゃ) で 改姓(かいせい) せず、 きゅう 姓(せい) で 通し(とおし)て いる。

Haruko has kept using her maiden name at work.

431-4. ハンナさんは独身ではなく、ただ改姓していないだけです。

ハンナさん は 独身(どくしん) で は なく、 ただ 改姓(かいせい) して いない だけ です。

It's not that Hannah is single, it's just that she hasn't changed her surname.

「ただ〜」 {只〜* 1194} [**"just __"**, **"only __"**]: DJG v2 p445.

431-5. マンチキンたちは良いお百姓さんで、満作を作れたのでした。

マンチキンたち は 良い(よい) お百姓(ひゃくしょう)さん で、 満作(まんさく) を 作れ(つくれ)た の でした。

The Munchkins were good farmers and able to raise brimming crops. (99)

431-6. お百姓さんのトウモロコシ畑で一生をすごしていたかもしれない。

お百姓(ひゃくしょう)さん の トウモロコシ畑(ばたけ) で 一生(いっしょう) を すごして いた かも しれない。

I might have passed my whole life in the farmer's cornfield. (99)

「〜かもしれない」 {〜かも知れない* 560} [**"might __"**]: DJG v1 p173, v3 p513; Genki ch14.

432： 由

432-1. 自由電子。

自由(じゆう) 電子(でんし)。

A free electron. (101)

432-2. 自由意志。

自由(じゆう) 意志(いし)。

Free will. (101)

432-3. 体外由来。

体外(たいがい) 由来(ゆらい)。

Originating outside the body. (100)

432-4. 無限の自由。

無限(むげん) の 自由(じゆう)。

Absolute freedom. (101)

432-5. 犬を自由に走らせる。

犬(いぬ) を 自由(じゆう) に 走ら(はしら)せる。

Let the dogs run free. (101)

432-6. ソフトは自由に共有される。

ソフト は 自由(じゆう) に 共有(きょうゆう) される。

Software is freely shared. (41)

432-7. ケーキはご自由にお取り下さい。

ケーキ は ご自由(ごじゆう) に お取り(とり) 下(くだ)さい。

Please help yourself to the cake. (87)

432-8. 自由の女神はニューヨークにある。

自由(じゆう) の 女神(めがみ) は ニューヨーク に ある。

The Statue of Liberty is located in New York. (87)

432-9. 若林先生は英語を自由自在に話せる。

若林(わかばやし) 先生(せんせい) は 英語(えいご) を 自由自在(じゆうじざい) に 話せる(はなせる)。

Wakabayashi-sensei can speak English without the slightest impediment. (87)

432-10. 耳の不自由な人の多くは手話をつかう。

耳(みみ) の 不自由(ふじゆう) な 人(ひと) の 多く(おおく) は 手話(しゅわ) を つかう。

Many of the deaf use sign language. (101)

432-11. 都会を見たがっている自由気ままな青年。

都会(とかい) を 見(み)たがって いる 自由(じゆう) 気まま(きまま) な 青年(せいねん)。

A footloose young man eager to see the big city. (101)

「-がる」 [have or express a feeling; pretend]: DJG v1 p123; Marx v2 day63.

432-12. 若者たちは由無く親に強く反発する時がある。

若者(わかもの)たち は 由無く(よしなく) 親(おや) に 強(つよ)く 反発(はんぱつ) する 時(とき) が ある。

There are times when youths rebel strongly against their parents without reason.

433：　油

433-1. 石油王。

石油(せきゆ)　王(おう)。

An oil baron. (101)

433-2. 国内石油会社。

国内(こくない)　石油(せきゆ)　会社(がいしゃ)。

Domestic oil companies. (101)

433-3. 車に油を注す。

車(くるま)　に　油(あぶら)　を　注す(さす)。

Grease the wheels. (101)

433-4. 車に注油する。

車(くるま)　に　注油(ちゅうゆ)　する。

Lubricate one's car. (101)

433-5. 北海の原油生産。

北海(ほっかい)　の　原油(げんゆ)　生産(せいさん)。

North Sea crude oil production. (101)

433-6. 石油の生物由来。

石油(せきゆ)　の　生物(せいぶつ)　由来(ゆらい)。

The biological origins of petroleum.

433-7. マグロから得られる油。

マグロ　から　得(え)られる　油(あぶら)。

An oil obtained from tuna. (100)

433-8. 通りの油っぽい水たまり。

通り(とおり)　の　油(あぶら)っぽい　水たまり(みずたまり)。

Oily puddles in the streets. (101)

433-9. OPEC は油を独占したがっている。

OPEC　は　油(あぶら)　を　独占(どくせん)　したがって　いる。

OPEC wants to monopolize oil. (101)

433-10. 油田は高温と高圧によって形成される。

油田(ゆでん)　は　高温(こうおん)　と　高圧(こうあつ)　に　よって　形成(けいせい)　される。

Oil fields are formed from high temperature and pressure.

433-11. 北米の三ヶ国はすべて石油産出の大国である。

北米(ほくべい)　の　三ヶ国(さんかこく)　は　すべて　石油(せきゆ)　産出(さんしゅつ)　の　大国(たいこく)　で　ある。

All three countries in North America are oil-producing powers.

433-12. きちんと油をさせば、すぐに元通りになりますから。

きちんと　油(あぶら)　を　させば、　すぐ　に　元通り(もとどおり)　に　なります　から。

If I am well oiled I shall soon be all right again. (99)

434：　井

434-1. アーチ形天井。

アーチ形(がた)　天井(てんじょう)。

An arched ceiling. (101)

434-2. カタールの油井。

カタール　の　油井(ゆせい)。

Qatari oil wells. (101)

434-3. 井戸から水を引く。

井戸(いど)　から　水(みず)　を　引く(ひく)。

Draw water from a well. (101)

434-4. 天井に止まっているハエを見た。

天井(てんじょう)　に　止まっ(とまっ)て　いる　ハエ　を　見(み)た。

I saw a fly on the ceiling. (87)

434-5. 島根さんは車の天井に頭をぶつけた。

島根(しまね)さん　は　車(くるま)　の　天井(てんじょう)　に　頭(あたま)　を　ぶつけた。

Shimane-san bumped his head on the roof of the car. (87)

435：　囲

435-1. 豚の囲い。

豚(ぶた)　の　囲い(かこい)。

A pen for swine. (100)

435-2. 取り囲む。

取り囲む(とりかこむ)。

Encircle. (100)

435-3. 周囲温度。

周囲(しゅうい)　温度(おんど)。

The ambient temperature. (101)

435-4. 湖を取り囲む土地。

湖(みずうみ)　を　取り囲む(とりかこむ)　土地(とち)。

Land encircling a lake. (100)

435-5. 囲まれていないポーチ。

囲ま(かこま)れて いない ポーチ。

An unenclosed porch. (101)

435-6. 家は畑に囲まれていた。

家(いえ) は 畑(はたけ) に 囲ま(かこま)れて いた。

The house was surrounded by fields. (87)

435-7. 馬を囲いに入れて下さい。

馬(うま) を 囲い(かこい) に 入れ(いれ)て 下(くだ)さい。

Please corral the horses. (101)

435-8. 先生は学生たちに囲まれた。

先生(せんせい) は 学生(がくせい)たち に 囲ま(かこま)れた。

The teacher was surrounded by her students. (87)

435-9. 森林は私の所有地を囲んでいる。

森林(しんりん) は 私(わたし) の 所有地(しょゆうち) を 囲ん(かこん)で いる。

The forest surrounds my property. (101)

435-10. 山田神父を 10 人の子供が囲みます。

山田(やまだ) 神父(しんぷ) を 10 人(にん) の 子供(こども) が 囲み(かこみ)ます。

Father Yamada is surrounded by 10 children. (10)

435-11. 周囲の気圧より大きな一時的な気圧。

周囲(しゅうい) の 気圧(きあつ) より 大(おお)きな 一時的(いちじてき) な 気圧(きあつ)。

A transient air pressure greater than the surrounding atmospheric pressure. (100)

435-12. 性器やその周囲にできる小さな良性のいぼ。

性器(せいき) や その 周囲(しゅうい) に できる 小(ちい)さな 良性(りょうせい) の いぼ。

A small benign wart on or around the genitals. (100)

「や」["and" within a non-exhaustive list; cf. と]: DJG v1 p536; Genki ch11; Marx v1 day57.

435-13. 男性が馬小屋から出てきて、一行を囲いの中へ案内した。

男性(だんせい) が 馬小屋(うまごや) から 出(で)て きて、 一行(いっこう) を 囲い(かこい) の 中(なか) へ 案内(あんない) した。

A gentleman emerged from the stable and conducted the group within the enclosure. (7)

435-14. かれらは周囲にいる同じ特性の人たちより 30%から 100%も多い日当を受け取っている。

かれら は 周囲(しゅうい) に いる 同じ(おなじ) 特性(とくせい) の 人(ひと)たち より 30%(パーセント) から 100%(パーセント) も 多い(おおい) 日当(にっとう) を 受け取っ(うけとっ)て いる。

They are receiving from 30 per cent to 100 per cent higher wages daily than are paid to men of similar caliber with whom they are surrounded. (68)

436： 丼

436-1. 天丼の入った器を割ってしまった。

天丼(てんどん) の 入(はい)った 器(うつわ) を 割(わ)って しまった。

I broke a bowl filled with *tendon*.

436-2. 日本のチェーン店の牛丼は安くておいしいです。

日本(にほん) の チェーン店(てん) の 牛丼(ぎゅうどん) は 安く(やすく)て おいしい です。

The chain-store *gyudon* in Japan is tasty and cheap.

436-3. 丼に器以上のご飯を入れることを「丼飯」と言う。

丼(どんぶり) に 器(うつわ) 以上(いじょう) の ご飯(ごはん) を 入れる(いれる) こと を 「丼飯(どんぶりめし)」 と 言う(いう)。

Donburimeshi is a meal of rice heaping over the top of a *donburi* bowl.

436-4. 「親子丼」は鳥肉と玉子を組み合わせているからそう言うふうによばれる。

「親子丼(おやこどん)」 は 鳥肉(とりにく) と 玉子(たまご) を 組み合わせ(くみあわせ)て いる から そう 言う(いう) ふう に よばれる。

Oyako-don has that name because it combines chicken and egg.

「〜というふうに」 {〜と言う風に* 51; 425} ["in (such a) way"]: DJG v2 p478.

437： 丁

437-1. 松下さんは井上四丁目の会長さんです。

松下(まつした)さん は 井上(いのうえ) 四丁目(よんちょうめ) の 会長(かいちょう)さん です。

Matsushita-san is the block chief for Inoue 4-chome.

437-2. きみが電話をくれたとき丁度きみの事を話していた。

きみ が 電話(でんわ) を くれた とき 丁度(ちょうど) きみ の 事(こと) を 話し(はなし)て いた。

We were just talking about you when you called. (87)

437-3. 今我々二人は、それぞれ二丁ずつピストルを持っている。

今(いま) 我々(われわれ) 二人(ふたり) は、 それぞれ 二丁(にちょう)ずつ ピストル を 持っ(もっ)て いる。

Here are two of us, each holding a brace of pistols. (90)

「それぞれ」 {其々** 1757} ["each"; "respectively"]: DJG v2 p436; Tobira ch6 #6.

438： 寧

438-1. 安寧を生じる。

安寧(あんねい) を 生じる(しょうじる)。

Generate well-being. (100)

438-2. 丁寧な方法で。

丁寧(ていねい) な 方法(ほうほう) で。

In a gracious manner. (100)

438-3. 丁寧で親切な行い。

丁寧(ていねい) で 親切(しんせつ) な 行い(おこない)。

An act of gracious kindness. (100)

438-4. 丁寧な神のおかげで。

丁寧(ていねい) な 神(かみ) の おかげ で。

Thanks to the gracious gods. (101)

「～おかげ」 {～お陰* 1311} ["**thanks to __**"]: DJG v2 p382 (under せい); Marx v2 day44; Tobira ch8 #14.

438-5. 節子さんが丁寧に先生に頭を下げた。

節子(せつこ)さん が 丁寧(ていねい) に 先生(せんせい) に 頭(あたま) を 下げ(さげ)た。

Setsuko politely bowed to the teacher. (10)

439 ： 町

439-1. 町の外れの外れ。

町(まち) の 外れ(はずれ) の 外れ(はずれ)。

The extreme edge of town. (101)

439-2. 下町を案内しましょう。

下町(したまち) を 案内(あんない) しましょう。

I'll show you around the old downtown district. (87)

439-3. その話は町中に広まった。

その 話(はなし) は 町中(まちじゅう) に 広まっ(ひろまっ)た。

That story's all over town. (87)

439-4. 神戸は私が生まれた町です。

神戸(こうべ) は 私(わたし) が 生まれ(うまれ)た 町(まち) です。

Kobe is the city where I was born. (87)

439-5. 私は一生この町に住むつもりだ。

私(わたし) は 一生(いっしょう) この 町(まち) に 住(す)む つもり だ。

I plan to live in this burg all my life. (101)

439-6. その町にはとても古いお寺がある。

その 町(まち) に は とても 古い(ふるい) お寺(おてら) が ある。

There is a very old temple in the town. (87)

439-7. この町の人口は四万人ぐらいです。

この 町(まち) の 人口(じんこう) は 四万(よんまん) 人(にん) ぐらい です。

This town's population is about 40,000.

439-8. 食事の後、私たちは下町をうろついた。

食事(しょくじ) の 後(あと)、 私(わたし)たち は 下町(したまち) を う ろついた。

After dinner, we wandered around the old downtown district. (101)

439-9. 買い物をしながら、町を十分見て回った。

買い物(かいもの) を しながら、 町(まち) を 十分(じゅうぶん) 見(み)て 回っ(まわっ)た。

As I made my purchases, I took a good look around the city. (7)

「〜ながら」 ["while __"]: DJG v1 p269; Genki ch18; Marx v1 day88.

439-10. 白石さんの住居はワシのように町全体に広がる。

白石(しらいし)さん の 住居(じゅうきょ) は ワシ の よう に 町(まち) 全体(ぜんたい) に 広がる(ひろがる)。

Shiraishi-san's residences spread-eagle the entire town. (101)

439-11. これは廃れた町だ。なにもここで起こったことがない。

これ は 廃れ(すたれ)た 町(まち) だ。 なに も ここ で 起こっ(おこっ)た こと が ない。

This is a dead town; nothing ever happens here. (101)

440: 灯

440-1. 電灯をつける。

電灯(でんとう) を つける。

Switch on a light. (101)

440-2. ガは灯に集まる。

ガ は 灯(あかり) に 集まる(あつまる)。

Moths are attracted by light. (87)

440-3. 明るく点灯された部屋。

明るく(あかるく) 点灯(てんとう) された 部屋(へや)。

A brightly lit room. (101)

440-4. ホームズは角灯をかざし、辺りを見つめた。

ホームズ は 角灯(かくとう) を かざし、 辺り(あたり) を 見つめ(みつめ)た。

Holmes held up the lantern and gazed about him. (4)

440-5. 室内には、小さな灯りがともっていた。

室内(しつない) には、 小(ちい)さな 灯り(あかり) が ともって いた。

A small light burned within. (29)

440-6. 電気が発明された以前、灯火の下で読書するしかなかった。

電気(でんき) が 発明(はつめい) された 以前(いぜん)、 灯火(とうか) の 下(もと) で 読書(どくしょ) する しか なかった。

Before electricity was invented, people had to read by lamplight.

441： 庁

441-1. 英国の官庁。

英国(えいこく) の 官庁(かんちょう)。

The British civil service. (100)

441-2. 東京都庁を一度見学したい。

東京(とうきょう) 都庁(とちょう) を 一度(いちど) 見学(けんがく) したい。

I'd like to visit the Tokyo Metropolitan Government Office sometime.

441-3. 千代田区は多くの官公庁の所在地です。

千代田区(ちよだく) は 多く(おおく) の 官公庁(かんこうちょう) の 所在地(しょざいち) です。

Chiyoda Ward is the site of many government offices. (100)

441-4. 坂口さんは文化庁へ入りたいと本気で思っている。

坂口(さかぐち)さん は 文化庁(ぶんかちょう) へ 入り(はいり)たい と 本気(ほんき) で 思っ(おもっ)て いる。

Sakaguchi-san has her heart set on working at the Agency for Cultural Affairs.

441-5. 都庁の所在地は東京都新宿区にし新宿二丁目8番1号です。

都庁(とちょう) の 所在地(しょざいち) は 東京都(とうきょうと) 新宿区(しんじゅくく) にし新宿(しんじゅく) 二丁目(にちょうめ) 8番(ばん) 1号(ごう) です。

The site of the Metropolitan Government Office is 2 Chome-8-1, Nishi (West) Shinjuku, Shinjuku Ward, Tokyo.

441-6. 京都府庁の所在地は京都市上京区・下立売通と新町通の角にある。

京都府庁(きょうとふちょう) の 所在地(しょざいち) は 京都市(きょうとし) 上京区(かみぎょうく) ・ 下立売(しもだちうり) 通(どおり) と 新町(しんまち) 通(どおり) の 角(かど) に ある。

The Kyoto Prefectural Office is located on the corner of Shimodachiuri-Dori and Shinmachi-Dori in Kamigyo Ward, Kyoto City.

442： 貯

442-1. この町のどこで貯金しますか？

この 町(まち) の どこ で 貯金(ちょきん) します か？

Where do you bank in this town? (101)

442-2. 私は毎月銀行に一万円貯めている。

私(わたし) は 毎月(まいつき) 銀行(ぎんこう) に 一万(いちまん) 円(えん) 貯め(ため)て いる。

I put ten thousand yen into the bank every month. (87)

442-3. 仕事がないから、お金を貯められない。

仕事(しごと) が ない から、 お金(おかね) を 貯め(ため)られない。

I have no job, so I can never save money. (87)

442-4. 私は新車を買うために貯金をしている。

私(わたし) は 新車(しんしゃ) を 買う(かう) ため に 貯金(ちょきん) を して いる。

I'm saving up to buy a new car. (87)

442-5. 友だちがコツコツお金を貯めています。

友だち(ともだち) が コツコツ お金(おかね) を 貯め(ため)て います。

My friends are squirreling away money. (10)

442-6. ミード湖は米国の最も広い貯水池である。

ミード湖(こ) は 米国(べいこく) の 最も(もっとも) 広い(ひろい) 貯水池(ちょすいち) で ある。

Lake Mead is the largest reservoir in the United States. (100)

442-7. 若松さんは貯金があったし、映画学校の出身だった。

若松(わかまつ)さん は 貯金(ちょきん) が あった し、 映画(えいが) 学校(がっこう) の 出身(しゅっしん) だった。

Wakamatsu-san had accumulated some savings, and had gone to film school. (69)

442-8. このプレゼントを買うために貯金に手を出さなくてはならなかった。

この プレゼント を 買う(かう) ため に 貯金(ちょきん) に 手(て) を 出さ(ださ)なくて は ならなかった。

I had to dip into my savings to buy this present. (101)

「-なくてはならない/-なくてはいけない/-なくてはだめ」 [imperative]: DJG v1 p274; Genki ch12; Marx v1 day54; Tobira ch2 #1.

442-9. 私はコクソンの店にいる時は、週に三ポンドも得ていたので、それを貯金して七十ポンドを持っていました。

私(わたし) は コクソン の 店(みせ) に いる 時(とき) は、 週(しゅう) に 三(さん) ポンド も 得(え)て いた ので、 それ を 貯金(ちょきん) して 七十(ななじゅう) ポンド を 持っ(もっ)て いました。

I had then been taking three pounds a week at Coxon's store, and I had saved about seventy of them. (88)

443：　易

443-1. 易しくする。

易しく(やさしく) する。

Make easier. (100)

443-2. 安易な生き方。

安易(あんい) な 生き方(いきかた)。

Easy living. (101)

443-3. この仕事はとても易しい。

この 仕事(しごと) は とても 易しい(やさしい)。

This work is easy.

443-4. 易者は仕事に満足している。

易者(えきしゃ) は 仕事(しごと) に 満足(まんぞく) して いる。

The fortune teller is satisfied with his work. (87)

443-5. あなたは付き合い易いですか？

あなた は 付き合い易い(つきあいやすい) です か？

Are you easy to get along with? (101)

「-やすい」 {-易い* 443} ["easy to __"]: DJG v1 p541; Genki ch20; Marx v1 day61.

443-6. 十万円ぐらいなら貯め易いだろう。

十万(じゅうまん) 円(えん) ぐらい なら 貯め易い(ためやすい) だろう。

Saving one hundred thousand yen ought to be easy. (32)

443-7. 良平くんはとても付き合い易い人だ。

良平(りょうへい)くん は とても 付き合い易い(つきあいやすい) 人(ひと) だ。

Ryohei is really easy to get along with. (87)

443-8. この本は易しい英語で書かれている。

この 本(ほん) は 易しい(やさしい) 英語(えいご) で 書か(かか)れて いる。

This book is written in easy English. (87)

443-9. ばかばかしいほど易しいように見える。

ばかばかしい ほど 易しい(やさしい) よう に 見える(みえる)。

It seems so ridiculously simple. (4)

443-10. 昨日の易者の占いなんか気にすることはないよ。

昨日(きのう) の 易者(えきしゃ) の 占い(うらない) なんか 気(き) に する こと は ない よ。

What that fortuneteller said yesterday is nothing to be concerned about. (87)

「〜なんか」 ["such (things)/such (a thing)"]: DJG v3 p341 (under 〜なんて). 「〜ことはない」 {〜事はない* 80} ["__ is not necessary"; "__ is not possible"]: DJG v2 p146; Tobira ch10 #15.

443-11. ヴェニスはヨーロッパと東アジアとの交易の主な中心地であった。

ヴェニス は ヨーロッパ と 東(ひがし) アジア と の 交易(こうえき) の 主(おも) な 中心地(ちゅうしんち) で あった。

Venice was a principal center of trade between Europe and East Asia.

444：　賜

444-1. 皇太子によりシを賜わった者がいなかった。

皇太子(こうたいし) に より シ を 賜わっ(たまわっ)た 者(もの) が いなかった。

No one was ever put to death by the prince. (67)

444-2. 日ごろお引き立てを賜り、まことにありがとうございます。

日ごろ(ひごろ) お引き立て(おひきたて) を 賜り(たまわり)、 まことに ありがとう ございます。

We sincerely thank you for your regular patronage. (87)

444-3. 神が私と共にいまし、私の行くこの道で私をまもり、食べるパンを賜い。

神(かみ) が 私(わたし) と 共に(ともに) いまし、 私(わたし) の 行く (いく) この 道(みち) で 私(わたし) を まもり、 食べる(たべる) パン を 賜い(たまい)。

God will be with me, and keep me in this way I go, and give me bread to eat. (33)

445：　場

445-1. 仕事場。

仕事場(しごとば)。

A workplace. (100)

445-2. 下向き市場。

下向き(したむき) 市場(しじょう)。

A falling market. (101)

445-3. 楽しい場面。

楽しい(たのしい) 場面(ばめん)。

A pleasant scene. (101)

445-4. 私的な場所。

私的(してき) な 場所(ばしょ)。

A private place. (101)

445-5. 安全な場所。

安全(あんぜん) な 場所(ばしょ)。

A safe place. (101)

445-6. 銀市場の独占。

銀市場(ぎんしじょう) の 独占(どくせん)。

A monopoly on silver. (101)

445-7. 有利な立場で。

有利(ゆうり) な 立場(たちば) で。

In an advantageous position. (100)

445-8. 後者の場合で。

後者(こうしゃ) の 場合(ばあい) で。

In the latter case. (101)

445-9. 等しい立場の。

等しい(ひとしい) 立場(たちば) の。

Of equal standing. (101)

445-10. 苦しい立場にある。

苦しい(くるしい) 立場(たちば) に ある。

In the hot seat. (101)

445-11. 市場向きの生産物。

市場向き(しじょうむき) の 生産物(せいさんぶつ)。

Market-bound produce. (101)

445-12. 小売り市場で売る。

小売り(こうり) 市場(しじょう) で 売る(うる)。

Sell on the retail market. (100)

445-13. 金市場を買い占める。

金市場(きんしじょう) を 買い占める(かいしめる)。

Corner the gold market. (101)

445-14. 場合によりけりである。

場合(ばあい) に よりけり で ある。

That depends. (101)

445-15. 芸者は堂々と入場した。

芸者(げいしゃ) は 堂々(どうどう) と 入場(にゅうじょう) した。

The geisha made a grand entrance. (101)

445-16. 湿った場所で見つかる虫。

湿っ(しめっ)た 場所(ばしょ) で 見つかる(みつかる) 虫(むし)。

An insect found in damp habitats. (100)

445-17. 車は所定の場所にあった。

車(くるま) は 所定(しょてい) の 場所(ばしょ) に あった。

The cars were in their prescribed positions. (101)

445-18. 工場は共同で所有されていた。

工場(こうじょう) は 共同(きょうどう) で 所有(しょゆう) されて いた。

The factories were owned communally. (101)

445-19. 牛丼店は米国市場に進出した。

牛丼店(ぎゅうどんてん) は 米国(べいこく) 市場(しじょう) に 進出(しんしゅつ) した。

Gyudon shops made inroads in the United States market. (101)

445-20. この場所はまったく無音です。

この 場所(ばしょ) は まったく 無音(むおん) です。

This place is completely silent. (89)

445-21. 近所の工場は灯油を生産する。

近所(きんじょ) の 工場(こうじょう) は 灯油(とうゆ) を 生産(せいさん) する。

The neighborhood factory turns out kerosene.

445-22. 由紀さんは駐車場に車を止めた。

由紀(ゆき)さん は 駐車場(ちゅうしゃじょう) に 車(くるま) を 止め(とめ)た。

Yuki stopped the car in the parking lot. (10)

445-23. 地図にもその場所は記されていた。

地図(ちず) に も その 場所(ばしょ) は 記さ(しるさ)れて いた。

The place was marked upon the map. (90)

445-24. 会場には全国から80人が集まった。

会場(かいじょう) に は 全国(ぜんこく) から 80人(にん) が 集まっ(あつまっ)た。

Eighty people from around the country gathered at the venue. (10)

445-25. 市場をテニスシューズで溢れさせる。

市場(しじょう) を テニス シューズ で 溢れ(あふれ)させる。

Flood the market with tennis shoes. (101)

445-26. 火事の場合は119に電話して下さい。

火事(かじ) の 場合(ばあい) は 119 に 電話(でんわ) して 下(くだ)さい。

In case of fire, please call 119. (87)

445-27. 宝石は思いがけない場所で見つかった。

宝石(ほうせき) は 思い(おもい)がけない 場所(ばしょ) で 見つかっ(みつかっ)た。

The jewel was found in an unlikely place. (87)

445-28. 店長は駐車場のため良い場所を買った。

店長(てんちょう) は 駐車場(ちゅうしゃじょう) の ため 良(よ)い 場所(ばしょ) を 買(か)った。

The shop manager bought a nice place for a parking lot.

445-29. 私たちは今新しい車を買う立場にない。

私(わたし)たち は 今(いま) 新(あたら)しい 車(くるま) を 買う(かう) 立場(たちば) に ない。

We can ill afford to buy a new car just now. (101)

445-30. 3人の青年が、広場で大道芸をしていた。

3人(にん) の 青年(せいねん) が、 広場(ひろば) で 大道芸(だいどうげい) を して いた。

Three young men were busking in the plaza. (101)

445-31. 1つの場面からもう一つの場面までを切る。

1つ の 場面(ばめん) から もう 一つ(ひとつ) の 場面(ばめん) まで を 切る(きる)。

Cut from one scene to another. (101)

445-32. 私が同じ立場でも、同じ事をするでしょう。

私(わたし) が 同じ(おなじ) 立場(たちば) で も、 同じ(おなじ) 事(こと) を する でしょう。

If I were in your situation, I would do the same thing. (87)

445-33. 高校生は、中央広場をぶらつくのが好きだ。

高校生(こうこうせい) は、 中央(ちゅうおう) 広場(ひろば) を ぶらつく の が 好き(すき) だ。

The high school students like to loiter in the Central Square. (101)

445-34. 売り場をうろうろしているこの男性はだれだ。

売り場(うりば) を うろうろ して いる この 男性(だんせい) は だれ だ。

Who is this man that is hanging around the shop counter? (101)

445-35. 原宿は東京の中で最も活気のある場所の一つである。

原宿(はらじゅく) は 東京(とうきょう) の 中(なか) で 最も(もっとも) 活気(かっき) の ある 場所(ばしょ) の 一つ(ひとつ) で ある。

Harajuku is one of the hottest places in Tokyo. (87)

445-36. 三日目に、アブラハムは目を上げて、はるかにその場所を見た。

三日目(みっかめ) に、 アブラハム は 目(め) を 上げ(あげ)て、 はるか に その 場所(ばしょ) を 見(み)た。

Then on the third day Abraham lifted up his eyes, and saw the place afar off. (33)

445-37. 広くて風通しの良い場所で、小さな泉ときれいな水たまりがあった。

広く(ひろく)て 風通し(かぜとおし) の 良い(よい) 場所(ばしょ) で、 小(ちい)さな 泉(いずみ) と きれい な 水たまり(みずたまり) が あった。

It was a large, airy place, with a little spring and a pool of clear water. (90)

445-38. 特に今近づきつつあるのは、この島でも一番気持ちのいい場所だった。

特に(とくに) 今(いま) 近づき(ちかづき)つつ ある の は、 この 島(しま) でも 一番(いちばん) 気持ち(きもち) の いい 場所(ばしょ) だった。

It was a most pleasant portion of the island that we were now approaching. (90)

「-つつある」 ["__ing"]: DJG v2 p542.

445-39. チェルノブイリは1986年に原子力発電所の大事故があった場所である。

チェルノブイリ は 1986年(ねん) に 原子力(げんしりょく) 発電所(はつでんしょ) の 大事故(だいじこ) が あった 場所(ばしょ) で ある。

Chernobyl was the site of a major disaster at a nuclear power plant in 1986. (100)

445-40. 石井さんはいつだって自分が命令する立場にいないと気がすまない。

石井(いしい)さん は いつ だって 自分(じぶん) が 命令(めいれい) する 立場(たちば) に いない と 気(き) が すまない。

Ishii-san always has to be the one giving orders. (87)

「〜(っ)たって / 〜だって」 ["even if __"]: DJG v3 p594.

446： 湯

446-1. お湯が出ません。

お湯(おゆ) が 出(で)ません。

The hot water isn't running. (87)

446-2. ポットにお湯はありますか？

ポット に お湯(おゆ) は あります か？

Is there any water in the pot? (87)

446-3. 「湯元」とは、温泉が出る場所のことを示す。

「湯元(ゆもと)」 と は、 温泉(おんせん) が 出(で)る 場所(ばしょ) の こと を 示(しめ)す。

"*Yumoto*" refers to the location of a hot spring's source.

446-4. 私は新しいテレビに湯水のように金をつかった。

私(わたし) は 新(あたら)しい テレビ に 湯水(ゆみず) の よう に 金(かね) を つかった。

I splurged on a new TV. (101)

446-5. 由紀さんは子犬にやさしく話しかけ、頭をぬるま湯に付けてあげた。

由紀(ゆき)さん は 子犬(こいぬ) に やさしく 話しかけ(はなしかけ)、 頭(あたま) を ぬるま湯(ぬるまゆ) に 付け(つけ)て あげた。

Yuki spoke softly to the pup and bathed its head in lukewarm water.

446-6. 良平はその電灯の光で、頭から汗の湯気が立つのが、かれ自身にもはっきり分かった。

良平(りょうへい) は その 電灯(でんとう) の 光(ひかり) で、 頭(あたま) から 汗(あせ) の 湯気(ゆげ) が 立つ(たつ) の が、 かれ 自身(じしん) に も はっきり 分かっ(わかっ)た。

Under the lights, Ryohei clearly saw steam from his sweat rising off of his head. (93)

447： 門

447-1. 水門水。

水門水(すいもんすい)。

Sluice water. (101)

447-2. 商社の部門。

商社(しょうしゃ) の 部門(ぶもん)。
A division of a business firm. (100)

447-3. 行政府の部門。

行政府(ぎょうせいふ) の 部門(ぶもん)。
A department of government. (100)

447-4. 家に門がつけられた。

家(いえ) に 門(もん) が つけられた。
The house was gated. (101)

447-5. 代数は数学の1部門です。

代数(だいすう) は 数学(すうがく) の 1部門(ぶもん) です。
Algebra is a branch of mathematics. (87)

447-6. 2時半に正門前で会おう。

2時(じ) 半(はん) に 正門(せいもん) 前(まえ) で 会お(あお)う。
Let's meet in front of the main gate at 2:30. (87)

447-7. 平井さんは名門の出である。

平井(ひらい)さん は 名門(めいもん) の 出(で) で ある。
Hirai-san comes from a good family. (87)

447-8. 3つの独立した部門がある政府。

3つ の 独立(どくりつ) した 部門(ぶもん) が ある 政府(せいふ)。
A government with three discrete divisions. (101)

447-9. その後、みんなは門口を通ってエメラルドの都に入ったのです。

その 後(ご)、 みんな は 門口(かどぐち) を 通っ(とおっ)て エメラル
ド の 都(みやこ) に 入っ(はいっ)た の です。
Afterward they passed on through the gate into the Emerald City. (99)

448： 間

448-1. 半時間。

半時間(はんじかん)。
Half an hour. (101)

448-2. 数週間前。

数週間(すうしゅうかん) 前(まえ)。
A few weeks ago. (101)

448-3. 空き時間。

空き(あき) 時間(じかん)。
Unoccupied hours. (101)

448-4. 不在の間。

不在(ふざい) の 間(あいだ)。

While absent. (100)

448-5. 3週間未満。

3週間(しゅうかん)　未満(みまん)。

Less than three weeks. (101)

448-6. 三国間条約。

三国間(さんこくかん)　条約(じょうやく)。

A tripartite treaty. (101)

448-7. 点の間に線を引く。

点(てん)　の　間(あいだ)　に　線(せん)　を　引く(ひく)。

Draw lines between the dots. (101)

448-8. 人間の肉を食べる。

人間(にんげん)　の　肉(にく)　を　食べる(たべる)。

Eat human flesh. (100)

448-9. 私は一時間自由だ。

私(わたし)　は　一時間(いちじかん)　自由(じゆう)　だ。

I have an hour free. (101)

448-10. 空間的に限られた。

空間的(くうかんてき)　に　限ら(かぎら)れた。

Spatially limited. (101)

448-11. 起きる時間が早い人。

起きる(おきる)　時間(じかん)　が　早い(はやい)　人(ひと)。

An early riser. (101)

448-12. 雨は数時間後に止んだ。

雨(あめ)　は　数時間後(すうじかんご)　に　止ん(やん)だ。

The rain let up after a few hours. (101)

448-13. 今日、会社間に合った？

今日(きょう)、　会社(かいしゃ)　間に合っ(まにあっ)た？

Were you on time for work today? (87)

448-14. 寒い日が3週間も続いた。

寒い(さむい)　日(ひ)　が　3週間(しゅうかん)　も　続い(つづい)た。

The cold weather continued for three weeks. (87)

448-15. 委員会は夏の間は休みだ。

委員会(いいんかい)　は　夏(なつ)　の　間(あいだ)　は　休み(やすみ)　だ。

The committee is resting over the summer. (101)

448-16. 映画は、5時間上映される。

映画(えいが)　は、　5時間(じかん)　上映(じょうえい)　される。

The film runs 5 hours. (101)

448-17. 特に若者の間で人気が高い。

特に(とくに) 若者(わかもの) の 間(あいだ) で 人気(にんき) が 高い (たかい)。

It's especially popular among young people. (10)

448-18. 時間と場所はお前に任せる。

時間(じかん) と 場所(ばしょ) は お前(おまえ) に 任せる(まかせる)。

When and where you will. (7)

448-19. 子供は1週間行方不明だ。

子供(こども) は 1週間(しゅうかん) 行方(ゆくえ) 不明(ふめい) だ。

The child has been missing for a week. (101)

448-20. 米国と日本の間の二国間条約。

米国(べいこく) と 日本(にほん) の 間(あいだ) の 二国間(にこくかん) 条約(じょうやく)。

A bilateral agreement between the United States and Japan. (101)

448-21. 仕上げをする時間がなかった。

仕上げ(しあげ) を する 時間(じかん) が なかった。

I didn't have time to finish. (101)

448-22. 室の中には二人の人間が居た。

室(しつ) の 中(なか) に は 二人(ふたり) の 人間(にんげん) が 居 (い)た。

There were two occupants of the room. (3)

448-23. 先ずは大広間にやって来ました。

先ず(まず) は 大広間(おおひろま) に やって 来(き)ました。

First they came to a great hall. (99)

448-24. 私は長い間ここに住んでいる。

私(わたし) は 長い(ながい) 間(あいだ) ここ に 住ん(すん)で いる。

I have lived here for a long time. (87)

448-25. 電話は一時間近く不通だった。

電話(でんわ) は 一時間(いちじかん) 近く(ちかく) 不通(ふつう) だった。

The phone was tied up for almost an hour. (101)

448-26. 間もなく見えなくなってしまいます。

間もなく(まもなく) 見え(みえ)なく なって しまいます。

In a moment he was out of sight. (99)

「-なくなる」 ["no longer __"]: DJG v1 p277.

448-27. 左官と部長の間には門番が多すぎる。

左官(さかん) と 部長(ぶちょう) の 間(あいだ) に は 門番(もんばん) が 多(おお)すぎる。

There are too many gatekeepers between the field officers and the chief. (101)

448-28. 宿屋の主人は今朝、1時間早く起きた。

宿屋(やどや) の 主人(しゅじん) は 今朝(けさ)、 1時間(じかん) 早く(はやく) 起き(おき)た。

The innkeeper got up an hour early this morning. (87)

448-29. 私は春休みの間仕事をするつもりです。

私(わたし) は 春休み(はるやすみ) の 間(あいだ) 仕事(しごと) を する つもり です。

I am going to work during the spring vacation. (87)

「～つもり」 {～積もり＊ 832} [intention/conviction]: DJG v1 p503; Genki ch10; Marx v1 day63.

448-30. 平均で一週間に一回は映画に行きます。

平均(へいきん) で 一週間(いっしゅうかん) に 一回(いっかい) は 映画(えいが) に 行き(いき)ます。

On the average, I go to the movies once a week. (87)

448-31. 私たちは数年間、会うことはなかった。

私(わたし)たち は 数年間(すうねんかん)、 会う(あう) こと は なかった。

We did not meet again for some years. (101)

448-32. 車で1時間かかる場所にお店が有ります。

車(くるま) で 1時間(じかん) かかる 場所(ばしょ) に お店(みせ) が 有り(あり)ます。

There is a shop about an hour's drive from here. (10)

448-33. 私はこの決定になん年もの間取り組んだ。

私(わたし) は この 決定(けってい) に なん年(ねん) も の 間(あいだ) 取り組ん(とりくん)だ。

I wrestled with this decision for years. (101)

448-34. ベッドの布の間から顔をのぞかせた。

ベッド の 布(ぬの) の 間(あいだ) から 顔(かお) を のぞかせた。

She peeped out of the bed-clothes. (64)

448-35. 根本さんの家は銀行とデパートの間です。

根本(ねもと)さん の 家(いえ) は 銀行(ぎんこう) と デパート の 間(あいだ) です。

The Nemoto's house is between the bank and the department store.

448-36. この辺りの仕組みを覚えるには時間がかかる。

この 辺り(あたり) の 仕組み(しくみ) を 覚える(おぼえる) に は 時間(じかん) が かかる。

It takes time to learn the setup around here. (101)

448-37. 原宿駅から代々木駅までは一駅だけで、1500メートルの間しかないのです。

原宿駅(はらじゅくえき) から 代々木駅(よよぎえき) まで は 一駅(ひとえき) だけ で、 1500メートル の 間(あいだ) しか ない の です。

Yoyogi is only one stop from Harajuku, just 1500 meters. (87)

448-38. テレビ番組は新しい割り当て時間になっている。

テレビ 番組(ばんぐみ) は 新(あたら)しい 割り当て(わりあて) 時間(じかん) に なって いる。

The TV program has a new time slot. (101)

448-39. 坂井さんは、バスに間に合うように全力で走った。

坂井(さかい)さん は、 バス に 間に合う(まにあう) よう に 全力(ぜんりょく) で 走っ(はしっ)た。

Sakai-san ran flat out to catch the bus. (101)

「〜ように」 ["so that __"]: DJG v1 p553; Marx v2 day71; Tobira ch4 #6.

448-40. その会社の社長は、夏の間、決して仕事を休まない。

その 会社(かいしゃ) の 社長(しゃちょう) は、 夏(なつ) の 間(あいだ)、 決して(けっして) 仕事(しごと) を 休ま(やすま)ない。

The president of the company never manages to get away during the summer. (101)

449 ： 閉

449-1. 門を閉める時間だ。

門(もん) を 閉める(しめる) 時間(じかん) だ。

It is time to shut the gate. (87)

449-2. 閉じ込められた空間。

閉じ込め(とじこめ)られた 空間(くうかん)。

A confining boxed-in space. (101)

449-3. 目を部分的に閉じて見る。

目(め) を 部分的(ぶぶんてき) に 閉じ(とじ)て 見る(みる)。

Look with one's eyes partly closed. (100)

449-4. 門で閉じることのできる入口。

門(もん) で 閉じる(とじる) こと の できる 入口(いりぐち)。

An entrance that can be closed by a gate. (100)

449-5. その門は1年中閉じられている。

その 門(もん) は 1年中(ねんじゅう) 閉じ(とじ)られて いる。

The gate is closed all the year round. (87)

449-6. その車のドアは閉まっていなかった。

その 車(くるま) の ドア は 閉まっ(しまっ)て いなかった。

The car door was unfastened. (101)

449-7. その戸はどうしても閉まらなかった。

その 戸(と) は どうして も 閉まら(しまら)なかった。

The door wouldn't shut. (87)

449-8. 空気が閉ざされていない所に行きたい。

空気(くうき) が 閉ざさ(とざさ)れて いない 所(ところ) に 行き(いき)たい。

I want to go to a place where the air is unconfined. (100)

449-9. その中に入り、また後からその戸を閉めた。

その 中(なか) に 入り(はいり)、 また 後(あと) から その 戸(と) を 閉め(しめ)た。

We entered together, and he closed it behind us. (3)

449-10. 土井さんは一日中図書館に閉じこもっていた。

土井(どい)さん は 一日中(いちにちじゅう) 図書館(としょかん) に 閉じこもっ(とじこもっ)て いた。

Doi-san cooped herself up in the library all day. (101)

449-11. だれもそれ以上言わなかったので、閉会した。

だれ も それ 以上(いじょう) 言わ(いわ)なかった ので、 閉会(へいかい) した。

Nobody having any more to say, the meeting was closed. (87)

449-12. 図書館がもし今日閉館だったら、明日もう一度行きます。

図書館(としょかん) が もし 今日(きょう) 閉館(へいかん) だったら、 明日(あした) もう 一度(いちど) 行き(いき)ます。

If the library is closed today, I'll go again tomorrow.

449-13. ほとんどの家の雨戸はまだ閉まったままだったが、いくつかの家の人はもう起きていました。

ほとんど の 家(いえ) の 雨戸(あまど) は まだ 閉ま(しま)った まま だった が、 いくつ か の 家(いえ) の 人(ひと) は もう 起き(おき)て いました。

Most of the shutters were still closed, but some of the villagers were about. (29)

450： 開

450-1. 開店時間。

開店(かいてん) 時間(じかん)。

Hours of operation. (100)

450-2. 都市開発。

都市(とし) 開発(かいはつ)。

Urban development. (101)

450-3. 満開のバラ。

満開(まんかい) の バラ。

A full-blown rose. (101)

450-4. 両開きのドア。

両開き(りょうびらき) の ドア。

Double doors. (101)

450-5. 地図を開く。

地図(ちず) を 開く(ひらく)。

Open a map. (101)

450-6. この未開の国。

この 未開(みかい) の 国(くに)。

This benighted country. (101)

450-7. 足を開いて立つ。

足(あし) を 開い(ひらい)て 立つ(たつ)。

Stand with legs wide apart. (101)

450-8. 銀行は9時に開く。

銀行(ぎんこう) は 9時(じ) に 開く(あく)。

Banks open at nine o'clock. (87)

450-9. ドアは電子的に開く。

ドア は 電子的(でんしてき) に 開く(ひらく)。

The door opens electronically. (101)

450-10. 立法府の開会式だった。

立法府(りっぽうふ) の 開会式(かいかいしき) だった。

It was the opening session of the legislature. (101)

450-11. 銀行は9時に開店します。

銀行(ぎんこう) は 9時(じ) に 開店(かいてん) します。

Banks open at nine o'clock. (87)

450-12. ナイフは肉を切り開いた。

ナイフ は 肉(にく) を 切り開い(きりひらい)た。

The knife cut through the flesh. (101)

450-13. 午後二時なら開いてます。

午後(ごご) 二時(にじ) なら 開い(あい)てます。

We have an opening at two o'clock. (87)

450-14. 開発者は土地を区分けした。

開発者(かいはつしゃ) は 土地(とち) を 区分け(くわけ) した。

The developers parceled the land. (101)

450-15. 集まりは年に一度開かれる。

集まり(あつまり) は 年(ねん) に 一度(いちど) 開か(ひらか)れる。

The meeting is held annually. (87)

450-16. 私は店が開くのを待っている。

私(わたし) は 店(みせ) が 開く(あく) の を 待っ(まっ)て いる。

I am waiting for the store to open. (87)

450-17. コンサートは屋外で開かれた。

コンサート は 屋外(おくがい) で 開か(ひらか)れた。

The concert was held in the open air. (101)

450-18. なん年もの間未公開であった映画。

なん年(ねん) も の 間(あいだ) 未公開(みこうかい) で あった 映画(えいが)。

A film that remained unreleased for years. (101)

450-19. 金井さんは来週パーティーを開く。

金井(かない)さん は 来週(らいしゅう) パーティー を 開く(ひらく)。

Kanai-san will give a party next week. (87)

450-20. 木こりは森林を切り開いて進んだ。

木こり(きこり) は 森林(しんりん) を 切り開い(きりひらい)て 進ん(すすん)だ。

The woodman hacked his way through the forest. (101)

450-21. その銀行は午前9時に開店し、午後3時に閉店する。

その 銀行(ぎんこう) は 午前(ごぜん) 9時(じ) に 開店(かいてん) し、午後(ごご) 3時(じ) に 閉店(へいてん) する。

The bank opens at 9 a.m. and closes at 3 p.m. (87)

450-22. 数人の人がまだ開いている出店の辺りに集まっていた。

数人(すうにん) の 人(ひと) が まだ 開い(あい)て いる 出店(でみせ) の 辺り(あたり) に 集まっ(あつまっ)て いた。

A few people were gathered about the stalls which were still open. (6)

450-23. すると私たちは入口の戸が半分開きかかっている部屋の前に出た。

すると 私(わたし)たち は 入口(いりぐち) の 戸(と) が 半分(はんぶん) 開き(ひらき)かかって いる 部屋(へや) の 前(まえ) に 出(で)た。

Upon which we found ourselves outside a half-opened door. (88)

「すると〜」 ["then __"]: DJG v1 p437; Tobira ch8 #3.

450-24. すぐにドアは開き、快活そうな若者がお入り下さいと言いました。

すぐ に ドア は 開き(ひらき)、快活(かいかつ) そう な 若者(わかもの) が お入り(はいり) 下(くだ)さい と 言(い)いました。

The door was instantly opened by a bright-looking young fellow, who said to step in. (4)

「Verbal connectives akin to -て」: DJG v1 p464, v2 p64 of front matter; Tobira ch1 #5.

451: 関

451-1. 関節で分解される。

関節(かんせつ) で 分解(ぶんかい) される。

Taken apart at the joints. (100)

451-2. 私は関わっていない。

私(わたし) は 関わっ(かかわっ)て いない。

I am not involved in that. (87)

451-3. 文体に無関心な読者。

文体(ぶんたい) に 無関心(むかんしん) な 読者(どくしゃ)。

Readers unconcerned with style. (101)

451-4. 広い文化的関心を持つ人。

広(ひろ)い 文化的(ぶんかてき) 関心(かんしん) を 持(も)つ 人(ひと)。

A person of broad cultural interests. (101)

451-5. 今度はうでの関節をお願い。

今度(こんど) は うで の 関節(かんせつ) を お願い(おねがい)。

Now do my arm joints please. (99)

451-6. この話は私たちの関心を得た。

この 話(はなし) は 私(わたし)たち の 関心(かんしん) を 得(え)た。

This story held our interest. (101)

451-7. だれもがその話に関心を示した。

だれ も が その 話(はなし) に 関心(かんしん) を 示し(しめし)た。

Everybody was interested in the story. (87)

451-8. 大会は全国的な関心を引き起こした。

大会(たいかい) は 全国的(ぜんこくてき) な 関心(かんしん) を 引き起こし(ひきおこし)た。

The competition aroused nationwide interest. (101)

451-9. 関口先生は特にスペルに関してうるさい。

関口(せきぐち) 先生(せんせい) は 特に(とくに) スペル に関して(にかんして) うるさい。

Sekiguchi-sensei is particularly fussy about spelling. (101)

「～にかんして / ～にかんする」 {～に関して / ～に関する 451} ["with regard to ___", "about ___"]: DJG v2 p252; Marx v2 day42; Tobira ch12 #4.

451-10. ジキルは父親以上に関心をはらっていた。

ジキル は 父親(ちちおや) 以上(いじょう) に 関心(かんしん) を はらって いた。

Jekyll had more than a father's interest. (84)

451-11. この件に関する私たちの意見は一致した。

この 件(けん) に関する(にかんする) 私(わたし)たち の 意見(いけん) は 一致(いっち) した。

Our views on this matter coincided. (101)

「～にかんして / ～にかんする」 {～に関して / ～に関する 451} ["with regard to ___", "about ___"]: DJG v2 p252; Marx v2 day42; Tobira ch12 #4.

451-12. 「大関」とは、二等の力士のことを示す。

「大関(おおぜき)」 と は、 二等(にとう) の 力士(りきし) の こと を 示(しめ)す。

"*Ozeki*" refers to a sumo wrestler of the second rank.

451-13. そこに住んでいる人すべてに関わりがある。

そこ に 住ん(すん)で いる 人(ひと) すべて に 関(かか)わり が ある。

It concerns all the people living there. (87)

451-14. 私の主たる関心事はあなたの身の安全なのです。

私(わたし) の 主たる(しゅたる) 関心事(かんしんじ) は あなた の 身(み) の 安全(あんぜん) な の です。

My primary concern is your safety. (87)

452： 問

452-1. 問いにこたえる。

問い(とい) に こたえる。

Answer questions.

452-2. 即席の質問をする。

即席(そくせき) の 質問(しつもん) を する。

Ask an unpremeditated question. (101)

452-3. そうは問屋がおろさない。

そう は 問屋(とんや) が おろさない。

You won't get it so cheaply/easily. (87)

452-4. その一問はとても易しいと思った。

その 一問(いちもん) は とても 易しい(やさしい) と 思っ(おもっ)た。

I found that one question very easy. (87)

452-5. 犬は、物問いたげにネロの顔を見上げました。

犬(いぬ) は、 物問い(ものとい)たげ に ネロ の 顔(かお) を 見上げ(みあげ)ました。

The dog looked up wistfully in Nello's face. (29)

「-げ」 ["__-looking", "__-like"]: Marx v2 day68.

452-6. 私たちは出席者全員について問い合わせを行った。

私(わたし)たち は 出席者(しゅっせきしゃ) 全員(ぜんいん) について 問い合わせ(といあわせ) を 行っ(おこなっ)た。

We made inquiries of all those in attendance. (101)

452-7. この本が図書館にあるかどうか問い合わせて下さい。

この 本(ほん) が 図書館(としょかん) に ある か どう か 問い合わせ(といあわせ)て 下(くだ)さい。

Please ask whether they have this book at the library. (87)

452-8. 私たちはこの質問について見解が全く一致しなかった。

私(わたし)たち は この 質問(しつもん) について 見解(けんかい) が 全く(まったく) 一致(いっち) しなかった。

We never saw eye to eye on this question. (101)

452-9. 社員が「このやり方で本当に正しかったのか」を、自分に問う。

社員(しゃいん) が 「この やり方(やりかた) で 本当に(ほんとうに) 正しかっ(ただしかっ)た の か」 を、 自分(じぶん) に 問う(とう)。

The staffperson asks himself, "Did I really take the correct approach"?

452-10. 共産党のせいで、今日の中国大学は学問の自由を強調しません。

共産党(きょうさんとう) の せい で、 今日(こんにち) の 中国(ちゅうごく) 大学(だいがく) は 学問(がくもん) の 自由(じゆう) を 強調(きょうちょう) しません。

Because of the Communist Party, today's Chinese universities do not emphasize academic freedom.

「せい」 ["because of __"]: DJG v2 p378; Marx v2 day44; Tobira ch8 #14.

453 ： 聞

453-1. 日刊新聞。

日刊(にっかん) 新聞(しんぶん)。

A daily paper. (101)

453-2. 見聞が広い人々。

見聞(けんぶん) が 広い(ひろい) 人々(ひとびと)。

Well-informed people. (101)

453-3. 聞き取れない会話。

聞き取れ(ききとれ)ない 会話(かいわ)。

An inaudible conversation. (101)

453-4. 新聞記者になりたい。

新聞(しんぶん) 記者(きしゃ) に なりたい。

I want to become a journalist. (87)

453-5. 百聞は一見にしかず。

百聞(ひゃくぶん) は 一見(いっけん) に しかず。

Seeing is believing. (101)

453-6. 新聞がそれを記事にする。

新聞(しんぶん) が それ を 記事(きじ) に する。

The newspaper will cover it. (10)

453-7. 目を閉じて音楽を聞いた。

目(め) を 閉じ(とじ)て 音楽(おんがく) を 聞い(きい)た。

I listened to the music with my eyes closed. (87)

453-8. 雑音でなにも聞こえません。

雑音(ざつおん) で なに も 聞こえ(きこえ)ません。

I can't hear anything because of the noise. (87)

「〜きこえる」 {〜聞こえる 453} ["__ can be heard"; "sounds __"]: DJG v1 p188.

453-9. 私は、口頭でそれを聞いた。

私(わたし) は、 口頭(こうとう) で それ を 聞い(きい)た。

I heard it viva voce. (101)

453-10. 雑誌または新聞を発行する。

雑誌(ざっし) または 新聞(しんぶん) を 発行(はっこう) する。

Publish a magazine or newspaper. (101)

453-11. 前にも同じことを聞いたな。

前(まえ) に も 同じ(おなじ) こと を 聞い(きい)た な。

I've heard this before. (84)

453-12. 向こうの交番で聞いて下さい。

向こう(むこう) の 交番(こうばん) で 聞い(きい)て 下(くだ)さい。

Please ask at the police station over there. (87)

453-13. 両親の言うことを聞きなさい。

両親(りょうしん) の 言う(いう) こと を 聞き(きき) なさい。

You should obey your parents. (87)

453-14. いきなり男の人に道を聞かれた。

いきなり 男(おとこ) の 人(ひと) に 道(みち) を 聞か(きか)れた。

A man suddenly asked me for directions. (10)

453-15. もっと易しい事を聞いて下さい。

もっと 易しい(やさしい) 事(こと) を 聞い(きい)て 下(くだ)さい。

Please ask me something easier. (87)

453-16. 馬場さんはひどい詩を私に聞かせた。

馬場(ばば)さん は ひどい 詩(し) を 私(わたし) に 聞か(きか)せた。

Baba-san subjected me to his awful poetry. (101)

453-17. 私が聞いたことをお伝えしましょう。

私(わたし) が 聞い(きい)た こと を お伝え(おつたえ) しましょう。

I'll tell you what I've heard myself. (90)

453-18. 通りからのはっきり聞こえない雑音。

通り(とおり) から の はっきり 聞こえ(きこえ)ない 雑音(ざつおん)。

The muffled noise from the street. (101)

「〜きこえる」 {〜聞こえる 453} ["__ can be heard"; "sounds __"]: DJG v1 p188.

453-19. あなたの名前に聞き覚えがあります。

あなた の 名前(なまえ) に 聞き覚え(ききおぼえ) が あります。

Your name sounds familiar to me. (87)

453-20. 私の名前を聞いた時、思わず返事をした。

私(わたし) の 名前(なまえ) を 聞い(きい)た 時(とき)、 思わず(おもわず) 返事(へんじ) を した。

I replied automatically when I heard my name. (87)

453-21. 二人の人物が食器室で話しているのが聞こえた。

二人(ふたり) の 人物(じんぶつ) が 食器室(しょっきしつ) で 話し(はなし)て いる の が 聞こえ(きこえ)た。

He could hear two persons talking in the pantry. (25)

453-22. 今度私の車をつかうときは、事前に私に聞いて下さい。

今度(こんど) 私(わたし) の 車(くるま) を つかう とき は、 事前(じぜん) に 私(わたし) に 聞い(きい)て 下(くだ)さい。

Next time, please ask me before you use my car. (87)

453-23. その待合室はあまりにうるさくて、自分の名前がよばれるのが聞こえなかった。

その 待合室(まちあいしつ) は あまり に うるさくて、 自分(じぶん) の 名前(なまえ) が よばれる の が 聞こえ(きこえ)なかった。

The waiting room was so noisy that I couldn't hear my name called. (87)

「あまりに(も)〜／あんまりに(も)〜」 {余りに(も)〜 995} ["too __"]: Tobira ch13 #10.

453-24. 今日新聞でそのことを読んだのですが、半分も物事は明らかになっていなかった。

今日(きょう) 新聞(しんぶん) で その こと を 読ん(よん)だ の です が、 半分(はんぶん) も 物事(ものごと) は 明(あき)らか に なって いなかった。

Today I read about it in the papers, but it was not half so clearly expressed. (98)

453-25. 今地面に耳をおしあてれば、島全体が生命のいぶきでわきかえっているのが聞こえることでしょう。

今(いま) 地面(じめん) に 耳(みみ) を おしあてれば、 島(しま) 全体(ぜんたい) が 生命(せいめい) の いぶき で わきかえって いる の が 聞こえる(きこえる) こと でしょう。

If you put your ear to the ground now, you would hear the whole island seething with life. (64)

453-26. その若者は両手の中に顔をうずめるようにしておりましたので、鳥の羽ばたきは聞こえませんでした。

その 若者(わかもの) は 両手(りょうて) の 中(なか) に 顔(かお) を うずめる よう に して おりました ので、 鳥(とり) の 羽ばたき(はばたき) は 聞こえ(きこえ)ません でした。

The young man had his head buried in his hands, so he did not hear the flutter of the bird's wings. (37)

454： 訪

454-1. 神の訪問。

神(かみ) の 訪問(ほうもん)。

A providential visitation. (101)

454-2. 訪問者のために整える。

訪問者(ほうもんしゃ) の ため に 整える(ととのえる)。

Tidy up for visitors. (101)

454-3. もてなしを受ける訪問者。

もてなし を 受ける(うける) 訪問者(ほうもんしゃ)。

A visitor to whom hospitality is extended. (100)

454-4. 多くの訪問者を引きつける場所。

多く(おおく) の 訪問者(ほうもんしゃ) を 引きつける(ひきつける) 場所(ばしょ)。

A place that attracts many visitors. (100)

454-5. 井口さんは毎週おばを訪問する。

井口(いぐち)さん は 毎週(まいしゅう) おば を 訪問(ほうもん) する。

Iguchi-san visits her aunt weekly. (101)

454-6. 社交上、あるいは商売上の訪問者。

社交上(しゃこうじょう)、 あるいは 商売上(しょうばいじょう) の 訪問者(ほうもんしゃ)。

A social or business visitor. (100)

「-じょう」 {-上 41} ["for __"]: DJG v2 p76. **「あるいは」** {或は* 1152} ["or"]: DJG v3 p16; Tobira ch9 #5.

454-7. 大学生が春休みに訪れる人気の場所。

大学生(だいがくせい) が 春休み(はるやすみ) に 訪れる(おとずれる) 人気(にんき) の 場所(ばしょ)。

A favorite place for college students to go on their spring vacations. (100)

454-8. 春は京都を訪れる最もよい季節です。

春(はる) は 京都(きょうと) を 訪れる(おとずれる) 最も(もっとも) よい 季節(きせつ) です。

Spring is the best season to visit Kyoto. (87)

454-9. 毎年、二千万の外国人が日本を訪れます。

毎年(まいとし)、 二千万(にせんまん) の 外国人(がいこくじん) が 日本(にほん) を 訪れ(おとずれ)ます。

Every year twenty million foreigners visit Japan. (87)

454-10. それからとうとう訪問者は口を開きました。

それから とうとう 訪問者(ほうもんしゃ) は 口(くち) を 開き(ひらき)ました。

Then at last the visitor spoke. (64)

「とうとう〜」　["**finally __**"]: DJG v2 p528; Tobira ch8 #17.

454-11. 毎夏、我々は1ヵ月の間いなかの親類を訪ねた。

毎夏(まいなつ)、　我々(われわれ)　は　1ヵ月(かげつ)　の　間(あいだ)　いなか　の　親類(しんるい)　を　訪ね(たずね)た。

Every summer, we visited our relatives in the country for a month. (101)

454-12. 先週のツアーの山場は法王庁を訪れたことだった。

先週(せんしゅう)　の　ツアー　の　山場(やまば)　は　法王庁(ばほうおうちょう)　を　訪れ(おとずれ)た　こと　だった。

The highlight of last week's tour was our visit to the Vatican. (101)

454-13. 春になるとなん百羽のナイチンゲールがその場所を訪れます。

春(はる)　に　なる　と　なん百(びゃく)　羽(わ)　の　ナイチンゲール　が　その　場所(ばしょ)　を　訪れ(おとずれ)ます。

Hundreds of nightingales visit it every spring. (98)

「〜になると」　["**when __ comes**"]: DJG v2 p262; Genki ch18.

454-14. 来年の今ごろまでには日本の有名な場所をほとんど訪れたことになるだろう。

来年(らいねん)　の　今(いま)ごろ　まで　に　は　日本(にほん)　の　有名(ゆうめい)　な　場所(ばしょ)　を　ほとんど　訪れ(おとずれ)た　こと　に　なる　だろう。

By this time next year, you will have visited almost all Japan's famous places. (87)

「〜ことになる」　{〜事になる*80}　["**end up that __**"]: DJG v2 p140; Marx v2 day73.

455：　送

455-1. 門口まで見送る。

門口(かどぐち)　まで　見送る(みおくる)。

I'll see you to the gate. (101)

455-2. 独身生活を送る。

独身(どくしん)　生活(せいかつ)　を　送る(おくる)。

Lead a bachelor's existence. (100)

455-3. 車で家まで送るよ。

車(くるま)　で　家(いえ)　まで　送る(おくる)　よ。

I'll give you a ride home. (87)

455-4. 発信人に返送する。

発信人(はっしんにん)　に　返送(へんそう)　する。

Return to sender. (101)

455-5. 委員会へ送り返す。

委員会(いいんかい)　へ　送り返す(おくりかえす)。

Send back to a committee. (100)

455-6. 電信・電話信号を送る線。

電信(でんしん)・電話(でんわ)信号(しんごう)を 送(おく)る 線(せん)。

The wire that carries telegraph and telephone signals. (100)

455-7. 私のメールを転送して下さい。

私(わたし)の メール を 転送(てんそう)して 下(くだ)さい。

Please forward my mail. (101)

455-8. 館長は委員会に伝言を送った。

館長(かんちょう)は 委員会(いいんかい)に 伝言(でんごん)を 送っ(おくっ)た。

The curator messaged the committee. (101)

455-9. 駅まで車で送ってくれませんか。

駅(えき)まで 車(くるま)で 送っ(おくっ)て くれません か。

Could you give me a lift to the train station? (87)

455-10. 両親が私にはがきを送ってくれた。

両親(りょうしん)が 私(わたし)に はがき を 送(おく)って くれた。

My parents sent me a postcard. (87)

455-11. 私は友人を見送りに駅へ行って来た。

私(わたし)は 友人(ゆうじん)を 見送り(みおくり)に 駅(えき)へ 行っ(いっ)て 来(き)た。

I have been to the station to see my friend off. (87)

455-12. 母親は毎日私を学校まで車で送った。

母親(ははおや)は 毎日(まいにち)私(わたし)を 学校(がっこう)まで 車(くるま)で 送っ(おくっ)た。

My mother drove me to school every day. (101)

455-13. 私は父を見送りに京都駅に行ってきた。

私(わたし)は 父(ちち)を 見送り(みおくり)に 京都駅(きょうとえき)に 行っ(いっ)て きた。

I have been to Kyoto station to see my father off. (87)

455-14. 工場は大口の注文を数多くの場所に発送した。

工場(こうじょう)は 大口(おおくち)の 注文(ちゅうもん)を 数多(かずおお)く の 場所(ばしょ)に 発送(はっそう)した。

The factory sent out large orders to many places.

455-15. 商品は、ご注文メール受け取り後、1週間以内に発送します。

商品(しょうひん)は、 ご注文(ごちゅうもん)メール 受け取り(うけとり)後(ご)、 1週間(しゅうかん)以内(いない)に 発送(はっそう)します。

We will ship your order within a week of receiving your e-mail order. (10)

455-16. C/FO 支部は、アニメが本当にほしくて、それを他の親友たちと共有するであろう人々にしかテープを送らなかった。

C/FO 支部(しぶ) は、 アニメ が 本当に(ほんとうに) ほしくて、 それ を 他(ほか) の 親友(しんゆう)たち と 共有(きょうゆう) する で あろう 人々(ひとびと) に しか テープ を 送ら(おくら)なかった。

C/FO chapters only sent material to people who really wanted anime and who would share it with other close friends. (69)

「～であろう」 [expression of conjecture or resoluteness]: DJG v2 p29.

Note: This exercise is taken from Progress Against the Law: Fan Distribution, Copyright, and the Explosive Growth of Japanese Animation, by Sean Leonard (web.mit.edu/seantek/www/papers/progress-columns.pdf). Exercises from this source will be easier to understand if you skim it in advance. Note in particular that "C/FO" stands for "the Collapsing Fan Organization".

456： 券

456-1. 当日券はありますか。

当日券(とうじつけん) は あります か。

Do you have same-day tickets? (87)

456-2. ぴんとしたドルの新券。

ぴんと した ドル の 新券(しんけん)。

Crisp new dollar bills. (101)

「～とする」 [follows description of an impression or sensation]: DJG v2 p523.

456-3. 入場券はいくらですか？

入場券(にゅうじょうけん) は いくら です か？

How much is the entrance ticket? (87)

456-4. 関根さんは駅長室で回数券について問い合わせた。

関根(せきね)さん は 駅長室(えきちょうしつ) で 回数券(かいすうけん) について 問い合わ(といあわ)せた。

Sekine-san asked about ticket coupon books at the stationmaster's office.

457： 包

457-1. 包囲を解く。

包囲(ほうい) を 解く(とく)。

Raise a siege. (101)

457-2. 包みを開く。

包み(つつみ) を 開く(ひらく)。

Undo a parcel. (101)

457-3. 包囲された町。

包囲(ほうい) された 町(まち)。

A besieged town. (101)

457-4. 別々に包んで下さい。

別々(べつべつ) に 包ん(つつん)で 下(くだ)さい。

Could you wrap this separately, please? (87)

457-5. 包みを開けて下さい。

包み(つつみ) を 開け(あけ)て 下(くだ)さい。

Please open the package. (87)

457-6. 日本に小包を送りたいのですが。

日本(にほん) に 小包(こづつみ) を 送り(おくり)たい の です が。

I want to send a parcel to Japan. (87)

457-7. イエメンの女性はベールで顔を包む。

イエメン の 女性(じょせい) は ベール で 顔(かお) を 包(つつ)む。

Women in Yemen veil their faces. (101)

457-8. もやが下関の町をすっぽりと包んだ。

もや が 下関(しものせき) の 町(まち) を すっぽり と 包(つつ)んだ。

The haze enveloped the town of Shimonoseki. (87)

457-9. 下町の刃物屋が豚肉を切るための丁度いい包丁を売っている。

下町(したまち) の 刃物屋(はものや) が 豚肉(ぶたにく) を 切(き)る ため の 丁度(ちょうど) いい 包丁(ほうちょう) を 売(う)って いる。

The cutler downtown sells knives that are perfect for slicing pig meat.

457-10. ギリシャ人はトロイアの包囲が続いた10年間ずっとこの小屋に住み続けたんだ。

ギリシャ人(じん) は トロイア の 包囲(ほうい) が 続い(つづい)た 10 年間(ねんかん) ずっと この 小屋(こや) に 住み続け(すみつづけ)た ん だ。

In these huts the Greeks lived through all ten years the siege of Troy lasted. (86)

458 : 巻

458-1. タバコを巻く。

タバコ を 巻く(まく)。

Roll a cigarette. (101)

458-2. 布を巻き上げる。

布(ぬの) を 巻き上げる(まきあげる)。

Roll up the cloth. (101)

458-3. ブリタニカの全巻。

ブリタニカ の 全巻(ぜんかん)。

A complete set of the Britannica. (101)

458-4. 巻き込んでいる花びら。

巻き込ん(まきこん)で いる 花びら(はなびら)。

A convolute petal. (101)

458-5. スキャンダルに巻き込まれた。

スキャンダル に 巻き込ま(まきこま)れた。

I got caught up in the scandal. (101)

458-6. 私たちは交通事故に巻き込まれた。

私(わたし)たち は 交通(こうつう) 事故(じこ) に 巻き込ま(まきこま)れた。

We were involved in a traffic accident. (87)

458-7. 関原さんの利口さにはいつも舌を巻く。

関原(せきはら)さん の 利口(りこう)さ に は いつも 舌(した) を 巻く(まく)。

I'm always amazed at how smart Sekihara-san is. (10)

458-8. かれは私から有り金を全部巻き上げた。

かれ は 私(わたし) から 有り金(ありがね) を 全部(ぜんぶ) 巻き上げ(まきあげ)た。

He robbed me of every cent I had. (87)

458-9. 関根さんはお人よしのカモから大金を巻き上げました。

関根(せきね)さん は お人(ひと)よし の カモ から 大金(たいきん) を 巻き上げ(まきあげ)ました。

Sekine-san made heaps of money by ripping off people for being nice. (87)

458-10. ロドリーゴが人の注意を引くところは、すごい巻き舌でRを発音することだ。

ロドリーゴ が 人(ひと) の 注意(ちゅうい) を 引く(ひく) ところ は、 すごい 巻き舌(まきじた) で R を 発音(はつおん) する こと だ。

What draws people's attention to Rodrigo is the way he pronounces his R's with a distinct trill. (101)

459 : 圏

459-1. フランス語圏。

フランス語(ふらんすご) 圏(けん)。

Francophone world.

459-2. 大都市圏の石油市場。

大都市圏(だいとしけん) の 石油(せきゆ) 市場(しじょう)。

The market for petroleum in metropolitan areas.

459-3. 日本人の約3割は首都圏に居住する。

日本人(にほんじん) の 約(やく) 3割(わり) は 首都圏(しゅとけん) に 居住(きょじゅう) する。

Roughly three of every ten Japanese live in the Tokyo region.

459-4. ドイツ東部は共産圏に巻き込まれたのです。

ドイツ　東部(とうぶ)　は　共産圏(きょうさんけん)　に　巻(ま)き込(こ)ま
れ　の　です。

Eastern Germany got caught into the Communist sphere.

459-5. チューリヒはスイスのドイツ語圏の中心地だ。

チューリヒ　は　スイス　の　ドイツ語圏(ごけん)　の　中心地(ちゅうしんち)
だ。

Zurich is the center of the German-speaking part of Switzerland. (101)

460：　勝

460-1. 楽々勝つ。

楽々(らくらく)　勝つ(かつ)。

Win easily. (100)

460-2. 勝利の女神。

勝利(しょうり)　の　女神(めがみ)。

Goddess of victory. (100)

460-3. 勝利の面持ち。

勝利(しょうり)　の　面持ち(おももち)。

A look of triumph. (101)

460-4. 得意げな勝者。

得意げ(とくいげ)　な　勝者(しょうしゃ)。

The elated winner. (101)

「-げ」["__-looking", "__-like"]: Marx v2 day68.

460-5. 見つけた者勝ち。

見つけ(みつけ)た　者(もの)　勝ち(がち)。

Finders keepers.

460-6. 早い者勝ちですよ。

早い者(はやいもの)　勝ち(がち)　です　よ。

First come, first served. (87)

460-7. つかい勝手が良い。

つかい勝手(がって)　が　良い(よい)。

It's easy to use. (10)

460-8. だれが勝つと思う？

だれ　が　勝つ(かつ)　と　思う(おもう)？

Who do you think will win? (87)

460-9. 我が家に勝る所なし。

我が家(わがや)　に　勝る(まさる)　所(ところ)　なし。

There's no place like home. (101)

460-10. 私たちの地元チームは勝った。

私(わたし)たち の 地元(じもと) チーム は 勝っ(かっ)た。

Our home team won. (101)

460-11. 勝手にパソコンの電源が入る。

勝手(かって) に パソコン の 電源(でんげん) が 入る(はいる)。

The computer turns on automatically. (10)

460-12. 勝利の見込みは全く無くなった。

勝利(しょうり) の 見込み(みこみ) は 全く(まったく) 無くなっ(なくな
っ)た。

All hope of winning the game vanished. (87)

460-13. 次長のポストが早い者勝ちだって聞いたか？

次長(じちょう) の ポスト が 早い者(はやいもの) 勝ち(がち) だって
聞い(きい)た か？

Did you hear that the assistant manager post is up for grabs? (87)

「-って」 [colloquial quote marker]: DJG v1 p510; Genki ch17; Tobira ch1 #16.

460-14. 今のところ、私たちが勝つ見込みは十分にある。

今(いま) の ところ、 私(わたし)たち が 勝つ(かつ) 見込み(みこみ) は
十分(じゅうぶん) に ある。

Our prospects for victory are excellent at the moment. (87)

「～ところ」 ["when __"]: DJG v2 p500; Marx v2 day46.

460-15. 勝利点はのこり時間1分を切ったところで取られた。

勝利点(しょうりてん) は のこり 時間(じかん) 1分(ぷん) を 切っ(き
っ)た ところ で 取ら(とら)れた。

The winning score came with less than a minute left to play. (101)

460-16. ナイジェリアは1960年に英国より独立を勝ち取った。

ナイジェリア は 1960 年(ねん) に 英国(えいこく) より 独立(どくり
つ) を 勝ち取っ(かちとっ)た。

Nigeria gained independence from Britain in 1960. (100)

460-17. 申込者の長いリストから、決勝進出者をふるい分ける。

申込者(もうしこみしゃ) の 長い(ながい) リスト から、 決勝(けっしょ
う) 進出者(しんしゅつしゃ) を ふるい分ける(ふるいわける)。

Winnow the finalists from the long list of applicants. (101)

460-18. そのレースで一番勝ちそうな馬がどれか分かったと思う。

その レース で 一番(いちばん) 勝ち(かち)そう な 馬(うま) が どれ
か 分かっ(わかっ)た と 思う(おもう)。

I think I've figured out which horse is most likely to win the race. (87)

461： 戦

461-1. 乱戦。
乱戦(らんせん)。
A rough-and-tumble fight. (101)

461-2. 戦友。
戦友(せんゆう)。
Comrades in arms. (101)

461-3. 空中戦。
空中(くうちゅう) 戦(せん)。
Aerial warfare. (101)

461-4. 素手の戦い。
素手(すで) の 戦い(たたかい)。
A fight with bare fists. (100)

461-5. 男女間の戦い。
男女間(だんじょかん) の 戦い(たたかい)。
Battle of the sexes. (101)

461-6. 好戦的な国家。
好戦的(こうせんてき) な 国家(こっか)。
Militant nations. (101)

461-7. 力任せな作戦。
力任せ(ちからまかせ) な 作戦(さくせん)。
Strong-arm tactics. (101)

461-8. 正々堂々と戦う。
正々堂々(せいせいどうどう) と 戦う(たたかう)。
Play fair. (101)

461-9. 自由のための長年の戦い。
自由(じゆう) の ため の 長年(ながねん) の 戦い(たたかい)。
Agelong struggle for freedom. (101)

461-10. 両方は休戦条件で合意した。
両方(りょうほう) は 休戦(きゅうせん) 条件(じょうけん) で 合意(ごうい) した。
Both sides agreed on cease-fire terms. (87)

461-11. 命ある限り戦ってみせよう。
命(いのち) ある 限り(かぎり) 戦っ(たたかっ)て みせよう。
I will fight them as long as I am alive. (99)
「-てみせる」 {-て見せる* 83} ["**am determined to __**"]: DJG v2 p177.

461-12. かれらは内戦戦場のツアーをした。

かれら は 内戦(ないせん) 戦場(せんじょう) の ツアー を した。

They made a tour of Civil War battlefields. (101)

461-13. うちのチームは一丸となって戦う。

うち の チーム は 一丸(いちがん) と なって 戦う(たたかう)。

We fight as a team.

461-14. フランス語の文法に苦戦した。

フランス語(ふらんすご) の 文法(ぶんぽう) に 苦戦(くせん) した。

I struggled with French grammar. (87)

461-15. 戦う人の中には女性や子供でさえ見て取れました。

戦う(たたかう) 人(ひと) の 中(なか) に は 女性(じょせい) や 子供(こども) で さえ 見て取れ(みてとれ)ました。

Even women and children were to be found among the combatants. (98)

「や」 ["and" within a non-exhaustive list; cf. と]: DJG v1 p536; Genki ch11; Marx v1 day57. 「〜さえ」 ["even __"; "(if) just __"]: DJG v2 p363; Tobira ch5 #6.

461-16. 包囲された居住者たちは家に閉じこもり、その中から戦をしかけた。

包囲(ほうい) された 居住者(きょじゅうしゃ)たち は 家(いえ) に 閉(と)じこもり、 その 中(なか) から 戦(いくさ) を しかけた。

The surrounded residents shut themselves in their homes and fought from within.

462：　単

462-1. 単なる形式。

単なる(たんなる) 形式(けいしき)。

A mere formality. (101)

462-2. 句や単語を作り出す。

句(く) や 単語(たんご) を 作り出す(つくりだす)。

Coin phrases or words. (101)

462-3. 文字通り取られた単語。

文字通り(もじどおり) 取ら(とら)れた 単語(たんご)。

A word taken literally. (101)

462-4. 発音しにくい外国の単語。

発音(はつおん) しにくい 外国(がいこく) の 単語(たんご)。

An unpronounceable foreign word. (101)

462-5. 2つ以上の音節を持つ単語。

2つ 以上(いじょう) の 音節(おんせつ) を 持つ(もつ) 単語(たんご)。

A word having two or more syllables. (100)

462-6. 海ほどに単調なものはない。

海(うみ) ほど に 単調(たんちょう) な もの は ない。

Nothing is so monotonous as the sea. (101)

462-7. 記者の返事は単に句読点だった。

記者(きしゃ) の 返事(へんじ) は 単(たん)に 句読点(くとうてん) だった。

The reporter's answer was a mere punctuation mark. (101)

462-8. 「入って下さい」と単調に言った。

「入っ(はいっ)て 下(くだ)さい」 と 単調(たんちょう) に 言(い)った。

'Come in', she said tonelessly. (101)

462-9. 新しい単車が買いたくてうずうずしている。

新(あたら)しい 単車(たんしゃ) が 買い(かい)たくて うずうず して いる。

I really want to buy a new motorcycle. (87)

462-10. 向井さんが翌年単身でアメリカに渡りました。

向井(むかい)さん が 翌年(よくねん) 単身(たんしん) で アメリカ に 渡り(わたり)ました。

The following year Mukai-san moved to America alone. (10)

462-11. そのハルモニウムは単調な音を出し続けました。

その ハルモニウム は 単調(たんちょう) な 音(おと) を 出し続け(だしつづけ)ました。

The harmonium droned on. (101)

462-12. 乳母は子供を単独で見つけられると思っていた。

乳母(うば) は 子供(こども) を 単独(たんどく) で 見(み)つけられる と 思(おも)って いた。

The nurse thought she would find the children alone.

463：　簡

463-1. 簡単に言うと、…

簡単(かんたん) に 言う(いう) と、…

Simply put, ... (22)

463-2. 簡明な新聞記事。

簡明(かんめい) な 新聞(しんぶん) 記事(きじ)。

A clear and concise newspaper article.

463-3. 簡単に手に入った金。

簡単(かんたん) に 手(て) に 入っ(はいっ)た 金(かね)。

Easy money. (101)

463-4. 簡単に数字を出せなかった。

簡単(かんたん) に 数字(すうじ) を 出せ(だせ)なかった。

I couldn't give the figures offhand. (101)

463-5. 地元の人々は簡素に生活する。

地元(じもと) の 人々(ひとびと) は 簡素(かんそ) に 生活(せいかつ)する。

The local people lead a simple lifestyle.

463-6. 英語は簡単ではないが、面白い。

英語(えいご) は 簡単(かんたん) で は ない が、 面白(おもしろ)い。

English is not easy, but it is interesting. (87)

463-7. この生地は、簡単に作用しない。

この 生地(きじ) は、 簡単(かんたん) に 作用(さよう) しない。

This dough does not work easily. (101)

463-8. この仕事は決して簡単ではない。

この 仕事(しごと) は 決して(けっして) 簡単(かんたん) で は ない。

This work is by no means easy. (87)

463-9. ああ、オズなら簡単なことだろう。

ああ、 オズ なら 簡単(かんたん) な こと だろう。

Oh, Oz could do that easily enough. (99)

463-10. 高井さんはそのパズルを簡単に解いた。

高井(たかい)さん は その パズル を 簡単(かんたん) に 解(と)いた。

Takai-san solved the puzzle with ease. (87)

463-11. 簡単な解決方法は、ハンドブックで調べることだ。

簡単(かんたん) な 解決(かいけつ) 方法(ほうほう) は、 ハンドブックで 調べる(しらべる) こと だ。

The easy solution is to look it up in the handbook. (101)

464： 過

464-1. 近い過去。

近い(ちかい) 過去(かこ)。

The immediate past. (101)

464-2. 通過交通。

通過(つうか) 交通(こうつう)。

Through traffic. (101)

464-3. やり過ぎる。

やり過ぎる(すぎる)。

Carry too far. (101)

「-すぎる」 {-過ぎる 464} ["__ too much", "over-__"]: DJG v1 p423; Genki ch12.

464-4. 過度な支出。

過度(かど) な 支出(ししゅつ)。

Immoderate spending. (101)

464-5. 夏を過ごす。

夏(なつ) を 過ごす(すごす)。

Spend the summer. (100)

464-6. 過度に食べる。

過度(かど) に 食べる(たべる)。

Eat immoderately. (100)

464-7. 強調し過ぎる。

強調(きょうちょう) し過ぎる(すぎる)。

Overemphasize. (100)

464-8. 週末を過ごす。

週末(しゅうまつ) を 過ごす(すごす)。

Spend the weekend. (100)

464-9. 過去を思い出す。

過去(かこ) を 思い出す(おもいだす)。

Recall the past. (100)

464-10. 関口さんは食べ過ぎる。

関口(せきぐち)さん は 食べ過ぎる(たべすぎる)。

Sekiguchi-san eats too much. (101)

464-11. 過言ではないと思います。

過言(かごん) で は ない と 思い(おもい)ます。

I don't think that's an exaggeration. (10)

464-12. 過ぎたことは仕方ないよ。

過ぎ(すぎ)た こと は 仕方(しかた)ない よ。

You can't change the past. (87)

464-13. 朝はつかい走りで過ごした。

朝(あさ) は つかい走り(ばしり) で 過ごし(すごし)た。

I spent the morning running errands. (101)

464-14. 私は友だちと週末を過ごした。

私(わたし) は 友だち(ともだち) と 週末(しゅうまつ) を 過ごし(すごし)た。

I spent the weekend with my friends. (87)

464-15. 私がなん回か店の前を通過した。

私(わたし) が なん回(かい) か 店(みせ) の 前(まえ) を 通過(つうか)した。

I passed by the store several times. (10)

464-16. 私たちはリビエラで冬を過ごした。

私(わたし)たち は リビエラ で 冬(ふゆ) を 過ごし(すごし)た。

We wintered on the Riviera. (101)

464-17. 同じ過ちをしないように注意しよう。

同(おな)じ 過(あやま)ち を しない よう に 注意(ちゅうい) しよう。

Let us take care not to make the same mistake. (62)

「～ように」 ["so that __"]: DJG v1 p553; Marx v2 day71; Tobira ch4 #6.

464-18. 町田さんは大会で楽しい時間を過ごした。

町田(まちだ)さん は 大会(たいかい) で 楽しい(たのしい) 時間(じかん) を 過ごし(すごし)た。

Machida-san had a nice time at the competition. (101)

464-19. 我々は、パトカーが駐車した地点を通り過ぎた。

我々(われわれ) は、 パトカー が 駐車(ちゅうしゃ) した 地点(ちてん) を 通り過ぎ(とおりすぎ)た。

We passed the point where the police car had parked. (101)

464-20. 今朝あなたの車が私の家の近くを通り過ぎるのを見た。

今朝(けさ) あなた の 車(くるま) が 私(わたし) の 家(いえ) の 近く (ちかく) を 通り過ぎる(とおりすぎる) の を 見(み)た。

I saw you driving by my house this morning. (87)

464-21. しかし十時を過ぎたし、全くのところ出発する時間だ。

しかし 十時(じゅうじ) を 過ぎ(すぎ)た し、 全く(まったく) の とこ ろ 出発(しゅっぱつ) する 時間(じかん) だ。

It is past ten, however, and quite time that we started. (4)

「しかし」 ["but"]: DJG v1 p120, v2 p18; Marx v1 day59.

464-22. 子供のころの時間の過ごし方が、その後の人生を左右する。

子供(こども) の ころ の 時間(じかん) の 過ごし方(すごしかた) が、 その 後(ご) の 人生(じんせい) を 左右(さゆう) する。

What you spend time doing in your childhood affects the rest of your life. (87)

464-23. 過去二十年のあいだ、物質も空間も、時間も大昔からのそれと同じであったことはなかった。

過去(かこ) 二十年(にじゅうねん) の あいだ、 物質(ぶっしつ) も 空間 (くうかん) も、 時間(じかん) も 大昔(おおむかし) から の それ と 同じ (おなじ) で あった こと は なかった。

For the last twenty years neither matter nor space nor time has been what it was from time immemorial. (102)

465： 骨

465-1. 中手骨。

中手骨(ちゅうしゅこつ)。

Metacarpal bones. (101)

465-2. 中足骨。

中足骨(ちゅうそっこつ)。

Metatarsal bones. (101)

465-3. 足根骨。

足根骨(そっこんこつ)。

Tarsal bones. (101)

465-4. 骨の関節面。

骨(ほね) の 関節面(かんせつめん)。

The articular surfaces of bones. (101)

465-5. 骨を取り外す。

骨(ほね) を 取り外す(とりはずす)。

Remove the bones from. (100)

465-6. 内耳を囲む骨。

内耳(ないじ) を 囲む(かこむ) 骨(ほね)。

The bone enclosing the middle ear. (100)

465-7. 背骨のない背びれ。

背骨(せぼね) の ない 背びれ(せびれ)。

Spineless dorsal fins. (101)

465-8. 寒さは骨身にこたえました。

寒(さむ)さ は 骨身(ほねみ) に こたえました。

The cold pierced him to the bone. (29)

465-9. これこそ、ついに私の骨の骨、私の肉の肉。

これ こそ、 ついに 私(わたし) の 骨(ほね) の 骨(ほね)、 私(わたし) の 肉(にく) の 肉(にく)。

This is now bone of my bones, and flesh of my flesh. (33)

「～こそ」 [places focus on the particular person, object, place, time, etc. that was just mentioned]: DJG v2 p132; Tobira ch12 #9.

465-10. 夕飯に骨付き豚肉一ポンド出前を取るダブリン市長をどう思う？

夕飯(ゆうはん) に 骨付き(ほねつき) 豚肉(ぶたにく) 一(いち) ポンド 出前(でまえ) を 取る(とる) ダブリン 市長(しちょう) を どう 思う(おもう)？

What do you think of a Lord Mayor of Dublin sending out for a pound of pork chops for his dinner? (49)

465-11. 我々の間に入って来た英国人などは、全くどこの馬の骨でしょう？

我々(われわれ) の 間(あいだ) に 入(はい)って 来(き)た 英国人(えいこくじん) など は、 全く(まったく) どこ の 馬の骨(うまのほね) でしょう？

Who was this Englishman that he should come between us? (1)

466：　昼

466-1. 戸外の昼食。

戸外(こがい) の 昼食(ちゅうしょく)。

An alfresco lunch. (101)

466-2. お昼はもう食べた？

お昼(おひる) は もう 食べ(たべ)た？

Have you eaten lunch yet? (87)

466-3. 今は昼の4時半だよ。

今(いま) は 昼(ひる) の 4時(じ) 半(はん) だ よ。

It's 4:30 in the afternoon. (87)

466-4. まだ昼ご飯を食べてない。

まだ 昼ご飯(ひるごはん) を 食べ(たべ)てない。

I haven't eaten lunch yet. (87)

466-5. 番犬は昼間を楽に過ごす。

番犬(ばんけん) は 昼間(ひるま) を 楽(らく) に 過(す)ごす。

The watchdog takes it easy during the day.

466-6. お昼どこで食べるか決めたの？

お昼(おひる) どこ で 食べる(たべる) か 決め(きめ)た の？

Have you decided where we are having lunch? (87)

466-7. 今日は昼食をとる時間がない。

今日(きょう) は 昼食(ちゅうしょく) を とる 時間(じかん) が ない。

I don't have enough time to eat lunch today. (87)

466-8. 毎日お昼ご飯を作っているよ。

毎日(まいにち) お昼(ひる) ご飯(はん) を 作っ(つくっ)て いる よ。

I make lunch every day. (87)

466-9. 外でお昼ご飯を食べましょう。

外(そと) で お昼(ひる) ご飯(はん) を 食べ(たべ)ましょう。

Let's eat lunch outside. (87)

466-10. 昼近い時間に朝食を取っていた。

昼(ひる) 近い(ちかい) 時間(じかん) に 朝食(ちょうしょく) を 取っ(とっ)て いた。

They helped themselves to breakfast during the hours verging upon lunch. (30)

466-11. 私たちは、昼食のために休会した。

私(わたし)たち は、 昼食(ちゅうしょく) の ため に 休会(きゅうかい)した。

We adjourned for lunch. (101)

466-12. 昼食前になにをするつもりだろう？

昼食(ちゅうしょく) 前(まえ) に なに を する つもり だろう？

What was he going to do before lunch-time? (89)

466-13. すみませんが、これは昼のメニューです。

すみません が、 これ は 昼(ひる) の メニュー です。

Excuse me, but this is the lunch menu. (10)

466-14. お昼ご飯を食べる場所を決められないよ。

お昼(ひる) ご飯(はん) を 食べる(たべる) 場所(ばしょ) を 決め(きめ)られない よ。

I can't decide where to eat lunch. (87)

466-15. この大会はいつも昼の光の中で行われる。

この 大会(たいかい) は いつも 昼(ひる) の 光(ひかり) の 中(なか)で 行わ(おこなわ)れる。

This competition always takes place during daylight.

466-16. 昼間は大広間で新聞の朝刊を読み切った。

昼間(ひるま) は 大広間(おおひろま) で 新聞(しんぶん) の 朝刊(ちょうかん) を 読(よ)み切(き)った。

This afternoon I read the morning paper from cover to cover in the main hall.

466-17. 12時から1時まで、1時間の昼休みがある。

12時(じ) から 1時(じ) まで、 1時間(じかん) の 昼休み(ひるやすみ) が ある。

We have an hour's recess for lunch from twelve to one. (87)

466-18. 図書館の前の木の下で昼食を食べている男性がなん人かいた。

図書館(としょかん) の 前(まえ) の 木の下(きのした) で 昼食(ちゅうしょく) を 食べ(たべ)て いる 男性(だんせい) が なん人(にん) か いた。

Some men were eating their lunches under the trees in front of the library. (87)

467： 夜

467-1. 楽しい一夜。

楽しい(たのしい) 一夜(いちや)。

A merry evening. (101)

467-2. 千夜一夜物語。

千夜(せんや) 一夜(いちや) 物語(ものがたり)。

The Tales of One Thousand and One Nights. (101)

467-3. 今日の夜予定ある？

今日(きょう) の 夜(よる) 予定(よてい) ある？

Do you have any plans for tonight? (87)

467-4. 今は夜中の2時だよ。

今(いま) は 夜中(よなか) の 2時(じ) だ よ。

It's two o'clock in the morning. (87)

467-5. 今夜は満月が見られる。

今夜(こんや) は 満月(まんげつ) が 見(み)られる。

A full moon can be seen tonight. (87)

467-6. 今夜は外食したくない。

今夜(こんや) は 外食(がいしょく) したくない。

I don't feel like eating out this evening. (87)

467-7. 昨夜チームは不調だった。

昨夜(さくや) チーム は 不調(ふちょう) だった。

The team was off form last night. (101)

467-8. 昨夜は夕飯を食べなかった。

昨夜(さくや) は 夕飯(ゆうはん) を 食べ(たべ)なかった。

I didn't eat dinner last night. (87)

467-9. もう夜中の十時近くでした。

もう 夜中(よなか) の 十時(じゅうじ) 近く(ちかく) でした。

It was now nearly ten at night. (29)

467-10. 昨夜、近所で火事があった。

昨夜(さくや)、 近所(きんじょ) で 火事(かじ) が あった。

Last night there was a fire in the neighborhood. (87)

467-11. こうして夜が過ぎていった。

こうして 夜(よる) が 過ぎ(すぎ)て いった。

Thus the night passed. (7)

「こうして」 ["like this"]: DJG v2 p131.

467-12. 今夜はとても楽しかったです。

今夜(こんや) は とても 楽しかっ(たのしかっ)た です。

I had a very good time tonight. (87)

467-13. 私たちは、夜明け前に起きた。

私(わたし)たち は、 夜明け(よあけ) 前(まえ) に 起き(おき)た。

We got up before dawn. (101)

467-14. 私たちは、夜通し飲んでいた。

私(わたし)たち は、 夜通し(よどおし) 飲ん(のん)で いた。

We were up drinking all night. (101)

467-15. 最後が、吾々の今夜の友人：

最後(さいご) が、 吾々(われわれ) の 今夜(こんや) の 友人(ゆうじん)：

Finally, here is our friend of tonight: (3)

467-16. 当局は夜間外出禁止令を出した。

当局(とうきょく) は 夜間(やかん) 外出(がいしゅつ) 禁止令(きんしれい) を 出し(だし)た。

The authorities have issued a curfew. (101)

467-17. 子供が後2回夜の英語学校に通う。

子供(こども) が 後(あと) 2回(かい) 夜(よる) の 英語(えいご) 学校(がっこう) に 通う(かよう)。

The child will attend two more evening English classes. (10)

467-18. 今夜はテレビを見る気分じゃない。

今夜(こんや) は テレビ を 見る(みる) 気分(きぶん) じゃ ない。

I don't feel like watching TV tonight. (87)

467-19. 関根さんは夜間学校に通っている。

関根(せきね)さん は 夜間(やかん) 学校(がっこう) に 通っ(かよっ)ている。

Sekine-san attends night school. (87)

467-20. 最も小さな池も、夜に天空を映す。

最も(もっとも) 小(ちい)さな 池(いけ) も、 夜(よる) に 天空(てんくう) を 映す(うつす)。

The smallest pond at night mirrors the firmament above. (101)

467-21. 今夜私たちは外国の映画を見ます。

今夜(こんや) 私(わたし)たち は 外国(がいこく) の 映画(えいが) を 見(み)ます。

We're going to see a foreign film tonight. (87)

467-22. 夜が明けると、また風が強くなった。

夜(よる) が 明(あ)ける と、 また 風(かぜ) が 強く(つよく) なった。

At daybreak the wind began to blow hard again. (7)

467-23. 昨日の夜の私の番組を聞きましたか。

昨日(きのう) の 夜(よる) の 私(わたし) の 番組(ばんぐみ) を 聞き(きき)ました か。

Did you hear my show last night? (87)

467-24. お訪ねするのは今夜、八時十五分前。

お訪ね(たずね) する の は 今夜(こんや)、 八時(はちじ) 十五分(じゅうごふん) 前(まえ)。

We shall call upon you to-night, at a quarter to eight o'clock. (73)

467-25. いやな音で夜中にはつと目を覚ました。

いや な 音(おと) で 夜中(よなか) に は つと 目(め) を 覚まし(さまし)た。

A strange noise in the middle of the night startled me awake. (10)

467-26. 本当なら出発するような夜ではなかった。

本当(ほんとう) なら 出発(しゅっぱつ) する よう な 夜(よる) で は なかった。

It was not such a night as he would have chosen to depart. (64)

467-27. 二人で湖の向こうの夜の明かりを楽しんだ。

二人(ふたり) で 湖(みずうみ) の 向こう(むこう) の 夜(よる) の 明かり(あかり) を 楽しん(たのしん)だ。

The two of us enjoyed the evening light across the lake. (101)

467-28. 夜が近づくと大きな森にやってきました。

夜(よる) が 近づく(ちかづく) と 大(おお)きな 森(もり) に やって きました。

Toward evening they came to a great forest. (99)

467-29. 夜分をすぎて夜明けが近くなっていました。

夜分(やぶん) を すぎて 夜明け(よあけ) が 近く(ちかく) なって いました。

It was nearer to the dawn than to midnight. (98)

467-30. さて、今夜はどっちの映画を見ましょうか？

さて、 今夜(こんや) は どっち の 映画(えいが) を 見(み)ましょう か？

Let's see, which movie should we see tonight? (101)

「さて」 [initiates a new matter]: DJG v3 p543; Tobira ch8 #6. 「-ましょうか」 ["shall I/we __"]: Genki ch6; Marx v1 day49.

467-31. あなたは、昨夜、夕食になにを食べましたか？

あなた は、 昨夜(さくや)、 夕食(ゆうしょく) に なに を 食べ(たべ)ました か？

What did you eat for dinner last night? (101)

467-32. 「ナイター」とは、夜間に行われるしあいのことを意味する。

「ナイター」 と は、 夜間(やかん) に 行わ(おこなわ)れる しあい の こと を 意味(いみ) する。

A "nighter" (night game) is a ballgame played at night. (100)

467-33. 昼間開花する花は、日中に開いて夜になると閉じる。

昼間(ちゅうかん) 開花(かいか) する 花(はな) は、 日中(にっちゅう) に 開い(ひらい)て 夜(よる) に なる と 閉じる(とじる)。

Diurnal flowers are open during the day and closed at night. (101)

「～になると」 ["when __ comes"]: DJG v2 p262; Genki ch18.

467-34. 勝さんは今夜成田から広東へ発ちます。

勝(まさる)さん は 今夜(こんや) 成田(なりた) から 広東(カントン) へ 発ち(たち)ます。

Masaru is leaving Narita for Guangdong this evening. (87)

467-35. 今夜のメインの上映作品は「カサブランカ」である。

今夜(こんや) の メイン の 上映(じょうえい) 作品(さくひん) は 「カサブランカ」 で ある。

The feature tonight is 'Casablanca'. (101)

467-36. 私のスパイが昨夜あなたはいい時間を過ごしたと私に言う。

私(わたし) の スパイ が 昨夜(さくや) あなた は いい 時間(じかん) を 過ごし(すごし)た と 私(わたし) に 言う(いう)。

My spies tell me that you had a good time last night. (101)

467-37. 12日の朝7時から21日の夜8時45分までの間は、9日と13時間45分あった。

12日(にち) の 朝(あさ) 7時(じ) から 21日(にち) の 夜(よる) 8時 (じ) 45分(ふん) まで の 間(あいだ) は、 9日(ここのか) と 13時間(じかん) 45分(ふん) あった。

From seven in the morning of the 12th to a quarter before nine in the evening of the 21st there were nine days, thirteen hours, and forty-five minutes. (7)

467-38. 神は言われた、「天の大空に光があって昼と夜とを分け、印のため、季節のため、日のため、年のためになり。」

神(かみ) は 言(い)われた、 「天(てん) の 大空(おおぞら) に 光(ひかり) が あって 昼(ひる) と 夜(よる) と を 分(わ)け、 印(しるし) の ため、 季節(きせつ) の ため、 日(にち) の ため、 年(とし) の ため に なり。」

And God said, "Let there be lights in the firmament of the heaven to divide the day from the night; and let them be for signs, and for seasons, and for days, and years". (33)

468： 液

468-1. 液化石油ガス。

液化(えきか) 石油(せきゆ) ガス。

Liquefied petroleum gas. (101)

468-2. 液体の石鹸×。

液体(えきたい) の 石鹸×(せっけん)。

Soap in liquid form. (100)

468-3. 乳液を形成する。

乳液(にゅうえき) を 形成(けいせい) する。

Form an emulsion. (100)

468-4. 化学工場の廃液。

化学(かがく) 工場(こうじょう) の 廃液(はいえき)。

Effluent from a chemical factory.

468-5. 乳液を出すサボテン。

乳液(にゅうえき) を 出す(だす) サボテン。

A cactus that emits a milky liquid. (100)

468-6. 小さなビンに液体を注ぐ。

小(ちい)さな ビン に 液体(えきたい) を 注ぐ(そそぐ)。

Funnel the liquid into the small bottle. (101)

468-7. 室温と室圧で液体である物質。

室温(しつおん)　と　室圧(しつあつ)　で　液体(えきたい)　である　物質(ぶっしつ)。

A substance that is liquid at room temperature and pressure. (100)

468-8. 二つの液体はミキサーで均質化された。

二つ(ふたつ)　の　液体(えきたい)　は　ミキサー　で　均質化(きんしつか)された。

The two liquids were homogenized in the blender. (101)

468-9. 古代人は血液は気持ちの源であると信じた。

古代人(こだいじん)　は　血液(けつえき)　は　気持(きも)ち　の　源(みなもと)　で　ある　と　信(しん)じた。

The ancients believed that blood was the seat of the emotions. (101)

469： 戒

469-1. 次回戒心すべき。

次回(じかい)　戒心(かいしん)　すべき。

Next time be more cautious.

469-2. 太らないように戒める。

太ら(ふとら)ない　よう　に　戒める(いましめる)。

Warn not to gain weight.

「～ようにいう」 {～ように言う 51} ["**tell (someone) to __**"]: DJG v1 p556; Tobira ch3 #11.

469-3. 支店長は戒めに手を前後にふった。

支店長(してんちょう)　は　戒め(いましめ)　に　手(て)　を　前後(ぜんご)に　ふった。

The branch manager waved his hand back and forth in admonition. (101)

469-4. モーセはシナイ山で神から十戒をさずかった。

モーセ　は　シナイ山(さん)　で　神(かみ)　から　十戒(じっかい)　を　さずかった。

Moses received the Ten Commandments from God on Mount Sinai. (100)

470： 幾

470-1. 幾分苦い。

幾分(いくぶん)　苦い(にがい)。

Somewhat bitter. (100)

470-2. 幾分固い。

幾分(いくぶん)　固い(かたい)。

Somewhat hard.

470-3. 幾時間もこうして待っていた。

幾時間(いくじかん)　も　こうして　待っ(まっ)て　いた。

For hours he waited this way. (82)

「こうして」 ["like this"]: DJG v2 p131.

470-4. 私は幾度も注意されたのです。

私(わたし) は 幾度(いくど) も 注意(ちゅうい) された の です。

I was warned numerous times.

470-5. 肉屋は幾つかの売店を持っている。

肉屋(にくや) は 幾(いく)つ か の 売店(ばいてん) を 持(も)っている。

The butcher has several shops.

471： 畿

471-1. 日本は八地方に区分されている、即ち北海道・東北・関東・中部・近畿・中国・四国・九しゅう。

日本(にほん) は 八(はち) 地方(ちほう) に 区分(くぶん) されて いる、 即ち(すなわち) 北海道(ほっかいどう) ・ 東北(とうほく) ・ 関東(かんとう) ・ 中部(ちゅうぶ) ・ 近畿(きんき) ・ 中国(ちゅうごく) ・ 四国(しこく) ・ 九しゅう(きゅうしゅう)。

Japan is divided into eight regions, namely Hokkaido, Tohoku, Kanto, Chubu, Kinki, Chugoku, Shikoku, and Kyushu.

「すなわち〜」 {即ち〜* 390} ["namely, __", "that is, __"]: DJG v2 p538 (under つまり); Tobira ch14 #2.

472： 磯

472-1. ちくわの磯辺あげ。

ちくわ の 磯辺(いそべ) あげ。

Fried *chikuwa* (tubular fish cake) dressed in seaweed-seasoned batter.

472-2. この辺りは磯のかおりが強い。

この 辺り(あたり) は 磯(いそ) の かおり が 強い(つよい)。

The smell of the coast is strong around here. (10)

472-3. 口中に磯のかおりが広がります。

口中(くちじゅう) に 磯(いそ) の かおり が 広がり(ひろがり)ます。

The flavors of the ocean spread in your mouth. (10)

472-4. 磯伝いに行くとなにかが海で光った。

磯伝い(いそづたい) に 行く(いく) と なに か が 海(うみ) で 光っ(ひかっ)た。

Walking along the coastline she noticed something shining out in the water.

473： 機

473-1. 行政機関。

行政(ぎょうせい)　機関(きかん)。
Administrative organs. (101)

473-2. 有機生命。
　　有機(ゆうき)　生命(せいめい)。
　　Organic life. (101)

473-3. 有機化合物。
　　有機(ゆうき)　化合物(かごうぶつ)。
　　Organic compounds. (100)

473-4. 有機的成長。
　　有機的(ゆうきてき)　成長(せいちょう)。
　　Organic growth. (101)

473-5. 社会有機体。
　　社会(しゃかい)　有機体(ゆうきたい)。
　　The social organism. (101)

473-6. 社交的な機会。
　　社交的(しゃこうてき)　な　機会(きかい)。
　　A sociable occasion. (101)

473-7. 機転が利く人。
　　機転(きてん)　が　利く(きく)　人(ひと)。
　　An agile mind. (101)

473-8. 機会が開かれた。
　　機会(きかい)　が　開か(ひらか)れた。
　　An opportunity opened up. (101)

473-9. 英国政府の行政機関。
　　英国(えいこく)　政府(せいふ)　の　行政(ぎょうせい)　機関(きかん)。
　　An administrative agency of the British government. (100)

473-10. これは機内に持ち込めますか。
　　これ　は　機内(きない)　に　持ち込め(もちこめ)ます　か。
　　Can I carry this on the plane? (87)

473-11. そうする機転がきかなかった。
　　そう　する　機転(きてん)　が　きかなかった。
　　I didn't have the sense to do so. (87)

473-12. この機会を利用する方がよい。
　　この　機会(きかい)　を　利用(りよう)　する　方(ほう)　が　よい。
　　You should take advantage of this opportunity. (87)

473-13. 機会は、一週間後に訪れた。
　　機会(きかい)　は、　一週間(いっしゅうかん)　後(ご)　に　訪(おとず)れた。

The opportunity came a week later. (64)

473-14. 私は毎日公共交通機関を利用する。

私(わたし) は 毎日(まいにち) 公共(こうきょう) 交通(こうつう) 機関(きかん) を 利用(りよう) する。

I use public transit every day. (10)

473-15. 私たちは元気よくその機会を受け入れた。

私(わたし)たち は 元気(げんき) よく その 機会(きかい) を 受け入れ(うけいれ)た。

We accepted the opportunity buoyantly. (101)

473-16. 私にはまだその映画を見る機会がありません。

私(わたし) に は まだ その 映画(えいが) を 見る(みる) 機会(きかい) が ありません。

I have not had a chance to see that movie. (87)

473-17. その休日は我々がワシントンを訪れる好機となった。

その 休日(きゅうじつ) は 我々(われわれ) が ワシントン を 訪れる(おとずれる) 好機(こうき) と なった。

The holiday gave us the opportunity to visit Washington. (101)

474： 械

474-1. 布地を作る機械。

布地(ぬのじ) を 作る(つくる) 機械(きかい)。

A machine for making textiles. (100)

474-2. 機械化された工場。

機械化(きかいか) された 工場(こうじょう)。

A mechanized factory. (101)

474-3. 強風の機械的な圧力。

強風(きょうふう) の 機械的(きかいてき) な 圧力(あつりょく)。

The mechanical pressure of a strong wind. (101)

474-4. 食器を洗うための機械。

食器(しょっき) を 洗う(あらう) ため の 機械(きかい)。

A machine for washing dishes. (100)

474-5. 勝郎さんは器械パネルをチェックした。

勝郎(かつろう)さん は 器械(きかい) パネル を チエック した。

Katsuro checked the instrument panel. (101)

474-6. 他の国ではまだ車を手作りしている時にアメリカ人は機械で作っていた。

他(ほか) の 国(くに) では まだ 車(くるま) を 手作(てづく)り して いる 時(とき) に アメリカ人(じん) は 機械(きかい) で 作(つく)って いた。

The Americans were machining while others still hand-made cars. (101)

474-7. 湿った口は時々だらりと開いて、閉じるたびに機械的に一、二度もぐもぐした。

湿っ(しめっ)た 口(くち) は 時々(ときどき) だらり と 開い(ひらい)て、 閉じる(とじる) たび に 機械的(きかいてき) に 一(いち)、 二(に) 度(ど) もぐもぐ した。

The moist mouth fell open at times, munching mechanically once or twice when it closed. (49)

475： 飛

475-1. 持続飛行。

持続(じぞく) 飛行(ひこう)。

Sustained flight. (101)

475-2. 飛行機の後部ドア。

飛行機(ひこうき) の 後部(こうぶ) ドア。

The rear door of the plane. (101)

475-3. ゴルフボールを飛ばす。

ゴルフ ボール を 飛ばす(とばす)。

Drive a golf ball. (101)

475-4. 土地にとても近く飛ぶ。

土地(とち) に とても 近く(ちかく) 飛ぶ(とぶ)。

Fly very close to the ground. (100)

475-5. 飛行の間そばを通り過ぎる。

飛行(ひこう) の 間(あいだ) そば を 通り過ぎる(とおりすぎる)。

Pass by while flying. (100)

475-6. 飛行機は、頭上を飛んでいた。

飛行機(ひこうき) は、 頭上(ずじょう) を 飛ん(とん)で いた。

Planes were flying overhead. (101)

「～を」 [indicates space of motion]: DJG v1 p349.

475-7. 両親は飛行機事故で亡くなった。

両親(りょうしん) は 飛行機(ひこうき) 事故(じこ) で 亡くなっ(なくなっ)た。

My parents were killed in a plane crash. (87)

475-8. 鳥たちは風上に向かって飛んだ。

鳥(とり)たち は 風上(かざかみ) に 向かっ(むかっ)て 飛ん(とん)だ。

The birds flew upwind. (101)

475-9. 飛ぶのは、ごく簡単に見えました。

飛ぶ(とぶ) の は、 ごく 簡単(かんたん) に 見え(みえ)ました。

Flying looked extremely easy. (64)

475-10. 勝さんは社命で山東に飛ばされた。

勝(まさる)さん は 社命(しゃめい) で 山東(さんとう) に 飛ばさ(とばさ)れた。

Masaru was sent by his company to Shandong. (87)

475-11. 松下先生は、新入生に飛びついた。

松下(まつした) 先生(せんせい) は、 新入生(しんにゅうせい) に 飛びつい(とびつい)た。

Matsushita-sensei swooped down upon the new students. (101)

475-12. ライトは場外にボールを飛ばした。

ライト は 場外(じょうがい) に ボール を 飛ばし(とばし)た。

The right fielder hit the ball out of the park. (87)

475-13. 飛行機の出発予定はなんじですか？

飛行機(ひこうき) の 出発(しゅっぱつ) 予定(よてい) は なんじ です か？

When does your plane depart? (87)

475-14. 独りぼっちの一羽の鳥が空を飛んでいた。

独りぼっち(ひとりぼっち) の 一羽(いちわ) の 鳥(とり) が 空(そら) を 飛ん(とん)で いた。

One lonely bird flew across the sky. (87)

「〜を」 [indicates space of motion]: DJG v1 p349.

475-15. 私たちはかろうじて飛行機に間に合った。

私(わたし)たち は かろうじて 飛行機(ひこうき) に 間に合っ(まにあっ)た。

We barely made the plane. (101)

475-16. 勝郎さんは車から飛び出て湖に飛び込んだ。

勝郎(かつろう)さん は 車(くるま) から 飛び出(とびで)て 湖(みずうみ) に 飛び込ん(とびこん)だ。

Katsuro dashed out of the car and leapt into the lake. (87)

475-17. 受賞者は今夜飛行機でシンシナティへ行く。

受賞者(じゅしょうしゃ) は 今夜(こんや) 飛行機(ひこうき) で シンシナ ティ へ 行く(いく)。

The award winner is flying to Cincinnati tonight. (101)

475-18. 東京から大阪まで飛行時間は約一時間です。

東京(とうきょう) から 大阪(おおさか) まで 飛行(ひこう) 時間(じかん) は 約(やく) 一時間(いちじかん) です。

The flight time from Tokyo to Osaka is roughly one hour. (87)

475-19. 今出発すれば飛行機に間に合うでしょうか。

今(いま)　出発(しゅっぱつ)　すれば　飛行機(ひこうき)　に　間に合う(まにあう)　でしょう　か。

Will we be in time for the plane if we leave now? (87)

475-20. 関根さんはびっくりして車室から飛び出した。

関根(せきね)さん　は　びっくり　して　車室(しゃしつ)　から　飛び出し(とびだし)た。

Startled, Sekine-san rushed out of his train compartment. (7)

475-21. 馬場さんはベッドから飛び起きて外を見ました。

馬場(ばば)さん　は　ベッド　から　飛び起き(とびおき)て　外(そと)　を　見(み)ました。

Baba-san jumped out of bed and looked out. (75)

475-22. 事故の後、パイロットは飛行機を飛行し続けた。

事故(じこ)　の　後(あと)、　パイロット　は　飛行機(ひこうき)　を　飛行(ひこう)　し続け(つづけ)た。

The pilot continued flying the plane after the accident.

475-23. 本当なら飛んで行ってしまうのが一番簡単でした。

本当(ほんとう)　なら　飛ん(とん)で　行っ(いっ)て　しまう　の　が　一番(いちばん)　簡単(かんたん)　でした。

In truth nothing could have been easier than to fly off. (64)

475-24. あらあら、時は飛ぶように過ぎ去ってしまうものね！

あらあら、　時(とき)　は　飛ぶ(とぶ)　よう　に　過ぎ去っ(すぎさっ)て　しまう　もの　ね！

Ah me, how time flies! (64)

「～もの(だ)」　[emphasis on a particular situation]: DJG v1 p257.

475-25. 磯部さんは、飛行機で、2人の太った男性の間にはさまれた。

磯部(いそべ)さん　は、　飛行機(ひこうき)　で、　2人(ふたり)　の　太っ(ふとっ)た　男性(だんせい)　の　間(あいだ)　に　はさまれた。

Isobe-san was sandwiched in her airplane seat between two fat men. (101)

475-26. 由紀さんがドアを開けるとすぐに、白い犬が家から飛び出してきた。

由紀(ゆき)さん　が　ドア　を　開ける(あける)　と　すぐ　に、　白い(しろい)　犬(いぬ)　が　家(いえ)　から　飛び出し(とびだし)て　きた。

As soon as Yuki opened the door, a white dog ran out of the house. (87)

475-27. ドロシーはベッドから飛び出て、トトをすぐ後ろに続かせて走り、戸を開けました。

ドロシー　は　ベッド　から　飛び出(とびで)て、　トト　を　すぐ　後ろ(うしろ)　に　続か(つづか)せて　走り(はしり)、　戸(と)　を　開け(あけ)ました。

Dorothy sprang from her bed and with Toto at her heels ran to open the door. (99)

476：　氏

476-1. そこが故小坂氏の住居でした。

そこ が 故(こ) 小坂(こさか) 氏(し) の 住居(じゅうきょ) でした。

That was the late Mr. Kosaka's dwelling. (98)

476-2. フォッグ氏は夕食を食べ続けた。

フォッグ 氏(し) は 夕食(ゆうしょく) を 食べ続け(たべつづけ)た。

Mr. Fogg continued his dinner. (7)

476-3. 弓子さんは中原氏の部下だった。

弓子(ゆみこ)さん は 中原(なかはら) 氏(し) の 部下(ぶか) だった。

Yumiko was assistant to Mr. Nakahara. (101)

476-4. フォッグ氏は取引所へと向かった。

フォッグ 氏(し) は 取引所(とりひきじょ) へ と 向かっ(むかっ)た。

Mr. Fogg repaired to the Exchange. (7)

476-5. ホラハン氏とバーク氏が部屋に入ってきた。

ホラハン 氏(し) と バーク 氏(し) が 部屋(へや) に 入っ(はいっ)て きた。

Mr. Holohan and Mr. Burke came into the room. (58)

476-6. 午後に、アターソン氏はジキル氏の家を訪ねた。

午後(ごご) に、 アターソン 氏(し) は ジキル 氏(し) の 家(いえ) を 訪ね(たずね)た。

It was afternoon when Mr. Utterson found his way to Dr. Jekyll's door. (84)

476-7. フィッツパトリック氏は楽しんでいるようだった。

フィッツパトリック 氏(し) は 楽しん(たのしん)で いる よう だった。

Mr. Fitzpatrick seemed to enjoy himself. (58)

「〜ようだ」 ["looks like __"; "seems (that) __"]: DJG v1 p547; Marx v2 day66.

476-8. 志願者は住所・氏名・年令・電話番号を明記する。

志願者(しがんしゃ) は 住所(じゅうしょ)・ 氏名(しめい)・ 年令(ねんれい)・ 電話番号(でんわばんごう) を 明記(めいき) する。

Applicants should write down their name, address, age and telephone number. (10)

476-9. この物質はセ氏768度から906度の間の温度で安定する。

この 物質(ぶっしつ) は セ氏(せっし) 768度(ど) から 906度(ど) の 間(あいだ) の 温度(おんど) で 安定(あんてい) する。

This substance is stable between 768 and 906 degrees centigrade. (100)

476-10. ダーシー氏は首を入念に包みながら顔をしかめて立っていた。

ダーシー 氏(し) は 首(くび) を 入念(にゅうねん) に 包み(つつみ)ながら 顔(かお) を しかめて 立っ(たっ)て いた。

Mr. D'Arcy stood swathing his neck carefully and frowning. (25)

「〜ながら」 ["while __"]: DJG v1 p269; Genki ch18; Marx v1 day88.

476-11. フォッグ氏たちは、この時間を利用してリノを訪ねることにした。

フォッグ 氏(し) たち は、 この 時間(じかん) を 利用(りよう) して リノ を 訪ねる(たずねる) こと に した。

Mr. Fogg and his party had time to pay a visit to Reno. (7)

476-12. その時、フォッグ氏を見つめていた男が丁寧な感じで近づいてきた。

その 時(とき)、 フォッグ 氏(し) を 見つめ(みつめ)て いた 男(おとこ) が 丁寧(ていねい) な 感じ(かんじ) で 近づい(ちかづい)て きた。

Just then a man who had been observing Mr. Fogg attentively approached. (7)

476-13. ハイド氏の過去の大部分は明るみに出されたが、まことにひどいものだった。

ハイド 氏(し) の 過去(かこ) の 大部分(だいぶぶん) は 明るみ(あかるみ) に 出さ(ださ)れた が、 まことに ひどい もの だった。

Much of Mr. Hyde's past was unearthed, and it was disreputable indeed. (84)

「～もの(だ)」 [emphasis on a particular situation]: DJG v1 p257.

476-14. ぼくも一、二回クレイ氏と手合わせをしたが、きみの言うとおりその道のトップだ。

ぼく も 一(いち)、 二回(にかい) クレイ 氏(し) と 手合(てあ)わせ を した が、 きみ の 言う(いう) とおり その道(そのみち) の トップ だ。

I too have had one or two turns with Mr. Clay, and I agree with you that he is at the head of his profession. (4)

477： 民

477-1. 国民性。

国民性(こくみんせい)。

A national trait. (101)

477-2. 米国民。

米(べい) 国民(こくみん)。

American citizens. (101)

477-3. 市民会館。

市民(しみん) 会館(かいかん)。

Civic auditorium. (101)

477-4. 地元の住民。

地元(じもと) の 住民(じゅうみん)。

The local citizens. (101)

477-5. スペイン国民。

スペイン 国民(こくみん)。

The Spanish people. (101)

477-6. 政府の民政部門。

政府(せいふ) の 民政(みんせい) 部門(ぶもん)。

Civil branches of government. (101)

477-7. 人民政府の機関。

人民(じんみん) 政府(せいふ) の 機関(きかん)。

Institutions of popular government. (101)

477-8. 関根氏は民主党の支持者だ。

関根(せきね) 氏(し) は 民主党(みんしゅとう) の 支持者(しじしゃ) だ。

Mr. Sekine is a Democratic Party supporter. (87)

477-9. 次回の会合の日時は民主的に決定された。

次回(じかい) の 会合(かいごう) の 日時(にちじ) は 民主的(みんしゅてき) に 決定(けってい) された。

The date of the next meeting was decided democratically. (101)

477-10. 井戸水を飲まないよう市が住民に注意をよびかける。

井戸水(いどみず) を 飲ま(のま)ない よう 市(し) が 住民(じゅうみん) に 注意(ちゅうい) を よびかける。

The city alerts all residents not to drink well water. (10)

478： 紙

478-1. 有力紙。

有力(ゆうりょく) 紙(し)。

An influential newspaper. (101)

478-2. 上等の包み紙。

上等(じょうとう) の 包み紙(つつみがみ)。

Top-grade wrapping paper.

478-3. 白紙委任します。

白紙(はくし) 委任(いにん) します。

You have carte blanche. (4)

478-4. 戦線から手紙を受ける。

戦線(せんせん) から 手紙(てがみ) を 受ける(うける)。

Receive letters from the front. (101)

478-5. 紙をテーブルの上に並べる。

紙(かみ) を テーブル の 上(うえ) に 並べる(ならべる)。

Align sheets of paper on a table. (101)

478-6. この手紙を読み解いてくれる？

この 手紙(てがみ) を 読み解い(よみとい)て くれる？

Can you decipher this letter for me? (101)

478-7. お手紙楽しみに待っています。

お手紙(てがみ) 楽しみ(たのしみ) に 待っ(まっ)て います。

I'm looking forward to your letter. (87)

478-8. 委員会への手紙を３通作成する。

委員会(いいんかい) へ の 手紙(てがみ) を ３通(つう) 作成(さくせい) する。

Triplicate the letter to the committee. (101)

478-9. 昨日、昔の友だちから手紙が来た。

昨日(きのう)、 昔(むかし) の 友だち(ともだち) から 手紙(てがみ) が 来(き)た。

I got a letter from an old friend yesterday. (87)

478-10. 来週手紙書くか電話かけるかするよ。

来週(らいしゅう) 手紙(てがみ) 書く(かく) か 電話(でんわ) かける か する よ。

I'll either write to you or phone you next week. (87)

「〜か〜か」 ["either __ or __"]: DJG v1 p164; Marx v2 day14.

478-11. 私たちは１年間手紙のやり取りをしている。

私(わたし)たち は １年間(ねんかん) 手紙(てがみ) の やり取り(やりとり) を して いる。

We have been exchanging letters for a year. (101)

478-12. 用紙の一番下にお名前とご住所を記入して下さい。

用紙(ようし) の 一番(いちばん) 下(した) に お名前(なまえ) と ご住所(ごじゅうしょ) を 記入(きにゅう) して 下(くだ)さい。

Please write your name and address at the bottom of the sheet. (87)

478-13. 私は支店長にこの用紙に穴を開けるよう命じられた。

私(わたし) は 支店長(してんちょう) に この 用紙(ようし) に 穴(あな) を 開ける(あける) よう 命じ(めいじ)られた。

I was ordered by the Branch Manager to perforate these sheets of paper. (101)

478-14. このばらばらのノート用紙をまとめる物はありますか。

この ばらばら の ノート用紙(ようし) を まとめる 物(もの) は あります か。

Do you have anything that will hold together these loose notepapers?

「まとめる」 ["gather", "put together", "unify"; "arrange", "summarize"].

478-15. こういう上等の和紙は一束半クラウン以下では買えまい。

こういう 上等(じょうとう) の 和紙(わし) は 一束(いっそく) 半(はん) クラウン 以下(いか) では 買え(かえ)まい。

Such high-end Japanese paper could not be bought under half a crown a packet. (4)

「こういう〜/こういった〜」 {こう言う〜 / こう言った〜 51} ["such __"]: DJG v2 p131; Tobira ch4 #10. 「〜まい」 ["isn't/aren't/won't __"]: DJG v2 p161.

478-16. 私は若松神父に手紙を出した。しかし、返事はくれなかった。

私(わたし) は 若松(わかまつ) 神父(しんぷ) に 手紙(てがみ) を 出し(だし)た。しかし、 返事(へんじ) は くれなかった。

I wrote to Father Wakamatsu. However, I got no answer. (1)

「**しかし**」 ["**but**"]: DJG v1 p120, v2 p18; Marx v1 day59. 「**〜くれる**」 {〜呉れる** 1478} ["**give**"]: DJG v1 p213; Genki ch14; Marx v2 day30.

478-17. その二日目の夕方、やっとキュービット氏から、一通の手紙が来た。

その 二日目(ふつかめ) の 夕方(ゆうがた)、 やっと キュービット 氏 (し) から、 一通(いっつう) の 手紙(てがみ) が 来(き)た。

At last on the evening of the second there came a letter from Mr. Cubitt. (1)

478-18. 気を付けて、中国語では「手紙」とはトイレットペーパーを言うからね。

気(き) を 付け(つけ)て、 中国語(ちゅうごくご) で は 「手紙(てがみ)」 と は トイレット ペーパー を 言う(いう) から ね。

Be careful, in Chinese the Japanese word for "letter" means "toilet paper".

478-19. それからの一時間でジキル氏が私に話したことは、紙に記す気がしない。

それ から の 一時間(いちじかん) で ジキル 氏(し) が 私(わたし) に 話し(はなし)た こと は、 紙(かみ) に 記す(しるす) 気(き) が しない。

What Mr. Jekyll told me in the next hour, I can't bring my mind to set on paper. (84)

478-20. 弓子ちゃんは紙飛行機を作るのが下手くそ。かのじょが作った飛行機はどれも飛ばん。

弓子(ゆみこ)ちゃん は 紙飛行機(かみひこうき) を 作る(つくる) の が 下手くそ(へたくそ)。 かのじょ が 作っ(つくっ)た 飛行機(ひこうき) は ど れ も 飛ば(とば)ん。

Yumiko sucks at making paper airplanes. None of the planes she made flies. (87)

「**-ん**」 [colloquial contraction of -ない: "**not __**"].

479： 低

479-1. 低品質。

低品質(ていひんしつ)。

Inferior quality. (100)

479-2. 低く飛ぶ。

低く(ひくく) 飛ぶ(とぶ)。

Fly low. (100)

479-3. 低い天井。

低い(ひくい) 天井(てんじょう)。

Low ceilings. (101)

479-4. 品質の低下。

品質(ひんしつ) の 低下(ていか)。

A falloff in quality. (101)

479-5. 質の低い書き物。

質(しつ) の 低い(ひくい) 書き物(かきもの)。
Writing of poor quality. (100)

479-6. 低カロリーの食事。

低(てい)カロリー の 食事(しょくじ)。
A low-cal meal. (101)

479-7. 正常よりも低い体温。

正常(せいじょう) より も 低い(ひくい) 体温(たいおん)。
Subnormal body temperature. (100)

479-8. 新井さんは血圧が低い。

新井(あらい)さん は 血圧(けつあつ) が 低い(ひくい)。
Arai-san has low blood pressure. (87)

479-9. 月が空に低く出ている。

月(つき) が 空(そら) に 低く(ひくく) 出(で)て いる。
The moon is low in the sky. (87)

479-10. 井上氏は身長が低いです。

井上(いのうえ) 氏(し) は 身長(しんちょう) が 低い(ひくい) です。
Mr. Inoue is short in stature. (101)

479-11. たしかに天井は低かった。

たしか に 天井(てんじょう) は 低かっ(ひくかっ)た。
The ceiling was indeed low. (90)

479-12. 平均身長よりずっと低い。

平均(へいきん) 身長(しんちょう) より ずっと 低い(ひくい)。
Well below average height. (100)

479-13. この画面は私には低すぎる。

この 画面(がめん) は 私(わたし) に は 低(ひく)すぎる。
This screen is too low for me. (87)

479-14. 今日の最低気温は3℃だった。

今日(きょう) の 最低(さいてい) 気温(きおん) は 3℃(ど) だった。
Today's low was 3 degrees. (87)

479-15. 町田さんは、低い金利を利用した。

町田(まちだ)さん は、 低い(ひくい) 金利(きんり) を 利用(りよう) し
た。
Machida-san took advantage of the low interest rates. (101)

479-16. 低温でのローストは数時間かかった。

低温(ていおん) で の ロースト は 数時間(すうじかん) かかった。
The slow roasting took several hours. (101)

479-17. 磯部氏の地所は季節的に水につかる低地にある。

磯部(いそべ) 氏(し) の 地所(じしょ) は 季節的(きせつてき) に 水(みず) に つかる 低地(ていち) に ある。

Mr. Isobe's land is in a low-lying area that is seasonally flooded. (100)

480： 抵

480-1. 向井さんは法に抵触した。

向井(むかい)さん は 法(ほう) に 抵触(ていしょく) した。

Mukai-san ran afoul of the law. (101)

480-2. 駅前には大抵タクシーがいる。

駅前(えきまえ) に は 大抵(たいてい) タクシー が いる。

There are usually taxis in front of the train station. (87)

480-3. 私はその当時大抵5時に起きた。

私(わたし) は その 当時(とうじ) 大抵(たいてい) 5時(じ) に 起き(おき)た。

I usually got up at five in those days. (87)

480-4. 大抵の国では女性は男性より長生きだ。

大抵(たいてい) の 国(くに) で は 女性(じょせい) は 男性(だんせい) より 長生き(ながいき) だ。

Women live longer than men in most countries. (87)

480-5. 質屋は抵当として土井さんの銀器を取った。

質屋(しちや) は 抵当(ていとう) として 土井(どい)さん の 銀器(ぎんき) を 取っ(とっ)た。

The pawnbroker took Doi-san's silverware as collateral.

「～として」 ["in the capacity of __"]: DJG v1 p501; Tobira ch3 #6.

480-6. 坂井さんの家は9000万円の抵当に入っている。

坂井(さかい)さん の 家(いえ) は 9000万(まん) 円(えん) の 抵当(ていとう) に 入っ(はいっ)て いる。

Sakai-san's house is mortgaged for nine million yen.

480-7. その間、目は内部で回転していて、大抵すごく目を細くしていた。

その間(そのかん)、 目(め) は 内部(ないぶ) で 回転(かいてん) して いて、 大抵(たいてい) すごく 目(め) を 細く(ほそく) して いた。

During that interval, his eyes were turned much inwards, so that he often squinted frightfully. (12)

481： 邸

481-1. 皇室の私邸。

皇室(こうしつ) の 私邸(してい)。

Private residence of the Imperial Family.

481-2. 学部長の公邸。

学部長(がくぶちょう) の 公邸(こうてい)。

The dean's official residence. (100)

481-3. マーチ氏は友人のフィッシャー氏と、ウィローウッド邸まで行く予定だった。

マーチ 氏(し) は 友人(ゆうじん) の フィッシャー 氏(し) と、 ウィローウッド 邸(てい) まで 行く(いく) 予定(よてい) だった。

Mr. March had planned to go with his friend Mr. Fisher to Willowood Place. (30)

481-4. スーツケースを持って、川べりにあるウィローウッド邸の畑の前門にたどりついた。

スーツケース を 持っ(もっ)て、 川べり(かわべり) に ある ウィローウッド 邸(てい) の 畑(はたけ) の 前門(ぜんもん) に たどりついた。

With his suitcase in hand, he at last arrived before the gate of the long riverside orchards of Willowood Place. (30)

482： 底

482-1. 底なしの穴。

底なし(そこなし) の 穴(あな)。

A bottomless pit. (101)

482-2. 平底のボート。

平底(ひらぞこ) の ボート。

A flat-bottomed boat. (101)

482-3. 三角形の底辺。

三角形(さんかっけい) の 底辺(ていへん)。

The base of a triangle. (101)

482-4. どん底に当たる。

どん底(どんぞこ) に 当(あ)たる。

Hit rock bottom. (100)

482-5. 根底にある意味。

根底(こんてい) に ある 意味(いみ)。

An underlying meaning. (101)

482-6. 心の底から同意します。

心(こころ) の 底(そこ) から 同意(どうい) します。

I wholeheartedly agree. (87)

482-7. 心の底では本当だと分かっている。

心(こころ) の 底(そこ) で は 本当(ほんとう) だ と 分かっ(わかっ)ている。

In your heart you know it is true. (101)

482-8. 1970年に北海の海底で石油が発見された。

1970年(ねん)に 北海(ほっかい)の 海底(かいてい)で 石油(せきゆ)が 発見(はっけん)された。

Oil was discovered beneath the North Sea in 1970. (87)

482-9. 底に、大きな穴がぽっかり口を開けています。

底(そこ)に、大(おお)きな 穴(あな)が ぽっかり 口(くち)を 開け(あけ)て います。

There is a giant, gaping hole on the bottom. (10)

483： 巨

483-1. 巨大な飛行機。

巨大(きょだい)な 飛行機(ひこうき)。

Gigantic aircraft. (101)

483-2. 巨人には頭がなかった。

巨人(きょじん)に は 頭(あたま)が なかった。

The giant was headless. (7)

483-3. 大男はテーブルの上で巨大な手を広げた。

大男(おおおとこ)は テーブル の 上(うえ)で 巨大(きょだい)な 手(て)を 広げ(ひろげ)た。

The giant splayed his huge hands over the table. (101)

483-4. さてかかしは、ドロシーが話してくれた巨大な頭に会うものと思っていたので、たいへん安心しました。

さて かかし は、ドロシー が 話し(はなし)て くれた 巨大(きょだい)な 頭(あたま)に 会う(あう)もの と 思っ(おもっ)て いた ので、たいへん 安心(あんしん)しました。

Now the Scarecrow, who had expected to see the great Head Dorothy had told him of, was much relieved. (99)

「さて」 [initiates a new matter]: DJG v3 p543; Tobira ch8 #6.

484： 臣

484-1. 近臣として仕える。

近臣(きんしん)として 仕える(つかえる)。

Serve as a personal attendant to. (100)

「〜として」 ["in the capacity of __"]: DJG v1 p501; Tobira ch3 #6.

484-2. 大臣は長年王に仕えた。

大臣(だいじん)は 長年(ながねん)王(おう)に 仕え(つかえ)た。

The minister served the King for many years. (101)

484-3. 大臣は、正午前はだれにも会わない。

大臣(だいじん) は、 正午(しょうご) 前(まえ) は だれ に も 会わ(あわ)ない。

The minister doesn't see anybody before noon. (101)

484-4. 記者会見で、大臣があまりにも個人的な発言をしてしまいました。

記者(きしゃ) 会見(かいけん) で、 大臣(だいじん) が あまり に も 個人的(こじんてき) な 発言(はつげん) を して しまいました。

The minister made an excessively personal remark at the press conference.

485 ： 基

485-1. 基本ルール。

基本(きほん) ルール。

A cardinal rule. (101)

485-2. 公的な基金。

公的(こうてき) な 基金(ききん)。

Public funds. (101)

485-3. 未支出基金。

未支出(みししゅつ) 基金(ききん)。

Unexpended funds. (101)

485-4. アルファベット文字に基づく書記法。

アルファベット 文字(もじ) に 基づく(もとづく) 書記法(しょきほう)。

A writing system based on alphabetic characters. (100)

「～にもとづいて / ～にもとづく」 {～に基づいて / ～に基づく 485} ["based on __"]: DJG v2 p261.

485-5. 中国語の官話は北京方言を基にしている。

中国語(ちゅうごくご) の 官話(かんわ) は 北京(ペキン) 方言(ほうげん) を 基(もと) に して いる。

Mandarin Chinese is based on the dialect of Beijing. (100)

485-6. 私、基本的に一人でいる方が好きなんです。

私(わたし)、 基本的(きほんてき) に 一人(ひとり) で いる 方(ほう) が 好き(すき) なん です。

I basically prefer being by myself. (87)

485-7. ベンチの基底を地面に固定しておいて下さい。

ベンチ の 基底(きてい) を 地面(じめん) に 固定(こてい) して おいて 下(くだ)さい。

Please fix the base of bench to the ground.

486 ： 期

486-1. 解禁期。

解禁期(かいきんき)。
Open season. (101)

486-2. 次期社長。
次期(じき) 社長(しゃちょう)。
The next (company) president. (101)

486-3. 出生前期。
出生(しゅっしょう) 前期(ぜんき)。
The prenatal period. (101)

486-4. 所定の期間。
所定(しょてい) の 期間(きかん)。
A fixed period of time. (100)

486-5. 定期刊行物。
定期(ていき) 刊行物(かんこうぶつ)。
Serial publication. (101)

486-6. 画期的な発見。
画期的(かっきてき) な 発見(はっけん)。
An epoch-making discovery. (101)

486-7. ジュラ紀後期。
ジュラ紀(じゅらき) 後期(こうき)。
Late Jurassic. (100)

486-8. 一番早い時期。
一番(いちばん) 早い(はやい) 時期(じき)。
The earliest period. (100)

486-9. 定期的に起こる。
定期的(ていきてき) に 起こる(おこる)。
Happen regularly. (100)

486-10. 無期限に長い時間。
無期限(むきげん) に 長い(ながい) 時間(じかん)。
For an indefinitely long time. (100)

486-11. 安定した天気の期間。
安定(あんてい) した 天気(てんき) の 期間(きかん)。
A period of settled weather. (101)

486-12. 品質期限の長い牛乳。
品質(ひんしつ) 期限(きげん) の 長い(ながい) 牛乳(ぎゅうにゅう)。
Long-life milk. (101)

486-13. 24時間周期のリズム。
24時間(じかん) 周期(しゅうき) の リズム。

Circadian rhythms. (101)

486-14. 特定の場所で過ごす期間。

特定(とくてい) の 場所(ばしょ) で 過ごす(すごす) 期間(きかん)。

The period of time spent in a particular place. (100)

486-15. この期末レポートはひどい！

この 期末(きまつ) レポート は ひどい！

This term paper stinks! (101)

486-16. その質問は予期していなかった。

その 質問(しつもん) は 予期(よき) して いなかった。

I didn't expect that question. (87)

486-17. 今月末でカードの期限が切れる。

今月末(こんげつまつ) で カード の 期限(きげん) が 切れる(きれる)。

The card will expire at the end of this month. (10)

486-18. この映画は思春期の中学生向けだ。

この 映画(えいが) は 思春期(ししゅんき) の 中学生(ちゅうがくせい) 向け(むけ) だ。

This movie is aimed at pubescent middle schoolers.

486-19. 一年間を前期と後期の2つに分けます。

一年間(いちねんかん) を 前期(ぜんき) と 後期(こうき) の 2つ に 分け(わけ)ます。

One year is divided into two terms, the first semester and the second semester. (10)

486-20. 私の定期券は3月31日で期限が切れる。

私(わたし) の 定期券(ていきけん) は 3月(がつ) 31日(にち) で 期限(きげん) が 切れる(きれる)。

My season ticket expires on March 31. (87)

486-21. 私はキャンペーンに大いに期待している。

私(わたし) は キャンペーン に 大いに(おおいに) 期待(きたい) して いる。

I have high expectations for the campaign. (10)

486-22. 私のパスポートは先月期限切れになった。

私(わたし) の パスポート は 先月(せんげつ) 期限切れ(きげんぎれ) に なった。

My passports expired last month. (101)

486-23. 物語は、長い期間をかけて神話化された。

物語(ものがたり) は、 長い(ながい) 期間(きかん) を かけて 神話化(しんわか) された。

Over time the story was converted into a myth. (101)

486-24. この雑誌は思春期前の子供に向いている。

この 雑誌(ざっし) は 思春期(ししゅんき) 前(まえ) の 子供(こども) に 向い(むい)て いる。

This magazine is aimed at prepubescent children.

486-25. 私たちは、夕食期日に一時的に同意した。

私(わたし)たち は、夕食(ゆうしょく) 期日(きじつ) に 一時的(いちじてき) に 同意(どうい) した。

We agreed tentatively on a dinner date. (101)

486-26. 私どもはもっとよい条件を期待していました。

私(わたし)ども は もっと よい 条件(じょうけん) を 期待(きたい) して いました。

We expected better terms. (87)

「-ども」 {-共 356} [plural personal pronoun suffix]: DJG v1 p28 bottom & 440, v3 p47 & 50-51 of front matter (under -たち).

486-27. キャバレーでおいしい食事に期待してはいけない。

キャバレー で おいしい 食事(しょくじ) に 期待(きたい) して は いけない。

Don't expect a good meal at a cabaret. (101)

「-てはいけない」 ["must not __"]: DJG v1 p528, v2 p70; Genki ch6.

486-28. 両親は私が大学に入学することを期待している。

両親(りょうしん) は 私(わたし) が 大学(だいがく) に 入学(にゅうがく) する こと を 期待(きたい) して いる。

My parents expect me to enter the university. (87)

486-29. 国内石油生産が3四半期で去年を50%以上上回った。

国内(こくない) 石油(せきゆ) 生産(せいさん) が 3四半期(しはんき) で 去年(きょねん) を 50%(パーセント) 以上(いじょう) 上回(うわまわ)った。

Through the third quarter, domestic oil production surpassed last year's results by more than 50 percent. (10)

486-30. クリスマスの時期にはあっという間に満席になるから早く飛行機の予約をしなさい。

クリスマス の 時期(じき) に は あっという間に(あっというまに) 満席(まんせき) に なる から 早く(はやく) 飛行機(ひこうき) の 予約(よやく) を し なさい。

Make your reservations early, since flights fill up fast around Christmas. (87)

487： 毛

487-1. 不毛の土地。

不毛(ふもう) の 土地(とち)。

Barren lands. (101)

487-2. 虫食いの毛布。

虫食い(むしくい) の 毛布(もうふ)。

Moth-eaten blankets. (101)

487-3. 布地の毛羽立ち。

布地(ぬのじ) の 毛羽立ち(けばだち)。

The nap of fabrics. (100)

487-4. 馬の毛並みを整える。

馬(うま) の 毛並み(けなみ) を 整える(ととのえる)。

Groom the horses. (101)

487-5. それは身の毛のよだつ思いだよ。

それ は 身の毛(みのけ) の よだつ 思い(おもい) だ よ。

That's a hair-raising thought. (87)

487-6. 思春期の青年の産毛の生えたあご。

思春期(ししゅんき) の 青年(せいねん) の 産毛(うぶげ) の 生え(はえ) た あご。

The downy chins of pubescent young men. (100)

487-7. 草もまばらな大平原と不毛の地を見下ろしていました。

草(くさ) も まばら な 大平原(だいへいげん) と 不毛(ふもう) の 地 (ち) を 見下ろし(みおろし)て いました。

I looked down upon the great plain covered with coarse grass, and upon the barren fields. (98)

487-8. 由紀さんはベッドから毛布を取り、自分の体に巻き付けた。

由紀(ゆき)さん は ベッド から 毛布(もうふ) を 取り(とり)、 自分(じぶん) の 体(からだ) に 巻き付け(まきつけ)た。

Yuki took a blanket off the bed and wrapped it around herself. (87)

488： 尾

488-1. 末尾音節。

末尾(まつび) 音節(おんせつ)。

The terminal syllable. (101)

488-2. 鳥は春に交尾する。

鳥(とり) は 春(はる) に 交尾(こうび) する。

Birds mate in the Spring. (101)

488-3. 単語の語尾から2番目の音節。

単語(たんご) の 語尾(ごび) から 2番目(ばんめ) の 音節(おんせつ)。

The next to last syllable in a word. (100)

488-4. 若松さんが尾根づたいの道をどんどん先へ進んだ。

若松(わかまつ)さん が 尾根(おね)づたい の 道(みち) を どんどん 先 (さき) へ 進ん(すすん)だ。

Wakamatsu-san kept moving ahead along the mountain ridge road. (10)

488-5. お母さんは手紙の末尾に、いつもなんらかの戒めを書く。

お母(かあ)さん は 手紙(てがみ) の 末尾(まつび) に、 いつも なんら かの 戒め(いましめ) を 書く(かく)。

Mother always writes some kind of admonition at the end of her letters. (101)

「なんらかの〜」 {何らかの〜* 815} ["some (kind of) __"]: DJG v3 p333.

489： 育

489-1. 生後発育。

生後(せいご) 発育(はついく)。

Postnatal development. (101)

489-2. 母乳で育てています。

母乳(ぼにゅう) で 育て(そだて)て います。

I'm breast-feeding my baby. (87)

489-3. 母親が一人で四人の子供を育てた。

母親(ははおや) が 一人(ひとり) で 四人(よにん) の 子供(こども) を 育て(そだて)た。

The mother raised 4 children by herself. (10)

489-4. 雨のため、大会は体育館で行われた。

雨(あめ) の ため、 大会(たいかい) は 体育館(たいいくかん) で 行わ (おこなわ)れた。

The competition was held in the gym on account of the rain. (87)

489-5. 私は自分の生まれ育った家を覚えている。

私(わたし) は 自分(じぶん) の 生まれ育っ(うまれそだっ)た 家(いえ) を 覚え(おぼえ)て いる。

I remember the house where I grew up. (87)

489-6. 私たちは体育の日に好天を期待している。

私(わたし)たち は 体育(たいいく) の 日(ひ) に 好天(こうてん) を 期 待(きたい) して いる。

We are banking on fine weather for the sports day. (87)

489-7. 私は大阪生まれですが、東京で育ちました。

私(わたし) は 大阪(おおさか) 生まれ(うまれ) です が、 東京(とうきょ う) で 育ち(そだち)ました。

I was born in Osaka, but was brought up in Tokyo. (87)

489-8. アメリカ人の大多数は単一言語で育てられる。

アメリカ人(じん) の 大多数(だいたすう) は 単一(たんいつ) 言語(げん ご) で 育て(そだて)られる。

The vast majority of Americans are reared monolingually. (101)

490 ： 羊

490-1. 子羊は午後に生まれた。

子羊(こひつじ) は 午後(ごご) に 生まれ(うまれ)た。

The lambs fell in the afternoon. (101)

490-2. 犬の羊毛のようなむく毛。

犬(いぬ) の 羊毛(ようもう) の よう な むく毛(むくげ)。

The dog's woolly shag. (101)

490-3. 羊は囲いに閉じ込められていた。

羊(ひつじ) は 囲い(かこい) に 閉じ込め(とじこめ)られて いた。

The sheep were confined within an enclosure. (100)

490-4. このチーズは山羊乳で作られている。

この チーズ は 山羊乳(やぎにゅう) で 作ら(つくら)れて いる。

This cheese is made from goat's milk. (87)

491 ： 洋

491-1. 東洋文明。

東洋(とうよう) 文明(ぶんめい)。

Eastern Civilization. (101)

491-2. 海洋文化。

海洋(かいよう) 文化(ぶんか)。

Maritime cultures. (101)

491-3. 太平洋にある火山性の海山。

太平洋(たいへいよう) に ある 火山性(かざんせい) の 海山(かいざん)。

A volcanic seamount in the Pacific Ocean. (100)

491-4. 中井氏は2年前に洋行した。

中井(なかい) 氏(し) は 2年(ねん) 前(まえ) に 洋行(ようこう) した。

Mr. Nakai went abroad two years ago. (87)

491-5. 太平洋は五大洋の一つです。

太平洋(たいへいよう) は 五(ご) 大洋(たいよう) の 一(ひと)つ です。

The Pacific Ocean is one of the five oceans. (87)

491-6. 洋子さんは、一人で太平洋を渡った。

洋子(ようこ)さん は、 一人(ひとり) で 太平洋(たいへいよう) を 渡っ(わたっ)た。

Yoko sailed the Pacific all alone. (101)

491-7. 私たちは太平洋の上空を飛んでいます。

私(わたし)たち は 太平洋(たいへいよう) の 上空(じょうくう) を 飛ん(とん)で います。

We are flying over the Pacific. (87)

491-8. その日、太平洋はほとんどその名前通りだった。

その 日(ひ)、 太平洋(たいへいよう) は ほとんど その 名前通り(なまえどおり) だった。

That day the Pacific almost justified its name. (7)

491-9. ミッドウェー海戦は米国にとって太平洋作戦中で最大の勝利の一つだった。

ミッドウェー 海戦(かいせん) は 米国(べいこく) に とって 太平洋(たいへいよう) 作戦(さくせん) 中(ちゅう) で 最大(さいだい) の 勝利(しょうり) の 一つ(ひとつ) だった。

The Battle of Midway was one of the greatest victories of the Pacific campaign for the United States. (100)

491-10. 松尾学長はなんといっても読めるし、東洋学者としてはなかなかだし、分別もありますよ。

松尾(まつお) 学長(がくちょう) は なんと いって も 読める(よめる) し、 東洋(とうよう) 学者(がくしゃ) として は なかなか だ し、 分別(ふんべつ) も あります よ。

Dean Matsuo is well read, is a fine Oriental scholar, and has good judgment. (98)

492： 魚

492-1. 骨の多い魚。

骨(ほね) の 多い(おおい) 魚(さかな)。
Bony fish. (101)

492-2. 魚の頭部を切る。

魚(さかな) の 頭部(とうぶ) を 切る(きる)。
Head a fish. (101)

492-3. 魚と両生類の感覚器。

魚(さかな) と 両生類(りょうせいるい) の 感覚器(かんかくき)。
Sense organs of fish and amphibians. (100)

492-4. 人魚の半人半魚の体。

人魚(にんぎょ) の 半人(はんにん) 半魚(はんぎょ) の 体(からだ)。
The biform body of a mermaid. (101)

492-5. 魚を食べることは体にいい。

魚(さかな) を 食べる(たべる) こと は 体(からだ) に いい。
Eating fish is good for your health. (87)

492-6. 通常、魚は白ワインに合う。

通常(つうじょう)、 魚(さかな) は 白(しろ) ワイン に 合う(あう)。
Fish usually goes with white wine. (101)

492-7. 魚は飛び上がって回転した。

魚(さかな) は 飛び上がっ(とびあがっ)て 回転(かいてん) した。

The fish flipped over. (101)

492-8. 私は肉より魚の方が好き。

私(わたし) は 肉(にく) より 魚(さかな) の 方(ほう) が 好き(すき)。

I like fish more than meat. (87)

492-9. 魚屋は毎日電車で魚市場に行きます。

魚屋(さかなや) は 毎日(まいにち) 電車(でんしゃ) で 魚市場(うおいちば) に 行き(いき)ます。

The fishmonger goes to the fish market every day by train. (87)

492-10. 日本人は米と魚を主食にしています。

日本人(にほんじん) は 米(こめ) と 魚(さかな) を 主食(しゅしょく) に して います。

The basic Japanese diet consists mainly of rice and fish. (87)

492-11. 川に住む魚もいれば、海に住む魚もいる。

川(かわ) に 住む(すむ) 魚(さかな) も いれば、 海(うみ) に 住む(すむ) 魚(さかな) も いる。

Some fish live in rivers, others in the sea. (87)

492-12. 日本ではほとんどの魚は、生で食べられる。

日本(にほん) で は ほとんど の 魚(さかな) は、 生(なま) で 食べ(たべ)られる。

In Japan most fish is eaten raw. (101)

492-13. 人間にとって空気とは、魚にとっての水のようなものだ。

人間(にんげん) に とって 空気(くうき) と は、 魚(さかな) に とって の 水(みず) の よう な もの だ。

Air is to man what water is to fish. (87)

492-14. そんな糸を切るほどの強い魚なら、川に引き込まれてしまうでしょうな。

そんな 糸(いと) を 切る(きる) ほど の 強い(つよい) 魚(さかな) なら、 川(かわ) に 引き込ま(ひきこま)れて しまう でしょう な。

If this fish were strong enough to break my line, he'd be strong enough to pull me into the river. (30)

「な」 [male alternative to ね]: DJG v1 p46 examples 9-11.

492-15. 他の人魚たちと同じように、足と言う物の代わりに、お魚の尾になっていました。

他(ほか) の 人魚(にんぎょ)たち と 同じ(おなじ) よう に、 足(あし) と 言う(いう) 物(もの) の 代わり(かわり) に、 お魚(さかな) の 尾(お) に なって いました。

Like other mermaids, she had a fish's tail instead of legs. (55)

493 ： 鮮

493-1. 新鮮な切り花。

新鮮(しんせん) な 切り花(きりばな)。

Fresh-cut flowers. (101)

493-2. 朝鮮半島の出身者。

朝鮮半島(ちょうせんはんとう) の 出身者(しゅっしんしゃ)。

Natives of the Korean peninsula. (100)

493-3. 鮮やかな羽根の鳥。

鮮(あざ)やか な 羽根(はね) の 鳥(とり)。

Birds of brilliant plumage.

493-4. なにもかもが私には新鮮でした。

なに も かも が 私(わたし) に は 新鮮(しんせん) でした。

Everything was new to me. (87)

493-5. 易者の話し方を鮮明に覚えている。

易者(えきしゃ) の 話し方(はなしかた) を 鮮明(せんめい) に 覚(お ぼ)えて いる。

I vividly remember the fortune teller's way of speaking.

493-6. 新鮮に入れられたコーヒーの力強い味。

新鮮(しんせん) に 入れ(いれ)られた コーヒー の 力強い(ちからづよい) 味(あじ)。

The robust flavor of fresh-brewed coffee. (101)

493-7. 私たちは夕食後に新鮮なフルーツを食べた。

私(わたし)たち は 夕食後(ゆうしょくご) に 新鮮(しんせん) な フルー ツ を 食べ(たべ)た。

We ate fresh fruit after dinner. (87)

493-8. 中国政府の外交部は北朝鮮との国交は正常であると強調した。

中国(ちゅうごく) 政府(せいふ) の 外交部(がいこうぶ) は 北朝鮮(きた ちょうせん) と の 国交(こっこう) は 正常(せいじょう) で ある と 強調 (きょうちょう) した。

China's Foreign Ministry emphasized that relations with North Korea were normal.

494 ： 蘇

494-1. 存在を蘇らせる。

存在(そんざい) を 蘇ら(よみがえら)せる。

Bring back into existence. (100)

494-2. 松尾さんは古い家を蘇らせた。

松尾(まつお)さん は 古い(ふるい) 家(いえ) を 蘇ら(よみがえら)せた。

Matsuo-san breathed new life into the old house. (101)

494-3. 古代のヘブライ語から蘇らせられた。

古代(こだい) の ヘブライ語(ご) から 蘇ら(よみがえら)せられた。

Revived from ancient Hebrew. (100)

494-4. 新鮮な胡瓜巻きの一切れは私を蘇生させるであろう。

新鮮(しんせん) な 胡瓜巻き(きゅうりまき) の 一切れ(ひときれ) は 私(わたし) を 蘇生(そせい) させる で あろう。

A fresh slice of cucumber roll should revive me. (101)

「-よう」 [conjecture]: DJG v2 p599.

494-5. その映画はいろいろな思春期の思い出を蘇らせた。

その 映画(えいが) は いろいろ な 思春期(ししゅんき) の 思い出(おもいで) を 蘇ら(よみがえら)せた。

The movie brought back a lot of memories from adolescence. (87)

494-6. クラス会に出席して、学生時代の思い出があれこれと蘇った。

クラス会(かい) に 出席(しゅっせき) して、 学生(がくせい) 時代(じだい) の 思い出(おもいで) が あれこれ と 蘇っ(よみがえっ)た。

Our class reunion brought back old memories of when we were students. (87)

494-7. あれを見たとたん、はなはだしく不快な思い出が蘇ってきたからだ。

あれ を 見(み)た とたん、 はなはだしく 不快(ふかい) な 思い出(おもいで) が 蘇っ(よみがえっ)て きた から だ。

Seeing it quickly revived memories that were exceedingly disagreeable. (43)

「〜とたん(に)」 {〜途端に* 1000; 2114} ["the moment __"]: DJG v2 p525.

495： 詳

495-1. 詳しい見解。

詳しい(くわしい) 見解(けんかい)。

Informed opinion. (101)

495-2. 詳細に注意する。

詳細(しょうさい) に 注意(ちゅうい) する。

Attentive to details. (101)

495-3. 取るに足らない詳細。

取る(とる) に 足ら(たら)ない 詳細(しょうさい)。

Petty little details. (101)

495-4. 詳細に関する念入りな注意。

詳細(しょうさい) に関する(にかんする) 念入り(ねんいり) な 注意(ちゅうい)。

Painstaking attention to details. (100)

「〜にかんして / 〜にかんする」 {〜に関して / 〜に関する 451} ["with regard to __", "about __"]: DJG v2 p252; Marx v2 day42; Tobira ch12 #4.

495-5. 長尾学長は近代英国文学に詳しい。

長尾(ながお) 学長(がくちょう) は 近代(きんだい) 英国(えいこく) 文学(ぶんがく) に 詳しい(くわしい)。

Dean Nagao is well read in Modern British Literature. (87)

495-6. 詳しくは会社のホームページを見て下さい。

詳しく(くわしく) は 会社(かいしゃ) の ホームページ を 見(み)て 下(くだ)さい。

For more information, please visit the company's home page. (10)

495-7. 細川党首はその法案に関して詳細に話した。

細川(ほそかわ) 党首(とうしゅ) は その 法案(ほうあん) に関して(にかんして) 詳細(しょうさい) に 話し(はなし)た。

Party Chief Hosokawa spoke in detail about the proposed bill. (101)

495-8. 井口支店長はたくさんある欠点の詳細を聞かされた。

井口(いぐち) 支店長(してんちょう) は たくさん ある 欠点(けってん) の 詳細(しょうさい) を 聞かさ(きかさ)れた。

Branch Manager Iguchi was forced to listen to a recital of his many faults. (101)

496： 祥

496-1. 文明の発祥地。

文明(ぶんめい) の 発祥地(はっしょうち)。

The birthplace of civilization. (101)

496-2. 不祥事続きの自民党。

不祥事続(ふしょうじつづ)き の 自民党(じみんとう)。

The scandal-plagued Liberal Democratic Party.

496-3. 幾つかの古代文明の発祥地。

幾(いく)つ か の 古代(こだい) 文明(ぶんめい) の 発祥地(はっしょうち)。

Site of several ancient civilizations. (100)

496-4. 神や人間の立場から不祥事と見なされている。

神(かみ) や 人間(にんげん) の 立場(たちば) から 不祥事(ふしょうじ) と 見(み)なされて いる。

Site of several ancient civilizations. (62)

497： 美

497-1. 美食家。

美食家(びしょくか)。

A gourmet. (101)

497-2. 無類の美。

無類(むるい)　の　美(び)。

Matchless beauty. (101)

497-3. 美的な感覚。

美的(びてき)　な　感覚(かんかく)。

Aesthetic feeling. (101)

497-4. 並外れた美の場面。

並外れ(なみはずれ)た　美(び)　の　場面(ばめん)。

A scene of unusual beauty. (101)

497-5. 若者のはかない美しさ。

若者(わかもの)　の　はかない　美し(うつくし)さ。

Youth's transient beauty. (101)

497-6. この美人をよく見てみろ。

この　美人(びじん)　を　よく　見(み)て　みろ。

Get a load of this pretty woman! (101)

「**Imperative verb ending**」 : DJG v1 p577 & 579 right column, v2 p70; Marx v1 day28 ("-E form verbs").

497-7. ニューイングランド美食法。

ニュー　イングランド　美食法(びしょくほう)。

New England gastronomy. (101)

497-8. 母は若い時、とても美しかった。

母(はは)　は　若い(わかい)　時(とき)、　とても　美しかっ(うつくしかっ)た。

When my mother was young, she was very beautiful. (87)

497-9. 空も海も青く、島は美しかった。

空(そら)　も　海(うみ)　も　青く(あおく)、　島(しま)　は　美しかっ(うつくしかっ)た。

With the blue sky and the blue sea, the island was beautiful. (86)

497-10. 外見の美しさは上辺だけのものだ。

外見(がいけん)　の　美(うつく)しさ　は　上辺(うわべ)　だけ　の　もの　だ。

Beauty is only skin deep. (87)

497-11. 森のすぐ向こうに美しい湖があった。

森(もり)　の　すぐ　向こう(むこう)　に　美しい(うつくしい)　湖(みずうみ)　が　あった。

A beautiful lake lay just beyond the forest. (87)

497-12. ここがこの辺りで一番美味しい店なんだ。

ここ　が　この　辺り(あたり)　で　一番(いちばん)　美味しい(おいしい)　店(みせ)　なん　だ。

This restaurant serves the best food around here.

497-13. 弓美さんは並はずれて美しい女性だった。

弓美(ゆみ)さん は 並(なみ)はずれて 美しい(うつくしい) 女性(じょせい)だった。

Yumi was a surpassingly beautiful woman. (101)

497-14. そのドレスは友美さんの美しい体形を形作っている。

その ドレス は 友美(ゆみ)さん の 美しい(うつくしい) 体形(たいけい)を 形作っ(かたちづくっ)て いる。

The dress molds Yumi's beautiful figure. (101)

497-15. 私はエメラルドの都にはなん度も行ったし、美しい所だよ。

私(わたし) は エメラルド の 都(みやこ) に は なん度(ど) も 行っ(い)たし、 美しい(うつくしい) 所(ところ) だ よ。

I have been to the Emerald City many times, and it is a beautiful place. (99)

497-16. ある朝、大男がベッドで目を覚ますと、美しい音楽が聞こえてきた。

ある 朝(あさ)、 大男(おおおとこ) が ベッド で 目(め) を 覚ます(さます) と、 美しい(うつくしい) 音楽(おんがく) が 聞こえ(きこえ)て きた。

One morning the Giant lay awake in bed when he heard some lovely music. (75)

497-17. シーリアは、いとこが美しく若いレスラーを好きになったことに気づいた。

シーリア は、 いとこ が 美しく(うつくしく) 若い(わかい) レスラーを 好き(すき) に なった こと に 気づい(きづい)た。

Celia realized her cousin had fallen in love with the handsome young wrestler. (9)

497-18. 王子の顔は月光の中でとても美しく、小さなツバメはかわいそうな気持ちでいっぱいになりました。

王子(おうじ) の 顔(かお) は 月光(げっこう) の 中(なか) で とても 美しく(うつくしく)、 小(ちい)さな ツバメ は かわいそう な 気持ち(きもち) で いっぱい に なりました。

The Prince's face was so beautiful in the moonlight that the little Swallow was filled with pity. (37)

498： 業

498-1. 手作業。

手作業(てさぎょう)。

Manual labor. (101)

498-2. 作業草案。

作業(さぎょう) 草案(そうあん)。

A working draft. (101)

498-3. 工業生産高。

工業(こうぎょう) 生産高(せいさんだか)。

Industrial output. (101)

498-4. 不快な工業都市。

　　不快(ふかい) な 工業(こうぎょう) 都市(とし)。

　　An ungracious industrial city. (101)

498-5. 米国の映画産業。

　　米国(べいこく) の 映画(えいが) 産業(さんぎょう)。

　　The film industry of the United States. (100)

498-6. 生産的な共同作業。

　　生産的(せいさんてき) な 共同(きょうどう) 作業(さぎょう)。

　　A productive collaboration. (101)

498-7. 公益事業を行う会社。

　　公益(こうえき) 事業(じぎょう) を 行う(おこなう) 会社(かいしゃ)。

　　A company that performs a public service. (100)

498-8. 電気通信産業がのびはじめた。

　　電気(でんき) 通信(つうしん) 産業(さんぎょう) が のびはじめた。

　　The telecommunications industry started to pick up. (69)

　　「-はじめる」 {-始める 956} ["begin to __"]: DJG v1 p131; Tobira ch1 #8.

498-9. 私がいない間も作業を続けなさい。

　　私(わたし) が いない 間(あいだ) も 作業(さぎょう) を 続け(つづけ)
なさい。

　　Keep on working while I'm away. (87)

498-10. 人間業でこのようなことができましょうか？

　　人間業(にんげんわざ) で この よう な こと が できましょう か？

　　What human contrivance could do that? (2)

498-11. 名古屋は日本の主な商業と産業の中心の一つだ。

　　名古屋(なごや) は 日本(にほん) の 主(おも) な 商業(しょうぎょう)
と 産業(さんぎょう) の 中心(ちゅうしん) の 一つ(ひとつ) だ。

　　Nagoya is one of Japan's primary commercial and industrial centers. (100)

498-12. テレビ番組を作るための映画会社同士の共同事業。

　　テレビ 番組(ばんぐみ) を 作る(つくる) ため の 映画(えいが) 会社(が
いしゃ) 同士(どうし) の 共同(きょうどう) 事業(じぎょう)。

　　A joint venture between the film companies to produce TV shows. (101)

　　「-どうし」 {-同士 182; 350} ["fellow __"; "between/among __"]: DJG v3 p94; Tobira
ch11 #11.

498-13. 今では学校の近くにあるほとんどの店が土曜休業だ。

　　今(いま) で は 学校(がっこう) の 近く(ちかく) に ある ほとんど の
店(みせ) が 土曜(どよう) 休業(きゅうぎょう) だ。

　　Most shops near the school are closed on Saturdays now. (87)

498-14. どれだけの作業がかかったかを聞いて、夏美さんは身を引いた。

どれ だけ の 作業(さぎょう) が かかった か を 聞い(きい)て、 夏美 (なつみ)さん は 身(み) を 引い(ひい)た。

Natsumi bowed out when she heard how much work was involved. (101)

499：　実

499-1. 実社会。

実社会(じっしゃかい)。

The school of hard knocks. (101)

499-2. 不実な友。

不実(ふじつ) な 友(とも)。

A false friend. (101)

499-3. 実用数学。

実用(じつよう) 数学(すうがく)。

Practical mathematics. (101)

499-4. 実行できる場面。

実行(じっこう) できる 場面(ばめん)。

An actable scene. (101)

499-5. 仕事を実行する。

仕事(しごと) を 実行(じっこう) する。

Carry out a task. (101)

499-6. 事実は簡単だった。

事実(じじつ) は 簡単(かんたん) だった。

What actually had happened was very simple. (7)

499-7. 実生活に基づく映画。

実生活(じっせいかつ) に 基づく(もとづく) 映画(えいが)。

A film based on real life. (101)

「〜にもとづいて／〜にもとづく」 {〜に基づいて / 〜に基づく 485} ["**based on** __"]: DJG v2 p261.

499-8. 人民の決定を実行する。

人民(じんみん) の 決定(けってい) を 実行(じっこう) する。

Execute the decision of the people. (101)

499-9. ゴマの実からとった油。

ゴマ の 実(み) から とった 油(あぶら)。

Oil obtained from sesame seeds. (100)

499-10. 特定の場所で実行する。

特定(とくてい) の 場所(ばしょ) で 実行(じっこう) する。

Perform on a certain location. (100)

499-11. お父さんの実りのある年。

お父さん(おとうさん) の 実り(みのり) の ある 年(とし)。
Dad's productive years. (101)

499-12. あの映画は実に面白かった。

あの 映画(えいが) は 実に(じつに) 面白かっ(おもしろかっ)た。
That movie was extremely interesting. (87)

499-13. 実は、私は映画を見ていない。

実は(じつは)、 私(わたし) は 映画(えいが) を 見(み)て いない。
Actually, I haven't seen the film. (101)

499-14. その発言は全く事実であった。

その 発言(はつげん) は 全く(まったく) 事実(じじつ) で あった。
His statement was the absolute truth. (7)

499-15. この虫は主に木の実を食べます。

この 虫(むし) は 主(おも) に 木の実(このみ) を 食べ(たべ)ます。
This bug mainly eats the fruit off trees. (10)

499-16. 記者は一言で、事実を伝えた。

記者(きしゃ) は 一言(ひとこと) で、 事実(じじつ) を 伝え(つたえ)た。
The reporter gave the facts in a nutshell. (101)

499-17. 話全体が口実っぽかったのだ。

話(はなし) 全体(ぜんたい) が 口実(こうじつ)っぽかった の だ。
The whole story seemed like a pretext. (90)

499-18. この草本は白い有毒の実を実る。

この 草本(そうほん) は 白い(しろい) 有毒(ゆうどく) の 実(み) を 実る(みのる)。
This herb produces white poisonous berries. (100)

499-19. 出来の良さをつくづく実感します。

出来(でき) の 良(よ)さ を つくづく 実感(じっかん) します。
I keenly feel how well it has been done. (10)

499-20. 私は体育の大切さを実感しました。

私(わたし) は 体育(たいいく) の 大切(たいせつ)さ を 実感(じっかん)しました。
I realized how important physical education is. (10)

499-21. 私は由美さんを実に長い間待った。

私(わたし) は 由美(ゆみ)さん を 実に(じつに) 長い(ながい) 間(あいだ)待っ(まっ)た。
I waited for Yumi for a really long time. (87)

499-22. 実行は、大いに実力を向上させる。

実行(じっこう) は、 大いに(おおいに) 実力(じつりょく) を 向上(こうじょう) させる。

Practice greatly improves proficiency. (101)

499-23. この物語は実話に基づいています。

この　物語(ものがたり)　は　実話(じつわ)　に　基(もと)づいて　います。

This story is based on a true story. (87)

「〜にもとづいて / 〜にもとづく」 {〜に基づいて / 〜に基づく 485} **["based on __"]**: DJG v2 p261.

499-24. 実物そっくりの立体的なキャラクター。

実物(じつぶつ)　そっくり　の　立体的(りったいてき)　な　キャラクター。

Lifelike three-dimensional characters. (101)

499-25. 私は実のところ仕事でここにいるのです。

私(わたし)　は　実(じつ)　の　ところ　仕事(しごと)　で　ここ　に　いる　の　です。

I'm actually here on business. (87)

499-26. すみません、自分の実力を過信していました。

すみません、　自分(じぶん)　の　実力(じつりょく)　を　過信(かしん)　して　いました。

I'm sorry. I overestimated my abilities. (87)

499-27. メーデー実行委員会が、16日に発足しました。

メーデー　実行(じっこう)　委員会(いいんかい)　が、　16日(にち)　に　発足(ほっそく)　しました。

The May Day Executive Committee was established on the 16th. (10)

499-28. 実は、多美子さんは父親より数インチ背が高い。

実は(じつは)、　多美子(たみこ)さん　は　父親(ちちおや)　より　数(すう)インチ　背(せ)　が　高い(たかい)。

As a matter of fact, Tamiko is several inches taller than her father. (101)

499-29. 明美さんは未だに実家に住んでいる。

明美(あけみ)さん　は　未だに(いまだに)　実家(じっか)　に　住ん(すん)で　いる。

Akemi still lives with her parents. (87)

499-30. 我々はどのようにして正しい事実を得るのだろう。

我々(われわれ)　は　どの　よう　に　して　正しい(ただしい)　事実(じじつ)　を　得る(える)　の　だろう。

How are we supposed to get the real truth? (76)

「〜ように」 **["as __", "as if __"]**: DJG v1 p554; Genki ch22; Tobira ch1 #3.

499-31. ここは古生物学室で、実に美しい化石の集合だったことでしょう。

ここ　は　古生物学(こせいぶつがく)　室(しつ)　で、　実に(じつに)　美しい(うつくしい)　化石(かせき)　の　集合(しゅうごう)　だった　こと　でしょう。

Here was the Palaeontology Hall—a beautiful array of fossils it must have been. (89)

500： 養

500-1. 磯部次長は実の子供を養育しない。

磯部(いそべ) 次長(じちょう) は 実(じつ) の 子供(こども) を 養育(よういく) しない。

Vice-Chief Isobe does not support his natural children. (101)

500-2. 母親の父親はラテン語の素養もあったのです。

母親(ははおや) の 父親(ちちおや) は ラテン語(らてんご) の 素養(そよう) も あった の です。

My mother's father had been schooled in the rudiments of Latin. (64)

500-3. 六日続けて仕事をしたので、十分な休養がほしい。

六日(むいか) 続け(つづけ)て 仕事(しごと) を した ので、 十分(じゅうぶん) な 休養(きゅうよう) が ほしい。

I worked six days straight, so I would like to get a good rest.

500-4. 馬場氏は私たちのオリンピックのチームを養成している。

馬場(ばば) 氏(し) は 私(わたし)たち の オリンピック の チーム を 養成(ようせい) して いる。

Mr. Baba is training our Olympic team. (101)

500-5. 関根さんには養っていかねばならない養子がたくさんいた。

関根(せきね)さん に は 養っ(やしなっ)て いかねば ならない 養子(ようし) が たくさん いた。

The Sekines had a lot of adopted children to provide for. (87)

「**-ねばならない**」 [imperative]: DJG v2 p232.

㊗ Congratulations! ㊗

You have now attained the sixth *dan*:

キ

RISING

Paste your own kanji *dan* color badges
to give yourself positive reinforcement as you progress:
keystojapanese.com/stickers

501：　様

501-1. 一様に。

一様(いちよう) に。

In an equable manner. (100)

501-2. 生活様式。

生活様式(せいかつようしき)。

Way of life.

501-3. お得意様。

お得意(とくい) 様(さま)。

A regular patron. (100)

501-4. 新品同様で。

新品(しんぴん) 同様(どうよう) で。

In mint condition. (101)

501-5. 言語の多様性。

言語(げんご) の 多様性(たようせい)。

Linguistic diversity. (101)

501-6. 自己満足の様子で。

自己(じこ) 満足(まんぞく) の 様子(ようす) で。

In a self-satisfied manner. (100)

501-7. 私たちの様々な欠点。

私(わたし)たち の 様々(さまざま) な 欠点(けってん)。

Our manifold failings. (101)

501-8. ある様式で身支度を整える。

ある 様式(ようしき) で 身支度(みじたく) を 整える(ととのえる)。

Dress in a certain manner. (100)

501-9. 私が王子様だったらいいのに。

私(わたし) が 王子(おうじ) 様(さま) だったら いい のに。

I wish I were a prince. (87)

501-10. この毛布の品質は一様ではない。

この 毛布(もうふ) の 品質(ひんしつ) は 一様(いちよう) で は ない。

The quality of these blankets is not uniform.

501-11. お礼の申し上げ様もございません。

お礼(おれい) の 申し上げ様(もうしあげよう) も ございません。

I can't thank you enough. (87)

501-12. 仕事上、様々な人々と出会います。

仕事上(しごとじょう)、 様々(さまざま) な 人々(ひとびと) と 出会い(であい)ます。

I come into contact with all kinds of people in my work. (87)

「-じょう」 {-上 41} **["for __"]**: DJG v2 p76.

501-13. お父様にもよろしくお伝え下さい。

お父様(とうさま) に も よろしく お伝え(つたえ) 下(くだ)さい。

Please give my regards to your father. (87)

501-14. 銀行または同様の機関に預金される金。

銀行(ぎんこう) または 同様(どうよう) の 機関(きかん) に 預金(よきん) される 金(かね)。

Money deposited in a bank or some similar institution. (100)

501-15. 冬は都市の様子をとげとげしく見せた。

冬(ふゆ) は 都市(とし) の 様子(ようす) を とげとげしく 見(み)せた。

Winter harshened the look of the city. (101)

501-16. そのことが二度と起こらない様に致します。

その こと が 二度と(にどと) 起こら(おこら)ない 様(よう) に 致し(いたし)ます。

I'll see to it that it never happens again. (87)

501-17. 神様、あの男は全く人間らしくありません！

神様(かみさま)、 あの 男(おとこ) は 全く(まったく) 人間らしく(にんげんらしく) ありません！

Lord, the man seems hardly human! (84)

501-18. 高井邸についた時、意外な有様を見つけたのです。

高井(たかい) 邸(てい) に ついた 時(とき)、 意外(いがい) な 有様(ありさま) を 見つけ(みつけ)た の です。

When he arrived at the Takai residence, he found an unexpected state of things. (2)

501-19. ディズニーの物語は子供と同様に大人も楽しませる。

ディズニー の 物語(ものがたり) は 子供(こども) と 同様(どうよう) に 大人(おとな) も 楽しま(たのしま)せる。

Disney's stories entertain adults as well as children. (101)

501-20. あなたのお父様にお会いできるのを楽しみにしています。

あなた の お父様(とうさま) に お会い(あい) できる の を 楽しみ(たのしみ) に して います。

I'm looking forward to seeing your father. (87)

501-21. 鳥はお日様のいっぱい当たる、開けた場所が好きなのです。

鳥(とり) は お日様(おひさま) の いっぱい 当たる(あたる)、 開け(ひらけ)た 場所(ばしょ) が 好き(すき) な の です。

For birds love the open country where there is plenty of sunshine. (99)

501-22. お日様がさすと、ドロシーは顔を小川で洗い、間もなく一行はエメラルドの都に出発しました。

お日様(おひさま) が さす と、 ドロシー は 顔(かお) を 小川(おがわ) で 洗い(あらい)、 間もなく(まもなく) 一行(いっこう) は エメラルド の 都(みやこ) に 出発(しゅっぱつ) しました。

When it was daylight, Dorothy bathed her face in a little brook, and soon after they all started toward the Emerald City. (99)

502： 企

502-1. 自由企業。

自由(じゆう) 企業(きぎょう)。

Free enterprise. (101)

502-2. 巨大企業。

巨大(きょだい) 企業(きぎょう)。

Mammoth enterprises. (100)

502-3. どうして今夜企てると分かったんだね？

どうして 今夜(こんや) 企(くわだ)てる と 分(わ)かった ん だ ね？

How could you tell that they would make their attempt to-night? (4)

502-4. 美紀さんと女友だちはパーティーを企画した。

美紀(みき)さん と 女(おんな) 友だち(ともだち) は パーティー を 企画(きかく) した。

Miki and her girlfriend organized the party. (101)

502-5. ステークホルダーが企業を取り巻いている。

ステーク ホルダー が 企業(きぎょう) を 取り巻い(とりまい)て いる。

Stakeholders are asserting influence over companies. (10)

502-6. 実さんはずっとこんな企図を企んでいたのです。

実(みのる)さん は ずっと こんな 企図(きと) を 企ん(たくらん)で い た の です。

This plan had been in Minoru's head all the time. (64)

502-7. ファンサブやアニメ企業はほぼ同時期に立ち上がっている。

ファン サブ や アニメ 企業(きぎょう) は ほぼ 同時期(どうじき) に 立ち上がっ(たちあがっ)て いる。

Fansubs and anime companies started at about the same time. (69)

502-8. うちのハッカーは我々の企業社会と上手く調和していません。

うち　の　ハッカー　は　我々(われわれ)　の　企業(きぎょう)　社会(しゃかい)　と　上手く(うまく)　調和(ちょうわ)　して　いません。

My hacker doesn't fit in well with our corporate society. (53)

502-9. なにか企てが有るかもしれない、と幾度か注意されてはいました。

なに　か　企て(くわだて)　が　有る(ある)　かも　しれない、　と　幾度(いくど)　か　注意(ちゅうい)　されて　は　いました。

We have had several warnings that an attempt might be made upon it. (4)

「〜かもしれない」 {〜かも知れない* 560} **["might __"]**: DJG v1 p173, v3 p513.

502-10. 王子様の最近のボローニャにたいする企図の事を解明してみましょう。

王子(おうじ)　様(さま)　の　最近(さいきん)　の　ボローニャ　に　たいする　企図(きと)　の　事(こと)　を　解明(かいめい)　して　みましょう。

Let us try to make sense out the Prince's recent enterprise against Bologna.

「〜にたいして / 〜にたいし」 {〜に対して / 〜に対し 650} **["toward __"; "(as) against __"]**: DJG v2 p275; Tobira ch9 #13.

503 :　曲

503-1. 道は曲がる。

道(みち)　は　曲がる(まがる)。

The road bends. (101)

503-2. 角を曲がる。

角(かど)　を　曲がる(まがる)。

Turn a corner. (100)

503-3. 器楽曲の作曲。

器楽曲(きがくきょく)　の　作曲(さっきょく)。

Instrumental compositions. (101)

503-4. 曲線の美しい形。

曲線(きょくせん)　の　美しい(うつくしい)　形(かたち)。

A curvaceous form. (100)

503-5. 曲線を形成する。

曲線(きょくせん)　を　形成(けいせい)　する。

Form a curve. (100)

503-6. 事実の故意の曲解。

事実(じじつ)　の　故意(こい)　の　曲解(きょっかい)。

A willful perversion of facts. (100)

503-7. 特に気持ちの良い曲。

特に(とくに)　気持ち(きもち)　の　良い(よい)　曲(きょく)。

An especially pleasing tune. (100)

503-8. 角を右に曲がって下さい。

角(かど) を 右(みぎ) に 曲がっ(まがっ)て 下(くだ)さい。

Please take a right at the corner. (101)

503-9. 駐車場で曲がって下さい。

駐車場(ちゅうしゃじょう) で 曲がっ(まがっ)て 下(くだ)さい。

Please turn at the parking area. (101)

503-10. 曲がりくねった森の小道。

曲がりくねっ(まがりくねっ)た 森(もり) の 小道(こみち)。

Rambling forest paths. (101)

503-11. 門が見えたら曲がって下さい。

門(もん) が 見え(みえ)たら 曲がっ(まがっ)て 下(くだ)さい。

Please turn in after you see the gate. (101)

503-12. この曲聞いたことある気がする。

この 曲(きょく) 聞い(きい)た こと ある 気(き) が する。

I think I've heard this song before. (87)

503-13. 曲調のない音楽は音楽じゃない。

曲調(きょくちょう) の ない 音楽(おんがく) は 音楽(おんがく) じゃ
ない。

Music without melody is not music.

503-14. 次の信号を左に曲がって下さい。

次(つぎ) の 信号(しんごう) を 左(ひだり) に 曲がっ(まがっ)て 下(く
だ)さい。

Please turn left at the next stoplight. (87)

503-15. 首が自由に曲がる読書用のランプ。

首(くび) が 自由(じゆう) に 曲がる(まがる) 読書用(どくしょよう) の
ランプ。

A reading lamp with a flexible neck. (100)

503-16. その道は湖の周囲を曲がりくねる。

その 道(みち) は 湖(みずうみ) の 周囲(しゅうい) を 曲がりくねる(ま
がりくねる)。

The road winds around the lake. (101)

503-17. 松尾邸に至る道は曲線もなければ、角度もない。

松尾(まつお) 邸(てい) に 至る(いたる) 道(みち) は 曲線(きょくせん)
も なければ、 角度(かくど) も ない。

The road leading to the Matsuo residence has neither curve nor angle. (100)

503-18. 灯りがついたロウソクを持って曲芸をする者もいた。

灯り(あかり) が ついた ロウソク を 持っ(もっ)て 曲芸(きょくげい) を する 者(もの) も いた。

Another man juggled with some lighted candles. (7)

503-19. 作曲家サリエリは、モーツァルトと同時代の人だった。

作曲家(さっきょくか) サリエリ は、 モーツァルト と 同時代(どうじだい) の 人(ひと) だった。

The composer Salieri was contemporary with Mozart. (101)

503-20. 「ジェイルハウス・ロック」はエルビスの名曲の一つだ。

「ジェイルハウス・ロック」 は エルビス の 名曲(めいきょく) の 一つ(ひとつ) だ。

"Jailhouse Rock" is one of Elvis's famous hits.

503-21. ここで平井氏は右に曲り、我々は四角な大きな和室に来た。

ここ で 平井(ひらい) 氏(し) は 右(みぎ) に 曲り(まがり)、 我々(われわれ) は 四角(しかく) な 大(おお)きな 和室(わしつ) に 来(き)た。

Here Mr. Hirai turned to the right and we found ourselves in a large, square, Japanese room. (3)

503-22. 丁度、音楽を好きでない人間が作曲家になったりしないのと同じことだ。

丁度(ちょうど)、 音楽(おんがく) を 好き(すき) で ない 人間(にんげん) が 作曲家(さっきょくか) に なったり しない の と 同(おな)じ こと だ。

Just as people who don't love music never become composers. (41)

503-23. 長い道のりの間、ホームズ氏はあまり話をせず、馬車の後ろにもたれ、昼間聞いた曲をハミングしていた。

長い(ながい) 道のり(みちのり) の 間(あいだ)、 ホームズ 氏(し) は あまり 話(はなし) を せず、馬車(ばしゃ) の 後ろ(うしろ) に もたれ、 昼間(ひるま) 聞い(きい)た 曲(きょく) を ハミング して いた。

Mr. Holmes spoke little during the long drive and lay back in the cab humming the tunes which he had heard in the afternoon. (4)

503-24. 鳥たちでさえ、地図を持って風の曲がり角で道を調べても、こんな案内じゃとても見つけることはできなかったでしょう。

鳥(とり)たち で さえ、 地図(ちず) を 持っ(もっ)て 風(かぜ) の 曲がり角(まがりかど) で 道(みち) を 調べ(しらべ)て も、 こんな 案内(あんない) じゃ とても 見つける(みつける) こと は できなかった でしょう。

Even birds, carrying maps and consulting them at the four corners of the wind, could not have sighted it with these instructions. (64)

「〜さえ」 ["even __"; "(if) just __"]: DJG v2 p363; Marx v2 day60-61; Tobira ch5 #6.

504 ： 典

504-1. 古典学者。

古典学者(こてんがくしゃ)。

A classical scholar. (101)

504-2. 古典の神話。

古典(こてん) の 神話(しんわ)。

Classical mythology.

504-3. 映画は古典的なスリラーであった。

映画(えいが) は 古典的(こてんてき) な スリラー で あった。

The movie was an old-fashioned hair-raiser. (101)

504-4. スカンジナビアの神話の主な出典。

スカンジナビア の 神話(しんわ) の 主(おも) な 出典(しゅってん)。

The primary source for Scandinavian mythology.

504-5. 日本語学習者のために作られた字典。

日本語(にほんご) 学習者(がくしゅうしゃ) の ため に 作ら(つくら)れた 字典(じてん)。

A character dictionary made for the sake of those learning Japanese.

504-6. 立法上の法令によって作成された法典。

立法上(りっぽうじょう) の 法令(ほうれい) に よって 作成(さくせい) された 法典(ほうてん)。

The body of laws created by legislative statutes. (100)

504-7. ユダの人生について書かれた外典。

ユダ の 人生(じんせい) について 書か(かか)れた 外典(がいてん)。

An Apocryphal book describing the life of Judas. (100)

505： 興

505-1. 新興の共和国。

新興(しんこう) の 共和国(きょうわこく)。

An emergent republic. (101)

505-2. 音楽への興味。

音楽(おんがく) へ の 興味(きょうみ)。

An interest in music. (101)

505-3. 一夜限りの興行。

一夜(いちや) 限り(かぎり) の 興行(こうぎょう)。

A one-night stand. (101)

505-4. 即興のスピーチ。

即興(そっきょう) の スピーチ。

An impromptu speech. (101)

505-5. ハイテク新興産業。

ハイテク 新興(しんこう) 産業(さんぎょう)。

High-technology emerging industries. (101)

505-6. 中尾先生は即興で話した。

中尾(なかお) 先生(せんせい) は 即興(そっきょう) で 話し(はなし)た。
Nakao-sensei spoke extemporaneously. (101)

505-7. ロシアで生まれた米国の興業主。

ロシア で 生まれ(うまれ)た 米国(べいこく) の 興業(こうぎょう) 主(ぬし)。
United States impresario born in Russia. (100)

505-8. 美夕さんは数学に興味を持っている。

美夕(みゆ)さん は 数学(すうがく) に 興味(きょうみ) を 持っ(もっ)ている。
Miyu has an interest in mathematics. (87)

505-9. 新興企業は、1年以内に市場の大半を切り開いた。

新興(しんこう) 企業(きぎょう) は、 1年(ねん) 以内(いない) に 市場(しじょう) の 大半(たいはん) を 切り開い(きりひらい)た。
The startup carved out a large chunk of the market within one year. (101)

505-10. 期待したほどの興味を示してくれていない様に思ったのです。

期待(きたい) した ほど の 興味(きょうみ) を 示し(しめし)て くれて いない 様(よう) に 思っ(おもっ)た の です。
I fancied that there was a certain lack of the interest I had expected in them. (89)

505-11. ダン＆ブラッドストリートは、米国で最も大きな商業興信所である。

ダン ＆(アンド) ブラッドストリート は、 米国(べいこく) で 最も(もっとも) 大(おお)きな 商業(しょうぎょう) 興信所(こうしんじょ) で ある。
Dun & Bradstreet is the largest mercantile agency in the United States. (101)

505-12. 元の所有者がいなくなったり興味をなくしたりした場合、だれが新しい所有者になるのか。

元(もと) の 所有者(しょゆうしゃ) が いなく なったり 興味(きょうみ) を なくしたり した 場合(ばあい)、 だれ が 新(あたら)しい 所有者(しょゆうしゃ) に なる の か。
Who gets to be the new owner if the original one disappears or loses interest? (41)
「〜-たり〜-たりする」 [partial enumeration of actions/states]: DJG v1 p458; Genki ch11.
Note: This item is taken from Homesteading the Noosphere by Eric S. Raymond, one of the sources that are useful to skim for background context (catb.org/esr/writings/cathedral-bazaar/homesteading/homesteading.ps). Examples from this source will become more frequent from this point forward (roughly 140 remain).

506： 興

506-1. 町内の神社へ神輿をかついだ。

町内(ちょうない) の 神社(じんじゃ) へ 神輿(みこし) を かついだ。

We carried the *mikoshi* toward the neighborhood shrine.

506-2. 寺田家から石川家へ輿入れした。

寺田家(てらだけ) から 石川家(いしかわけ) へ 輿入れ(こしいれ) した。

The bride passed from the Terada household into the Ishikawa household.

506-3. 輿などののり物や、中国人、日本人、ヨーロッパ人などが通りを行き交っているのをめずらしげに並んでいた。

輿(こし) など の のり物(もの) や、 中国人(ちゅうごくじん)、 日本人(にほんじん)、 ヨーロッパ人(じん) など が 通り(とおり) を 行き交っ(ゆきかっ)て いる の を めずらしげ に 並ん(ならん)で いた。

Curious palanquins and other modes of conveyance, and groups of Chinese, Japanese and Europeans passed to and fro in the streets. (7)

「〜など」 {〜等* 393} ["such as __"]: DJG v1 p267; Tobira ch2 #2. 「-げ」 ["__-looking", "__-like"]: Marx v2 day68.

507： 竜

507-1. ジュラ紀の魚竜。

ジュラ紀(じゅらき) の 魚竜(ぎょりゅう)。

Jurassic ichthyosaurs. (100)

507-2. 竜巻が来るぞ、エム。

竜巻(たつまき) が 来る(くる) ぞ、 エム。

There's a cyclone coming, Em. (99)

507-3. ボートの竜骨の形に形成された屋根。

ボート の 竜骨(りゅうこつ) の 形(かたち) に 形成(けいせい) された 屋根(やね)。

A roof shaped in the form of the keel of a boat. (100)

507-4. 竜安寺は京都の最も有名なお寺の一つだ。

竜安寺(りょうあんじ) は 京都(きょうと) の 最も(もっとも) 有名(ゆうめい) な お寺(おてら) の 一つ(ひとつ) だ。

Ryoanji is one of the most famous temples in Kyoto.

507-5. 時間が空いたら、ぜひ京都の竜安寺を訪問して下さい。

時間(じかん) が 空い(あい)たら、 ぜひ 京都(きょうと) の 竜安寺(りょうあんじ) を 訪問(ほうもん) して 下(くだ)さい。

When you have a chance, by all means do visit Ryoanji in Kyoto.

507-6. 昨日米国をおそった竜巻と洪水により、28人が亡くなった。

昨日(きのう) 米国(べいこく) を おそった 竜巻(たつまき) と 洪水(こうずい) に より、 28人(にん) が 亡くなっ(なくなっ)た。

Twenty-eight persons died yesterday from tornadoes and floods striking the U.S.

508： 滝

508-1. ナイアガラはその滝で有名です。

ナイアガラ は その 滝(たき) で 有名(ゆうめい) です。

Niagara is famous for its waterfalls. (100)

508-2. 岡島神父は滝の近くの小さな丸太小屋に独りぼっちで住んでいる。

岡島(おかじま) 神父(しんぷ) は 滝(たき) の 近く(ちかく) の 小(ちい)さな 丸太小屋(まるたごや) に 独り(ひとり)ぼっち で 住ん(すん)で いる。

Father Okajima lives all alone in a small log cabin near a waterfall.

508-3. 神戸市中央区にある布引の滝は日本三大神滝の一つと見なされる。

神戸市(こうべし) 中央区(ちゅうおうく) に ある 布引の滝(ぬのびきのたき) は 日本(にほん) 三大(さんだい) 神滝(しんたき) の 一つ(ひとつ) と 見なさ(みなさ)れる。

Nunobiki Falls in Kobe's Chuo Ward is considered one of Japan's "Three Great Sacred Falls". (100)

508-4. ヨセミテには幾つかの巨大な滝がある。その中には、北米で最も高い滝がある。

ヨセミテ に は 幾つ(いくつ) か の 巨大(きょだい) な 滝(たき) が ある。 その 中(なか) に は、 北米(ほくべい) で 最も(もっとも) 高い(たかい) 滝(たき) が ある。

There are several giant waterfalls in Yosemite, including the highest waterfall in North America.

509： 籠

509-1. 昔この鳥籠には九官鳥がいた。

昔(むかし) この 鳥籠(とりかご) に は 九官鳥(きゅうかんちょう) が いた。

We used to keep a mynah bird in this cage.

509-2. 今明美さんは山寺に籠っている。

今(いま) 明美(あけみ)さん は 山寺(やまでら) に 籠っ(こもっ)て いる。

Akemi is presently holed up in a mountain temple.

509-3. 籠の中の木の実の数を数えなさい。

籠(かご) の 中(なか) の 木の実(このみ) の 数(かず) を 数え(かぞえ)なさい。

Count the nuts in the basket. (87)

509-4. 籠の鳥に水とえさを毎日やる様にして下さい。

籠(かご) の 鳥(とり) に 水(みず) と えさ を 毎日(まいにち) やる 様(よう) に して 下(くだ)さい。

Please see that the birds in the cage get water and food every day. (87)

509-5. そんな所に引き籠ってないで早く出てきなさい。

そんな 所(ところ) に 引き籠っ(ひきこもっ)てないで 早く(はやく) 出
(で)て き なさい。

Stop shutting yourself inside there. Come out already!

509-6. 由美子ちゃんは木の実がいっぱい入った籠を持っていた。

由美子(ゆみこ)ちゃん は 木の実(このみ) が いっぱい 入っ(はいっ)た
籠(かご) を 持っ(もっ)て いた。

Yumiko carried a basket full of nuts. (87)

509-7. 太った手はとても不器用で、木の実はあまりに小さくて、籠に入れるの
と同じくらいこぼしています。

太っ(ふとっ)た 手(て) は とても 不器用(ぶきよう) で、 木の実(このみ)
は あまり に 小(ちい)さくて、 籠(かご) に 入れる(いれる) の と 同じ(お
なじ) くらい こぼして います。

His fat hands were so clumsy and the nuts were so small that he dropped almost as
many as he put in the basket. (99)

510： 辰

510-1. 竜さんは辰年生まれだ。

竜(りゅう)さん は 辰年(たつどし) 生まれ(うまれ) だ。

Ryu was born in the year of the dragon.

511： 農

511-1. 農業工学。

農業(のうぎょう) 工学(こうがく)。

Agricultural engineering. (101)

511-2. 集約農業。

集約(しゅうやく) 農業(のうぎょう)。

Intensive agriculture. (101)

511-3. 質素な農民。

質素(しっそ) な 農民(のうみん)。

A frugal farmer. (101)

511-4. 広大な農地。

広大(こうだい) な 農地(のうち)。

Extended farm lands. (101)

511-5. 農民の朝雑用。

農民(のうみん) の 朝(あさ) 雑用(ざつよう)。

The farmer's morning chores. (101)

511-6. 古代の農業の神。

古代(こだい) の 農業(のうぎょう) の 神(かみ)。

Ancient god of agriculture. (100)

511-7. 生産性の高い農地。

生産性(せいさんせい) の 高い(たかい) 農地(のうち)。

Productive farmland. (101)

511-8. 土地を持たない小作農。

土地(とち) を 持た(もた)ない 小作農(こさくのう)。

The landless peasantry. (101)

511-9. 我が国の主な農産物は米である。

我が国(わがくに) の 主(おも) な 農産物(のうさんぶつ) は 米(こめ)
で ある。

The chief crop of our country is rice. (87)

511-10. 農民は、土地に作物を作り過ぎた。

農民(のうみん) は、 土地(とち) に 作物(さくもつ) を 作り過ぎ(つくり
すぎ)た。

The farmers overcropped the land. (101)

511-11. 農作業は体の調子を整えるのに良い。

農作業(のうさぎょう) は 体(からだ) の 調子(ちょうし) を 整える(とと
のえる) の に 良い(よい)。

Farm work is good for one's physical condition. (101)

511-12. 関口さんは50年前に農場に定住した。

関口(せきぐち)さん は 50年(ねん) 前(まえ) に 農場(のうじょう) に
定住(ていじゅう) した。

Sekiguchi-san settled the farm 50 years ago. (101)

511-13. 未改良の50エーカーのと改良された68エーカーの土地のある農場。

未改良(みかいりょう) の 50 エーカー の と 改良(かいりょう) された
68 エーカー の 土地(とち) の ある 農場(のうじょう)。

A farm with 50 acres of unimproved and 68 acres of improved land. (101)

512 ： 濃

512-1. 血は水より濃い。

血(ち) は 水(みず) より 濃い(こい)。

Blood is thicker than water. (87)

512-2. 液体を濃くする。

液体(えきたい) を 濃く(こく) する。

Thicken a liquid.

512-3. ガイアナ産の濃いラム。

ガイアナ 産(さん) の 濃い(こい) ラム。

Dark rum from Guyana. (100)

512-4. ワインが濃いしみをつけた。

ワイン が 濃い(こい) しみ を つけた。

The wine left a dark stain. (101)

512-5. 信濃川は日本で一番長い川です。

信濃川(しなのがわ) は 日本(にほん) で 一番(いちばん) 長い(ながい) 川(かわ) です。

The Shinano River is the longest river in Japan. (87)

512-6. 実さんが作るコーヒーは濃過ぎる。

実(みのる)さん が 作る(つくる) コーヒー は 濃過ぎる(こすぎる)。

The coffee Minoru makes is too strong. (100)

512-7. 夏美さんが作ったソースは新鮮だが、濃度は低い。

夏美(なつみ)さん が 作っ(つくっ)た ソース は 新鮮(しんせん) だ が、 濃度(のうど) は 低い(ひくい)。

The sauce Natsumi made is fresh, but it's too thin.

512-8. あの四川飯店の味付けはあまりにも濃くて、ちょっと食べられない。

あの 四川(しせん) 飯店(はんてん) の 味付け(あじつけ) は あまり に も 濃く(こく)て、 ちょっと 食べ(たべ)られない。

The seasoning at that Sichuanese place is a bit too strong for me. (100)

513 ： 豊

513-1. 豊年満作。

豊年(ほうねん) 満作(まんさく)。

Bumper crop. (101)

513-2. 物質的な豊かさ。

物質的(ぶっしつてき) な 豊か(ゆたか)さ。

Material wealth. (101)

513-3. 会社のための豊年。

会社(かいしゃ) の ため の 豊年(ほうねん)。

A banner year for the company. (101)

513-4. 米作は今年豊作だ。

米作(べいさく) は 今年(ことし) 豊作(ほうさく) だ。

The rice crop is large this year. (87)

513-5. より風味豊かにする。

より 風味(ふうみ) 豊か(ゆたか) に する。

Make more flavorful. (100)

513-6. 豊満に曲線のある女性。

豊満(ほうまん) に 曲線(きょくせん) の ある 女性(じょせい)。

A voluptuously curved woman. (101)

513-7. 今年の米作はとても豊かだ。

今年(ことし) の 米作(べいさく) は とても 豊か(ゆたか) だ。

This year's rice crop is abundant. (87)

513-8. 農民たちはみんな豊年を願っている。

農民(のうみん)たち は みんな 豊年(ほうねん) を 願っ(ねがっ)て い

る。

The farmers are all hoping for a good harvest this year.

513-9. この好天が続けば豊作になるだろう。

この 好天(こうてん) が 続(つづ)けば 豊作(ほうさく) に なる だろう。

We'll have a good crop if this good weather keeps up. (87)

513-10. 石油ブームで多くの地元の人が豊かになった。

石油(せきゆ) ブーム で 多く(おおく) の 地元(じもと) の 人(ひと) が

豊か(ゆたか) に なった。

The oil boom enriched a lot of local people. (101)

513-11. 地中海へのパイプラインがある豊かな油田の中心地。

地中海(ちちゅうかい) へ の パイプライン が ある 豊か(ゆたか) な

油田(ゆでん) の 中心地(ちゅうしんち)。

The center of a rich oilfield with pipelines to the Mediterranean. (100)

513-12. 最も前進している都市以外、日本は豊かな社会とは言えない。

最も(もっとも) 前進(ぜんしん) して いる 都市(とし) 以外(いがい)、 日

本(にほん) は 豊か(ゆたか) な 社会(しゃかい) と は 言え(いえ)ない。

Outside the most advanced cities, I would not call Japan an affluent society.

514： 吉

514-1. 不吉な方法で。

不吉(ふきつ) な 方法(ほうほう) で。

In an inauspicious manner. (100)

514-2. 4は日本では不吉な数字だ。

4 は 日本(にほん) で は 不吉(ふきつ) な 数字(すうじ) だ。

Four is an unlucky number in Japan. (87)

514-3. 13日の金曜日はアメリカでは不吉な日だと見なされている。

13 日(にち) の 金曜日(きんようび) は アメリカ で は 不吉(ふきつ)

な 日(ひ) だ と 見なさ(みなさ)れて いる。

In the U.S.A., Friday the 13th is considered unlucky day. (87)

514-4. 中央線の吉祥寺駅の周辺に住みたいけど、条件の良いアパートが中々見
つけられないんだ。

中央線(ちゅうおうせん) の 吉祥寺駅(きちじょうじえき) の 周辺(しゅうへん) に 住み(すみ)たい けど、 条件(じょうけん) の 良い(よい) アパート が 中々(なかなか) 見つけ(みつけ)られない ん だ。

I want to live somewhere around Kichijoji Station on the Chuo Line, but it's been really hard to find an apartment with favorable conditions.

515： 詰

515-1. 穴を詰める。

穴(あな) を 詰める(つめる)。

Fill a hole. (101)

515-2. 外交の大詰め。

外交(がいこう) の 大詰め(おおづめ)。

The diplomatic endgame. (101)

515-3. 詰まったパイプ。

詰まっ(つまっ)た パイプ。

Clogged pipes. (101)

515-4. 生活を切り詰める。

生活(せいかつ) を 切り詰める(きりつめる)。

Scratch and scrimp. (101)

515-5. 詰め物をした七面鳥。

詰め物(つめもの) を した 七面鳥(しちめんちょう)。

A stuffed turkey. (101)

515-6. 不正なチェスの詰め手。

不正(ふせい) な チェス の 詰め(つめ) 手(て)。

An illegal chess move. (101)

515-7. キャンディの詰め合わせ。

キャンディ の 詰め合わせ(つめあわせ)。

A candy sampler. (101)

515-8. 詳細はまだ詰めていない。

詳細(しょうさい) は まだ 詰め(つめ)て いない。

Details are yet to be worked out. (101)

515-9. 本をスーツケースに詰め込む。

本(ほん) を スーツケース に 詰め込む(つめこむ)。

Cram books into the suitcase. (101)

515-10. 吉郎さんは七面鳥を詰め込んだ。

吉郎(きちろう)さん は 七面鳥(しちめんちょう) を 詰め込(つめこ)んだ。

Kichiro filled up on turkey. (101)

515-11. 吉川さんがじっと私を見詰めた。

吉川(よしかわ)さん が じっと 私(わたし)を 見詰め(みつめ)た。

Yoshikawa-san stared at me intently. (10)

515-12. プリンターが紙詰まりを起こしました。

プリンター が 紙詰まり(かみづまり)を 起こし(おこし)ました。

The printer had a paper jam. (87)

515-13. 10人がその小さな部屋に詰め込まれた。

10人(にん)が その 小(ちい)さな 部屋(へや)に 詰め込(つめこ)まれた。

Ten people were packed into the small room. (87)

515-14. 子供たちは車の中にぎっしりと詰め込まれた。

子供(こども)たち は 車(くるま)の 中(なか)に ぎっしり と 詰め込ま(つめこま)れた。

The children were packed compactly into the car. (101)

515-15. 美夕さんはトイレが詰まっているのを発見した。

美夕(みゆ)さん は トイレ が 詰まっ(つまっ)て いる の を 発見(はっけん)した。

Miyu discovered the toilet was clogged. (101)

515-16. 豊田さんは、魚の骨を飲み込んで、のどを詰まらせた。

豊田(とよだ)さん は、魚(さかな)の 骨(ほね)を 飲み込ん(のみこん)で、のど を 詰まら(つまら)せた。

Toyoda-san swallowed a fishbone and gagged. (101)

515-17. 吉岡党首は記者会見で興業の法案について詰問された。

吉岡(よしおか)党首(とうしゅ)は 記者(きしゃ)会見(かいけん)で 興業(こうぎょう)の 法案(ほうあん)について 詰問(きつもん)された。

Party Chief Yoshioka was rigorously questioned at the press conference regarding the industrial promotion bill.

515-18. 今日の公立の学校はなぜ行き詰まっているのでしょうか。

今日(こんにち)の 公立(こうりつ)の 学校(がっこう)は なぜ 行き詰ま(いきづま)って いる の でしょう か。

Why is it that today's public schools are failing? (101)

515-19. 吉田さんが気詰まりであるということがすぐに分かった。

吉田(よしだ)さん が 気詰まり(きづまり)で ある という こと が すぐ に 分かっ(わかっ)た。

I saw at once that Yoshida-san was ill at ease. (87)

515-20. かかしは木の実でいっぱいの木を見つけて、それをドロシーの籠に詰めました。

かかし は 木の実(このみ)で いっぱい の 木(き)を 見つけ(みつけ)て、それ を ドロシー の 籠(かご)に 詰め(つめ)ました。

The Scarecrow found a tree full of nuts and filled Dorothy's basket with them. (99)

515-21. ぼくはただのかかしで、頭の先から爪の先まで全てわらが詰まっているだけです。

ぼく は ただ の かかし で、頭(あたま) の 先(さき) から 爪(つめ) の 先(さき) まで 全て(すべて) わら が 詰ま(つま)って いる だけ です。

I am only a Scarecrow, stuffed with straw from the top of my head to the tips of my toes. (99)

「ただの〜」 {只の〜* 1194} ["ordinary __", "nothing but __"]: DJG v2 p449.

516： 結

516-1. 共有結合。

共有(きょうゆう) 結合(けつごう)。

Covalent bond. (101)

516-2. 一時的な結び目。

一時的(いちじてき) な 結び目(むすびめ)。

A temporary knot. (100)

516-3. ほろ苦い結末の映画。

ほろ苦い(ほろにがい) 結末(けつまつ) の 映画(えいが)。

A movie with a bittersweet ending. (101)

516-4. 解けられない結び目。

解け(とけ)られない 結び目(むすびめ)。

An inextricable knot. (101)

516-5. 結局パーティーに来た。

結局(けっきょく) パーティー に 来(き)た。

I came to the party after all. (101)

516-6. みんなの力を結集しよう。

みんな の 力(ちから) を 結集(けっしゅう) しよう。

Let's all join forces. (10)

516-7. グループは結束が強かった。

グループ は 結束(けっそく) が 強かっ(つよかっ)た。

The group was closely knit. (101)

516-8. 11月11日に和平が結ばれた。

11月(がつ) 11日(にち) に 和平(わへい) が 結ば(むすば)れた。

Peace came on November 11th. (101)

516-9. かれらが最強チームを結成する。

かれら が 最強(さいきょう) チーム を 結成(けっせい) する。

They will form the strongest team. (10)

516-10. 吉岡さんが結局100円の物を買った。

吉岡(よしおか)さん　が　結局(けっきょく)　100 円(えん)　の　物(もの)　を 買っ(かっ)た。

Yoshioka-san ended up buying something for 100 yen. (10)

516-11. 結局、私は他の人と同じなんだと思った。

結局(けっきょく)、　私(わたし)　は　他(ほか)　の　人(ひと)　と　同じ(おな じ)　なん　だ　と　思っ(おもっ)た。

After all, I reflected, I was like my fellow men. (84)

516-12. 一番よいものを買うのが結局は安くつく。

一番(いちばん)　よい　もの　を　買う(かう)　の　が　結局(けっきょく)　は 安く(やすく)　つく。

It's always cheaper in the end to buy the best. (87)

516-13. 私はこれらの出来事を全く結びつけられない。

私(わたし)　は　これら　の　出来事(できごと)　を　全く(まったく)　結びつ け(むすびつけ)られ ない。

I cannot relate these events at all. (101)

516-14. 1978 年に日本と中国との間に平和条約が結ばれた。

1978 年(ねん)　に　日本(にほん)　と　中国(ちゅうごく)　と　の　間(あいだ) に　平和(へいわ)　条約(じょうやく)　が　結ば(むすば)れた。

In 1978 a peace treaty was concluded between Japan and China. (87)

516-15. 等高線とは同じ高さの点を結ぶ地図に引かれた線のことを示す。

等高線(とうこうせん)　と　は　同(おな)じ　高(たか)さ　の　点(てん)　を　結 (むす)ぶ　地図(ちず)　に　引か(ひか)れた　線(せん)　の　こと　を　示(しめ)す。

A contour line is a line drawn on a map connecting points of equal height. (100)

517：　投

517-1. 力強く投げる。

力強く(ちからづよく)　投げる(なげる)。

Throw forcefully. (100)

517-2. 投機的なビジネス企業。

投機的(とうきてき)　な　ビジネス　企業(きぎょう)。

Speculative business enterprises. (101)

517-3. 子供は石を犬に投げた。

子供(こども)　は　石(いし)　を　犬(いぬ)　に　投げ(なげ)た。

The child threw a stone at the dog. (87)

517-4. 投機家は全く無関心なようだ。

投機家(とうきか)　は　全く(まったく)　無関心(むかんしん)　な　よう　だ。

The speculator appears totally uninterested. (101)

「～ようだ」　["looks like __"; "seems (that) __"]: DJG v1 p547; Marx v2 day66.

517-5. 私たちは大いに意気投合した。

私(わたし)たち は 大いに(おおいに) 意気投合(いきとうごう) した。

We got along famously. (101)

517-6. 私が投げた小石は水を切って飛んだ。

私(わたし) が 投げ(なげ)た 小石(こいし) は 水(みず) を 切っ(きっ)て 飛ん(とん)だ。

The pebble I threw skipped across the water. (87)

517-7. 勝郎さんは右手で字を書くが、左手で投げる。

勝郎(かつろう)さん は 右手(みぎて) で 字(じ) を 書く(かく) が、 左手(ひだりて) で 投げる(なげる)。

Katsuro writes with his right hand but pitches with his left. (101)

517-8. この投手はボールよりストライクを多く投げる。

この 投手(とうしゅ) は ボール より ストライク を 多く(おおく) 投げる(なげる)。

This pitcher throws more strikes than balls. (101)

517-9. マネージャーには交代できる４人の先発投手だけがいた。

マネージャー に は 交代(こうたい) できる ４人(にん) の 先発(せんぱつ) 投手(とうしゅ) だけ が いた。

The manager had only four starting pitchers in his rotation. (101)

517-10. 吉本さんは自分の車をかなり投げ売りしなければならなかった。

吉本(よしもと)さん は 自分(じぶん) の 車(くるま) を かなり 投げ売り(なげうり) しなければ ならなかった。

Yoshimoto-san had to sell his car at a considerable sacrifice. (101)

517-11. 吉原大臣が書いた投書は人々が分からない単語でいっぱいでした。

吉原(よしはら) 大臣(だいじん) が 書い(かい)た 投書(とうしょ) は 人々(ひとびと) が 分から(わから)ない 単語(たんご) で いっぱい でした。

The letter that Minister Yoshihara had submitted was filled with words that people could not understand. (37)

517-12. かれは、自分が丸でアメリカ人の国に独り投げ出された様に感じた。

かれ は、 自分(じぶん) が 丸(まる) で アメリカ人(じん) の 国(くに) に 独り(ひとり) 投げ出さ(なげださ)れた 様(よう) に 感じ(かんじ)た。

The Frenchman felt himself as much alone among them as if he had dropped down in the midst of Americans. (7)

518： 役

518-1. 市役所。

市役所(しやくしょ)。

Municipal government office. (101)

518-2. それぞれが役割を持つ。

それぞれ が 役割(やくわり) を 持つ(もつ)。

Each one has its own role. (10)

518-3. 政府機関の長官の役割。

政府(せいふ) 機関(きかん) の 長官(ちょうかん) の 役割(やくわり)。

The role of the head of a government department. (100)

518-4. 食物として役に立たない。

食物(しょくもつ) として 役に立た(やくにたた)ない。

It's useless as food. (100)

518-5. お役に立ててうれしいです。

お役(やく) に 立て(たて)て うれしい です。

I'm glad I could be of service. (87)

518-6. 私は一行を町役場に案内した。

私(わたし) は 一行(いっこう) を 町(まち) 役場(やくば) に 案内(あんない) した。

I directed the party towards the town hall. (101)

518-7. 二国間の平和条約を結ぶための主役。

国間(にこくかん) の 平和(へいわ) 条約(じょうやく) を 結(むす)ぶ ため の 主役(しゅやく)。

A leading role in concluding a peace treaty between the two countries.

518-8. 吉井次長は自分の役割を最大化した。

吉井(よしい) 次長(じちょう) は 自分(じぶん) の 役割(やくわり) を 最大化(さいだいか) した。

Assistant Chief Yoshii maximized his own role. (101)

518-9. これは、事故を防止するのに役立つ。

これ は、 事故(じこ) を 防止(ぼうし) する の に 役立つ(やくだつ)。

This will help to prevent accidents. (101)

518-10. リムジンが付くのはその仕事の役得だ。

リムジン が 付く(つく) の は その 仕事(しごと) の 役得(やくとく) だ。

A limousine is one of the fringe benefits of the job. (101)

518-11. ここではゲームという類比が役に立つ。

ここ で は ゲーム という 類比(るいひ) が 役に立つ(やくにたつ)。

Here the analogy of a game might help. (22)

518-12. 木工ぎりの役目は、穴を開けることだ。

木工(もっこう)ぎり の 役目(やくめ) は、 穴(あな) を 開ける(あける) こと だ。

The function of an auger is to bore holes. (101)

518-13. もう美しくないから、役にも立たないわけだ。

もう 美しく(うつくしく)ない から、 役(やく) に も 立た(たた)ない わけ だ。

As he is no longer beautiful he is no longer useful. (37)

「～わけだ」 {～訳だ* 1505} ["the fact is/was that __"]: DJG v1 p531, v2 p570; Marx v2 day77; Tobira ch6 #11.

518-14. 不法駐車の車を見つけた時、役員は飛び出した。

不法(ふほう) 駐車(ちゅうしゃ) の 車(くるま) を 見つけ(みつけ)た 時(とき)、 役員(やくいん) は 飛び出し(とびだし)た。

The official hopped out when he spotted an illegally parked car. (101)

518-15. ある場合は役にたつが、別の場合は害をなすのです。

ある 場合(ばあい) は 役(やく) に たつ が、 別(べつ) の 場合(ばあい) は 害(がい) を なす の です。

If they do you good in one way they injure you in another. (67)

「なす」 {為す* 1236} ["(to) effect" (i.e., bring about, realize, perform)]: DJG v3 p365.

518-16. 吉郎さんの役割は人気者のコメディアンのぼけ役をすることだった。

吉郎(きちろう)さん の 役割(やくわり) は 人気者(にんきもの) の コメディアン の ぼけ役(やく) を する こと だった。

Kichiro's role was to stooge for the popular comedian. (101)

519： 没

519-1. 飛行機が川の中に水没した。

飛行機(ひこうき) が 川(かわ) の 中(なか) に 水没(すいぼつ) した。

An airplane submerged in a river.

519-2. 豊田さんは作業に没頭した。

豊田(とよだ)さん は 作業(さぎょう) に 没頭(ぼっとう) した。

Toyoda-san was drowned in work. (101)

519-3. 私たちは美しい日没に見とれた。

私(わたし)たち は 美しい(うつくしい) 日没(にちぼつ) に 見とれ(みとれ)た。

We admired the beautiful sunset. (87)

519-4. 当時神岡さんは音楽に没頭していた。

当時(とうじ) 神岡(かみおか)さん は 音楽(おんがく) に 没頭(ぼっとう) して いた。

Kamioka-san devoted himself to music in those days. (87)

519-5. 吉田先生は本の取得に没頭している。

吉田(よしだ) 先生(せんせい) は 本(ほん) の 取得(しゅとく) に 没頭(ぼっとう) して いる。

Yoshida-sensei is really into acquiring books. (100)

519-6. 本日、我々は戦没者を記念するために集まっています。

本日(ほんじつ)、我々(われわれ) は 戦没者(せんぼつしゃ) を 記念(きねん) する ため に 集まっ(あつまっ)て います。

Today we are gathered to remember those who died in war.

519-7. 吉郎くんを見に行きたいんだけど、いつも学習に没入している。

吉郎(きちろう)くん を 見(み) に 行き(いき)たい ん だ けど、 いつも 学習(がくしゅう) に 没入(ぼつにゅう) して いる。

I'd like to go see Kichiro, but he's always absorbed in his studies.

520： 設

520-1. 常設の委員会。

常設(じょうせつ) の 委員会(いいんかい)。

A permanent committee. (100)

520-2. 会社を設立する。

会社(かいしゃ) を 設立(せつりつ) する。

Form a corporation. (100)

520-3. 新しい部門を設立する。

新(あたら)しい 部門(ぶもん) を 設立(せつりつ) する。

Establish a new department. (101)

520-4. 電話の設定を調整してみた。

電話(でんわ) の 設定(せってい) を 調整(ちょうせい) して みた。

I tried adjusting my phone settings.

520-5. 別の角度から設問致します。

別(べつ) の 角度(かくど) から 設問(せつもん) 致(いた)します。

I'll pose the question from a different angle.

520-6. この大学は 1843 年に設立された。

この 大学(だいがく) は 1843 年(ねん) に 設立(せつりつ) された。

This university was founded in 1843. (87)

520-7. 当社のホームページが開設されました。

当社(とうしゃ) の ホームページ が 開設(かいせつ) されました。

Our company's website has been launched. (10)

520-8. 市役所の空調の温度設定を下げて下さい。

市役所(しやくしょ) の 空調(くうちょう) の 温度(おんど) 設定(せってい) を 下(さ)げて 下(くだ)さい。

Please lower the temperature setting of the air conditioning at City Hall.

520-9. 政府は委員会を設けてその事故の解明にあたらせた。

政府(せいふ) は 委員会(いいんかい) を 設け(もうけ)て その 事故(じこ) の 解明(かいめい) に あたらせた。

The government appointed a committee to investigate the accident. (87)

521： 段

521-1. 最後の手段。

最後(さいご) の 手段(しゅだん)。

The last resort. (101)

521-2. 不法な手段。

不法(ふほう) な 手段(しゅだん)。

Unlawful measures. (101)

521-3. 風が段々強くなる。

風(かぜ) が 段々(だんだん) 強く(つよく) なる。

The wind is picking up. (10)

521-4. 2段ベッドの上の段。

2段(だん) ベッド の 上(うえ) の 段(だん)。

The higher of two berths. (100)

521-5. 公害を防止する段取り。

公害(こうがい) を 防止(ぼうし) する 段取り(だんどり)。

Arrangements to prevent pollution.

521-6. 目的は手段を正当化しない。

目的(もくてき) は 手段(しゅだん) を 正当化(せいとうか) しない。

The ends do not justify the means. (101)

521-7. 番犬は一番下の段で止まった。

番犬(ばんけん) は 一番(いちばん) 下(した) の 段(だん) で 止まっ(とまっ)た。

The guard dog paused on the bottom step. (101)

521-8. 役員会はあらゆる手段をとった。

役員会(やくいんかい) は あらゆる 手段(しゅだん) を とった。

The Board of Directors left no stone unturned. (101)

521-9. 段々畑の用水は段々と下にながれて行った。

段々畑(だんだんばたけ) の 用水(ようすい) は 段々(だんだん) と 下(した) に ながれて 行っ(いっ)た。

The irrigation water flowed step by step down the terraced fields. (100)

「-ていく」 {-て行く 55} ["go on __ing"]: DJG v1 p151.

521-10. 人工的な光は電力という手段によって作られる。

人工的(じんこうてき) な 光(ひかり) は 電力(でんりょく) という 手段(しゅだん) に よって 作ら(つくら)れる。

Artificial light is produced by electricity. (87)

521-11. 美紀さんは去年よりまた一段と美しくなったね。

美紀(みき)さん は 去年(きょねん) より また 一段と(いちだんと) 美しく(うつくしく) なった ね。

Miki looks much prettier this year. (87)

521-12. おまけに、巻物は段を持っていて、ページは持っていない。

おまけ に、 巻物(まきもの) は 段(だん) を 持っ(もっ)て いて、 ページ は 持っ(もっ)て いない。

Besides, scrolls have columns, not pages. (76)

「**おまけに〜**」 {お負けに〜* / 御負けに〜** 829; 862} [**"what's more, __"**]: DJG v2 p390 & 413 & 427.

521-13. 足音はすぐさま近づいて来て、通りの角を曲がると一段と大きな音になった。

足音(あしおと) は すぐさま 近づい(ちかづい)て 来(き)て、 通り(とおり) の 角(かど) を 曲がる(まがる) と 一段と(いちだんと) 大(おお)きな 音(おと) に なった。

The steps drew swiftly nearer, and swelled out suddenly louder as they turned the end of the street. (84)

522： 殺

522-1. 故殺。

故殺(こさつ)。

Voluntary manslaughter. (101)

522-2. 毒殺する。

毒殺(どくさつ) する。

Kill with poison. (100)

522-3. 石を投げて殺す。

石(いし) を 投げ(なげ)て 殺す(ころす)。

Kill by throwing stones at. (100)

522-4. 殺害された女性。

殺害(さつがい) された 女性(じょせい)。

The murdered woman. (101)

522-5. 身の毛もよだつ殺人事件。

身の毛(みのけ) も よだつ 殺人(さつじん) 事件(じけん)。

A grisly murder. (101)

522-6. 殺人者はこの部屋にいる。

殺人者(さつじんしゃ) は この 部屋(へや) に いる。

The murderer is present in this room. (101)

522-7. 竜さんは首吊り自殺をした。

竜(りゅう)さん は 首吊り(くびつり) 自殺(じさつ) を した。

Ryu committed suicide by hanging himself. (87)

522-8. 農民は、休日に豚を殺した。

農民(のうみん) は、 休日(きゅうじつ) に 豚(ぶた) を 殺し(ころし)た。

The farmer killed a pig for the holidays. (101)

522-9. 今月は殺人事件が2件あった。

今月(こんげつ) は 殺人(さつじん) 事件(じけん) が 2件(けん) あった。

There were two murders this month. (87)

522-10. 小作農たちは王の殺害を企んでいる。

小作農(こさくのう)たち は 王(おう) の 殺害(さつがい) を 企ん(たくらん)で いる。

The peasants are plotting to kill the king. (87)

522-11. 人間の体は殺せても、心は殺せないのです。

人間(にんげん) の 体(からだ) は 殺せ(ころせ)て も、 心(こころ) は 殺せ(ころせ)ない の です。

You can kill the body, but not the spirit. (90)

522-12. パロ様は全ての長男は殺されるべきだと命令した。

パロ 様(さま) は 全て(すべて) の 長男(ちょうなん) は 殺さ(ころさ)れる べき だ と 命令(めいれい) した。

The Pharaoh decreed that all firstborn males should be killed. (101)

522-13. ホームレスの男性が、市民会館の後ろで殺害されているのが発見された。

ホームレス の 男性(だんせい) が、 市民(しみん) 会館(かいかん) の 後ろ(うしろ) で 殺害(さつがい) されて いる の が 発見(はっけん) された。

A homeless man was found murdered behind the civic auditorium. (101)

523： 刹

523-1. 東大寺は日本の最も有名な古刹である。

東大寺(とうだいじ) は 日本(にほん) の 最も(もっとも) 有名(ゆうめい) な 古刹(こさつ) で ある。

Todaiji is the most famous old temple in Japan.

523-2. 北海道の高竜寺と言う名刹は美しい山門で有名。

北海道(ほっかいどう) の 高竜寺(こうりゅうじ) と 言う(いう) 名刹(めいさつ) は 美しい(うつくしい) 山門(さんもん) で 有名(ゆうめい)。

Hokkaido's famous Koryuji Temple is known for its lovely sanmon gate.

524： 刈

524-1. 干し草の刈り入れ。

干し草(ほしくさ) の 刈り入れ(かりいれ)。

The harvesting of hay. (100)

524-2. 子羊から羊毛を刈る。

子羊(こひつじ) から 羊毛(ようもう) を 刈る(かる)。

Shear the wool off the lamb. (101)

524-3. 刈り込んでいない羊。

刈り込ん(かりこん)で いない 羊(ひつじ)。

Unshorn sheep. (101)

524-4. 新たに刈られた干し草のにおい。

新た(あらた) に 刈ら(から)れた 干し草(ほしくさ) の におい。

The smell of newly mown hay. (101)

524-5. 農業機械の「バインダー」は、作物を刈り取り束にする機械である。

農業(のうぎょう) 機械(きかい) の 「バインダー」 は、 作物(さくもつ) を 刈り取り(かりとり) 束(たば) に する 機械(きかい) で ある。

The farm implement known as the "binder" is a machine that cuts grain and binds it into sheaves. (100)

525： 絵

525-1. 下手な絵画。

下手(へた) な 絵画(かいが)。

An unskillful painting. (100)

525-2. 実に美しい絵画。

実に(じつに) 美しい(うつくしい) 絵画(かいが)。

A truly beautiful painting.

525-3. 絵に触ってはいけない。

絵(え) に 触っ(さわっ)て は いけない。

You must not touch the paintings. (87)

「-てはいけない」 ["must not __"]: DJG v1 p528, v2 p70; Genki ch6.

525-4. その絵は実物そっくりだ。

その 絵(え) は 実物(じつぶつ) そっくり だ。

The picture is true to life. (87)

525-5. この画家は大抵油絵を作る。

この 画家(がか) は 大抵(たいてい) 油絵(あぶらえ) を 作る(つくる)。

This painter generally makes oil paintings. (101)

525-6. それらの絵を見た覚えがある。

それら の 絵(え) を 見(み)た 覚え(おぼえ) が ある。

I can recall seeing those pictures. (87)

525-7. ナポリは絵のように美しい都市です。

ナポリ は 絵(え) の よう に 美しい(うつくしい) 都市(とし) です。

Naples is a picturesque city. (87)

525-8. あの古刹には多くの有名な絵巻物や大和絵がある。

あの 古刹(こさつ) に は 多(おお)く の 有名(ゆうめい) な 絵巻物(えまきもの) や 大和絵(やまとえ) が ある。

There are many famous scroll paintings and *Yamato-e* in that old temple.

525-9. 映画のスクリーンと絵画のカンバスを比べてみよう。

映画(えいが) の スクリーン と 絵画(かいが) の カンバス を 比べ(くらべ)て みよう。

Let us compare the film screen with the canvas of a painting. (102)

525-10. この投手はGOATだから、名前の後に山羊の絵文字を付けた。

この 投手(とうしゅ) は GOAT だから、 名前(なまえ) の 後(あと) に 山羊(やぎ) の 絵文字(えもじ) を 付(つ)けた。

This pitcher is the GOAT (Greatest Of All Time), so I put a goat emoji after his name.

525-11. もし私があの時その絵を買っていたら、今では金持ちだろうに。

もし 私(わたし) が あの 時(とき) その 絵(え) を 買っ(かっ)て いたら、 今(いま) で は 金持ち(かねもち) だろう に。

If I had bought the painting then, I would be rich now. (87)

526： 給

526-1. 有給役員。

有給(ゆうきゅう) 役員(やくいん)。

A paid official. (101)

526-2. 高給取り。

高給(こうきゅう) 取り(とり)。

Highly paid workers. (101)

526-3. 豊かな供給。

豊か(ゆたか) な 供給(きょうきゅう)。

A rich supply. (101)

526-4. 十分な供給。

十分(じゅうぶん) な 供給(きょうきゅう)。

An ample supply. (101)

526-5. 供給過多の市場。

供給(きょうきゅう) 過多(かた) の 市場(しじょう)。

A glutted market. (101)

526-6. 年金を支給する。

年金(ねんきん) を 支給(しきゅう) する。

Grant a pension to. (100)

526-7. 食物を支給する。

食物(しょくもつ) を 支給(しきゅう) する。
Supply with food. (100)

526-8. お金の無限の供給。
お金(おかね) の 無限(むげん) の 供給(きょうきゅう)。
A limitless supply of money. (101)

526-9. 石油の主な供給源。
石油(せきゆ) の 主(おも) な 供給源(きょうきゅうげん)。
A major source of petroleum. (100)

526-10. 無給のエキストラ。
無給(むきゅう) の エキストラ。
Unpaid extras. (101)

526-11. タバコが支給されている。
タバコ が 支給(しきゅう) されて いる。
Cigarettes are being rationed. (101)

526-12. ベッドに毛布を供給する。
ベッド に 毛布(もうふ) を 供給(きょうきゅう) する。
Supply blankets for the beds. (101)

526-13. 電力を供給する公益事業体。
電力(でんりょく) を 供給(きょうきゅう) する 公益(こうえき) 事業体
(じぎょうたい)。
A public utility that provides electricity. (100)

526-14. 国王は小作農たちに羊毛を供給した。
国王(こくおう) は 小作農(こさくのう)たち に 羊毛(ようもう) を 供
給(きょうきゅう) した。
The king supplied the peasants with wool.

526-15. タンカーは北海で給油された。
タンカー は 北海(ほっかい) で 給油(きゅうゆ) された。
The tanker fueled in the North Sea. (101)

526-16. タンカーは給油タンクを空にした。
タンカー は 給油(きゅうゆ) タンク を 空(から) に した。
The tanker drained the oil tank. (101)

526-17. 先ず給水を止めなくてはならない。
先ず(まず) 給水(きゅうすい) を 止め(とめ)なくて は ならない。
First you have to cut off the water. (101)
　　「-なくてはならない / -なくてはいけない / -なくてはだめ」 [imperative]: DJG v1
p274; Genki ch12; Marx v1 day54; Tobira ch2 #1.

526-18. 新しいユニフォームを子供たちに支給する。

新(あたら)しい ユニフォーム を 子供(こども)たち に 支給(しきゅう)する。

Issue a new uniform to the children. (101)

526-19. このダムは私たちに水と電力を供給している。

この ダム は 私(わたし)たち に 水(みず) と 電力(でんりょく) を 供給(きょうきゅう) して いる。

This dam supplies us with water and electricity. (87)

526-20. ペニシリンの最近の発給は1か月以上前であった。

ペニシリン の 最近(さいきん) の 発給(はっきゅう) は 1か月(かげつ)以上(いじょう) 前(まえ) で あった。

The last issue of penicillin was over a month ago. (101)

526-21. 出産したときに一人あたり30万円が支給されます。

出産(しゅっさん) した とき に 一人(ひとり) あたり 30万(まん) 円(えん) が 支給(しきゅう) されます。

Each person is given 300,000 yen after a baby is born. (10)

526-22. 美結さんは月給や日給ではなく、時給をもらっている。

美結(みゆ)さん は 月給(げっきゅう) や 日給(にっきゅう) で は なく、 時給(じきゅう) を もらって いる。

Miyu doesn't get paid by the month or by the day, but by the hour.

526-23. 人間ってものはどこにいても、人間はなんとか自給自足でやっていけるんだ。

人間(にんげん) って もの は どこ に いて も、 人間(にんげん) はなんとか 自給自足(じきゅうじそく) で やって いける ん だ。

Wherever a man is, a man can do for himself. (90)

「-って」 [colloquial contraction of という]. **「なんとか」** {何とか* 815} **["somehow"]**: DJG v3 p341.

527： 巴

527-1. お神輿にかかれた三つ巴は三つのコンマのような形から成っている。

お神輿(おみこし) に かかれた 三つ巴(みつどもえ) は 三つ(みっつ) のコンマ の よう な 形(かたち) から 成(な)って いる。

The *mittsudomoe* pattern painted on the *mikoshi* consists of three comma-like marks.

528： 色

528-1. 三色の羽。

三色(さんしょく) の 羽(はね)。

Tricolor plumage. (101)

528-2. 不調和な色。

不調和(ふちょうわ) な 色(いろ)。

Clashing colors. (101)

528-3. 豊かな音色。

豊か(ゆたか) な 音色(ねいろ)。

Full tones. (101)

528-4. 好色な乱交。

好色(こうしょく) な 乱交(らんこう)。

Libidinous orgies. (101)

528-5. 好色な文学。

好色(こうしょく) な 文学(ぶんがく)。

Prurient literature. (101)

528-6. 三色の印画法。

三色(さんしょく) の 印画法(いんがほう)。

A trichromatic printing process. (101)

528-7. 好色と感じる。

好色(こうしょく) と 感じる(かんじる)。

Feel amorous. (101)

528-8. 銀色の色調の。

銀色(ぎんいろ) の 色調(しきちょう) の。

Silver-toned. (101)

528-9. 無色の油性液体。

無色(むしょく) の 油性(ゆせい) 液体(えきたい)。

A colorless oily liquid. (100)

528-10. だれかを色っぽく見る。

だれ か を 色っぽく(いろっぽく) 見る(みる)。

Look seductively at someone. (100)

528-11. 子供は絵に色をつけた。

子供(こども) は 絵(え) に 色(いろ) を つけた。

The child colored the drawings. (101)

528-12. 東京には色々な人が住んでいる。

東京(とうきょう) に は 色々(いろいろ) な 人(ひと) が 住ん(すん)でいる。

All sorts of people live in Tokyo. (87)

528-13. これらの色は感覚を楽しませる。

これら の 色(いろ) は 感覚(かんかく) を 楽しま(たのしま)せる。

These colors please the senses. (101)

528-14. 白い光は七原色からなっている。

白い(しろい) 光(ひかり) は 七(なな) 原色(げんしょく) から なって いる。

White light is composed of the seven primary colors. (77)

528-15. 花絵さんには、色々な不平がある。

花絵(はなえ)さん に は、 色々(いろいろ) な 不平(ふへい) が ある。

Hanae has a lot to be upset about. (101)

528-16. その目は青く、顔色はバラ色だ。

その 目(め) は 青く(あおく)、 顔色(かおいろ) は バラ色(いろ) だ。

His eyes are blue, his complexion rosy. (7)

528-17. 日に当たって絵美さんの顔色はよくなった。

日(ひ) に 当たって(あたって) 絵美(えみ)さん の 顔色(かおいろ) は よく なった。

The sunshine improved Emi's complexion. (87)

528-18. ベンの顔色は絵のような見物だった。

ベン の 顔色(かおいろ) は 絵(え) の よう な 見物(みもの) だった。

Ben's face was a picture. (90)

528-19. 食器室のガス灯はかのじょの顔色をいっそう青白く見せた。

食器室(しょっきしつ) の ガス灯(とう) は かのじょ の 顔色(かおいろ) を いっそう 青白く(あおじろく) 見せ(みせ)た。

The gaslight in the pantry made her look still paler. (25)

「いっそう〜」 {一層〜 2; 1224} ["**still more __**"]: DJG v3 p344 (under なお).

528-20. 物質がすべての色を目に返してきた場合、それは白く見える。

物質(ぶっしつ) が すべて の 色(いろ) を 目(め) に 返し(かえし)て きた 場合(ばあい)、 それ は 白く(しろく) 見える(みえる)。

When a substance reflects all the colors to the eye, it seems to us white. (77)

529 ： 声

529-1. 人民の声。

人民(じんみん) の 声(こえ)。

Vox populi. (100)

529-2. 発声器官。

発声(はっせい) 器官(きかん)。

Vocal organs. (101)

529-3. 太い男性的な声。

太い(ふとい) 男性的(だんせいてき) な 声(こえ)。

A deep male voice. (101)

529-4. 音楽的な話し声。

音楽的(おんがくてき) な 話し声(はなしごえ)。

A musical speaking voice. (101)

529-5. 用意された声明。

用意(ようい) された 声明(せいめい)。

A prepared statement. (101)

529-6. 英国の音声学者。

英国(えいこく) の 音声学者(おんせいがくしゃ)。

English phonetician. (100)

529-7. 良心の小さな声。

良心(りょうしん) の 小(ちい)さな 声(こえ)。

The wee small voice of conscience. (101)

529-8. 単調で機械的な声。

単調(たんちょう) で 機械的(きかいてき) な 声(こえ)。

A toneless mechanical voice. (101)

529-9. 吉原氏は声が低い。

吉原(よしはら) 氏(し) は 声(こえ) が 低い(ひくい)。

Mr. Yoshihara has a low-pitched voice. (87)

529-10. 中国語は声調言語である。

中国語(ちゅうごくご) は 声調(せいちょう) 言語(げんご) で ある。

Chinese is a tonal language. (101)

529-11. 両方は共同声明に同意した。

両方(りょうほう) は 共同(きょうどう) 声明(せいめい) に 同意(どうい) した。

Both sides agreed on a joint statement. (87)

529-12. 王は、正午に声明書を読む。

王(おう) は、 正午(しょうご) に 声明書(せいめいしょ) を 読む(よむ)。

The King will read the proclamation at noon. (101)

529-13. 不意に後ろから声がかかった。

不意(ふい) に 後ろ(うしろ) から 声(こえ) が かかった。

Someone suddenly spoke out from behind. (10)

529-14. 声に出して一節を読んで下さい。

声(こえ) に 出(だ)して 一節(いっせつ) を 読ん(よん)で 下(くだ)さい。

Please read aloud one passage. (101)

529-15. 子供たちの楽しそうな声が聞こえた。

子供(こども)たち の 楽(たの)しそう な 声(こえ) が 聞(き)こえた。

I heard the children's happy voices. (87)

529-16. 多美子さんは手紙を声に出して読んだ。

多美子(たみこ)さん　は　手紙(てがみ)　を　声(こえ)　に　出し(だし)て　読ん(よん)だ。

Tamiko read the letter aloud. (87)

529-17. 声を聞いた感じでは、2人は間合いをとったらしい。

声(こえ)　を　聞い(きい)た　感じ(かんじ)　で　は、　2人(ふたり)　は　間合い(まあい)　を　とった　らしい。

From the sound of their voices I knew they had spaced themselves out. (77)

529-18. こんな時間にごめんね。声聞きたくて電話しちゃった。

こんな　時間(じかん)　に　ごめん　ね。　声(こえ)　聞き(きき)たくて　電話(でんわ)　しちゃった。

I'm sorry for calling at this hour. I just wanted to hear your voice. (87)

「-ちゃう」　[colloquial contraction of -てしまう: **"do (something regrettable)"**; **"finish __ing"**]: DJG v1 p384 (under -てしまう); Marx v2 day28.

529-19. 日本興業銀行の 2021 年 5 月の声明で、山本吉郎はこう書いた：

日本興業銀行(にほんこうぎょうぎんこう)　の　2021 年(ねん)　5 月(がつ)　の　声明(せいめい)　で、　山本(やまもと)　吉郎(きちろう)　は　こう　書(か)いた：

In a May 2021 Japan Development Bank statement, Kichiro Yamato wrote: (69)

530：　眉

530-1. 不満で眉をひそめる。

不満(ふまん)　で　眉(まゆ)　を　ひそめる。

Frown with displeasure. (100)

530-2. そんなに眉をしかめるなよ。

そんなに　眉(まゆ)　を　しかめる　な　よ。

You needn't frown. (84)

530-3. スポック氏は眉を上げた。👆

スポック　氏(し)　は　眉(まゆ)　を　上げ(あげ)た。

Mr. Spock raised an eyebrow. (101)

530-4. 豊田氏を見て、眉を吊り上げた。

豊田(とよだ)　氏(し)　を　見(み)て、　眉(まゆ)　を　吊り上げ(つりあげ)た。

When she perceived Mr. Toyoda, she knit her brows. (7)

530-5. なぜ給仕長が給仕に眉をひそめたのか分からなかった。

なぜ　給仕長(きゅうじちょう)　が　給仕(きゅうじ)　に　眉(まゆ)　を　ひそめた　の　か　分から(わから)なかった。

I couldn't understand why the maitre d' frowned at the waiter. (87)

「なぜか〜」　{何故か** 815; 257} [**"for some reason __"**]: DJG v3 p370.

530-6. 父親はぼさぼさで手入れしていないまっ白い眉毛がとても人目を引く。

父親(ちちおや) は ぼさぼさ で 手入れ(ていれ) して いない まっ白い(しろい) 眉毛(まゆげ) が とても 人目(ひとめ) を 引く(ひく)。

My dad attracts attention with his shaggy, untrimmed, snow-white eyebrows. (101)

530-7. 魚屋が投げつけた魚が肉屋の眉間に命中した。肉屋が仕返しして魚屋に豚カツを投げつけてその眉間にも命中した。

魚屋(さかなや) が 投(な)げつけた 魚(さかな) が 肉屋(にくや) の 眉間(みけん) に 命中(めいちゅう) した。 肉屋(にくや) が 仕返(しかえ)し して 魚屋(さかなや) に 豚(とん)カツ を 投(な)げつけて その 眉間(みけん) に も 命中(めいちゅう) した。

The fish thrown by the fishmonger hit the butcher right between the eyes. In revenge the butcher landed a pork chop right between the fishmonger's eyes.

531: 里

531-1. 古里の友人を思い出した。

古里(ふるさと) の 友人(ゆうじん) を 思い出し(おもいだし)た。

I just remembered a friend from my hometown.

531-2. 一里は約四キロメートルだ。

一里(いちり) は 約(やく) 四(よん) キロメートル だ。

One *ri* is about four kilometers.

531-3. 里親に育てられている子供。

里親(さとおや) に 育て(そだて)られて いる 子供(こども)。

A child who is raised by foster parents. (100)

531-4. 「千里の道」とは、長い道のりのことを意味する。

「千里(せんり) の 道(みち)」 と は、 長い(ながい) 道のり(みちのり) の こと を 意味(いみ) する。

A "thousand-league road" means a great distance.

531-5. 日本に来て早十年だが、未だに時々里心が出る。

日本(にほん) に 来(き)て 早(はや) 十年(じゅうねん) だ が、 未だに(いまだに) 時々(ときどき) 里心(さとごころ) が 出る(でる)。

It's already been ten years since I came to Japan, but I still sometimes get homesick.

532: 理

532-1. 理事会。

理事会(りじかい)。

Governing bodies. (101)

532-2. 有理数。

有理数(ゆうりすう)。

Rational numbers. (101)

532-3. 代理父。

代理(だいり) 父(ふ)。
Surrogate father. (101)

532-4. 正当な理由。
正当(せいとう) な 理由(りゆう)。
Valid grounds. (101)

532-5. 原子物理学。
原子(げんし) 物理学(ぶつりがく)。
Nuclear physics. (101)

532-6. 物理的性質。
物理的(ぶつりてき) 性質(せいしつ)。
Physical properties. (101)

532-7. 本当の理由。
本当(ほんとう) の 理由(りゆう)。
The real reason. (101)

532-8. 薬理のある草。
薬理(やくり) の ある 草(くさ)。
Medicinal herbs. (101)

532-9. 薬理的な性質。
薬理的(やくりてき) な 性質(せいしつ)。
Medicinal properties. (101)

532-10. 理解がある友人。
理解(りかい) が ある 友人(ゆうじん)。
An understanding friend. (101)

532-11. 理由は二つある。
理由(りゆう) は 二つ(ふたつ) ある。
The reason is twofold. (102)

532-12. 私は物理が苦手だ。
私(わたし) は 物理(ぶつり) が 苦手(にがて) だ。
I have trouble with physics. (87)

532-13. 自分が無理をする。
自分(じぶん) が 無理(むり) を する。
I overdo it. (10)

532-14. 部下は手紙を整理した。
部下(ぶか) は 手紙(てがみ) を 整理(せいり) した。
The assistant filed the letter away. (101)

532-15. 不合理に金持ちの若い女性。
不合理(ふごうり) に 金持ち(かねもち) の 若(わか)い 女性(じょせい)。

An absurdly rich young woman. (101)

532-16. 生理的に中毒になっている。

生理的(せいりてき) に 中毒(ちゅうどく) に なって いる。

Physiologically addicted. (101)

532-17. 不満の出る理由はなかった。

不満(ふまん) の 出る(でる) 理由(りゆう) は なかった。

There was no occasion for complaint. (101)

532-18. 吉川さんは役者の代理人です。

吉川(よしかわ)さん は 役者(やくしゃ) の 代理人(だいりにん) です。

Yoshikawa-san is an agent who represents performers. (100)

532-19. 理事会は7人の理事から成る。

理事会(りじかい) は 7人(にん) の 理事(りじ) から 成る(なる)。

The board has seven members. (101)

532-20. 4つの基本理念を定めています。

4つ の 基本(きほん) 理念(りねん) を 定め(さだめ)て います。

It has four basic principles. (10)

532-21. 両親は無理に私をそこへ行かせた。

両親(りょうしん) は 無理(むり) に 私(わたし) を そこ へ 行か(いか)せた。

My parents made me go there. (87)

532-22. 昨日学校を休んだ理由をいいなさい。

昨日(きのう) 学校(がっこう) を 休ん(やすん)だ 理由(りゆう) を いいなさい。

Tell me the reason you were absent from school yesterday. (87)

532-23. 支店長はその決定を代理人に委ねた。

支店長(してんちょう) は その 決定(けってい) を 代理人(だいりにん) に 委ね(ゆだね)た。

The branch manager left the decision to his deputy. (101)

532-24. 私は一時期、天体物理学者になりたかった。

私(わたし) は 一時期(いちじき)、 天体(てんたい) 物理学者(ぶつりがくしゃ) に なりたかった。

I once wanted to be an astrophysicist. (87)

532-25. いつも仕事場をきちんと整理しておきなさい。

いつも 仕事場(しごとば) を きちんと 整理(せいり) して おき なさい。

Always keep your office tidy. (87)

532-26. 私たちは工場の生産を合理化し、利益を上げた。

私(わたし)たち は 工場(こうじょう) の 生産(せいさん) を 合理化(ごうりか) し、 利益(りえき) を 上げ(あげ)た。

We rationalized the factory's production and raised profits. (101)

532-27. その時に花絵さんの手紙の本当の意味を理解した。

その 時(とき) に 花絵(はなえ)さん の 手紙(てがみ) の 本当(ほんとう) の 意味(いみ) を 理解(りかい) した。

It was then that I understood the real meaning of Hanae's letter. (101)

532-28. 意志に反してなにかを無理にさせる事はできない。

意志(いし) に 反し(はんし)て なに か を 無理(むり) に させる 事(こと) は できない。

No one can force you to do anything against your will. (87)

「〜にはんして / 〜にはんする」 {〜に反して / 〜に反する 374} [**"contrary to __"**]: DJG v2 p241.

532-29. 反物質よりも物質が多く存在する理由は不明です。

反物質(はんぶっしつ) より も 物質(ぶっしつ) が 多く(おおく) 存在(そんざい) する 理由(りゆう) は 不明(ふめい) です。

We don't know why there's more matter than antimatter. (87)

532-30. 我々は、生命の本当の意味を理解するようになった。

我々(われわれ) は、 生命(せいめい) の 本当(ほんとう) の 意味(いみ) を 理解(りかい) する よう に なった。

We came to understand the true meaning of life. (101)

「〜ようになる」 [**"reach the point where __"**]: DJG v1 p559; Marx v2 day72; Tobira ch2 #11.

532-31. 今回は私、行くと決心して、無理にも出かけましたわ。

今回(こんかい) は 私(わたし)、 行く(いく) と 決心(けっしん) して、 無理(むり) に も 出かけ(でかけ)ました わ。

This time I was set on going, and I would go. (4)

532-32. 生命は、様々な化学的、物理的プロセスに基づいている。

生命(せいめい) は、 様々(さまざま) な 化学的(かがくてき)、 物理的(ぶつりてき) プロセス に 基づい(もとづい)て いる。

Life depends on many chemical and physical processes. (101)

「〜にもとづいて / 〜にもとづく」 {〜に基づいて / 〜に基づく 485} [**"based on __"**]: DJG v2 p261.

532-33. 身辺を整理するための時間が、やっと休み中に出来ました。

身辺(しんぺん) を 整理(せいり) する ため の 時間(じかん) が、 やっと 休み中(やすみちゅう) に 出来(でき)ました。

I finally found time to organize my affairs during vacation. (10)

532-34. 見つけにくい粒子を発見した物理学者はノーベル賞を受賞した。

見つけ(みつけ)にくい 粒子(りゅうし) を 発見(はっけん) した 物理学者(ぶつりがくしゃ) は ノーベル賞(しょう) を 受賞(じゅしょう) した。

The physicist who found the elusive particle won the Nobel Prize. (101)

532-35. 私たちは、前に触れた進化上の理由から、そう感じるように作られている。

私(わたし)たち は、 前(まえ) に 触れ(ふれ)た 進化上(しんかじょう) の 理由(りゆう) から、 そう 感(かん)じる よう に 作ら(つくら)れて いる。

We're wired to feel that way for evolutionary reasons touched on earlier. (41)

「～ように」 ["so that __"]: DJG v1 p553; Marx v2 day71; Tobira ch4 #6.

532-36. あなたのとこのハッカーは道理をわきまえた存在であって、理由があったのでしょうね。

あなた の とこ の ハッカー は 道理(どうり) を わきまえた 存在(そんざい) で あって、 理由(りゆう) が あった の でしょう ね。

Your hacker is a rational entity, and presumably had reasons. (53)

533： 埋

533-1. 欠点を埋め合わせる。

欠点(けってん) を 埋め合わせる(うめあわせる)。

Make up for a shortcoming.

533-2. この埋め合わせはきっとする。

この 埋め合わせ(うめあわせ) は きっと する。

I will definitely make amends. (29)

533-3. 古里に骨を埋める予定だった。

古里(ふるさと) に 骨(ほね) を 埋める(うめる) 予定(よてい) だった。

I had planned to bury myself in my hometown. (2)

533-4. ボートの底が地面に埋め込まれた。

ボート の 底(そこ) が 地面(じめん) に 埋め込ま(うめこま)れた。

The bottom of the boat was lodged in the ground. (100)

533-5. 吉岡氏は両手の中に顔を埋めた。

吉岡(よしおか) 氏(し) は 両手(りょうて) の 中(なか) に 顔(かお) を 埋め(うめ)た。

Mr. Yoshioka sank his face into his hands. (35)

533-6. その広場は人で埋め尽くされている。

その 広場(ひろば) は 人(ひと) で 埋め尽くさ(うめつくさ)れて いる。

The plaza is packed with people. (87)

533-7. その骨は土の小山の下に埋められた。

その 骨(ほね) は 土(つち) の 小山(こやま) の 下(した) に 埋め(うめ)られた。

Whose bones they then buried under hillocks of earth. (86)

533-8. 里美さんはその不足の埋め合わせをした。

里美(さとみ)さん は その 不足(ふそく) の 埋め合わせ(うめあわせ) を した。

Satomi made up for the deficit. (87)

533-9. コレクションの内、幾つかの品は単なる埋め草だ。

コレクション の 内(うち)、 幾つ(いくつ) か の 品(しな) は 単なる (たんなる) 埋め草(うめくさ) だ。

Some of the items in the collection are mere makeweights. (101)

533-10. 吉井さんは自分の里親を殺して、その骨を農場の小屋の下に埋めた。

吉井(よしい)さん は 自分(じぶん) の 里親(さとおや) を 殺(ころ)し て、 その 骨(ほね) を 農場(のうじょう) の 小屋(こや) の 下(した) に 埋(う)めた。

Yoshii-san killed his foster parents and buried their bones under a shed at his farm.

533-11. この季節は行事が本当に多いので、仕立て屋が仕事に埋没している。

この 季節(きせつ) は 行事(ぎょうじ) が 本当(ほんとう) に 多(おお)い ので、 仕立て屋(したてや) が 仕事(しごと) に 埋没(まいぼつ) して いる。

This is the season for ceremonies, so the tailor is buried in work.

533-12. 山火事を防ぐため、地方政府が全ての電線を埋設するように決定した。

山火事(やまかじ) を 防(ふせ)ぐ ため、 地方(ちほう) 政府(せいふ) が 全(すべ)て の 電線(でんせん) を 埋設(まいせつ) する よう に 決定(けってい) した。

To prevent forest fires, the regional government decided to bury all electrical cables.

534: 野

534-1. 野良犬。

野良犬(のらいぬ)。

A stray dog. (101)

534-2. 野生性。

野生性(やせいせい)。

A streak of wildness. (101)

534-3. 公式野党。

公式(こうしき) 野党(やとう)。

The official opposition. (101)

534-4. 内野を転がるゴロ。

内野(ないや) を 転がる(ころがる) ゴロ。

A grounder that rolls along the infield. (100)

534-5. 私は野原中を走り回った。

私(わたし) は 野原中(のはらじゅう) を 走り回っ(はしりまわっ)た。

I ran around the field. (87)

158

534-6. 農産物のための野外の市場。

農産物(のうさんぶつ) の ため の 野外(やがい) の 市場(しじょう)。

An open-air marketplace for farm products. (100)

534-7. 化学は私の得意分野ではない。

化学(かがく) は 私(わたし) の 得意(とくい) 分野(ぶんや) で は な
い。

Chemistry is not my cup of tea. (101)

534-8. 広大な人が住んでいない平野。

広大(こうだい) な 人(ひと) が 住ん(すん)で いない 平野(へいや)。

Vast unpopulated plains. (101)

534-9. この電車は上野に止まりますか。

この 電車(でんしゃ) は 上野(うえの) に 止まり(とまり)ます か。

Will this train stop at Ueno?

534-10. 理子さんは野心を持ち過ぎている。

理子(りこ)さん は 野心(やしん) を 持ち(もち)過ぎ(すぎ)て いる。

Riko is too ambitious for her own good. (101)

534-11. 平野さんの野心は映画に出ることだった。

平野(ひらの)さん の 野心(やしん) は 映画(えいが) に 出る(でる) こ
と だった。

Hirano-san's ambition was to appear in films. (101)

534-12. 宿が見つからなかったら、野宿しかないね。

宿(やど) が 見(み)つからなかったら、 野宿(のじゅく) しか ない ね。

We'll have to camp out if we can't find a place to stay. (87)

534-13. 化学薬品はすべての野生生物を殺しかねない。

化学(かがく) 薬品(やくひん) は すべて の 野生(やせい) 生物(せいぶ
つ) を 殺し(ころし)かねない。

Chemicals could kill all wildlife. (101)

「-かねる」 {-兼ねる 1006} ["cannot __"]: DJG v2 p96.

535： 黒

535-1. 豊かな黒色土。

豊か(ゆたか) な 黒色(こくしょく) 土(つち)。

Rich black soil. (101)

535-2. 黒い、月のない夜。

黒い(くろい)、 月(つき) の ない 夜(よる)。

A black, moonless night. (101)

535-3. 天井は黒くなった。

天井(てんじょう) は 黒く(くろく) なった。

The ceiling blackened. (101)

535-4. 映画は白黒であった。

映画(えいが) は 白黒(しろくろ) で あった。

The movie was in black and white. (101)

535-5. 当社は去年、黒字だった。

当社(とうしゃ) は 去年(きょねん)、 黒字(くろじ) だった。

Our company was in the black last year.

535-6. 黒または白のような中間色。

黒(くろ) または 白(しろ) の よう な 中間色(ちゅうかんしょく)。

Neutral colors like black or white. (101)

535-7. かのじょの大きく見開いた黒い目に見詰められると、いつも私は単なる気まぐれというには小さ過ぎる高ぶりを覚えたものだ。

かのじょ の 大(おお)きく 見開い(みひらい)た 黒い(くろい) 目(め) に 見詰め(みつめ)られる と、 いつも 私(わたし) は 単なる(たんなる) 気まぐれ(きまぐれ) と いう に は 小さ過ぎる(ちいさすぎる) 高(たか)ぶり を 覚え(おぼえ)た もの だ。

My emotions now exceeded those of a mere flirtation whenever her great dark eyes met mine. (8)

536： 墨

536-1. 水墨画を好んでかく。

水墨画(すいぼくが) を 好ん(このん)で かく。

I like to paint ink paintings.

536-2. その姓名は白墨で書かれていた。

その 姓名(せいめい) は 白墨(はくぼく) で 書か(かか)れて いた。

Her name was written in chalk.

536-3. 小野寺さんは有名な墨絵画家だ。

小野寺(おのでら)さん は 有名(ゆうめい) な 墨絵(すみえ) 画家(がか) だ。

Onodera-san is a famous *sumie* painter.

536-4. ドロを顔に付けたら墨色になった。

ドロ を 顔(かお) に 付け(つけ)たら 墨色(すみいろ) に なった。

After applying the mud my face was ink black.

536-5. この作品は先生のお墨付きを受けた。

この 作品(さくひん) は 先生(せんせい) の お墨付き(おすみつき) を 受け(うけ)た。

This piece of work received the professor's authoritative endorsement.

537 ： 童

537-1. 童を手にかけてはならない。

童(わらべ) を 手(て) に かけて は ならない。

Lay not thine hand upon the lad. (33)

537-2. 反乱者が学童たちを殺した。

反乱者(はんらんしゃ) が 学童(がくどう)たち を 殺し(ころし)た。

The rebels killed the schoolchildren.

537-3. 私は童を立ててかれらの主人とする。

私(わたし) は 童(わらべ) を 立て(たて)て かれら の 主人(しゅじん) と する。

I will make children to be their lords. (48)

537-4. 学童が長い夏休みの楽しさを味わいます。

学童(がくどう) が 長い(ながい) 夏休み(なつやすみ) の 楽し(たのし)さ を 味わい(あじわい)ます。

Schoolchildren have the fun of a long summer vacation. (10)

537-5. グリム童話の中で、色んな小人が出てくる。

グリム 童話(どうわ) の 中(なか) で、 色んな(いろんな) 小人(こびと) が 出(で)て くる。

Various dwarfs appear in the fairy tales by the brothers Grimm. (100)

537-6. モーツァルトは多作なオーストリアの作曲家で神童だった。

モーツァルト は 多作(たさく) な オーストリア の 作曲家(さっきょくか) で 神童(しんどう) だった。

Mozart was a prolific Austrian composer and child prodigy. (100)

537-7. 神童は、高校に入学する前にカーネギーホールでプレーした。

神童(しんどう) は、 高校(こうこう) に 入学(にゅうがく) する 前(まえ) に カーネギー ホール で プレー した。

The prodigy played Carnegie Hall before entering high school. (101)

537-8. ハンス・クリスチャン・アンデルセンはデンマークの作家で、童話で有名になった。

ハンス・クリスチャン・アンデルセン は デンマーク の 作家(さっか) で、 童話(どうわ) で 有名(ゆうめい) に なった。

Hans Christian Anderson was a Danish author who became famous for his fairy tales. (100)

538 ： 量

538-1. 分子量。

分子量(ぶんしりょう)。

Molar weight. (101)

538-2. 無限の量。

無限(むげん) の 量(りょう)。

An infinite quantity. (100)

538-3. 等しい量。

等しい(ひとしい) 量(りょう)。

Equivalent amounts. (101)

538-4. 音量を下げて下さい。

音量(おんりょう) を 下げ(さげ)て 下(くだ)さい。

Turn down the volume, please. (87)

538-5. 今は交通量が多いのです。

今(いま) は 交通量(こうつうりょう) が 多い(おおい) の です。

The traffic is heavy right now. (87)

538-6. 野口さんはその仕事をする力量があった。

野口(のぐち)さん は その 仕事(しごと) を する 力量(りきりょう) が あった。

Noguchi-san was equal to the task. (101)

538-7. 子供は、最大音量でそれらの音楽をかけた。

子供(こども) は、 最大(さいだい) 音量(おんりょう) で それら の 音楽(おんがく) を かけた。

The kids played their music at full volume. (101)

538-8. 子供は大量のバースデーケーキをがつがつ食った。

子供(こども) は 大量(たいりょう) の バースデー ケーキ を がつがつ 食っ(くっ)た。

The children gobbled down most of the birthday cake. (101)

538-9. インターネットの通信量は、夜間が最もすくない。

インターネット の 通信量(つうしんりょう) は、 夜間(やかん) が 最も (もっとも) すくない。

Traffic on the internet is lightest during the night. (101)

539： 重

539-1. 重作業。

重作業(じゅうさぎょう)。

Heavy work. (101)

539-2. 重大事故。

重大(じゅうだい) 事故(じこ)。

A serious accident. (101)

539-3. 重大な害。

重大(じゅうだい) な 害(がい)。

Grave harmfulness. (100)

539-4. 重大な決定。

重大(じゅうだい) な 決定(けってい)。

A momentous decision. (101)

539-5. 企業の重役。

企業(きぎょう) の 重役(じゅうやく)。

An executive in a business corporation. (100)

539-6. 過度な体重。

過度(かど) な 体重(たいじゅう)。

Excess body weight. (100)

539-7. 重大な国事。

重大(じゅうだい) な 国事(こくじ)。

Heavy matters of state. (101)

539-8. 重々しい足音。

重々しい(おもおもしい) 足音(あしおと)。

A heavy footfall. (100)

539-9. 重苦しい会話。

重苦しい(おもくるしい) 会話(かいわ)。

A leaden conversation. (101)

539-10. 重力の強い力。

重力(じゅうりょく) の 強い(つよい) 力(ちから)。

Gravitationally strong forces. (101)

539-11. 重ね合わせる。

重ね合わ(かさねあわ)せる。

Superimpose. (100)

539-12. 金は銀より重い。

金(きん) は 銀(ぎん) より 重い(おもい)。

Gold is heavier than silver. (87)

539-13. 重苦しいスピーチ。

重苦しい(おもくるしい) スピーチ。

A ponderous speech. (101)

539-14. ずるい二重の意味。

ずるい 二重(にじゅう) の 意味(いみ)。

A sly double meaning. (101)

539-15. 重量車両用の起重機。

重量(じゅうりょう) 車両用(しゃりょうよう) の 起重機(きじゅうき)。

A crane for lifting heavy vehicles.

539-16. ひどく重たるい感じだった。

ひどく　重た(おもた)るい　感じ(かんじ)　だった。

It felt a great weight. (70)

539-17. 高野さんは体重を気にしすぎる。

高野(たかの)さん　は　体重(たいじゅう)　を　気(き)　に　しすぎる。

Takano-san is obsessing over her weight. (101)

539-18. 3段重ねのウエディング・ケーキ。

3段(だん)　重ね(かさね)　の　ウエディング・ケーキ。

A three-tier wedding cake. (101)

539-19. 今日から毎日体重を量ることにした。

今日(きょう)　から　毎日(まいにち)　体重(たいじゅう)　を　量る(はかる)　こと　に　した。

I have decided to weigh myself every day starting today. (87)

539-20. この単語には二重の意味がある。

この　単語(たんご)　に　は　二重(にじゅう)　の　意味(いみ)　が　ある。

This word has a double meaning. (87)

539-21. 野田さんの体重は私より10キロ多い。

野田(のだ)さん　の　体重(たいじゅう)　は　私(わたし)　より　10キロ　多い(おおい)。

Noda-san weighs 10 kilograms more than I do. (87)

539-22. 里美さんは石を手に持って重さをみた。

里美(さとみ)さん　は　石(いし)　を　手(て)　に　持っ(もっ)て　重(おも)さ　を　みた。

Satomi weighed the stone in her hand. (87)

539-23. 幾つかのミスが重なってその事故が起こった。

幾つ(いくつ)　か　の　ミス　が　重なっ(かさなっ)て　その　事故(じこ)　が　起こっ(おこっ)た。

A combination of several mistakes led to the accident. (87)

539-24. 水野さんは、重大な局面において良い男性である。

水野(みずの)さん　は、　重大(じゅうだい)　な　局面(きょくめん)　において　良い(よい)　男性(だんせい)　で　ある。

Mizuno-san is a good man in the clutch. (101)

「～において / ～における」　{～に於いて* / ～に於ける* 1885}　["in/on/at/to __"]: DJG v2 p265; Tobira ch13 #13.

540：　動

540-1. 不動産屋。

不動産屋(ふどうさんや)。
Realtor.

540-2. 自動車用品。
自動車(じどうしゃ) 用品(ようひん)。
Automotive supplies. (101)

540-3. 前後に動く。
前後(ぜんご) に 動く(うごく)。
Move to and fro. (100)

540-4. 合理的行動。
合理的(ごうりてき) 行動(こうどう)。
Rational behavior. (101)

540-5. 行動の好機。
行動(こうどう) の 好機(こうき)。
The right time to act. (101)

540-6. 前方への動き。
前方(ぜんぽう) へ の 動き(うごき)。
A movement forward. (100)

540-7. 感動的な映画。
感動的(かんどうてき) な 映画(えいが)。
A stirring movie. (101)

540-8. 感動しない心。
感動(かんどう) しない 心(こころ)。
An unimpressionable mind. (101)

540-9. 道央自動車道。
道央(どうおう) 自動車(じどうしゃ) 道(どう)。
Central Hokkaido Expressway.

540-10. 羽のない二足動物。
羽(はね) の ない 二足(にそく) 動物(どうぶつ)。
A featherless biped. (101)

540-11. ひどい自動車事故。
ひどい 自動車(じどうしゃ) 事故(じこ)。
An atrocious automobile accident. (101)

540-12. 雨の日の屋内活動。
雨(あめ) の 日(ひ) の 屋内(おくない) 活動(かつどう)。
Indoor activities for a rainy day. (101)

540-13. 動乱は3日間続いた。
動乱(どうらん) は 3日間(みっかかん) 続い(つづい)た。

The unrest lasted three days. (87)

540-14. 行動の合理的な動機。

行動(こうどう) の 合理的(ごうりてき) な 動機(どうき)。

A rational motive for an action. (100)

540-15. 馬は草食動物である。

馬(うま) は 草食(そうしょく) 動物(どうぶつ) で ある。

Horses are herbivores. (101)

540-16. 動物は取り囲まれた。

動物(どうぶつ) は 取り囲ま(とりかこま)れた。

The animals were hedged in. (101)

540-17. 政党は、左に動いた。

政党(せいとう) は、 左(ひだり) に 動い(うごい)た。

The political party has moved left. (101)

540-18. 都市の不動産所有者。

都市(とし) の 不動産(ふどうさん) 所有者(しょゆうしゃ)。

Urban property owners. (101)

540-19. 利己的な動機なしで。

利己的(りこてき) な 動機(どうき) なし で。

Without selfish motives. (100)

540-20. 人間は社会的動物である。

人間(にんげん) は 社会的(しゃかいてき) 動物(どうぶつ) で ある。

Humans are social animals. (47)

540-21. 動物に関する本を買った。

動物(どうぶつ) に関する(にかんする) 本(ほん) を 買っ(かっ)た。

I bought a book about animals. (87)

「〜にかんして / 〜にかんする」 {〜に関して / 〜に関する 451} [**"with regard to __", "about __"**]: DJG v2 p252; Marx v2 day42; Tobira ch12 #4.

540-22. 夜行動物は夜に活発だ。

夜行(やこう) 動物(どうぶつ) は 夜(よる) に 活発(かっぱつ) だ。

Nocturnal animals are active at night. (101)

540-23. 当事者は理不尽に行動した。

当事者(とうじしゃ) は 理不尽(りふじん) に 行動(こうどう) した。

The parties acted irrationally. (101)

540-24. だれも身動き一つしなかった。

だれ も 身動き(みうごき) 一つ(ひとつ) しなかった。

Not a man stirred. (90)

540-25. 不動産を売って大金を作った。

不動産(ふどうさん) を 売(う)って 大金(たいきん) を 作(つく)った。
I made a bundle selling real estate. (101)

540-26. 殺害の動機は明らかではない。

殺害(さつがい) の 動機(どうき) は 明(あき)らか で は ない。
The motive for the murder is not yet known. (87)

540-27. 私は体の筋一つ動かさなかった。

私(わたし) は 体(からだ) の 筋(すじ) 一つ(ひとつ) 動かさ(うごかさ)なかった。
I quivered not in a muscle. (13)

540-28. 眉毛はまっ黒で、よく動いていた。

眉毛(まゆげ) は まっ黒(まっくろ) で、 よく 動い(うごい)て いた。
His eyebrows were very black, and moved readily. (90)

540-29. 私はあなたの動機を理解できない。

私(わたし) は あなた の 動機(どうき) を 理解(りかい) できない。
I fail to understand your motives. (101)

540-30. 昼行性の動物は、日中は活動的である。

昼行性(ちゅうこうせい) の 動物(どうぶつ) は、 日中(にっちゅう) は 活動的(かつどうてき) で ある。
Diurnal animals are active during the day. (101)

540-31. 私は住民の本当の動機に気付いている。

私(わたし) は 住民(じゅうみん) の 本当(ほんとう) の 動機(どうき) に 気付い(きづい)て いる。
I'm onto the residents' true motives. (101)

540-32. ダンサーたちは音楽に合わせて動いた。

ダンサーたち は 音楽(おんがく) に 合わせ(あわせ)て 動い(うごい)た。
The dancers moved in time with the music. (101)

540-33. 人間は言語によって他の動物と区別される。

人間(にんげん) は 言語(げんご) に よって 他(ほか) の 動物(どうぶつ) と 区別(くべつ) される。
Language sets humans apart from all other animals. (101)

540-34. 私は、これからの行動をもって過去のを償おうとした。

私(わたし) は、 これ から の 行動(こうどう) を もって 過去(かこ) の を 償お(つぐなお)う と した。
I resolved in my future conduct to redeem the past. (84)

540-35. アルコールを飲んだ後に、機械を動かしてはいけない。

アルコール を 飲ん(のん)だ 後(あと) に、 機械(きかい) を 動かし(うごかし)て は いけない。
Do not operate machinery after imbibing alcohol. (101)

540-36. 京都近辺でお気に入りの不動産会社を見付けましょう。

京都(きょうと)　近辺(きんぺん)　で　お気に入り(おきにいり)　の　不動産(ふどうさん)　会社(がいしゃ)　を　見付け(みつけ)ましょう。

Let's find a good real estate agency around Kyoto. (10)

540-37. ドロシーは起きて、家が動いていないことに気づきました。

ドロシー　は　起き(おき)て、　家(いえ)　が　動い(うごい)て　いない　こと　に　気づき(きづき)ました。

Dorothy sat up and noticed that the house was not moving. (99)

540-38. ブリキの木こりの足にも油をさして自由に動ける様にして上げました。

ブリキ　の　木こり(きこり)　の　足(あし)　に　も　油(あぶら)　を　さして　自由(じゆう)　に　動ける(うごける)　様(よう)　に　して　上げ(あげ)ました。

They oiled the Tin Woodman's legs until he could move them freely. (99)

540-39. 空間ではすべての方向に動けますが、時間の中では動き回れないじゃありませんか。

空間(くうかん)　で　は　すべて　の　方向(ほうこう)　に　動け(うごけ)ますが、　時間(じかん)　の　中(なか)　で　は　動き回れ(うごきまわれ)ない　じゃ　あ　りません　か。

You can move about in all directions of Space, but you cannot move about in Time. (89)

540-40. 行動の一部の面では、我々人間よりずっと活発に動く動物はたくさんいるけれど、その動物も、他の多くの面では全く活動を見せてくれないのである。

行動(こうどう)　の　一部(いちぶ)　の　面(めん)　で　は、　我々(われわれ)　人間(にんげん)　より　ずっと　活発(かっぱつ)　に　動く(うごく)　動物(どうぶつ)　は　たくさん　いる　けれど、　その　動物(どうぶつ)　も、　他(ほか)　の　多く(おおく)　の　面(めん)　で　は　全く(まったく)　活動(かつどう)　を　見せ(みせ)て　くれない　の　で　ある。

Though there are many animals which manifest more industry than we humans in certain of their actions, the same animals are yet observed to show none at all in many others. (28)

541： 働

541-1. 筋肉を働かせる。

筋肉(きんにく)　を　働かせる(はたらかせる)。

Work one's muscles. (101)

541-2. 1日に8時間働く。

1日(にち)　に　8時間(じかん)　働く(はたらく)。

Work an 8-hour day. (101)

541-3. 私は働き過ぎだと思う。

私(わたし)　は　働き過ぎ(はたらきすぎ)　だ　と　思う(おもう)。

I think I am overworked. (87)

541-4. 父は工場で働いている。

父(ちち) は 工場(こうじょう) で 働い(はたらい)て いる。

My father works for a factory. (87)

541-5. 若い時は働き者だった。

若い(わかい) 時(とき) は 働き者(はたらきもの) だった。

When I was young, I was a hard worker. (87)

541-6. 農民たちは根気よく働いた。

農民(のうみん)たち は 根気(こんき) よく 働い(はたらい)た。

The farmers worked arduously. (101)

541-7. あれは私が昔働いていた店だ。

あれ は 私(わたし) が 昔(むかし) 働(はたら)いて いた 店(みせ) だ。

That is the shop where I used to work. (87)

541-8. ロボットは昼夜働くことが出来る。

ロボット は 昼夜(ちゅうや) 働く(はたらく) こと が 出来る(できる)。

Robots can be on the job day and night. (101)

541-9. あなたが私たちの会社で働こうと思った理由を聞かせて下さい。

あなた が 私(わたし)たち の 会社(かいしゃ) で 働こ(はたらこ)う と 思っ(おもっ)た 理由(りゆう) を 聞か(きか)せて 下(くだ)さい。

What has made you decide to work for our company? (87)

542： 労

542-1. 重労働。

重労働(じゅうろうどう)。

Hard labor. (101)

542-2. 肉体労働。

肉体(にくたい) 労働(ろうどう)。

Manual labor. (101)

542-3. 不労所得。

不労所得(ふろうしょとく)。

Unearned income. (101)

542-4. 労力の節約。

労力(ろうりょく) の 節約(せつやく)。

Economy of effort. (101)

542-5. 有給の労働。

有給(ゆうきゅう) の 労働(ろうどう)。

Paid work. (101)

542-6. 季節労働者。

季節(きせつ) 労働者(ろうどうしゃ)。

Seasonal laborers. (101)

542-7. 不定期労働者。

不定期(ふていき) 労働者(ろうどうしゃ)。

An irregular worker. (101)

542-8. 所定労働時間。

所定(しょてい) 労働(ろうどう) 時間(じかん)。

Fixed working hours. (101)

542-9. 欠かせない労働者。

欠か(かか)せない 労働者(ろうどうしゃ)。

An indispensable worker. (101)

542-10. 苦労して手に入れる。

苦労(くろう) して 手(て) に 入れる(いれる)。

Obtain with difficulty. (100)

542-11. 私は多くの苦労をした。

私(わたし) は 多く(おおく) の 苦労(くろう) を した。

I went to a lot of trouble. (101)

542-12. 区長は労働党を支持した。

区長(くちょう) は 労働党(ろうどうとう) を 支持(しじ) した。

The Ward Mayor plumped for the Labor Party. (101)

542-13. 1日の重労働の後はみんなで骨休めしよう。

1日(にち) の 重労働(じゅうろうどう) の 後(あと) は みんな で 骨休め(ほねやすめ) しよう。

Let's all relax after a hard day's work. (101)

542-14. 目下の労働条件は、生産性の役に立たない。

目下(もっか) の 労働(ろうどう) 条件(じょうけん) は、 生産性(せいさんせい) の 役に立た(やくにたた)ない。

Present working conditions are not conducive to productivity. (101)

542-15. その年は労働党にとって画期的勝利となった。

その 年(とし) は 労働党(ろうどうとう) に とって 画期的(かっきてき) 勝利(しょうり) と なった。

The year saw one signal triumph for the Labour party. (101)

542-16. 不動産屋はその場所を見つけ出すのに苦労した。

不動産屋(ふどうさんや) は その 場所(ばしょ) を 見つけ出す(みつけだす) の に 苦労(くろう) した。

The realtor had trouble finding the place. (87)

542-17. 私はこれらの不快な労働条件を受け入れなければならないだろう。

私(わたし) は これら の 不快(ふかい) な 労働(ろうどう) 条件(じょうけん) を 受け入れ(うけいれ)なければ ならない だろう。

I shall have to accept these unpleasant working conditions. (101)

542-18. この長年の間、このシステムの下で働いている労働者の間にストライキは全くなかった。

この 長年(ながねん) の 間(あいだ)、 この システム の 下(もと) で 働い(はたらい)て いる 労働者(ろうどうしゃ) の 間(あいだ) に ストライキ は 全く(まったく) なかった。

During all these years there has never been a single strike among the men working under this system. (68)

「〜のもとで」 {〜の下で 40} ["under __"]: DJG v2 p310.

543: 協

543-1. 友好的な協定。

友好的(ゆうこうてき) な 協定(きょうてい)。

An amicable agreement. (101)

543-2. 協定を結ぼう。

協定(きょうてい) を 結ぼ(むすぼ)う。

Let's make a deal.

543-3. この行動は協定に反する。

この 行動(こうどう) は 協定(きょうてい) に 反する(はんする)。

This action flies in the face of the agreement. (101)

「〜にはんして / 〜にはんする」 {〜に反して / 〜に反する 374} ["contrary to __"]: DJG v2 p241.

543-4. 協調性を持って共に働く。

協調性(きょうちょうせい) を 持っ(もっ)て 共に(ともに) 働(はたら)く。

Work together in harmony. (100)

543-5. 協和音が不協和音の後に続く。

協和音(きょうわおん) が 不協和音(ふきょうわおん) の 後(あと) に 続く(つづく)。

A dissonant chord is followed by a consonant chord. (100)

543-6. この協会は1980年に設立された。

この 協会(きょうかい) は 1980 年(ねん) に 設立(せつりつ) された。

This association was founded in 1980. (10)

543-7. 活動チームは政府と協力して取り組んだ。

活動(かつどう) チーム は 政府(せいふ) と 協力(きょうりょく) して 取り組ん(とりくん)だ。

The action teams worked in partnership with the government. (101)

543-8. そこに至るまでには多くの方々の協力を得ました。

そこ に 至る(いたる) まで に は 多く(おおく) の 方々(かたがた) の
協力(きょうりょく) を 得(え)ました。

There were many people who helped me get there. (10)

544： 種

544-1. 改良種。

改良種(かいりょうしゅ)。

An improved breed. (101)

544-2. 同様の種類。

同様(どうよう) の 種類(しゅるい)。

A similar kind. (100)

544-3. 同種の動物。

同種(どうしゅ) の 動物(どうぶつ)。

Animals of the same species. (101)

544-4. 多種多様の理由。

多種(たしゅ) 多様(たよう) の 理由(りゆう)。

Manifold reasons. (101)

544-5. 種々雑多の読書。

種々(しゅじゅ) 雑多(ざった) の 読書(どくしょ)。

Omnifarious reading. (101)

544-6. 種は実を結んだ。

種(たね) は 実(み) を 結ん(むすん)だ。

The seeds fructified. (101)

544-7. 特別な種類のペンキ。

特別(とくべつ) な 種類(しゅるい) の ペンキ。

A special kind of paint. (101)

544-8. ある種の言外の協定。

ある 種(しゅ) の 言外(げんがい) の 協定(きょうてい)。

Some kind of unspoken agreement. (101)

544-9. 色は一種の感覚なんだ。

色(いろ) は 一種(いっしゅ) の 感覚(かんかく) なん だ。

Color is a sensation. (77)

544-10. 全国有色人種向上協会。

全国(ぜんこく) 有色(ゆうしょく) 人種(じんしゅ) 向上(こうじょう) 協会
(きょうかい)。

National Association for the Advancement of Colored People. (101)

544-11. オーストラリアに特有の種。

オーストラリア に 特有(とくゆう) の 種(しゅ)。

A species unique to Australia. (101)

544-12. ラバは馬とロバの雑種である。

ラバ は 馬(うま) と ロバ の 雑種(ざっしゅ) で ある。

A mule is a cross between a horse and a donkey. (101)

544-13. ある品種はペットに向かない。

ある 品種(ひんしゅ) は ペット に 向か(むか)ない。

Certain breeds do not make good pets. (101)

544-14. この付近は人種的に多様だ。

この 付近(ふきん) は 人種的(じんしゅてき) に 多様(たよう) だ。

This neighborhood is raciallly diverse. (101)

544-15. 一度に二種類の味が楽しめます。

一度(いちど) に 二種類(にしゅるい) の 味(あじ) が 楽しめ(たのしめ) ます。

You can enjoy two different flavors at once. (10)

544-16. この種の魚は、海底近くでくらす。

この 種(しゅ) の 魚(さかな) は、 海底(かいてい) 近く(ちかく) で く らす。

This kind of fish dwells near the bottom of the ocean. (101)

544-17. 吉本先生は新しい種類の胡瓜を開発した。

吉本(よしもと) 先生(せんせい) は 新(あたら)しい 種類(しゅるい) の 胡瓜(きゅうり) を 開発(かいはつ) した。

Dr. Yoshimoto developed a new kind of cucumber. (101)

544-18. 吉郎さんは色々な種類の花を育てている。

吉郎(きちろう)さん は 色々(いろいろ) な 種類(しゅるい) の 花(はな) を 育て(そだて)て いる。

Kichiro grows many kinds of flowers. (87)

544-19. 種によっては、春の間だけ交尾が行われる。

種(しゅ) に よって は、 春(はる) の 間(あいだ) だけ 交尾(こうび) が 行わ(おこなわ)れる。

The mating of some species occurs only in the spring. (101)

544-20. その種の魚を私はそれまで見たことがなかった。

その 種(しゅ) の 魚(さかな) を 私(わたし) は それ まで 見(み)た こと が なかった。

I had never seen that kind of fish before. (87)

544-21. 地は青草と、種類にしたがって種をもつ草と、種類にしたがって種のある実を結ぶ木とを生えさせた。神は見て、良しとされた。

地(ち) は 青草(あおくさ) と、 種類(しゅるい) に したがって 種(たね) を もつ 草(くさ) と、種類(しゅるい) に したがって 種(たね) の ある 実(み) を 結ぶ(むすぶ) 木(き) と を 生え(はえ)させた。 神(かみ) は 見(み)て、 良し(よし) と された。

And the earth brought forth grass, and herb yielding seed after his kind, and the tree yielding fruit, whose seed was in itself, after his kind: and God saw that it was good. (33)

「〜にしたがって / 〜にしたがい」 {〜に従って / 〜に従い 869} ["in accordance with __"; "as __"]: DJG v2 p268; Tobira ch10 #8.

545： 亜

545-1. 亜原子粒子。
亜原子(あげんし) 粒子(りゅうし)。
Subatomic particles. (101)

545-2. 松の高い亜種。
松(まつ) の 高い(たかい) 亜種(あしゅ)。
A tall subspecies of pine. (100)

545-3. 亜美さんは生意気な子供だ。
亜美(あみ)さん は 生意気(なまいき) な 子供(こども) だ。
Ami's a saucy chit. (101)

546： 悪

546-1. 悪童。
悪童(あくどう)。
A naughty boy. (101)

546-2. 強い悪意。
強い(つよい) 悪意(あくい)。
Intense ill will. (100)

546-3. 意地悪な人。
意地悪(いじわる) な 人(ひと)。
A mean person. (101)

546-4. 女性の悪党。
女性(じょせい) の 悪党(あくとう)。
A female villain. (100)

546-5. 時機の悪い。
時機(じき) の 悪い(わるい)。
Badly timed. (100)

546-6. 悪事を働く。
悪事(あくじ) を 働く(はたらく)。

Commit a sin. (100)

546-7. 気味悪い物語。
気味悪い(きみわるい) 物語(ものがたり)。
A creepy story. (101)

546-8. 前任者の悪行。
前任者(ぜんにんしゃ) の 悪行(あくぎょう)。
The misdeeds of one's predecessor. (101)

546-9. 都合の悪い時に。
都合(つごう) の 悪い(わるい) 時(とき) に。
At an inconvenient time. (100)

546-10. 悪事千里を走る。
悪事(あくじ) 千里(せんり) を 走る(はしる)。
Bad news travels quickly. (87)

546-11. 動機のない悪意。
動機(どうき) の ない 悪意(あくい)。
Motiveless malignity. (101)

546-12. 悪質なうわさ話。
悪質(あくしつ) な うわさ話(ばなし)。
Vicious gossip. (101)

546-13. 悪名高いギャング。
悪名高い(あくめいだかい) ギャング。
A notorious gangster. (101)

546-14. 車は調子悪く走る。
車(くるま) は 調子(ちょうし) 悪く(わるく) 走る(はしる)。
The car runs badly. (101)

546-15. 悪意に満ちた顔つき。
悪意(あくい) に 満ち(みち)た 顔つき(かおつき)。
A baleful look. (101)

546-16. 本当に意地悪な子供。
本当に(ほんとうに) 意地悪(いじわる) な 子供(こども)。
A truly spiteful child. (101)

546-17. 気味の悪い金切り声。
気味(きみ) の 悪い(わるい) 金切り声(かなきりごえ)。
An eldritch screech. (101)

546-18. 有害で凶悪な方法で。
有害(ゆうがい) で 凶悪(きょうあく) な 方法(ほうほう) で。
In a malign and evil manner. (100)

546-19. 悪意のこもった意見。

悪意(あくい) の こもった 意見(いけん)。

Venomed remarks. (101)

546-20. 悪意ある意図なしで。

悪意(あくい) ある 意図(いと) なし で。

Without malicious intent. (100)

546-21. あなたは顔色が悪い。

あなた は 顔色(かおいろ) が 悪い(わるい)。

You're looking green. (101)

546-22. タイミングの悪い発言。

タイミング の 悪い(わるい) 発言(はつげん)。

An untimely remark. (101)

546-23. 子供は凶悪に殺害された。

子供(こども) は 凶悪(きょうあく) に 殺害(さつがい) された。

The child was heinously murdered. (101)

546-24. この番組は本当に最悪だ。

この 番組(ばんぐみ) は 本当に(ほんとうに) 最悪(さいあく) だ。

This program is truly the worst. (87)

546-25. 文字に出来ないような悪口。

文字(もじ) に 出来(でき)ない よう な 悪口(わるぐち)。

An unprintable epithet. (101)

546-26. その年の最悪の天気だった。

その 年(とし) の 最悪(さいあく) の 天気(てんき) だった。

It was the worst weather of that year. (101)

546-27. ずっと週末天気が悪かった。

ずっと 週末(しゅうまつ) 天気(てんき) が 悪かっ(わるかっ)た。

The weather was bad the whole weekend. (10)

546-28. 結局悪いのはハイド氏だった。

結局(けっきょく) 悪い(わるい) の は ハイド 氏(し) だった。

It was Hyde, after all, who was guilty. (84)

546-29. 岡野さんは数学の出来が悪い。

岡野(おかの)さん は 数学(すうがく) の 出来(でき) が 悪い(わるい)。

Okano-san is terrible at math. (87)

546-30. 物事が悪くなると思う気持ち。

物事(ものごと) が 悪(わる)く なる と 思う(おもう) 気持ち(きもち)。

The feeling that things will turn out badly. (100)

546-31. どうもパソコンの調子が悪い。

どうも　パソコン　の　調子(ちょうし)　が　悪い(わるい)。

There's something wrong with the computer. (10)

「どうも」　["somehow"; "no matter how"]: DJG v2 p36.

546-32. 勝ち取るための意地の悪い企み。

勝ち取る(かちとる)　ため　の　意地(いじ)　の　悪(わる)い　企(たくら)み。

A nasty trick to pull. (101)

546-33. どんな悪い物にも良い面はある。

どんな　悪い(わるい)　物(もの)　に　も　良い(よい)　面(めん)　は　ある。

Every cloud has a silver lining. (101)

546-34. この部屋はすごく風通しが悪い。

この　部屋(へや)　は　すごく　風通し(かぜとおし)　が　悪い(わるい)。

This room is very stuffy. (87)

546-35. 最近どうも月曜日の朝の体調が悪い。

最近(さいきん)　どうも　月曜日(げつようび)　の　朝(あさ)　の　体調(たいちょう)　が　悪い(わるい)。

I've recently been feeling a little sick on Monday mornings. (10)

546-36. 野田さんは最悪の一週間を過ごした。

野田(のだ)さん　は　最悪(さいあく)　の　一週間(いっしゅうかん)　を　過ごし(すごし)た。

Noda-san has had a horrible week. (87)

546-37. 悪名高いベネディクト・アーノルド。

悪名高い(あくめいだかい)　ベネディクト・アーノルド。

The infamous Benedict Arnold. (101)

546-38. 実に気分が悪くて力が入らない感じでした。

実に(じつに)　気分(きぶん)　が　悪く(わるく)て　力(ちから)　が　入ら(はいら)ない　感じ(かんじ)　でした。

I felt so sick and weak. (89)

546-39. これは自分が今まで見た中で最悪の映画だ。

これ　は　自分(じぶん)　が　今(いま)　まで　見(み)た　中(なか)　で　最悪(さいあく)　の　映画(えいが)　だ。

This is the worst movie I have ever seen. (87)

546-40. 悪党どもの中には海に飛び込む者までいました。

悪党(あくとう)ども　の　中(なか)　に　は　海(うみ)　に　飛び込む(とびこむ)　者(もの)　まで　いました。

Some of the miscreants even leapt into the sea. (64)

「-ども」 {共 356} [plural personal pronoun suffix]: DJG v1 p28 bottom & 440, v3 p47 & 50-51 of front matter (under -たち).

546-41. 小野寺さんによると、私はかれらの中の害悪だった。

小野寺(おのでら)さん に よる と、 私(わたし) は かれら の 中(なか) の 害悪(がいあく) だった。

According to Onodera-san, I was the canker in their midst. (101)

「〜によると」 {〜に依ると* 701} ["**according to __**"]: DJG v3 p459; Marx v2 day43.

546-42. 吉野さんが他人の悪口を言うのを聞いたことがない。

吉野(よしの)さん が 他人(たにん) の 悪口(わるぐち) を 言う(いう) の を 聞い(きい)た こと が ない。

I've never heard Yoshino-san speak ill of others. (87)

546-43. あなたのパフォーマンスは、長い間悪化し続けている。

あなた の パフォーマンス は、 長い(ながい) 間(あいだ) 悪化(あっか) し続け(しつづけ) て いる。

Your performance has been going downhill for a long time now. (101)

546-44. 良い英語と悪い英語はどのようにして区別できますか。

良い(よい) 英語(えいご) と 悪い(わるい) 英語(えいご) は どの よう に して 区別(くべつ) できます か。

How can you tell good English from bad English? (87)

546-45. この曲でバイオリンは、気味が悪いほど、不協和音をかもし出した。

この 曲(きょく) で バイオリン は、 気味が悪い(きみがわるい) ほど、 不協和音(ふきょうわおん) を かもし出し(かもしだし)た。

The violins in this piece dissonated disturbingly. (101)

546-46. 面白い映画だと思って見に行ったのに、なんだか後味の悪い話だった。

面白い(おもしろい) 映画(えいが) だ と 思(おも)って 見(み) に 行(い)った のに、 なんだか 後味(あとあじ) の 悪(わる)い 話(はなし) だった。

I went to the movie thinking that it would be fun, but it left me with a bad taste in my mouth. (87)

546-47. 主は人の悪が地にはびこり、全てその心に思いはかることが、いつも悪い事ばかりであるのを見られた。

主(しゅ) は 人(ひと) の 悪(あく) が 地(ち) に はびこり、 全て(すべて) その 心(こころ) に 思い(おもい)はかる こと が、 いつも 悪い(わるい) 事(こと) ばかり で ある の を 見(み)られた。

And God saw that the wickedness of man was great in the earth, and that every imagination of the thoughts of his heart was only evil continually. (33)

546-48. 目を上げると、今の今までいつも楽しい場所だった湖は、ぞっとするような悪意に満ちた場所に見えたのでした。

目(め) を 上(あ)げる と、 今(いま) の 今(いま) まで いつも 楽しい(たのしい) 場所(ばしょ) だった 湖(みずうみ) は、 ぞっと する よう な 悪意(あくい) に 満ち(みち)た 場所(ばしょ) に 見え(みえ)た の でした。

When she looked up, the lake that had always been such a laughing place seemed formidable and unfriendly. (64)

547 : 要

547-1. 主要目的。

主要(しゅよう) 目的(もくてき)。

Primary goals. (101)

547-2. 主要な役割。

主要(しゅよう) な 役割(やくわり)。

A major role. (101)

547-3. 包丁が要る。

包丁(ほうちょう) が 要る(いる)。

I need a kitchen knife. (101)

「いる」 {要る＊547} ["need"]: DJG v1 p157.

547-4. 重要な詳細。

重要(じゅうよう) な 詳細(しょうさい)。

Important details. (101)

547-5. 物語の要点。

物語(ものがたり) の 要点(ようてん)。

The nub of the story. (101)

547-6. 重要な出来事。

重要(じゅうよう) な 出来事(できごと)。

A momentous event. (101)

547-7. 重要な実力者。

重要(じゅうよう) な 実力者(じつりょくしゃ)。

An important influential person. (100)

547-8. 強要下での自白。

強要下(きょうようか) で の 自白(じはく)。

A forced confession. (101)

547-9. 最も重要な要素。

最も(もっとも) 重要(じゅうよう) な 要素(ようそ)。

The maost important element. (100)

547-10. かなり重要な人物。

かなり 重要(じゅうよう) な 人物(じんぶつ)。

A person of considerable account. (101)

547-11. 重要な海産食用魚。

重要(じゅうよう) な 海産(かいさん) 食用魚(しょくようぎょ)。

Important marine food fishes. (100)

547-12. 文の文法的な要素。

文(ぶん) の 文法的(ぶんぽうてき) な 要素(ようそ)。

The grammatical elements of a sentence. (101)

547-13. 重要な社交行事だった。

重要(じゅうよう) な 社交(しゃこう) 行事(ぎょうじ) だった。

It was an important social event. (101)

547-14. 長い間重要な都市工業地区。

長い(ながい) 間(あいだ) 重要(じゅうよう) な 都市(とし) 工業(こうぎょう) 地区(ちく)。

Long an important urban industrial area. (100)

547-15. 家内工業は大きな労働力を要する。

家内(かない) 工業(こうぎょう) は 大(おお)きな 労働力(ろうどうりょく) を 要する(ようする)。

Cottage industries are labor intensive. (101)

547-16. サスペンスは物語の重要な要素だ。

サスペンス は 物語(ものがたり) の 重要(じゅうよう) な 要素(ようそ) だ。

Suspense is the key ingredient of narrative. (101)

547-17. 国民のムードを要約する声明だった。

国民(こくみん) の ムード を 要約(ようやく) する 声明(せいめい) だった。

It was a statement that summed up the nation's mood. (101)

547-18. 石油は古代よりずっと重要なものであった。

石油(せきゆ) は 古代(こだい) より ずっと 重要(じゅうよう) な もの で あった。

Petroleum has been important since ancient times. (87)

547-19. ヴェニスは東洋との交易の重要な中心地であった。

ヴェニス は 東洋(とうよう) と の 交易(こうえき) の 重要(じゅうよう) な 中心地(ちゅうしんち) で あった。

Venice was an important center of trade with the East. (101)

548 ： 価

548-1. 高価な店。

高価(こうか) な 店(みせ)。

An expensive shop. (101)

548-2. 高価な商品。

高価(こうか) な 商品(しょうひん)。

High-priced merchandise. (101)

548-3. 物価は過去最高だ。

物価(ぶっか) は 過去(かこ) 最高(さいこう) だ。

Prices are at an all-time high. (101)

548-4. 日本の地価はとても高い。

日本(にほん) の 地価(ちか) は とても 高い(たかい)。

Land prices are very high in Japan. (87)

548-5. 物価は首都圏で法外に高い。

物価(ぶっか) は 首都圏(しゅとけん) で 法外(ほうがい) に 高(たか)
い。

Prices are exorbitantly high in the capital. (101)

548-6. 物価が一時的に下がった。

物価(ぶっか) が 一時的(いちじてき) に 下がっ(さがっ)た。

Prices temporarily dipped. (101)

548-7. それは明らかに高価過ぎた。

それ は 明(あき)らか に 高価過ぎ(こうかすぎ)た。

It was decidedly too expensive. (101)

548-8. 1の原子価を持っている原子。

1の 原子価(げんしか) を 持っ(もっ)て いる 原子(げんし)。

An atom having a valence of one. (100)

548-9. 安価なファミリーレストラン。

安価(あんか) な ファミリー レストラン。

Inexpensive family restaurants. (101)

548-10. この家は得がたく高価である。

この 家(いえ) は 得がたく(えがたく) 高価(こうか) で ある。

This house is unattainably expensive. (101)

「-がたい」 {-難い* 712} ["un__able"]: DJG v2 p50.

548-11. 風力は安価なエネルギー源です。

風力(ふうりょく) は 安価(あんか) な エネルギー源(げん) です。

Wind is a cheap source of energy. (87)

548-12. 人間の生活における代価は巨大だ。

人間(にんげん) の 生活(せいかつ) に おける 代価(だいか) は 巨大(き
ょだい) だ。

The cost in human life is enormous. (101)

548-13. チェコ共和国で100のハレシュは、1コルナと同価である。

チェコ 共和国(きょうわこく) で 100 の ハレシュ は、 1コルナ と
同価(どうか) で ある。

In the Czech Republic, one hundred halers equal one koruna. (100)

549： 必

549-1. 必要条件。

必要(ひつよう) 条件(じょうけん)。

Prerequisite conditions.

549-2. 必至の悪化。

必至(ひっし) の 悪化(あっか)。

An inevitable worsening.

549-3. 必要以上に。

必要(ひつよう) 以上(いじょう) に。

More than necessary. (100)

549-4. 包丁が必要だ。

包丁(ほうちょう) が 必要(ひつよう) だ。

I need a kitchen knife. (87)

549-5. 注意が必要だ。

注意(ちゅうい) が 必要(ひつよう) だ。

You should be careful. (10)

549-6. 必要が有ります。

必要(ひつよう) が 有り(あり)ます。

It's necessary. (10)

549-7. 必要は発明の母。

必要(ひつよう) は 発明(はつめい) の 母(はは)。

Necessity is the mother of invention. (101)

549-8. 必要なら分解して。

必要(ひつよう) なら 分解(ぶんかい) して。

Take it apart if necessary. (87)

549-9. 天野さんは必ず来る。

天野(あまの)さん は 必ず(かならず) 来る(くる)。

Amano-san is coming, for certain. (101)

549-10. 必ず又の機会が来る。

必ず(かならず) 又(また) の 機会(きかい) が 来る(くる)。

There is always a next time. (87)

549-11. 新鮮な空気が必要です。

新鮮(しんせん) な 空気(くうき) が 必要(ひつよう) です。

I need some fresh air. (101)

549-12. 不必要に個人的な発言。

不必要(ふひつよう) に 個人的(こじんてき) な 発言(はつげん)。

Unnecessarily personalized remarks. (101)

549-13. 包む必要はありません。

包む(つつむ) 必要(ひつよう) は ありません。

You needn't wrap it. (87)

549-14. 必ず高校時代の話が出る。

必(かなら)ず 高校(こうこう) 時代(じだい) の 話(はなし) が 出(で)る。

Stories from back in high school always come up. (10)

549-15. 良平くんの勝利は必至だ。

良平(りょうへい)くん の 勝利(しょうり) は 必至(ひっし) だ。

Ryohei will win, sure as shooting. (101)

549-16. 実に多くの作業が必要になる。

実(じつ)に 多(おお)く の 作業(さぎょう) が 必要(ひつよう) に なる。

It requires a lot of work. (10)

549-17. ブリッジで4番目の手が必要だ。

ブリッジ で 4番目(ばんめ) の 手(て) が 必要(ひつよう) だ。

We need a fourth hand for bridge. (101)

549-18. 外国語の習得には根気が必要だ。

外国語(がいこくご) の 習得(しゅうとく) に は 根気(こんき) が 必要(ひつよう) だ。

Mastering a foreign language calls for patience. (87)

549-19. それが必ず今後の学習に役立つ。

それ が 必ず(かならず) 今後(こんご) の 学習(がくしゅう) に 役立つ(やくだつ)。

This will definitely be useful for future learning. (10)

549-20. 私はこの映画を見ると必ず感動する。

私(わたし) は この 映画(えいが) を 見る(みる) と 必ず(かならず) 感動(かんどう) する。

I can never see this movie without being moved. (87)

549-21. それは特別の場合にのみ必要であった。

それ は 特別(とくべつ) の 場合(ばあい) に のみ 必要(ひつよう) であった。

It was needed only in special situations. (101)

「～のみ」 ["only __"]: DJG v2 p307.

549-22. 私の伝言を学部長に必ず伝えて下さい。

私(わたし) の 伝言(でんごん) を 学部長(がくぶちょう) に 必ず(かならず) 伝え(つたえ)て 下(くだ)さい。

Please be sure to give my message to the dean. (101)

549-23. 日給を受け取るために必要な労働時間。

日給(にっきゅう) を 受け取る(うけとる) ため に 必要(ひつよう) な 労働(ろうどう) 時間(じかん)。

The amount of time that a worker must work for an agreed daily wage. (100)

549-24. プログラムは数百行のコードを必要とした。

プログラム は 数百行(すうひゃくぎょう) の コード を 必要(ひつよう) と した。

The program required several hundred lines of code. (101)

549-25. 利用できるまでに、まだ多くの時間が必要だ。

利用(りよう) できる まで に、 まだ 多く(おおく) の 時間(じかん) が 必要(ひつよう) だ。

A lot of time is still needed before it can be used. (10)

549-26. 館主はしばしば無償で時間外に働く必要がある。

館主(かんしゅ) は しばしば 無償(むしょう) で 時間外(じかんがい) に 働く(はたらく) 必要(ひつよう) が ある。

The proprietor often has to work off-the-clock. (101)

549-27. 銀行に二万ポンドを取りに行く必要すらなかった。

銀行(ぎんこう) に 二万(にまん) ポンド を 取り(とり) に 行く(いく) 必要(ひつよう) すら なかった。

It was not even necessary that he should go to his bankers for the twenty thousand pounds. (7)

「〜すら」 ["even __"]: DJG v2 p368 (under さえ).

549-28. この場合は、2月末日までに所定の手続きが必要だ。

この 場合(ばあい) は、 2月(がつ) 末日(まつじつ) まで に 所定(しょてい) の 手続き(てつづき) が 必要(ひつよう) だ。

In this case, you must follow the set procedures by the end of February. (10)

549-29. かれらは新しい会合場所を必要としていたので、マセックは自分の店で月一度会合を開くことに同意した。

かれら は 新(あたら)しい 会合(かいごう) 場所(ばしょ) を 必要(ひつよう) と して いた ので、 マセック は 自分(じぶん) の 店(みせ) で 月(つき) 一度(いちど) 会合(かいごう) を 開(ひら)く こと に 同意(どうい) した。

They needed a new meeting place, and Macek agreed to let them meet once a month in his shop. (69)

550： 証

550-1. 信用できる証人。

信用(しんよう) できる 証人(しょうにん)。

A credible witness. (101)

550-2. 証明された事実。

証明(しょうめい) された 事実(じじつ)。

A fact that has been verified. (100)

550-3. 数学の定理の証明。

数学(すうがく) の 定理(ていり) の 証明(しょうめい)。

Proof of a mathematical theorem. (100)

550-4. 岡野さんの意見は実証が不足している。

岡野(おかの)さん の 意見(いけん) は 実証(じっしょう) が 不足(ふそく) して いる。

There is insufficient substantiation for Okano-san's view. (100)

550-5. 私は前の所有者から証書を受け取ったのだ。

私(わたし) は 前(まえ) の 所有者(しょゆうしゃ) から 証書(しょうしょ) を 受け取っ(うけとっ)た の だ。

I received the deed from the previous owner. (41)

550-6. 川野大臣は必ずその話を反証することができる。

川野(かわの) 大臣(だいじん) は 必ず(かならず) その 話(はなし) を 反証(はんしょう) する こと が できる。

Minister Kawano can definitely disprove that story. (100)

550-7. 今野先生はフェルマの定理を正式な証明によって立証した。

今野(こんの) 先生(せんせい) は フェルマ の 定理(ていり) を 正式(せいしき) な 証明(しょうめい) に よって 立証(りっしょう) した。

Dr. Konno demonstrated Fermat's Theorem by a formal proof. (100)

550-8. この二通のメールは小野大臣自身がその命令を発行したことを証する。

この 二通(につう) の メール は 小野(おの) 大臣(だいじん) 自身(じしん) が その 命令(めいれい) を 発行(はっこう) した こと を 証する(しょうする)。

These two emails prove that Minister Ono gave the order himself. (10)

551： 歪

551-1. 絵は歪んでいた。

絵(え) は 歪ん(ゆがん)で いた。

The picture was skew. (101)

551-2. 歪みによって生じている形。

歪み(ゆがみ) に よって 生じ(しょうじ)て いる 形(かたち)。

A shape resulting from distortion. (100)

551-3. このレンズは歪曲なしに光を通す。

この レンズ は 歪曲(わいきょく) なし に 光(ひかり) を 通す(とおす)。

This lens passes light without distortion. (100)

551-4. お前のメガネ歪んでるじゃないかよ。

お前(おまえ) の メガネ 歪ん(ゆがん)でる じゃ ない か よ。

Dude, your glasses look crooked. (99)

「-てる」 [colloquial contraction of -ている: "be __ing"; "have (done) __"]: DJG v1 p155; Genki ch7; Marx v1 day36.

551-5. この種類の木は特に歪みに強いです。

この 種類(しゅるい) の 木(き) は 特に(とくに) 歪み(ゆがみ) に 強い(つよい) です。

This kind of tree is especially resistant to warping. (100)

551-6. この声明は、私の意図を歪めて伝える。

この 声明(せいめい) は、 私(わたし) の 意図(いと) を 歪め(ゆがめ)て 伝える(つたえる)。

This statement misrepresents my intentions. (101)

551-7. 黒田さんは人類にたいして歪んだ見方をする。

黒田(くろだ)さん は 人類(じんるい) にたいして 歪ん(ゆがん)だ 見方(みかた) を する。

Kuroda-san takes a jaundiced view of humankind. (101)

「〜にたいして／〜にたいし」 {〜に対して／〜に対し 650} ["toward __"; "(as) against __"]: DJG v2 p275; Tobira ch9 #13.

551-8. バレエダンサーは信じられない歪曲を実行しました。

バレエ ダンサー は 信じ(しんじ)られない 歪曲(わいきょく) を 実行(じっこう) しました。

The ballet dancer performed incredible contortions. (101)

551-9. 野中さんは歪んでねじれたネクタイで仕事に向かった。

野中(のなか)さん は 歪ん(ゆがん)で ねじれた ネクタイ で 仕事(しごと) に 向かっ(むかっ)た。

Nonaka-san headed to work with his necktie twisted awry. (101)

551-10. 悪意に満ちた勝利のほほえみで、北野さんのくちびるは歪んでいた。

悪意(あくい) に 満ち(みち)た 勝利(しょうり) の ほほえみ で、 北野(きたの)さん の くちびる は 歪ん(ゆがん)で いた。

Kitano-san's lip was curled into a smile of malicious triumph. (64)

552： 否

552-1. 全面否定。

全面(ぜんめん) 否定(ひてい)。

An unqualified denial. (101)

552-2. 等しいか否かを見る。

等しい(ひとしい) か 否(いな) か を 見る(みる)。

Check the equality of. (100)

「〜かいなか」 {〜か否か 552} ["whether __ (or not)"]: DJG v3 p182; Genki ch20.

552-3. 強い自己否定を行う。

強い(つよい) 自己(じこ) 否定(ひてい) を 行う(おこなう)。

Practice severe self-denial. (100)

552-4. 神の存在を否定する人。

神(かみ) の 存在(そんざい) を 否定(ひてい) する 人(ひと)。

Someone who denies the existence of god. (100)

552-5. 生気のない否定的な個性。

生気(せいき) の ない 否定的(ひていてき) な 個性(こせい)。

A colorless negative personality. (101)

552-6. その事実は否定できない。

その 事実(じじつ) は 否定(ひてい) できない。

That fact can't be denied. (87)

552-7. そうですね、否定はしません。

そう です ね、 否定(ひてい) は しません。

Yes, I do not gainsay that. (29)

552-8. 黒木先生は、学生の案を否決した。

黒木(くろき) 先生(せんせい) は、 学生(がくせい) の 案(あん) を 否決(ひけつ) した。

Kuroki-sensei shot down the student's proposal. (101)

552-9. 長野大臣はいかなる悪事も否定した。

長野(ながの) 大臣(だいじん) は いかなる 悪事(あくじ) も 否定(ひてい) した。

Minister Nagano denied any wrongdoing. (101)

「**いかなる〜**」 {如何なる〜** 2197; 815} [**"any __"**]: DJG v3 p132.

552-10. 労働組合がこの会社の成否を決定する。

労働(ろうどう) 組合(くみあい) が この 会社(かいしゃ) の 成否(せいひ) を 決定(けってい) する。

The success or failure of this company will depend on the labor union. (10)

552-11. 一行が出発するや否や、雨がふり出した。

一行(いっこう) が 出発(しゅっぱつ) する や 否(いな) や、 雨(あめ) が ふり出し(ふりだし)た。

The party had no sooner departed than it began to rain. (87)

「**〜やいなや**」 {〜や否や 552} [**"no sooner did __ than"**]: DJG v3 p706.

552-12. 黒木さんは川野大臣と会っていたことを否定した。

黒木(くろき)さん は 川野(かわの) 大臣(だいじん) と 会っ(あっ)て いた こと を 否定(ひてい) した。

Kuroki-san denied having met Minister Kawano. (87)

552-13. 一人になるや否や、亜美さんはその手紙を開けた。

一人(ひとり) に なる や 否(いな) や、 亜美(あみ)さん は その 手紙(てがみ) を 開け(あけ)た。

No sooner was Ami alone than she opened the letter. (87)

553：　処

553-1. 処方薬。

処方(しょほう)　薬(やく)。

A prescription drug. (101)

553-2. 処女飛行。

処女(しょじょ)　飛行(ひこう)。

Maiden flight. (87)

553-3. 下水の処理。

下水(げすい)　の　処理(しょり)。

The disposal of sewage. (100)

553-4. 未処理のデータ。

未処理(みしょり)　の　データ。

Raw data. (101)

553-5. ヨウ素で処理する。

ヨウ素(そ)　で　処理(しょり)　する。

Treat with iodine. (100)

553-6. すぐに処理致します。

すぐ　に　処理(しょり)　致し(いたし)ます。

We will take care of this for you immediately. (87)

553-7. あなたはあの車をどう処理したのですか？

あなた　は　あの　車(くるま)　を　どう　処理(しょり)　した　の　です　か？

What did you do with that car? (87)

553-8. 飲むことができるよう水を処理して下さい。

飲む(のむ)　こと　が　できる　よう　水(みず)　を　処理(しょり)　して　下(くだ)さい。

Please treat the water so it can be drunk. (101)

553-9. 今日も一日クレーム処理ばかりで、もうくたくた。

今日(きょう)　も　一日(いちにち)　クレーム　処理(しょり)　ばかり　で、もう　くたくた。

I'm wiped out. All I've done today is handle complaints again. (87)

「～ばかり」　["just __"]: DJG v1 p84 & 402; Marx v2 day39; Tobira ch4 #18.

553-10. 侍女は最後まで自分の身は自分で処するつもりだった。

侍女(じじょ)　は　最後(さいご)　まで　自分(じぶん)　の　身(み)　は　自分(じぶん)　で　処する(しょする)　つもり　だった。

The lady's attendant would always hold the keys of her own situation. (42)

553-11. このプログラムは自動的にすべての処理を実行します。

この　プログラム　は　自動的(じどうてき)　に　すべて　の　処理(しょり)
を　実行(じっこう)　します。

This program will automatically execute all of the processing. (10)

553-12. 2000 年が近づくにつれて、オープンソース開発が益々最後の処女地に転
向すると予言します。

2000 年(ねん)　が　近づく(ちかづく)　につれて、　オープン　ソース　開発
(かいはつ)　が　益々(ますます)　最後(さいご)　の　処女地(しょじょち)　に　転向
(てんこう)　する　と　予言(よげん)　します。

As the third millennium nears, I predict that open-source development effort will
increasingly shift towards the last virgin territory. (41)

「〜につれて / 〜につれ」 {〜に連れて* / 〜に連れ* 582} [**"as __"; "in proportion
to __"**]: DJG v2 p285; Tobira ch13 #6.

554：　拠

554-1. 証拠書類。

証拠(しょうこ)　書類(しょるい)。

Evidentiary documents. (101)

554-2. 証拠を集める。

証拠(しょうこ)　を　集める(あつめる)。

Accumulate evidence. (101)

554-3. たしかな証拠。

たしか　な　証拠(しょうこ)。

Certain proof.

554-4. 決定的な証拠。

決定的(けっていてき)　な　証拠(しょうこ)。

Conclusive proof. (101)

554-5. 証拠となる事実。

証拠(しょうこ)　と　なる　事実(じじつ)。

An evidentiary fact. (101)

554-6. 証拠の重要な部分。

証拠(しょうこ)　の　重要(じゅうよう)　な　部分(ぶぶん)。

An important piece of the evidence. (101)

554-7. 合理的根拠なしで。

合理的(ごうりてき)　根拠(こんきょ)　なし　で。

Without a rational basis. (100)

554-8. 共和党の心の拠り所。

共和党(きょうわとう)　の　心(こころ)　の　拠り所(よりどころ)。

The bedrock of the Republican Party. (101)

554-9. アトランタを拠点とする会社。

アトランタ を 拠点(きょてん) と する 会社(かいしゃ)。

An Atlanta-based company. (101)

554-10. 我が社の本拠地は東京だ。

我が社(わがしゃ) の 本拠地(ほんきょち) は 東京(とうきょう) だ。

Our company's base is in Tokyo. (87)

554-11. ある者は他より支持する証拠が多い。

ある 者(もの) は 他(ほか) より 支持(しじ) する 証拠(しょうこ) が 多い(おおい)。

Some have more evidence in their favor. (76)

554-12. 長官の否定は根拠に基づいていません。

長官(ちょうかん) の 否定(ひてい) は 根拠(こんきょ) に 基づい(もとづい)て いません。

The Director's denial is not based on evidence. (100)

554-13. 家出子どもたちは古いビルを占拠した。

家出(いえで) 子ども(こども)たち は 古い(ふるい) ビル を 占拠(せんきょ) した。

The runaway children squatted in the old building. (101)

554-14. 昨夜の番組はその殺人事件での証拠を解明した。

昨夜(さくや) の 番組(ばんぐみ) は その 殺人(さつじん) 事件(じけん) で の 証拠(しょうこ) を 解明(かいめい) した。

Last night's program unraveled the evidence in the murder case. (101)

554-15. 私たちは長官の意見の根拠を理解していないのです。

私(わたし)たち は 長官(ちょうかん) の 意見(いけん) の 根拠(こんきょ) を 理解(りかい) して いない の です。

We do not understand the grounds of the Director's opinion. (62)

554-16. 不満を示す学生が、およそ1週間、学長室を占拠した。

不満(ふまん) を 示す(しめす) 学生(がくせい) が、 およそ 1週間(しゅうかん)、 学長室(がくちょうしつ) を 占拠(せんきょ) した。

The dissatisfied students held the President's office for almost a week. (101)

「およそ〜」 {凡そ〜** 1629} ["generally __"; "roughly __"]: DJG v3 p526.

554-17. 両事件ともに、毒性の空気が籠っていたという証拠が存在する。

両(りょう) 事件(じけん) とも に、 毒性(どくせい) の 空気(くうき) が 籠っ(こもっ)て いた という 証拠(しょうこ) が 存在(そんざい) する。

In each case there exists evidence of toxin-filled air. (2)

555： 計

555-1. 会計士。

会計士(かいけいし)。
Accountant. (100)

555-2. 心電計。
心電計(しんでんけい)。
Electrocardiograph. (100)

555-3. 機械設計。
機械(きかい) 設計(せっけい)。
Mechanical design. (101)

555-4. 詳細な計画。
詳細(しょうさい) な 計画(けいかく)。
A detailed plan. (101)

555-5. 計画を固める。
計画(けいかく) を 固める(かためる)。
Firm up one's plans. (101)

555-6. 計画的な殺人。
計画的(けいかくてき) な 殺人(さつじん)。
Premeditated murder. (101)

555-7. 基本的な計画。
基本的(きほんてき) な 計画(けいかく)。
Rudimentary plans. (101)

555-8. 計画された事業。
計画(けいかく) された 事業(じぎょう)。
A planned undertaking. (100)

555-9. 高感度ボルト計。
高(こう) 感度(かんど) ボルト 計(けい)。
A sensitive voltmeter. (101)

555-10. 計画の重要な要素。
計画(けいかく) の 重要(じゅうよう) な 要素(ようそ)。
A critical element of the plan. (101)

555-11. 時計は正午を示す。
時計(とけい) は 正午(しょうご) を 示す(しめす)。
The clock says noon. (101)

555-12. 計画の根本的な欠点。
計画(けいかく) の 根本的(こんぽんてき) な 欠点(けってん)。
A radical flaw in the plan. (101)

555-13. 計画は進行中である。
計画(けいかく) は 進行中(しんこうちゅう) で ある。

Plans are afoot. (101)

555-14. うまく設計された家。

うまく 設計(せっけい) された 家(いえ)。

Well-designed houses. (101)

555-15. 同期の調整された時計。

同期(どうき) の 調整(ちょうせい) された 時計(とけい)。

A synchronous set of clocks. (101)

555-16. 計画を実行すべき時だ。

計画(けいかく) を 実行(じっこう) すべき 時(とき) だ。

It's time to put the plan in action. (87)

555-17. 気圧計が下がる一方です。

気圧計(きあつけい) が 下がる(さがる) 一方(いっぽう) です。

The barometer keeps falling and falling. (101)

「〜いっぽう(だ)」 {〜一方(だ) 2; 173} ["only __"; "keep on __ing"]: DJG v3 p146.

555-18. この時計は動いてません。

この 時計(とけい) は 動い(うごい)てません。

This clock isn't working. (87)

555-19. 家計のやりくりに苦労した。

家計(かけい) の やりくり に 苦労(くろう) した。

I had a hard time making ends meet. (87)

555-20. 反時計回りに動いて下さい！

反時計回り(はんとけいまわり) に 動い(うごい)て 下(くだ)さい！

Please move counterclockwise! (101)

555-21. 計器は「空」を示していた。

計器(けいき) は 「空(から)」 を 示し(しめし)て いた。

The gauge read 'empty'. (101)

555-22. 母は私の体温を計ってくれた。

母(はは) は 私(わたし) の 体温(たいおん) を 計(はか)って くれた。

My mother took my temperature for me. (87)

555-23. 重労働のために設計された工場。

重労働(じゅうろうどう) の ため に 設計(せっけい) された 工場(こうじょう)。

A plant designed for heavy work. (100)

555-24. 間欠的に私たちは気圧計を見た。

間欠的(かんけつてき) に 私(わたし)たち は 気圧計(きあつけい) を 見(み)た。

Intermittently we checked the barometer. (101)

555-25. この時計は本当にお買い得です。

この　時計(とけい)　は　本当に(ほんとうに)　お買い得(おかいどく)　です。

This watch is real bargain. (87)

555-26. 吉井大臣はその計画に興味を示した。

吉井(よしい)　大臣(だいじん)　は　その　計画(けいかく)　に　興味(きょうみ)　を　示し(しめし)た。

Minister Yoshii showed interest in the plan. (87)

555-27. 野口さんが後半期の計画を立案する。

野口(のぐち)さん　が　後半期(こうはんき)　の　計画(けいかく)　を　立案(りつあん)　する。

Noguchi-san will create a plan for the second half. (10)

555-28. 理子さんは画家として生計を支えた。

理子(りこ)さん　は　画家(がか)　として　生計(せいけい)　を　支(ささ)えた。

Riko eked out a living as a painter. (101)

555-29. 住民は生計の手段を必要としていた。

住民(じゅうみん)　は　生計(せいけい)　の　手段(しゅだん)　を　必要(ひつよう)　と　して　いた。

The residents were in want of sustenance. (101)

555-30. 雑誌は定年後の人生計画を特集した。

雑誌(ざっし)　は　定年(ていねん)　後(ご)　の　人生(じんせい)　計画(けいかく)　を　特集(とくしゅう)　した。

The magazine ran a feature on retirement planning. (101)

555-31. 私はこの計画を実行しようと決心している。

私(わたし)　は　この　計画(けいかく)　を　実行(じっこう)　しよう　と　決心(けっしん)　して　いる。

I am determined to carry out this plan. (87)

555-32. 花絵さんは目ざまし時計の音で目を覚ました。

花絵(はなえ)さん　は　目ざまし時計(めざましどけい)　の　音(おと)　で　目(め)　を　覚まし(さまし)た。

Hanae woke up to the sound of the alarm clock. (101)

555-33. 松野さんは自分の絵を売って生計を立てている。

松野(まつの)さん　は　自分(じぶん)　の　絵(え)　を　売っ(うっ)て　生計(せいけい)　を　立て(たて)て　いる。

Matsuno-san earns a living by selling her paintings. (87)

555-34. 多くの20代女性は夏休みに海外へ行く計画をする。

多く(おおく)　の　20代(だい)　女性(じょせい)　は　夏休み(なつやすみ)　に　海外(かいがい)　へ　行く(いく)　計画(けいかく)　を　する。

Many women in their 20s plan to go abroad during the summer holidays. (87)

555-35. 都心設計者は企業の設立において主要な役割をした。

都心(としん) 設計者(せっけいしゃ) は 企業(きぎょう) の 設立(せつりつ) において 主要(しゅよう) な 役割(やくわり) を した。

An urban designer was a major player in setting up the corporation. (101)

555-36. その車は、私の家計にとってあまりにも高価である。

その 車(くるま) は、 私(わたし) の 家計(かけい) に とって あまりにも 高価(こうか) で ある。

That car is too expensive for my pocketbook. (101)

555-37. シルバーは一人一人に話しかけ、だれにでもなんらかの特別な計らいをしてやることを心得ていた。

シルバー は 一人(ひとり) 一人(ひとり) に 話しかけ(はなしかけ)、 だれ に でも なんらかの 特別(とくべつ) な 計らい(はからい) を して やる こと を 心得(こころえ)て いた。

Silver had a way of talking to each and doing everyone some particular service. (90)

「なんらかの〜」{何らかの〜* 815} ["some (kind of) __"]: DJG v3 p333. 「-てやる」 ["do __ (for someone)"]: DJG v1 p67 (under あげる); Marx v2 day31.

556： 針

556-1. 細い針金。

細い(ほそい) 針金(はりがね)。

Thin wire. (101)

556-2. 行動の方針。

行動(こうどう) の 方針(ほうしん)。

A course of conduct. (100)

556-3. 針に糸を通す。

針(はり) に 糸(いと) を 通す(とおす)。

Thread a needle. (101)

556-4. 見事なガウンを作るお針子。

見事(みごと) な ガウン を 作る(つくる) お針子(おはりこ)。

A sewer of fine gowns. (101)

556-5. 草野さんは針仕事が上手だ。

草野(くさの)さん は 針仕事(はりしごと) が 上手(じょうず) だ。

Kusano-san is handy with a needle. (87)

556-6. 両国は協同の方針に同意した。

両国(りょうこく) は 協同(きょうどう) の 方針(ほうしん) に 同意(どうい) した。

The two countries agreed on a policy of cooperation. (101)

556-7. 18年度の活動方針が示されました。

18年度(ねんど) の 活動(かつどう) 方針(ほうしん) が 示さ(しめさ)れました。

The course of action for fiscal 2006 is shown. (10)

556-8. 時計の回転している針と同じ方向で。

時計(とけい) の 回転(かいてん) して いる 針(はり) と 同じ(おなじ) 方向(ほうこう) で。

In the same direction as the rotating hands of a clock. (100)

556-9. 過去ではなく、未来に向けて取り組むのが当社の方針です。

過去(かこ) で は なく、 未来(みらい) に 向け(むけ)て 取り組む(とりくむ) の が 当社(とうしゃ) の 方針(ほうしん) です。

Our company's policy is to build for the future, not the past. (87)

557 ： 総

557-1. 総力戦。

総力戦(そうりょくせん)。

All-out war. (101)

557-2. 総合大学。

総合(そうごう) 大学(だいがく)。

Comprehensive university. (100)

557-3. 総国民所得。

総(そう) 国民(こくみん) 所得(しょとく)。

The total national income. (100)

557-4. 労働者の総定員。

労働者(ろうどうしゃ) の 総定員(そうていいん)。

The full complement of workers. (101)

557-5. 不定形の粒子の総和。

不定形(ふていけい) の 粒子(りゅうし) の 総和(そうわ)。

Sum total of formless particles. (101)

557-6. 次官は総理大臣に不平を言った。

次官(じかん) は 総理(そうり) 大臣(だいじん) に 不平(ふへい) を 言っ(いっ)た。

The deputy ragged the Prime Minister. (101)

557-7. 支出の総計は6000万円になる。

支出(ししゅつ) の 総計(そうけい) は 6000万(まん) 円(えん) に なる。

Our total expenditures amount to 60 million yen. (100)

557-8. 安倍総理は来月米国を訪問する予定です。

安倍(あべ) 総理(そうり) は 来月(らいげつ) 米国(べいこく) を 訪問(ほうもん) する 予定(よてい) です。

Prime Minister Abe is scheduled to visit the United States next month. (30)

557-9. 総所要時間：百五十八時間半、即ち六日半。

総(そう) 所要(しょよう) 時間(じかん)： 百(ひゃく) 五十(ごじゅう) 八(はち) 時間(じかん) 半(はん)、 即ち(すなわち) 六日(むいか) 半(はん)。

Total of hours spent: 158.5; or, in days, six days and a half. (7)

「すなわち〜」 {即ち〜* 390} ["namely, __", "that is, __"]: DJG v2 p538 (under つまり); Tobira ch14 #2.

558 ： 窓

558-1. 窓から投げる。

窓(まど) から 投げる(なげる)。

Throw out of the window. (100)

558-2. 絵は窓と並行である。

絵(え) は 窓(まど) と 並行(へいこう) で ある。

The picture is even with the window. (101)

558-3. 窓が大きな音で閉まった。

窓(まど) が 大(おお)きな 音(おと) で 閉まっ(しまっ)た。

The windows closed with a loud bang. (101)

558-4. 四、五分後に居間の窓があく。

四(し)、 五(ご) 分(ふん) 後(ご) に 居間(いま) の 窓(まど) が あく。

Four or five minutes afterwards the sitting-room window will open. (4)

558-5. 東野総理は車窓から後ろを見た。

東野(ひがしの) 総理(そうり) は 車窓(しゃそう) から 後ろ(うしろ) を 見(み)た。

Prime Minister Higashino looked rearward out the car window. (101)

558-6. 岡野さんは先週高校の同窓会に行った。

岡野(おかの)さん は 先週(せんしゅう) 高校(こうこう) の 同窓会(どうそうかい) に 行っ(いっ)た。

Okano-san went to his high school reunion last week. (87)

558-7. 出かける前には必ず窓を閉めて下さい。

出かける(でかける) 前(まえ) に は 必ず(かならず) 窓(まど) を 閉め(しめ)て 下(くだ)さい。

Please be sure to close the windows before you go out. (87)

558-8. 部屋の窓からは向こうに太平洋が見える。

部屋(へや) の 窓(まど) から は 向こう(むこう) に 太平洋(たいへいよう) が 見える(みえる)。

I can see the Pacific over there from the window of my room. (10)

558-9. 私は黒木さんが窓ガラスを割るのを見た。

私(わたし) は 黒木(くろき)さん が 窓(まど) ガラス を 割る(わる) の を 見(み)た。

I saw Kuroki-san break the window. (87)

558-10. 窓を開けて、新鮮な空気を部屋に入れて下さい。

窓(まど) を 開け(あけ)て、 新鮮(しんせん) な 空気(くうき) を 部屋(へや) に 入れ(いれ)て 下(くだ)さい。

Open the window and let some fresh air into the room, please. (87)

558-11. 風がとても強かったので、窓ががたがた音を立てた。

風(かぜ) が とても 強かっ(つよかっ)た ので、 窓(まど) が がたがた 音(おと) を 立て(たて)た。

The wind was so strong that the windows rattled. (87)

558-12. 水野さんは宝石屋さんの窓で見たネックレスが気に入った。

水野(みずの)さん は 宝石屋(ほうせきや)さん の 窓(まど) で 見(み)た ネックレス が 気に入っ(きにいっ)た。

Mizuno-san fancied a necklace that she had seen in the jeweler's window. (101)

558-13. 五万五千ポンドが入った包みが銀行の窓口カウンターから持ち去られたのだ。

五万(ごまん) 五千(ごせん) ポンド が 入っ(はいっ)た 包み(つつみ) が 銀行(ぎんこう) の 窓口(まどぐち) カウンター から 持ち去ら(もちさら)れた の だ。

A package of banknotes, to the value of fifty-five thousand pounds, had been taken from the teller's window. (7)

558-14. 不意にブキャナン氏が後背の窓を閉める音がして、部屋の中から風は閉め出された。

不意(ふい) に ブキャナン 氏(し) が 後背(こうはい) の 窓(まど) を 閉める(しめる) 音(おと) が して、 部屋(へや) の 中(なか) から 風(かぜ) は 閉め出さ(しめださ)れた。

Out of nowhere there was a boom as Mr. Buchanan shut the rear windows and the wind was closed out of the room. (36)

558-15. ドアは背が低いもので、窓のいくつかは高いところについていますが、他の窓は低いところについています。

ドア は 背(せ) が 低い(ひくい) もの で、 窓(まど) の いくつ か は 高い(たかい) ところ に ついて います が、 他(ほか) の 窓(まど) は 低い(ひくい) ところ に ついて います。

The doors are low, and some of the windows are placed quite high, and others close to the ground. (98)

559： 矢

559-1. 矢は命中した。

矢(や) は 命中(めいちゅう) した。

The arrow struck home. (101)

559-2. 矢の素早い飛行。

矢(や) の 素早い(すばやい) 飛行(ひこう)。

Swift flight of an arrow. (101)

559-3. 矢は的を外れていた。

矢(や) は 的(まと) を 外れ(はずれ)て いた。

The arrow was wide of the mark. (101)

559-4. 矢野先生は、給水事業を設計した。

矢野(やの) 先生(せんせい) は、 給水(きゅうすい) 事業(じぎょう) を 設
計(せっけい) した。

Dr. Yano engineered the water supply project. (101)

559-5. 英政府所有物を特定する矢印の記号。

英政府(えいせいふ) 所有物(しょゆうぶつ) を 特定(とくてい) する 矢印
(やじるし) の 記号(きごう)。

An arrowhead mark identifying British government property. (100)

559-6. 松野さんは矢を的に 8 回続けて当てた。

松野(まつの)さん は 矢(や) を 的(まと) に 8回(はっかい) 続け(つづ
け)て 当て(あて)た。

Matsuno-san hit the mark with his arrow eight times in a row. (87)

559-7. なにか矢のような物が空を切って飛んできた。

なに か 矢(や) の よう な 物(もの) が 空(そら) を 切っ(きっ)て
飛ん(とん)で きた。

Something sang like an arrow through the air. (90)

560 : 知

560-1. 未知の量。

未知(みち) の 量(りょう)。

An unknown amount. (101)

560-2. 未知の島。

未知(みち) の 島(しま)。

An unknown island. (101)

560-3. 知的な質問。

知的(ちてき) な 質問(しつもん)。

An intelligent question. (101)

560-4. 未知の場所。

未知(みち) の 場所(ばしょ)。

An unknown location. (100)

560-5. 多様な知性。

多様(たよう) な 知性(ちせい)。

Manifold intelligence. (101)

560-6. 周知の事実。

周知(しゅうち) の 事実(じじつ)。

Well-known facts. (101)

560-7. 知的なドラマ。

知的(ちてき) な ドラマ。

Cerebral drama. (101)

560-8. 信号で知らせる。

信号(しんごう) で 知らせる(しらせる)。

Make known with a signal. (100)

560-9. 感知器で見つける。

感知器(かんちき) で 見つける(みつける)。

Detect with a sensor. (101)

560-10. 前もって通知する。

前もって(まえもって) 通知(つうち) する。

Notify in advance. (100)

560-11. 知的な上品さを持つ人。

知的(ちてき) な 上品(じょうひん)さ を 持つ(もつ) 人(ひと)。

A person of intellectual refinement. (101)

560-12. 無知な不動産開発業者。

無知(むち) な 不動産(ふどうさん) 開発(かいはつ) 業者(ぎょうしゃ)。

An ignorant real estate developer. (101)

560-13. 時間が知らぬ間に過ぎた。

時間(じかん) が 知ら(しら)ぬ 間(ま) に 過ぎ(すぎ)た。

Time slipped by. (100)

「-ぬ」 ["not __"]: DJG v2 p315; Tobira ch11 #14.

560-14. 共通の知り合いがいます。

共通(きょうつう) の 知り合い(しりあい) が います。

We have common friends. (84)

560-15. 矢野という人、知っていますか。

矢野(やの) という 人(ひと)、 知っ(しっ)て います か。

Do you know a person named Yano?

「しる」 {知る 560} ["know"]: DJG v1 p406.

560-16. 明日までに知っておく必要がある。

明日(あした) まで に 知っ(しっ)て おく 必要(ひつよう) が ある。

I need to know by tomorrow. (87)

560-17. 我々は飛行機で高知に行きました。

我々(われわれ) は 飛行機(ひこうき) で 高知(こうち) に 行き(いき)ました。

We traveled to Kochi by plane. (87)

560-18. 私は総理と20年以上の知り合いだ。

私(わたし) は 総理(そうり) と 20年(ねん) 以上(いじょう) の 知り合い(しりあい) だ。

I have been acquainted with the Prime Minister for more than twenty years. (87)

560-19. 近畿地方が古刹で全国に名を知られる。

近畿(きんき) 地方(ちほう) が 古刹(こさつ) で 全国(ぜんこく) に 名(な) を 知ら(しら)れる。

The Kinki Region is nationally known for its historic temples. (10)

560-20. 亜美さんがそれを知る必要はありません。

亜美(あみ)さん が それ を 知る(しる) 必要(ひつよう) は ありません。

Ami doesn't need to know that. (87)

560-21. 矢島さんとは大学時代に知り合いました。

矢島(やじま)さん と は 大学(だいがく) 時代(じだい) に 知り合い(しりあい)ました。

I got to know Yajima-san when I was a university student. (87)

560-22. あなたは私に十分に通知してくれなかった。

あなた は 私(わたし) に 十分(じゅうぶん) に 通知(つうち) して くれなかった。

You didn't give me enough notice. (101)

560-23. この男が働いている会社を知っていたのです。

この 男(おとこ) が 働い(はたらい)て いる 会社(かいしゃ) を 知っ(しっ)て いた の です。

I knew the firm for which this man worked. (4)

560-24. 岡野さんは快活な男で、多くの知人友人もいた。

岡野(おかの)さん は 快活(かいかつ) な 男(おとこ) で、 多く(おおく) の 知人(ちじん) 友人(ゆうじん) も いた。

Okano-san was an active man, and had many friends. (70)

560-25. 私は天野さんが欠席した本当の理由を知っている。

私(わたし) は 天野(あまの)さん が 欠席(けっせき) した 本当(ほんとう) の 理由(りゆう) を 知っ(しっ)て いる。

I know the real reason for Amano-san's absence. (87)

560-26. 新しい単語を覚えるための良い方法を知ってますか。

新(あたら)しい 単語(たんご) を 覚える(おぼえる) ため の 良い(よい) 方法(ほうほう) を 知っ(しっ)てます か。

Do you know a good way to learn new words? (87)

560-27. 地図は私たちが今どこに居るのかを知るのに役立ちます。

地図(ちず) は 私(わたし)たち が 今(いま) どこ に 居る(いる) の か を 知る(しる) の に 役立ち(やくだち)ます。

A map helps us to know where we are. (87)

560-28. この時代、包囲のやり方を知らなかったみたいなんだ。

この 時代(じだい)、 包囲(ほうい) の やり方(やりかた) を 知ら(しら)な かった みたい なん だ。

In this period they do not seem to have understood how to conduct a siege. (86)

「～みたい(だ)」 ["(is) like __"; "seems like __"]: DJG v3 p105 (under ～ごとし); Genki ch17; Marx v2 day69.

560-29. さすがの草野さんだ。私の知っている限りでは草野さんは時間どおりに来たことがない。

さすが の 草野(くさの)さん だ。 私(わたし) の 知っ(しっ)て いる 限り(かぎり) で は 草野(くさの)さん は 時間(じかん)どおり に 来(き)た こと が ない。

This is just like Kusano-san. As far as I know, she has never come on time. (87)

「さすが」 ["as one might expect"]: DJG v2 p374.

560-30. 我々の知らない、重大な証拠をお持ちになっていられるでしょう。

我々(われわれ) の 知ら(しら)ない、 重大(じゅうだい) な 証拠(しょうこ) を お持ち(もち) に なって いられる でしょう。

You must have important evidence of which we are ignorant. (1)

「お-～になる」 [polite description of outgroup person's action]: DJG v1 p358.

560-31. 「立ち聞きする」とは、話し手に知られずに会話を聞くことを意味する。

「立ち聞き(たちぎき) する」 と は、 話し手(はなして) に 知ら(しら) れず に 会話(かいわ) を 聞く(きく) こと を 意味(いみ) する。

To "eavesdrop" is to listen to a conversation without the speakers' knowledge. (100)

561： 医

561-1. 医学士。

医学士(いがくし)。

A bachelor's degree in medicine. (100)

561-2. 医大生。

医大生(いだいせい)。

A medical student. (101)

561-3. 医化学。

医化学(いかがく)。

Medical chemistry. (101)

561-4. 医学部。

医学部(いがくぶ)。

Medical school. (101)

561-5. 東洋医学。

東洋(とうよう) 医学(いがく)。

Eastern Medicine. (101)

561-6. 医学用語。

医学(いがく) 用語(ようご)。

Medical jargon. (100)

561-7. 予防医学。

予防(よぼう) 医学(いがく)。

Preventive medicine. (101)

561-8. 医者の命令。

医者(いしゃ) の 命令(めいれい)。

Doctor's orders. (25)

561-9. 重要な医薬品。

重要(じゅうよう) な 医薬品(いやくひん)。

Critical medical supplies. (101)

561-10. 投機家は医学雑誌を読む。

投機家(とうきか) は 医学(いがく) 雑誌(ざっし) を 読む(よむ)。

The speculator reads the medical journals. (101)

561-11. 医者の予約を二時に入れた。

医者(いしゃ) の 予約(よやく) を 二時(にじ) に 入れ(いれ)た。

I made the doctor's appointment for two o'clock. (87)

561-12. 当時は女の医者は多くなかった。

当時(とうじ) は 女(おんな) の 医者(いしゃ) は 多(おお)く なかった。

There were not many women doctors in those days. (87)

561-13. 医学の根拠となる知見を得るため、様々な学問分野が重要な役割をはたす。たとえば、生理学、生化学、薬理学等。

医学(いがく) の 根拠(こんきょ) と なる 知見(ちけん) を 得る(える) ため、 様々(さまざま) な 学問(がくもん) 分野(ぶんや) が 重要(じゅうよう) な 役割(やくわり) を はたす。 たとえば、生理学(せいりがく)、 生化学(せいかがく)、 薬理学(やくりがく) 等(など)。

Various academic fields play an important role in gaining the knowledge on which medicine is based, including biology, biochemistry, and pharmacology, among others.

562： 短

562-1. 短い声明。

短い(みじかい)　声明(せいめい)。

A brief statement. (100)

562-2. 短い飛行。

短い(みじかい)　飛行(ひこう)。

A short flight. (101)

562-3. 短い楽節。

短い(みじかい)　楽節(がくせつ)。

A short musical passage. (100)

562-4. 短毛の犬。

短毛(たんもう)　の　犬(いぬ)。

A short-haired dog. (101)

562-5. 短期信用。

短期(たんき)　信用(しんよう)。

Short-term credit. (101)

562-6. 長調と短調。

長調(ちょうちょう)　と　短調(たんちょう)。

Major keys and minor keys. (101)

562-7. 短期労働者。

短期(たんき)　労働者(ろうどうしゃ)。

Transient laborers. (101)

562-8. 短時間の訪問。

短時間(たんじかん)　の　訪問(ほうもん)。

A brief visit. (100)

562-9. 短期的な計画。

短期的(たんきてき)　な　計画(けいかく)。

Short-run planning. (101)

562-10. 短命なアニメ企業。

短命(たんめい)　な　アニメ　企業(きぎょう)。

A brief-lived anime company. (69)

562-11. 要するに人生は短い。

要するに(ようするに)　人生(じんせい)　は　短い(みじかい)。

In sum, life is short. (87)

「ようするに～」 {要するに～ 547} ["in sum, __"]: DJG v2 p541 (under つまり～).

562-12. 冬は、日が短くなる。

冬(ふゆ)　は、　日(ひ)　が　短く(みじかく)　なる。

In winter, the days shorten. (101)

562-13. 映画の上映時間が短かった。

映画(えいが) の 上映(じょうえい) 時間(じかん) が 短(みじか)かった。
The movie's running time was short. (10)

562-14. 廊下で短い出会いがあった。
廊下(ろうか) で 短い(みじかい) 出会い(であい) が あった。
There was a brief encounter in the hallway. (101)

562-15. だれにでも長所と短所がある。
だれ に でも 長所(ちょうしょ) と 短所(たんしょ) が ある。
Everyone has both strong and weak points. (87)

562-16. このコートは私には短すぎる。
この コート は 私(わたし) に は 短(みじか)すぎる。
This coat is too short on me. (87)

562-17. ウサギは耳が長くてしっぽが短い。
ウサギ は 耳(みみ) が 長く(ながく)て しっぽ が 短い(みじかい)。
Rabbits have long ears and short tails. (87)

562-18. 矢野さんはとても気が短いのです。
矢野(やの)さん は とても 気(き) が 短い(みじかい) の です。
Yano-san has a very short temper.

562-19. 会社は短い時間で十分な利益を得た。
会社(かいしゃ) は 短い(みじかい) 時間(じかん) で 十分(じゅうぶん) な 利益(りえき) を 得(え)た。
The company turned a nice dime after a short time. (101)

562-20. 短刀は、人魚の手の中でふるえました。
短刀(たんとう) は、 人魚(にんぎょ) の 手(て) の 中(なか) で ふるえ ました。
The knife quivered in the mermaid's grasp. (55)

562-21. 私は短い間、同窓会のために働いていた。
私(わたし) は 短い(みじかい) 間(あいだ)、 同窓会(どうそうかい) の ため に 働い(はたらい)て いた。
For a brief time I served on the school alumni committee. (100)

562-22. 私たちのアプローチにおける固有の短所。
私(わたし)たち の アプローチ に おける 固有(こゆう) の 短所(たんしょ)。
Shortcomings inherent in our approach. (101)

562-23. 開戦のため、学期を短くしなくてはならなかった。
開戦(かいせん) の ため、 学期(がっき) を 短く(みじかく) しなくて は ならなかった。
They had to shorten the school term due to the outbreak of war. (101)

562-24. 広島から上海までの飛行時間は短い。

広島(ひろしま) から 上海(シャンハイ) まで の 飛行(ひこう) 時間(じかん) は 短い(みじかい)。

The flight time from Hiroshima to Shanghai is short. (101)

562-25. ぼくの一生は短すぎるから、ぼくはなに一つ知らないんだよ。

ぼく の 一生(いっしょう) は 短(みじか)すぎる から、 ぼく は なに 一つ(ひとつ) 知ら(しら)ない ん だ よ。

My life has been so short that I really know nothing whatever. (99)

562-26. ここに私たちは毎日の決まり切った仕事の中から短い時間集まった。

ここ に 私(わたし)たち は 毎日(まいにち) の 決まり切(きまりき)った 仕事(しごと) の 中(なか) から 短(みじか)い 時間(じかん) 集(あつ)まった。

Here we are gathered for a brief moment amid our routine everyday work. (25)

563： 失

563-1. 重大な過失。

重大(じゅうだい) な 過失(かしつ)。

A grievous mistake. (101)

563-2. 失礼な発言。

失礼(しつれい) な 発言(はつげん)。

Offensive remarks. (101)

563-3. 平常心を失う。

平常心(へいじょうしん) を 失う(うしなう)。

Fly into a rage. (101)

563-4. 失われた機会。

失わ(うしなわ)れた 機会(きかい)。

Lost opportunities. (101)

563-5. お話中失礼します。

お話中(おはなしちゅう) 失礼(しつれい) します。

I'm sorry to interrupt you. (87)

563-6. 失業手当が不十分だ。

失業(しつぎょう) 手当(てあて) が 不十分(ふじゅうぶん) だ。

The unemployment benefits are inadequate. (101)

563-7. 今日、一人友人を失った。

今日(きょう)、 一人(ひとり) 友人(ゆうじん) を 失っ(うしなっ)た。

I have lost one friend today. (84)

563-8. 人生がその意味を失った。

人生(じんせい) が その 意味(いみ) を 失っ(うしなっ)た。

Life has lost its point. (101)

563-9. 父が失業して一年になる。

父(ちち) が 失業(しつぎょう) して 一年(いちねん) に なる。

My father has been out of work for a year. (87)

563-10. 言い方が悪かったら失礼。

言い方(いいかた) が 悪かっ(わるかっ)たら 失礼(しつれい)。

Pardon the expression. (101)

563-11. 労働者は事故で失明した。

労働者(ろうどうしゃ) は 事故(じこ) で 失明(しつめい) した。

The worker lost his eyesight in an accident. (87)

563-12. 方向感覚を失ったハイカー。

方向(ほうこう) 感覚(かんかく) を 失っ(うしなっ)た ハイカー。

Disoriented hikers. (100)

563-13. 私はもう気を失いそうだわ。

私(わたし) は もう 気(き) を 失い(うしない)そう だ わ。

I feel like I am going to faint. (90)

「-そう(だ)」 ["look __"; "__-looking"]: DJG v1 p410; Genki ch13; Marx v2 day67.

563-14. その道を、見失うことはないわ。

その 道(みち) を、 見失う(みうしなう) こと は ない わ。

That road, you won't be able to miss it. (99)

「〜ことはない」 {〜事はない* 80} ["__ is not necessary"; "__ is not possible"]: DJG v2 p146; Tobira ch10 #15.

563-15. 活動家は必要以上に失礼だった。

活動家(かつどうか) は 必要(ひつよう) 以上(いじょう) に 失礼(しつれい) だった。

The activists were unnecessarily rude. (101)

563-16. 私は人込みの中で友人を見失った。

私(わたし) は 人込み(ひとごみ) の 中(なか) で 友人(ゆうじん) を 見失っ(みうしなっ)た。

I lost sight of my friend in the crowd. (87)

563-17. 自分でも正気を失っていると思う。

自分(じぶん) でも 正気(しょうき) を 失っ(うしなっ)て いる と 思う(おもう)。

I think I'm losing my mind. (87)

563-18. 矢島さんは交通事故で命を失った。

矢島(やじま)さん は 交通(こうつう) 事故(じこ) で 命(いのち) を 失っ(うしなっ)た。

Yajima-san lost his life in a traffic accident. (87)

563-19. 失礼な意味で言ったんじゃないんだ。

失礼(しつれい) な 意味(いみ) で 言っ(いっ)た ん じゃ ない ん だ。

I wasn't meaning to be disrespectful. (64)

563-20. ショックで、生命に必要な体温を失う。

ショック で、 生命(せいめい) に 必要(ひつよう) な 体温(たいおん) を 失う(うしなう)。

Lose one's vital heat as a result of shock. (101)

563-21. スペインでは多くの若者が失業している。

スペイン で は 多く(おおく) の 若者(わかもの) が 失業(しつぎょう) して いる。

Many young people in Spain are unemployed. (87)

563-22. 読者はページの読んでいた場所を見失った。

読者(どくしゃ) は ページ の 読ん(よん)で いた 場所(ばしょ) を 見 失っ(みうしなっ)た。

The reader lost his place on the page. (101)

563-23. 失業者数はこの前の四半期の間に低下した。

失業者(しつぎょうしゃ) 数(すう) は この 前(まえ) の 四半期(しはん き) の 間(あいだ) に 低下(ていか) した。

Unemployment fell during the last quarter. (101)

563-24. 失業中の労働者は、首都に向かって行進した。

失業中(しつぎょうちゅう) の 労働者(ろうどうしゃ) は、 首都(しゅと) に 向かっ(むかっ)て 行進(こうしん) した。

Unemployed workers marched on the capital. (101)

563-25. こんなに多くの人が失業中では仕事は得にくい。

こんなに 多く(おおく) の 人(ひと) が 失業中(しつぎょうちゅう) で は 仕事(しごと) は 得(え)にくい。

Jobs are hard to come by with so many people out of work. (87)

563-26. ロンドン～ボンベイ間で得た二日間は失われていた。

ロンドン～ボンベイ 間(かん) で 得(え)た 二日間(ふつかかん) は 失わ (うしなわ)れて いた。

The two days gained between London and Bombay had been lost. (7)

564： 鉄

564-1. 国有鉄道。

国有(こくゆう) 鉄道(てつどう)。

State-owned railways. (101)

564-2. ケーブル鉄道。

ケーブル 鉄道(てつどう)。

Funicular railway. (101)

564-3. ご主人様、鉄道がありません！

ご主人(ごしゅじん) 様(さま)、 鉄道(てつどう) が ありません！

Monsieur, no more railway! (7)

564-4. お前の頭は、鉄みたいに固い。

お前(おまえ) の 頭(あたま) は、 鉄(てつ) みたい に 固い(かたい)。

Your head is as hard as iron. (90)

「〜みたい(だ)」 [“(is) like __”; “seems like __”]: DJG v3 p105 (under 〜ごとし); Genki ch17; Marx v2 day69.

564-5. 手引きをしたその手は鉄のようだった。

手引き(てびき) を した その 手(て) は 鉄(てつ) の よう だった。

The hand that guided was iron. (82)

「〜ようだ」 [“looks like __”; “seems (that) __”]: DJG v1 p547; Marx v2 day66.

564-6. 地下鉄から出てくる時、私はよく方向感覚を失う。

地下鉄(ちかてつ) から 出(で)て くる 時(とき)、 私(わたし) は よく 方向(ほうこう) 感覚(かんかく) を 失う(うしなう)。

I frequently find myself disoriented when I come up out of the subway. (101)

564-7. タクシーと地下鉄、どっちで行くほうが早いかな？

タクシー と 地下鉄(ちかてつ)、 どっち で 行く(いく) ほう が 早い (はやい) か な？

Which is quicker, a taxi or the subway? (87)

564-8. 新しい地下鉄のおかげで20分で学校へ行くことができる。

新(あたら)しい 地下鉄(ちかてつ) の おかげ で 20分(ぷん) で 学校(が っこう) へ 行く(いく) こと が できる。

The new subway enables me to get to school in 20 minutes. (87)

「〜おかげ」 {〜お陰* 1311} [“thanks to __”]: DJG v2 p382 (under せい); Marx v2 day44; Tobira ch8 #14.

564-9. 失礼ですが、地下鉄の駅へ行くにはこの道でいいのでしょうか。

失礼(しつれい) です が、 地下鉄(ちかてつ) の 駅(えき) へ 行く(いく) に は この 道(みち) で いい の でしょう か。

Excuse me, but is this the right way to the subway station? (87)

565 ： 夫

565-1. 自動化された火夫。

自動化(じどうか) された 火夫(かふ)。

An automated stoker. (101)

565-2. 豊かで良家出身の夫。

豊か(ゆたか) で 良家(りょうけ) 出身(しゅっしん) の 夫(おっと)。

A rich and wellborn husband. (101)

565-3. それぞれが工夫をした。

それぞれ が 工夫(くふう) を した。

Each one exercised their ingenuity. (10)

565-4. 亡夫は証券会社で働いていた。

亡夫(ぼうふ) は 証券(しょうけん) 会社(がいしゃ) で 働い(はたらい)て
いた。

My late husband worked for a brokerage house. (101)

565-5. 由美さんは夫を毒殺した。

由美(ゆみ)さん は 夫(おっと) を 毒殺(どくさつ) した。

Yumi poisoned her husband. (101)

565-6. 前夫と私には共通点がなにもない。

前夫(ぜんぷ) と 私(わたし) に は 共通点(きょうつうてん) が なに
も ない。

My ex-husband and I have nothing in common. (87)

565-7. 矢野夫人は夫に決して触れなかった。

矢野(やの) 夫人(ふじん) は 夫(おっと) に 決して(けっして) 触れ(ふれ)
なかった。

Mrs. Yano never touched her husband. (101)

565-8. 絵美さんは夫と子供のもとを去った。

絵美(えみ)さん は 夫(おっと) と 子供(こども) の もと を 去(さ)った。

Emi walked out on her husband and children. (101)

565-9. 美結さんは至る所で夫の悪口を言う。

美結(みゆ)さん は 至る(いたる) 所(ところ) で 夫(おっと) の 悪口(わ
るぐち) を 言う(いう)。

Miyu badmouths her husband everywhere. (101)

565-10. 夫は朝食を食べながら新聞を読みます。

夫(おっと) は 朝食(ちょうしょく) を 食べ(たべ)ながら 新聞(しんぶん)
を 読み(よみ)ます。

My husband reads the newspaper while eating breakfast. (87)

「〜ながら」 ["while __"]: DJG v1 p269; Genki ch18; Marx v1 day88.

565-11. 先夫は私の長所と同様に短所も知っている。

先夫(せんぷ) は 私(わたし) の 長所(ちょうしょ) と 同様(どうよう)
に 短所(たんしょ) も 知っ(しっ)て いる。

My ex-husband knows my bad points as well as my good points. (101)

565-12. 私の先夫は、私にとってなにも意味しない。

私(わたし) の 先夫(せんぷ) は、 私(わたし) に とって なに も 意味
(いみ) しない。

My ex-husband means nothing to me. (101)

565-13. アンタ本当に器用ねっ。主夫とか向いてるんじゃない？

アンタ　本当に(ほんとうに)　器用(きよう)　ねっ。　主夫(しゅふ)　とか　向い(むかい)てる　ん　じゃ　ない？

You're really handy. Don't you think you'd make a good house-husband? (87)

「-てる」 [colloquial contraction of -ている: "be __ing"; "have (done) __"]: DJG v1 p155; Genki ch7; Marx v1 day36.

565-14. 弓美さんは前の夫に会うのがこわくてその会合に出席しなかった。

弓美(ゆみ)さん　は　前(まえ)　の　夫(おっと)　に　会う(あう)　の　が　こわくて　その　会合(かいごう)　に　出席(しゅっせき)　しなかった。

Yumi didn't attend the meeting for fear of meeting her ex-husband. (87)

566：　朱

566-1. 朱色をした特有の子実体をもつキノコ。

朱色(しゅいろ)　を　した　特有(とくゆう)　の　子実体(しじつたい)　を　もつ　キノコ。

A mushroom with a distinctive vermillion fruiting body. (100)

566-2. 濃い朱色のビロードのような手触りの花。

濃い(こい)　朱色(しゅいろ)　の　ビロード　の　よう　な　手触り(てざわり)　の　花(はな)。

Intense, vermilion, velvet-textured flowers. (100)

566-3. 朱肉は朱色で湿っているから、生の肉みたい。

朱肉(しゅにく)　は　朱色(しゅいろ)　で　湿(しめ)って　いる　から、　生(なま)　の　肉(にく)　みたい。

An inkpad looks like raw meat since it's bright red and moist.

566-4. この美しい本では、全ての地名が朱書きにされている。

この　美しい(うつくしい)　本(ほん)　で　は、　全て(すべて)　の　地名(ちめい)　が　朱書き(しゅがき)　に　されて　いる。

In this beautiful book, all the place names are rubricated. (101)

567：　株

567-1. 店頭株。

店頭株(てんとうかぶ)。

Over-the-counter stocks. (101)

567-2. 株式市場の動乱。

株式(かぶしき)　市場(しじょう)　の　動乱(どうらん)。

The convulsions of the stock market. (101)

567-3. 株式市場の動向。

株式(かぶしき)　市場(しじょう)　の　動向(どうこう)。

The trend of the stock market. (101)

567-4. 石油株の弱気市場。

石油(せきゆ) 株(かぶ) の 弱気(よわき) 市場(しじょう)。

A weak market for oil stocks. (101)

567-5. 株式市場の活発な週。

株式(かぶしき) 市場(しじょう) の 活発(かっぱつ) な 週(しゅう)。

A hot week on the stock market. (101)

567-6. 株価は下がる一方だ。

株価(かぶか) は 下がる(さがる) 一方(いっぽう) だ。

The stock prices keep dropping and dropping.

567-7. 有益な株式市場での投機。

有益(ゆうえき) な 株式(かぶしき) 市場(しじょう) で の 投機(とうき)。

Profitable speculation on the stock market. (101)

567-8. 株価は、より高く動いている。

株価(かぶか) は、 より 高く(たかく) 動い(うごい)て いる。

Stock prices are drifting higher. (101)

567-9. 山田株式会社が大正3年に設立された。

山田(やまだ) 株式会社(かぶしきがいしゃ) が 大正(たいしょう) 3 年(ねん) に 設立(せつりつ) された。

Yamada Co., Ltd. was established in Taisho 3. (10)

567-10. このプログラムが自動的に株式の売買を行います。

この プログラム が 自動的(じどうてき) に 株式(かぶしき) の 売買(ばいばい) を 行い(おこない)ます。

The program automatically performs stock transactions. (10)

567-11. この切り株は、ピクニックのテーブルに丁度良い。

この 切り株(きりかぶ) は、 ピクニック の テーブル に 丁度(ちょうど) 良い(よい)。

This stump will make a good picnic table. (101)

567-12. 前夫は株を買う時点で一種の投機だと分かっていた。

前夫(ぜんぷ) は 株(かぶ) を 買う(かう) 時点(じてん) で 一種(いっしゅ) の 投機(とうき) だ と 分かっ(わかっ)て いた。

My ex knew the stock was a speculation when he bought it. (101)

567-13. 「株券」とは、会社の株主であることを立証する証書のことを示す。

「株券(かぶけん)」 と は、 会社(かいしゃ) の 株主(かぶぬし) で ある こと を 立証(りっしょう) する 証書(しょうしょ) の こと を 示(しめ)す。

A "stock certificate" is a certificate documenting a shareholder's ownership in a corporation. (100)

568： 族

568-1. 多民族社会。

多民族(たみんぞく)　社会(しゃかい)。

A multiethnic society. (101)

568-2. 同族の言語。

同族(どうぞく)　の　言語(げんご)。

Cognate languages. (101)

568-3. 王族の王子。

王族(おうぞく)　の　王子(おうじ)。

Princes of the blood royal. (101)

568-4. 種族間の戦い。

種族間(しゅぞくかん)　の　戦い(たたかい)。

Intertribal warfare. (101)

568-5. 家族の末っ子。

家族(かぞく)　の　末っ子(すえっこ)。

The baby of the family. (101)

568-6. 部族社会の信念。

部族(ぶぞく)　社会(しゃかい)　の　信念(しんねん)。

The beliefs of a tribal society. (100)

568-7. サバの人の部族民。

サバ　の　人(ひと)　の　部族民(ぶぞくみん)。

Sabahan tribesmen. (101)

568-8. 結びつきの強い家族。

結び(むすび)つき　の　強い(つよい)　家族(かぞく)。

A close-knit family. (101)

568-9. ご家族はお元気ですか？

ご家族(ごかぞく)　は　お元気(げんき)　です　か？

How is your family doing? (87)

568-10. 家族のことで私を巻き込むな。

家族(かぞく)　の　こと　で　私(わたし)　を　巻き込む(まきこむ)　な。

Don't involve me in your family affairs! (101)

568-11. 金魚は人気の水族館魚だ。

金魚(きんぎょ)　は　人気(にんき)　の　水族館魚(すいぞくかんぎょ)　だ。

The goldfish is a popular aquarium fish. (100)

568-12. 家族の名声をけがした不祥事。

家族(かぞく)　の　名声(めいせい)　を　けが　した　不祥事(ふしょうじ)。

A scandal that darkened the family's good name. (101)

568-13. 松尾さんには養うべき家族がいる。

松尾(まつお)さん に は 養う(やしなう) べき 家族(かぞく) が いる。

Matsuo-san has a family to support. (87)

568-14. 竜さんの全ての種族は、戦士だった。

竜(りゅう)さん の 全て(すべて) の 種族(しゅぞく) は、 戦士(せんし) だった。

Ryu's entire lineage has been warriors. (101)

568-15. 我々は親族からの訪問を期待していた。

我々(われわれ) は 親族(しんぞく) から の 訪問(ほうもん) を 期待(きたい) して いた。

We were expecting a visit from our relatives. (101)

568-16. 野口さんは家族のために居所を見つけた。

野口(のぐち)さん は 家族(かぞく) の ために 居所(いどころ) を 見つけ(みつけ)た。

Noguchi-san found quarters for his family. (101)

568-17. アメリカ人は、常に常に前進する自由気ままな民族であった。

アメリカ人(じん) は、 常に(つねに) 常に(つねに) 前進(ぜんしん) する 自由(じゆう) 気まま(きまま) な 民族(みんぞく) で あった。

Americans have always been a footloose people, always moving on. (101)

568-18. さて、このことは家族全体、地区全体、社会全体、国全体、文明全体において、どういうことを意味するだろうか。

さて、 この こと は 家族(かぞく) 全体(ぜんたい)、 地区(ちく) 全体(ぜんたい)、 社会(しゃかい) 全体(ぜんたい)、 国(くに) 全体(ぜんたい)、 文明(ぶんめい) 全体(ぜんたい) において、 どう いう こと を 意味(いみ) する だろう か。

Now, what does this mean for entire families, neighborhoods, societies, nations, civilizations? (76)

「さて」 [initiates a new matter]: DJG v3 p543; Tobira ch8 #6.

569： 旅

569-1. 短い旅行。

短い(みじかい) 旅行(りょこう)。

A short trip. (100)

569-2. 海を旅する。

海(うみ) を 旅(たび) する。

Travel the oceans. (101)

569-3. 駅馬車で旅行する。

駅馬車(えきばしゃ) で 旅行(りょこう) する。

Travel by stagecoach. (100)

569-4. 多言語に通じた旅行者。

多言語(たげんご) に 通じ(つうじ)た 旅行者(りょこうしゃ)。

A polyglot traveler. (101)

569-5. 私は独り旅が好きです。

私(わたし) は 独り旅(ひとりたび) が 好き(すき) です。

I like to travel alone. (87)

569-6. 私は自分の足で旅行した。

私(わたし) は 自分(じぶん) の 足(あし) で 旅行(りょこう) した。

I traveled on Shanks's mare. (101)

569-7. 賞品は北海道旅行だった。

賞品(しょうひん) は 北海道(ほっかいどう) 旅行(りょこう) だった。

The prize was a free trip to Hokkaido. (101)

569-8. 私たちは二等で旅行した。

私(わたし)たち は 二等(にとう) で 旅行(りょこう) した。

We traveled second class. (101)

569-9. 旅先で仕事の話をしないでよ。

旅先(たびさき) で 仕事(しごと) の 話(はなし) を しないで よ。

Don't talk about work. We're on vacation. (87)

569-10. 家族はフロリダへと旅立った。

家族(かぞく) は フロリダ へ と 旅立っ(たびだっ)た。

The family took off for Florida. (101)

569-11. 我々は、数マイル東を旅した。

我々(われわれ) は、 数(すう) マイル 東(ひがし) を 旅(たび) した。

We travelled east for several miles. (101)

569-12. 空の旅は今や当り前になった。

空(そら) の 旅(たび) は 今や(いまや) 当り前(あたりまえ) に なった。

Air travel has now become commonplace. (101)

569-13. 旅行代理店に問い合わせてみよう。

旅行(りょこう) 代理店(だいりてん) に 問い合わ(といあわ)せて みよう。

Let's ask a travel agency. (87)

569-14. 旅人は立ち止まって私に道を聞いた。

旅人(たびびと) は 立ち止まっ(たちどまっ)て 私(わたし) に 道(みち) を 聞い(きい)た。

The traveler stopped to ask me the way. (87)

569-15. 両親が旅に出ていて、私は家に一人だ。

両親(りょうしん) が 旅(たび) に 出(で)て いて、 私(わたし) は 家(いえ) に 一人(ひとり) だ。

My parents are away on a trip and I'm alone in our house. (87)

569-16. 私たちは5時間の旅でぐったりしてしまった。

私(わたし)たち は 5時間(じかん) の 旅(たび) で ぐったり して しまった。

We were completely exhausted from the five-hour trip. (87)

569-17. 全くフランス語を知らないアメリカの旅行者。

全く(まったく) フランス語(ふらんすご) を 知ら(しら)ない アメリカ の 旅行者(りょこうしゃ)。

American tourists wholly innocent of French. (101)

569-18. 旅行への期待で、子供たちは夜通し起きていた。

旅行(りょこう) へ の 期待(きたい) で、 子供(こども)たち は 夜通し(よどおし) 起き(おき)て いた。

The anticipation of the trip kept the children up all night. (101)

569-19. これは時間の中を旅行する機械の設計図なんです。

これ は 時間(じかん) の 中(なか) を 旅行(りょこう) する 機械(きかい) の 設計図(せっけいず) なん です。

This is my design for a machine to travel through time. (89)

569-20. 計画を立てることは、旅行自体よりも面白かった。

計画(けいかく) を 立てる(たてる) こと は、 旅行(りょこう) 自体(じたい) より も 面白かっ(おもしろかっ)た。

The planning was more fun than the trip itself. (101)

「-じたい」 {-自体 81; 62} ["__ itself"]: DJG v3 p174.

569-21. そこで翌日、また時間旅行者に会いに出かけようと決めた。

そこで 翌日(よくじつ)、 また 時間(じかん) 旅行者(りょこうしゃ) に 会い(あい) に 出かけよ(でかけよ)う と 決め(きめ)た。

I determined to go the next day and see the Time Traveller again. (89)

「そこで〜」 {其処で〜** 1757; 553} ["(and) so __"]: DJG v2 p401 & 405; Tobira ch9 #8.

569-22. 本当にあの機械が時間の中へ旅立ったと信じているのですか?

本当に(ほんとうに) あの 機械(きかい) が 時間(じかん) の 中(なか) へ 旅立っ(たびだっ)た と 信じ(しんじ)て いる の です か?

Do you seriously believe that that machine has travelled into time? (89)

570： 遊

570-1. 夏は、私たちは外で遊ぶ。

夏(なつ) は、 私(わたし)たち は 外(そと) で 遊ぶ(あそぶ)。

In summer we play outside. (101)

570-2. 受賞者は目下外遊中です。

受賞者(じゅしょうしゃ) は 目下(もっか) 外遊中(がいゆうちゅう) です。

The award winner is presently traveling overseas.

570-3. 冬は、私たちは屋内で遊ぶ。

冬(ふゆ) は、 私(わたし)たち は 屋内(おくない) で 遊ぶ(あそぶ)。

In winter we play inside. (101)

570-4. 子供たちは外に遊びに行った。

子供(こども)たち は 外(そと) に 遊び(あそび) に 行っ(いっ)た。

The children went out to play. (87)

570-5. 私がお母さん役になって遊ぼう。

私(わたし) が お母さん役(おかあさんやく) に なって 遊ぼ(あそぼ)う。

Let's play like I am mommy. (101)

570-6. 子供の時、田んぼで遊びましたか。

子供(こども) の 時(とき)、 田んぼ(たんぼ) で 遊び(あそび)ました か。

Did you play in the rice paddies as a child?

570-7. 磯部さんは本当の遊び好きの人だ。

磯部(いそべ)さん は 本当(ほんとう) の 遊び好き(あそびずき) の 人(ひと) だ。

Isobe-san is a real good-time Charlie. (101)

570-8. 一昨日私の友人たちが遊びに来た。

一昨日(おととい) 私(わたし) の 友人(ゆうじん)たち が 遊び(あそび) に 来(き)た。

My friends came to see me the day before yesterday. (87)

570-9. 時間のあるときに遊びに来て下さい。

時間(じかん) の ある とき に 遊び(あそび) に 来(き)て 下(くだ)さい。

Please come and see us when you have time. (87)

570-10. 私は一日中子供たちと遊んで過ごした。

私(わたし) は 一日中(いちにちじゅう) 子供(こども)たち と 遊ん(あそん)で 過ごし(すごし)た。

I spent the whole day playing with my kids. (87)

570-11. 投機家は金持ちになった後、一生遊楽した。

投機家(とうきか) は 金持ち(かねもち) に なった 後(あと)、 一生(いっしょう) 遊楽(ゆうらく) した。

After the speculator got rich, he spent his life in pursuit of pleasure.

570-12. フロイトは小さな子供にとっての遊びの有用性を信じた。

フロイト は 小(ちい)さな 子供(こども) に とって の 遊び(あそび) の 有用性(ゆうようせい) を 信じ(しんじ)た。

Freud believed in the utility of play to small children. (101)

570-13. フォッグ氏は、勝つためではなく遊ぶために遊んでいた。

フォッグ　氏(し)　は、　勝つ(かつ)　ため　で　は　なく　遊ぶ(あそぶ)　ため
に　遊ん(あそん)で　いた。

Mr. Fogg played, not to win, but for the sake of playing. (7)

570-14. もっとしっかり仕事をしてよ。今回は物見遊山の旅じゃないんだから。

　もっと　しっかり　仕事(しごと)　を　して　よ。　今回(こんかい)　は　物見
遊山(ものみゆさん)　の　旅(たび)　じゃ　ない　ん　だ　から。

Buckle down and get to work. Do you think we're on a Sunday picnic here? (87)

571：　施

571-1. 仕出し施設。

仕出し(しだし)　施設(しせつ)。

Catering facilities. (101)

571-2. 施行できない法。

施行(しこう)　できない　法(ほう)。

An unenforceable law. (101)

571-3. 局所的に施される医薬。

局所的(きょくしょてき)　に　施さ(ほどこさ)れる　医薬(いやく)。

Locally administered medicine. (100)

571-4. 施工時に注意が必要だ。

施工時(しこうじ)　に　注意(ちゅうい)　が　必要(ひつよう)　だ。

We must be careful during construction. (10)

571-5. 日本国の施政の下にある島。

日本国(にほんこく)　の　施政(しせい)　の　下(もと)　に　ある　島(し
ま)。

Islands under the administration of Japan.

571-6. 周辺には多くの施設が点在する。

周辺(しゅうへん)　に　は　多く(おおく)　の　施設(しせつ)　が　点在(てんざ
い)　する。

Many facilities are dotted around the periphery. (10)

571-7. 主人が大学内の施設を利用します。

主人(しゅじん)　が　大学内(だいがくない)　の　施設(しせつ)　を　利用(りよ
う)　します。

My husband uses the facilities at the university. (10)

571-8. 私はこの計画を実施するつもりだ。

私(わたし)　は　この　計画(けいかく)　を　実施(じっし)　する　つもり　だ。

I'm going to carry out this plan. (87)

571-9. 当社は主に以下の活動を実施しております：

当社(とうしゃ) は 主(おも) に 以下(いか) の 活動(かつどう) を 実施(じっし) して おります：

Our company mainly carries out the following activities: (10)

572：　旋

572-1. 旋風を巻き起こす。

旋風(せんぷう) を 巻き起こす(まきおこす)。

Create a furor. (101)

572-2. 天上の毎日の旋回。

天上(てんじょう) の 毎日(まいにち) の 旋回(せんかい)。

Diurnal rotation of the heavens. (101)

572-3. ヘリコプターが上空を旋回した。

ヘリコプター が 上空(じょうくう) を 旋回(せんかい) した。

The helicopter circled overhead. (87)

573：　旗

573-1. 英国の国旗。

英国(えいこく) の 国旗(こっき)。

National flag of the United Kingdom. (100)

573-2. 旗を広げる。

旗(はた) を 広げる(ひろげる)。

Unfurl a banner. (101)

573-3. 手旗信号を送る。

手旗(てばた) 信号(しんごう) を 送る(おくる)。

Send signals by semaphore. (100)

573-4. 巻き上げられた旗。

巻き上げ(まきあげ)られた 旗(はた)。

A furled flag. (101)

573-5. 鉄道の株主の旗色が悪い。

鉄道(てつどう) の 株主(かぶぬし) の 旗色(はたいろ) が 悪(わる)い。

The outlook is not good for owners of railway stock.

573-6. 強風の中で旗がはためいた。

強風(きょうふう) の 中(なか) で 旗(はた) が はためいた。

The flag flapped in the strong wind. (101)

573-7. 休戦旗なんか持って、どうしたいって言うんだ？

休戦(きゅうせん) 旗(はた) なんか 持っ(もっ)て、 どう したい って 言う(いう) ん だ？

What do you want with your flag of truce? (90)

「〜なんか」 ["such (things)/such (a thing)"]: DJG v3 p341 (under 〜なんて).

574：　放

574-1. 野放しの話。

野放し(のばなし) の 話(はなし)。

Wild talk. (101)

574-2. 野放しの若者。

野放し(のばなし) の 若者(わかもの)。

Ungoverned youth. (101)

574-3. 開放的な生活様式。

開放的(かいほうてき) な 生活(せいかつ) 様式(ようしき)。

A wide-open lifestyle.

574-4. 生放送のテレビ番組。

生放送(なまほうそう) の テレビ 番組(ばんぐみ)。

A live television program. (101)

574-5. 放ったらかしの子供。

放ったらかし(ほったらかし) の 子供(こども)。

Untended children. (101)

574-6. オペラは生放送された。

オペラ は 生放送(なまほうそう) された。

The opera was broadcast live. (101)

574-7. その番組は今放送中です。

その 番組(ばんぐみ) は 今(いま) 放送中(ほうそうちゅう) です。

The program is on the air now. (87)

574-8. 仕事は人類の解放である。

仕事(しごと) は 人類(じんるい) の 解放(かいほう) で ある。

Work is the deliverance of mankind. (101)

574-9. テロリストは人質を解放した。

テロリスト は 人質(ひとじち) を 解放(かいほう) した。

The terrorists released the hostages. (87)

574-10. 豊田さんは放校処分にされた。

豊田(とよだ)さん は 放校(ほうこう) 処分(しょぶん) に された。

Toyoda-san was expelled from school. (87)

574-11. 子供は放っておいても育つものだ。

子供(こども) は 放っ(ほおっ)て おいて も 育つ(そだつ) もの だ。

Children will grow even if you leave them alone. (87)

574-12. 中野さんは空に向けて矢を放った。

中野(なかの)さん は 空(そら) に 向(む)けて 矢(や) を 放(はな)った。

Nakano-san turned upward and shot an arrow into the blue. (101)

574-13. 私はドアを開けっ放しにしていないよ。

私(わたし) は ドア を 開けっ放(あけっぱな)し に して いない よ。

I didn't leave the door open. (87)

「-っぱなし」 {-放し* 574} [leave in an improper state]: DJG v2 p333; Tobira ch15 #15.

574-14. だれが窓を開けっ放しにしておいたんだ?

だれ が 窓(まど) を 開けっ放(あけっぱな)し に して おいた ん だ?

Who left the window open? (87)

574-15. もうかれはかのじょを放すことができなかった。

もう かれ は かのじょ を 放す(はなす) こと が できなかった。

He could never let her go again. (42)

574-16. その番組は9時から夜中の12時まで放送された。

その 番組(ばんぐみ) は 9時(じ) から 夜中(よなか) の 12時(じ) まで 放送(ほうそう) された。

The program was on the air from 9 till midnight. (101)

574-17. 我々は、アウシュヴィッツの解放の50周年を記念した。

我々(われわれ) は、 アウシュヴィッツ の 解放(かいほう) の 50周年(しゅうねん) を 記念(きねん) した。

We memorialized the 50th anniversary of the liberation of Auschwitz. (101)

574-18. 吉郎さんは大事な犬を手放すことがどうしてもできなかった。

吉郎(きちろう)さん は 大事(だいじ) な 犬(いぬ) を 手放す(てばなす) こと が どうしても できなかった。

Kichiro couldn't possibly part with his beloved dog. (87)

574-19. その女の先生は私がカンニングをしていると思って、私から目を放さなかった。

その 女(おんな) の 先生(せんせい) は 私(わたし) が カンニング を して いる と 思っ(おもっ)て、 私(わたし) から 目(め) を 放さ(はなさ)なかった。

The teacher had her eye on me because she thought I was cheating. (87)

574-20. 他の子供たちは男の子をけしかけたが、かれは窓から石を放り投げたくなかった。

他(ほか) の 子供(こども)たち は 男の子(おとこのこ) を けしかけた が、 かれ は 窓(まど) から 石(いし) を 放り投げ(ほうりなげ)たくなかった。

The other children egged the boy on, but he did not want to throw the stone through the window. (101)

574-21. 1995年に、オウムメンバーは、東京地下鉄電車に致命的なサリンガスを放った。

　　1995年(ねん) に、 オウム メンバー は、 東京(とうきょう) 地下鉄(ちかてつ) 電車(でんしゃ) に 致命的(ちめいてき) な サリン ガス を 放っ(はなっ)た。

　　In 1995 Aum members released deadly sarin gas on a Tokyo subway train. (101)

574-22. 他の都市でも日本アニメは放映されていたけれど、その中身は必ずしも同じではないことに気がついた。

　　他(ほか) の 都市(とし) でも 日本(にほん) アニメ は 放映(ほうえい) されて いた けれど、その 中身(なかみ) は 必ずしも(かならずしも) 同じ(おなじ) で は ない こと に 気がつい(きがつい)た。

　　They found out that while they were showing Japanese cartoons in other cities, the cartoons were not always the same. (69)

　　「かならずしも〜ない」 {必ずしも〜ない 549} ["not necessarily __"]: DJG v2 p92.

575：　激

575-1. 激しい戦い。

　　激しい(はげしい) 戦い(たたかい)。

　　A knock-down-and-drag-out fight. (101)

575-2. 雨の激しい大洪水。

　　雨(あめ) の 激しい(はげしい) 大洪水(だいこうずい)。

　　Vehement deluges of rain. (101)

575-3. 株市場の激動は短かった。

　　株(かぶ) 市場(しじょう) の 激動(げきどう) は 短かっ(みじかかっ)た。

　　The market upheaval did not last long.

575-4. 水野さんは激しく不平を言った。

　　水野(みずの)さん は 激しく(はげしく) 不平(ふへい) を 言っ(いっ)た。

　　Mizuno-san complained bitterly. (101)

575-5. 戦いは短く激しいものであった。

　　戦い(たたかい) は 短く(みじかく) 激しい(はげしい) もの で あった。

　　The fight was short and sharp. (64)

　　「〜もの(だ)」 [emphasis on a particular situation]: DJG v1 p257.

575-6. 高野さんは激しく詰問されていた。

　　高野(たかの)さん は 激しく(はげしく) 詰問(きつもん) されて いた。

　　Takano-san was being sharply questioned. (101)

575-7. 雨が窓ガラスに激しく当たっていた。

　　雨(あめ) が 窓(まど) ガラス に 激(はげ)しく 当た(あた)って いた。

　　The rain was beating hard against the windowpane. (87)

575-8. 思っていたほど風は激しくはならなかった。

思っ(おもっ)て いた ほど 風(かぜ) は 激しく(はげしく) は ならなか った。

The wind, however, did not grow as violent as might have been feared. (7)

575-9. 米国内戦の一番目の激戦はマナサス戦だった。

米国(べいこく) 内戦(ないせん) の 一番目(いちばんめ) の 激戦(げきせ ん) は マナサス 戦(せん) だった。

The first hard fighting of the US Civil War was at the Battle of Manassas. (101)

575-10. 長官は私たちの協力的な行動にすごく感激した。

長官(ちょうかん) は 私(わたし)たち の 協力的(きょうりょくてき) な 行動(こうどう) に すごく 感激(かんげき) した。

The Director was extremely impressed by our cooperative behavior. (72)

576： 牧

576-1. 放牧馬。

放牧馬(ほうぼくば)。

Range horse. (100)

576-2. 牧場労働者。

牧場(ぼくじょう) 労働者(ろうどうしゃ)。

A ranch hand. (101)

576-3. ロマニ遊牧民。

ロマニ 遊牧民(ゆうぼくみん)。

Romani nomads. (101)

576-4. 遊牧民の共同体。

遊牧民(ゆうぼくみん) の 共同体(きょうどうたい)。

A nomadic community. (100)

576-5. 牛のための牧草地。

牛(うし) の ため の 牧草地(ぼくそうち)。

A pasture for cows. (100)

576-6. セネガル人の牧夫。

セネガル人(じん) の 牧夫(ぼくふ)。

Senegalese herdsmen. (101)

576-7. 原野への遊牧的な周遊。

原野(げんや) へ の 遊牧的(ゆうぼくてき) な 周遊(しゅうゆう)。

Nomadic excursions into the wilds. (100)

576-8. ニュージーランドの牧羊業者。

ニュージーランド の 牧羊(ぼくよう) 業者(ぎょうしゃ)。

New Zealander sheep farms. (101)

576-9. 広々とした草原で動物を放牧する。

広々(ひろびろ) と した 草原(そうげん) で 動物(どうぶつ) を 放牧(ほうぼく) する。

Range the animals in the wide-open prairie. (101)

576-10. 音楽は故牧野氏の興味の中心をなした。

音楽(おんがく) は 故(こ) 牧野(まきの) 氏(し) の 興味(きょうみ) の 中心(ちゅうしん) を なした。

Music was the late Mr. Makino's central interest. (101)

576-11. この道は牧の原と小林をつなぐ。

この 道(みち) は 牧の原(まきのはら) と 小林(こばやし) を つなぐ。

This road connects Makinohara with Kobayashi. (87)

576-12. 不動産屋の夫はアリゾナの牧場で働いている。

不動産屋(ふどうさんや) の 夫(おっと) は アリゾナ の 牧場(ぼくじょう) で 働い(はたらい)て いる。

The realtor's husband is ranching in Arizona. (101)

577：　位

577-1. 最下位で。

最下位(さいかい) で。

In last place. (101)

577-2. 館長の地位。

館長(かんちょう) の 地位(ちい)。

The position of curator. (100)

577-3. 地位の低い者。

地位(ちい) の 低い(ひくい) 者(もの)。

A person of low status. (100)

577-4. 高位高官の人。

高位(こうい) 高官(こうかん) の 人(ひと)。

People in high places. (101)

577-5. 総理大臣の地位。

総理(そうり) 大臣(だいじん) の 地位(ちい)。

The office of premier. (100)

577-6. 社会的品位を欠く人。

社会的(しゃかいてき) 品位(ひんい) を 欠く(かく) 人(ひと)。

A person lacking in social graces. (100)

577-7. 単語は文を作る単位だ。

単語(たんご) は 文(ぶん) を 作る(つくる) 単位(たんい) だ。

Words are the blocks from which sentences are made. (101)

577-8. 3 位入賞への本当の激戦。

3 位(い) 入賞(にゅうしょう) へ の 本当(ほんとう) の 激戦(げきせん)。

A real dogfight for third place. (101)

577-9. その貯水池は水位が低い。

その 貯水池(ちょすいち) は 水位(すいい) が 低い(ひくい)。

The reservoir is low. (101)

577-10. 小麦の単位はブッシェルだ。

小麦(こむぎ) の 単位(たんい) は ブッシェル だ。

The unit of wheat is the bushel. (101)

577-11. 牧野さんは三位に入賞した。

牧野(まきの)さん は 三位(さんい) に 入賞(にゅうしょう) した。

Makino-san won third prize. (87)

577-12. その即位式は、映画化された。

その 即位式(そくいしき) は、 映画化(えいがか) された。

The coronation was made into a film. (101)

577-13. 女王は 50 年以上前に即位した。

女王(じょおう) は 50 年(ねん) 以上(いじょう) 前(まえ) に 即位(そくい) した。

The Queen was enthroned more than 50 years ago. (101)

577-14. 首位への手がかりを強固にする。

首位(しゅい) へ の 手がかり(てがかり) を 強固(きょうこ) に する。

Consolidate one's hold on first place. (101)

577-15. 牧野さんは次長の地位を占める。

牧野(まきの)さん は 次長(じちょう) の 地位(ちい) を 占め(しめ)る。

Makino-san occupies the position of assistant chief. (101)

577-16. 単語は基本的な言語単位である。

単語(たんご) は 基本的(きほんてき) な 言語(げんご) 単位(たんい) である。

The word is a basic linguistic unit. (101)

577-17. 若い王子はやがて王位を占める。

若い(わかい) 王子(おうじ) は やがて 王位(おうい) を 占め(しめ)る。

The young prince will soon occupy the throne. (101)

577-18. 日本は全方位を海に囲まれた国だ。

日本(にほん) は 全方位(ぜんほうい) を 海(うみ) に 囲ま(かこま)れた 国(くに) だ。

Japan is a country that is completely surrounded by oceans. (87)

577-19. ガソリンはリットル単位で売られる。

ガソリン　は　リットル　単位(たんい)　で　売ら(うら)れる。

Gasoline is sold by the liter. (87)

577-20. 小野寺さんは会社で重要な地位を得た。

小野寺(おのでら)さん　は　会社(かいしゃ)　で　重要(じゅうよう)　な　地位(ちい)　を　得(え)た。

Onodera-san got an important position in the company. (87)

577-21. 矢野さんは生物学の学位を持っている。

矢野(やの)さん　は　生物学(せいぶつがく)　の　学位(がくい)　を　持っ(も
っ)て　いる。

Yano-san has a degree in biology. (87)

577-22. ボブ・ディランは、数週間1位を占めた。

ボブ・ディラン　は、　数週間(すうしゅうかん)　1位(い)　を　占(し)めた。

Bob Dylan occupied the top slot for several weeks. (101)

577-23. 英国人はアメリカ人より社会的地位を気にする。

英国人(えいこくじん)　は　アメリカ人(じん)　より　社会的(しゃかいてき)
地位(ちい)　を　気(き)　に　する。

The British are more aware of social status than Americans are. (101)

577-24. 私は学部長から2つの新しい地位の約束を取り付けた。

私(わたし)　は　学部長(がくぶちょう)　から　2つ　の　新(あたら)しい　地
位(ちい)　の　約束(やくそく)　を　取り付け(とりつけ)た。

I extracted a promise from the Dean for two new positions. (101)

577-25. そういった詳細は、ほんの数人の高い地位の人だけに知られていた。

そういった　詳細(しょうさい)　は、　ほんの　数人(すうにん)　の　高い(たか
い)　地位(ちい)　の　人(ひと)　だけ　に　知ら(しら)れて　いた。

Such details were known by only a few highly placed persons. (101)

「そういう～/そういった～」{そう言う～ / そう言った～ 51} ["such __"]: DJG v2
p131; Tobira ch4 #10.

578：　泣

578-1. 大声で泣く。

大声(おおごえ)　で　泣く(なく)。

Cry loudly. (100)

578-2. 泣き虫の子供。

泣き虫(なきむし)　の　子供(こども)。

A whiny child. (101)

578-3. 発作的に泣く。

発作的(ほっさてき)　に　泣く(なく)。

Weep convulsively. (100)

578-4. 思い切り泣いた。

思い切り(おもいきり) 泣い(ない)た。

I had a good cry. (101)

578-5. 私は子供の泣き声が大きらい。

私(わたし) は 子供(こども) の 泣き声(なきごえ) が 大(だい)きらい。

I hate to hear the crying of a child. (101)

「～がきらいだ」 {～が嫌いだ* 2058} ["dislike __"]: DJG v1 p190; Genki ch5.

578-6. 一度すすり泣くのが聞こえました！

一度(いちど) すすり泣く(すすりなく) の が 聞こえ(きこえ)ました！

Once I heard it weeping! (84)

578-7. 亜美さんは手紙を読みながら感泣した。

亜美(あみ)さん は 手紙(てがみ) を 読み(よみ)ながら 感泣(かんきゅう)した。

Ami was moved to tears as she read the letter. (87)

「～ながら」 ["while __"]: DJG v1 p269; Genki ch18; Marx v1 day88.

578-8. 泣くな！泣いてもなにも解決しないぞ。

泣く(なく) な！ 泣い(ない)て も なに も 解決(かいけつ) しない ぞ。

Don't cry. Crying doesn't solve anything. (87)

「～ぞ」 ["__, I'm telling you"]: DJG v1 p47, v2 p609; Marx v2 day1.

578-9. あらピーター、泣いてるのも無理ないわ。

あら ピーター、 泣い(ない)てる の も 無理(むり)ない わ。

O Peter, no wonder you were crying. (64)

「-てる」 [colloquial contraction of -ている: "be __ing"; "have (done) __"]: DJG v1 p155; Genki ch7; Marx v1 day36.

578-10. アイルランドの通夜で泣くことはできない。

アイルランド の 通夜(つや) で 泣く(なく) こと は できない。

There's no weeping at an Irish wake. (101)

578-11. 理子さんは私を見るや否や、わっと泣き出した。

理子(りこ)さん は 私(わたし) を 見る(みる) や 否(いな) や、 わっと 泣き出し(なきだし)た。

The moment Riko saw me, she burst into tears. (87)

「～やいなや」 {～や否や 552} ["no sooner did __ than"]: DJG v3 p706.

578-12. その子供は、母親を見るとすぐに泣き止みました。

その 子供(こども) は、 母親(ははおや) を 見る(みる) と すぐ に 泣き止み(なきやみ)ました。

As soon as the child saw his mother, he stopped crying. (87)

578-13. 明美さんは子犬を見つけるや否や、わっと泣き出した。

明美(あけみ)さん は 子犬(こいぬ) を 見つける(みつける) や 否(いな)や、 わっと 泣き(なき)出し(だし)た。

No sooner had Akemi found the pup than she burst into tears. (87)

578-14. 自分の家の門口へかけこんだ時、良平はとうとう大声でわっと泣き出した。

自分(じぶん) の 家(うち) の 門口(かどぐち) へ かけこんだ 時(とき)、 良平(りょうへい) は とうとう 大声(おおごえ) で わっと 泣き出し(なきだし)た。

Bursting through the gate to his home, Ryohei could no longer hold back a wail. (93)

「とうとう〜」 ["finally __"]: DJG v2 p528; Tobira ch8 #17.

579 : 笑

579-1. 失礼な笑い。

失礼(しつれい) な 笑い(わらい)。

A disrespectful laugh. (100)

579-2. 物笑いの種。

物笑い(ものわらい) の 種(たね)。

The butt of jokes. (100)

579-3. 低い声で笑う。

低い(ひくい) 声(こえ) で 笑う(わらう)。

Laugh quietly. (100)

579-4. 人を笑わせる。

人(ひと) を 笑わせる(わらわせる)。

Make people laugh. (100)

579-5. 笑みを見せる。

笑み(えみ) を 見せる(みせる)。

Raise a smile. (101)

579-6. ニコニコ笑う。

ニコニコ 笑う(わらう)。

Smile radiantly. (100)

579-7. 節度のない笑い。

節度(せつど) の ない 笑い(わらい)。

Immoderate laughter. (101)

579-8. 笑いを引き起こす。

笑い(わらい) を 引き起こす(ひきおこす)。

Produce laughter. (100)

579-9. 意地悪くにやりと笑う。

意地(いじ) 悪く(わるく) にやり と 笑う(わらう)。

Grin evilly. (101)

579-10. 私はみんなに笑われた。

私(わたし) は みんな に 笑わ(わらわ)れた。

I was laughed at by everyone. (87)

579-11. 関根夫人は笑顔を見せた。

関根(せきね) 夫人(ふじん) は 笑顔(えがお) を 見(み)せた。

Mrs. Sekine showed a smile.

579-12. 亡夫はいつも子供たちを笑わせた。

亡夫(ぼうふ) は いつも 子供(こども)たち を 笑わせ(わらわせ)た。

My late husband always made children laugh. (87)

579-13. かれらは笑いで満たされた家だった。

かれら は 笑い(わらい) で 満たさ(みたさ)れた 家(いえ) だった。

Theirs was a house filled with laughter. (101)

579-14. 金さんは口元を歪めてほほ笑み返した。

金(キム)さん は 口元(くちもと) を 歪め(ゆがめ)て ほほ笑(え)み返(かえ)した。

Kim-san smiled back lopsidedly. (101)

579-15. すると私の友人の独特の笑いを聞いた。

すると 私(わたし) の 友人(ゆうじん) の 独特(どくとく) の 笑い(わらい) を 聞い(きい)た。

Upon which I heard my friend's characteristic laugh. (101)

「すると〜」 ["then __"]: DJG v1 p437; Tobira ch8 #3.

579-16. 戸口から笑い声が聞こえてきて、夫はびっくりした。

戸口(とぐち) から 笑い声(わらいごえ) が 聞こえ(きこえ)て きて、 夫(おっと) は びっくり した。

A laugh from the doorway startled my husband. (77)

「〜きこえる」 {〜聞こえる 453} ["__ can be heard"; "sounds __"]: DJG v1 p188.

580： 専

580-1. 神話の専門家。

神話(しんわ) の 専門家(せんもんか)。

An expert on mythology. (100)

580-2. 音声学の専門家。

音声学(おんせいがく) の 専門家(せんもんか)。

A specialist in phonetics. (100)

580-3. 地理学の専門家。

地理学(ちりがく) の 専門家(せんもんか)。

An expert on geography. (100)

580-4. 石油地質学の専門家。

石油(せきゆ) 地質学(ちしつがく) の 専門家(せんもんか)。
A specialist in petroleum geology. (100)

580-5. 長たらしい専門用語。

長たらしい(ながたらしい) 専門(せんもん) 用語(ようご)。
Sesquipedalian technical terms. (101)

580-6. 専ら水中で生活する動物。

専ら(もっぱら) 水中(すいちゅう) で 生活(せいかつ) する 動物(どうぶつ)。
Animal living wholly or chiefly in or on water. (100)

580-7. 専門業者が工事をします。

専門(せんもん) 業者(ぎょうしゃ) が 工事(こうじ) を します。
The construction is conducted by professionals. (10)

580-8. 別に専用のソフトが必要だ。

別(べつ) に 専用(せんよう) の ソフト が 必要(ひつよう) だ。
Other special software is needed. (10)

580-9. 仕事の特別な部門に専念する。

仕事(しごと) の 特別(とくべつ) な 部門(ぶもん) に 専念(せんねん) する。
Devote oneself to a special area of work. (100)

580-10. 私専用の部屋があればいいのに。

私(わたし) 専用(せんよう) の 部屋(へや) が あれば いい の に。
I wish I had a room of my own. (87)

580-11. 原子物理学は黒木先生の専門分野だ。

原子(げんし) 物理学(ぶつりがく) は 黒木(くろき) 先生(せんせい) の 専門(せんもん) 分野(ぶんや) だ。
Nuclear physics is Dr. Kuroki's area of specialization. (101)

580-12. 天野さんは毎週末を音楽に専念している。

天野(あまの)さん は 毎週末(まいしゅうまつ) を 音楽(おんがく) に 専念(せんねん) して いる。
Amano-san devotes all his weekends to music. (100)

580-13. 当分は専らこの単一の目的に集中したい。

当分(とうぶん) は 専ら(もっぱら) この 単一(たんいつ) の 目的(もくてき) に 集中(しゅうちゅう) したい。
For the time being I want to dedicate myself exclusively to this one objective. (100)

580-14. 坂井さんは今、新しい仕事に専念している。

坂井(さかい)さん は 今(いま)、 新(あたら)しい 仕事(しごと) に 専念(せんねん) して いる。

At the moment, Sakai-san is focusing entirely on her new job. (87)

580-15. 今野さんはまるで専門家であるかのように話す。

今野(こんの)さん は まるで 専門家(せんもんか) で ある か の よう に 話す(はなす)。

Konno-san speaks as though he were an expert. (87)

「～かのように」 ["as though ＿"]: DJG v3 p187.

580-16. 決定する前に、我々は専門家の話を聞かなければならない。

決定(けってい) する 前(まえ) に、 我々(われわれ) は 専門家(せんもん か) の 話(はなし) を 聞か(きか)なければ ならない。

We must hear the expert before we make a decision. (101)

580-17. 一つの事に専心して、それが上手く出来るようにするべきだ。

一つ(ひとつ) の 事(こと) に 専心(せんしん) して、 それ が 上手く (うまく) 出来る(できる) よう に する べき だ。

You should concentrate on one thing and learn to do it well. (87)

「～ようにする」 ["make sure (that) ＿"; "(act) so as to ＿"]: DJG v1 p562; Marx v2 day72; Tobira ch3 #13.

581： 恵

581-1. 知恵比べ。

知恵(ちえ) 比べ(くらべ)。

A war of wits. (101)

581-2. 知恵の政府。

知恵(ちえ) の 政府(せいふ)。

A wise government. (101)

581-3. 神の無限の知恵。

神(かみ) の 無限(むげん) の 知恵(ちえ)。

God's infinite wisdom. (101)

581-4. ジョージ国王に恵みあれ！

ジョージ 国王(こくおう) に 恵み(めぐみ) あれ！

God bless King George! (90)

「Imperative verb ending」 : DJG v1 p577 & 579 right column, v2 p70; Marx v1 day28 ("-E form verbs").

581-5. ノアは主の前に恵みを得た。

ノア は 主(しゅ) の 前(まえ) に 恵み(めぐみ) を 得(え)た。

Noah found grace in the eyes of the Lord. (33)

581-6. 後知恵は先見よりもいつも良い。

後知恵(あとぢえ) は 先見(せんけん) より も いつも 良い(よい)。

Hindsight is always better than foresight. (101)

581-7. 夜中ずっと良いカードに恵まれなかった。

夜中(よなか) ずっと 良い(よい) カード に 恵まれ(めぐまれ)なかった。

I didn't hold a good hand all evening. (101)

581-8. このお正月、本当にお天気に恵まれました。

この お正月(おしょうがつ)、 本当に(ほんとうに) お天気(てんき) に 恵まれ(めぐまれ)ました。

We had really great weather during New Year's. (10)

581-9. それほど恵まれていない人は今すぐ節約しなければならない。

それほど 恵まれ(めぐまれ)て いない 人(ひと) は 今(いま) すぐ 節約(せつやく) しなければ ならない。

The less fortunate will have to economize now. (101)

581-10. ブリードはケルト族の、火、生産、農業、家政、および知恵の女神だ。

ブリード は ケルト族(ぞく) の、 火(ひ)、 生産(せいさん)、 農業(のうぎょう)、 家政(かせい)、 および 知恵(ちえ) の 女神(めがみ) だ。

Brigid is the Celtic goddess of fire, fertility, farming, household arts, & wisdom. (100)

「**および**」 {及び* 1760} ["**and**"]: DJG v3 p521.

582： 連

582-1. 一連の島。

一連(いちれん) の 島(しま)。

A string of islands. (101)

582-2. 連続殺人。

連続(れんぞく) 殺人(さつじん)。

Serial killing. (101)

582-3. 関連した証言。

関連(かんれん) した 証言(しょうげん)。

Relevant testimony. (101)

582-4. 居間にお連れして。

居間(いま) に お連れ(つれ) して。

Bring him into the sitting-room. (4)

582-5. 致命的な一連の出来事。

致命的(ちめいてき) な 一連(いちれん) の 出来事(できごと)。

A fatal series of events. (101)

582-6. 来週の月火は連休です。

来週(らいしゅう) の 月火(げつか) は 連休(れんきゅう) です。

Next Monday and Tuesday are holidays. (87)

582-7. 連日交通事故が起きる。

連日(れんじつ) 交通(こうつう) 事故(じこ) が 起きる(おきる)。
Traffic accidents happen daily. (87)

582-8. これらの事実は関連するか。

これら の 事実(じじつ) は 関連(かんれん) する か。
Do these facts relate to each other? (101)

582-9. 私をスキーに連れて行って。

私(わたし) を スキー に 連れ(つれ)て 行っ(いっ)て。
Please take me skiing! (10)

582-10. 労働者は連結部を結合した。

労働者(ろうどうしゃ) は 連結部(れんけつぶ) を 結合(けつごう) した。
The worker soldered the connection. (101)

582-11. バーテンは常連と親しかった。

バーテン は 常連(じょうれん) と 親しかっ(したしかっ)た。
The bartender was chummy with the regular customers. (101)

582-12. それが8カ月連続で前年を下回る。

それ が 8カ月(かげつ) 連続(れんぞく) で 前年(ぜんねん) を 下回る (したまわる)。
It's fallen below last year for eight months in a row. (10)

582-13. 子供を連れ去る所を近所の人が見た。

子供(こども) を 連れ去る(つれさる) 所(ところ) を 近所(きんじょ) の 人(ひと) が 見(み)た。
The neighbors saw the child being kidnapped. (10)

582-14. 友美さんを医者に連れて行かなきゃ。

友美(ゆみ)さん を 医者(いしゃ) に 連れ(つれ)て 行か(いか)なきゃ。
We have to take Yumi to a doctor. (87)
「-なきゃ(いけない / ならない)」 [colloquial contraction of -なければ(いけない / な らない): "**must __**"].

582-15. 私たちは、その書類に連番を付けた。

私(わたし)たち は、 その 書類(しょるい) に 連番(れんばん) を 付け (つけ)た。
We numbered the papers consecutively. (101)

582-16. スナックを売り出す一連の売店。

スナック を 売り出す(うりだす) 一連(いちれん) の 売店(ばいてん)。
A succession of stalls offering snack food. (101)

582-17. 私は、休日にあなたを連れ去るつもりだ。

私(わたし) は、 休日(きゅうじつ) に あなた を 連れ去る(つれさる) つもり だ。
I'll take you away on a holiday. (101)

582-18. 小野洋子さん関連の本を読んでみたいです。

小野(おの) 洋子(ようこ)さん 関連(かんれん) の 本(ほん) を 読ん(よん) で みたい です。

I'd like to read some books about Yoko Ono. (87)

582-19. 勝さんは私を映画に連れて行くと約束した。

勝(まさる)さん は 私(わたし) を 映画(えいが) に 連れ(つれ)て 行く (いく) と 約束(やくそく) した。

Masaru promised to take me to the movies. (87)

582-20. この次は友だちをみんな連れてきて下さい。

この 次(つぎ) は 友だち(ともだち) を みんな 連れ(つれ)て きて 下 (くだ)さい。

Please bring all your friends next time. (87)

582-21. 弓道の先生は矢を並べ連ねた。

弓道(きゅうどう) の 先生(せんせい) は 矢(や) を 並べ連ね(ならべ つらね)た。

The archery teacher lined up the arrows.

582-22. 馬丁はポロ用ポニーを並べ連ねた。

馬丁(ばてい) は ポロ用(よう) ポニー を 並べ連ね(ならべつらね)た。

The stableman lined up a string of polo ponies. (36)

582-23. カッブズは三連勝し、シリーズに勝った。

カッブズ は 三連勝(さんれんしょう) し、 シリーズ に 勝っ(かっ)た。

The Cubs took three straight to win the Series.

582-24. 私はこれら二つのでき事を関連付けることができない。

私(わたし) は これら 二つ(ふたつ) の でき事(ごと) を 関連付ける(か んれんづける) こと が できない。

I cannot interrelate these two events. (101)

582-25. それから二人の若い連中が馬にのってやってきました。

それから 二人(ふたり) の 若い(わかい) 連中(れんちゅう) が 馬(うま) に のって やって きました。

Then two young fellows came galloping up on horseback. (98)

582-26. ゲームの後、子供は、夕食のために友人を家に連れてきた。

ゲーム の 後(あと)、 子供(こども) は、 夕食(ゆうしょく) の ために 友人(ゆうじん) を 家(いえ) に 連れ(つれ)て きた。

After the game the children brought friends home for supper. (101)

582-27. 素早く動き回っている時は、連続的な目のかすみを覚える。

素早く(すばやく) 動き回っ(うごきまわっ)て いる 時(とき) は、 連続的 (れんぞくてき) な 目(め) の かすみ を 覚える(おぼえる)。

When you move rapidly, I experience a bewildering succession of blurs. (77)

582-28. どういう処へ自分は連れられて来たのか見当が付かなかった。

　　どう いう 処(ところ) へ 自分(じぶん) は 連れ(つれ)られて 来(き)た
の か 見当(けんとう) が 付か(つか)なかった。

　　He could not imagine to what place he had been conducted. (82)

582-29. 由美さんは食物に関してうるさ過ぎるので、野宿に連れて行けない。

　　由美(ゆみ)さん は 食物(しょくもつ) に関して(にかんして) うるさ過ぎ
る(すぎる) ので、 野宿(のじゅく) に 連れ(つれ)て 行け(いけ)ない。

　　Yumi is too nice about her food for you to take her camping. (101)

　　「～にかんして／～にかんする」 {～に関して／～に関する 451} [**"with regard to
__"**, **"about __"**]: DJG v2 p252; Marx v2 day42; Tobira ch12 #4.

582-30. もし連中がうまくできてないのなら、連中ができる仕事を割り当てるこ
とです。

　　もし 連中(れんちゅう) が うまく できてない の なら、 連中(れんち
ゅう) が できる 仕事(しごと) を 割り当てる(わりあてる) こと です。

　　If that bunch can't do it well, assign them to something they can do. (53)

582-31. そこで私たちは、医者も、子供の父親も、その男も私も連れ立って、私
の部屋で朝までを過ごしました。

　　そこで 私(わたし)たち は、 医者(いしゃ) も、 子供(こども) の 父親
(ちちおや) も、 その 男(おとこ) も 私(わたし) も 連れ立っ(つれだっ)て、
私(わたし) の 部屋(へや) で 朝(あさ) まで を 過ごし(すごし)ました。

　　So we all set off, the doctor, and the child's father, and our friend and myself, and
passed the rest of the night in my chambers. (84)

　　「そこで～」 {其処で～** 1757; 553} [**"(and) so __"**]: DJG v2 p401 & 405; Tobira ch9 #8.

583： 軍

583-1. 連合軍の勝利。

　　連合軍(れんごうぐん) の 勝利(しょうり)。

　　An Allied victory. (101)

583-2. 共同軍事活動。

　　共同(きょうどう) 軍事(ぐんじ) 活動(かつどう)。

　　Joint military activities. (101)

583-3. 軍の包囲作戦。

　　軍(ぐん) の 包囲(ほうい) 作戦(さくせん)。

　　The army's enveloping maneuver. (101)

583-4. 連合国家の軍人。

　　連合(れんごう) 国家(こっか) の 軍人(ぐんじん)。

　　Allied soldiers. (101)

583-5. それは海軍と空軍の合同作戦だった。

それ は 海軍(かいぐん) と 空軍(くうぐん) の 合同(ごうどう) 作戦(さくせん) だった。

It was a joint operation of the navy and air force. (101)

583-6. 「王立空軍」とは、英国の空軍のことを意味する。

「王立(おうりつ) 空軍(くうぐん)」 と は、 英国(えいこく) の 空軍(くうぐん) の こと を 意味(いみ) する。

The "Royal Air Force" is the air force of Great Britain. (100)

583-7. 戦前において、広島は重要な海軍基地の所在地だった。

戦前(せんぜん) において、 広島(ひろしま) は 重要(じゅうよう) な 海軍(かいぐん) 基地(きち) の 所在地(しょざいち) だった。

Before the war, Hiroshima was the site of an important naval base. (100)

583-8. それまでは、空中投下で最前線軍に供給するという計画だ。

それ まで は、 空中(くうちゅう) 投下(とうか) で 最前線(さいぜんせん) 軍(ぐん) に 供給(きょうきゅう) する という 計画(けいかく) だ。

Until then, the plan is that front line troops will be supplied by airdrop. (101)

583-9. トロイア軍の戦線の先頭に飛び出すと、行く先々で殺しまわった。

トロイア 軍(ぐん) の 戦線(せんせん) の 先頭(せんとう) に 飛び出す(とびだす) と、 行く(いく) 先々(さきざき) で 殺し(ころし)まわった。

He rushed forward at the head of the Trojan line, slaying as he went. (86)

583-10. 協会は日本の空軍基地近くにC/FO Rising Sunなる支部さえ持っていた。

協会(きょうかい) は 日本(にほん) の 空軍(くうぐん) 基地(きち) 近く(ちかく) に C/FO Rising Sun なる 支部(しぶ) さえ 持っ(もっ)て いた。

The association even maintained a chapter called C/FO Rising Sun near an air force base in Japan. (69)

584: 運

584-1. 後方運動。

後方(こうほう) 運動(うんどう)。

A rearward movement. (101)

584-2. 角運動量。

角(かく) 運動量(うんどうりょう)。

Angular momentum. (101)

584-3. 曲線運動。

曲線(きょくせん) 運動(うんどう)。

Curvilinear motion. (101)

584-4. 前進運動。

前進(ぜんしん) 運動(うんどう)。

Forward motion. (101)

584-5. 悪運続きだ！

悪運(あくうん) 続き(つづき) だ！

My luck sure is rotten! (66)

584-6. 激しい運動。

激しい(はげしい) 運動(うんどう)。

Strenuous exercise. (101)

584-7. 重量物を運ぶ。

重量物(じゅうりょうぶつ) を 運ぶ(はこぶ)。

Bear a heavy load. (101)

584-8. 労働組合運動。

労働(ろうどう) 組合(くみあい) 運動(うんどう)。

The labor union movement. (101)

584-9. ひどい運命にあう。

ひどい 運命(うんめい) に あう。

Meet a terrible fate.

584-10. 人類の運命は決定した。

人類(じんるい) の 運命(うんめい) は 決定(けってい) した。

Our kind's fate is sealed. (101)

584-11. 特定の目的なく運転する。

特定(とくてい) の 目的(もくてき) なく 運転(うんてん) する。

Drive without any particular aim. (100)

584-12. 今度は私が運転する番よ。

今度(こんど) は 私(わたし) が 運転(うんてん) する 番(ばん) よ。

It's my turn to drive next. (87)

584-13. 仕事はすらすらと運んだ。

仕事(しごと) は すらすら と 運ん(はこん)だ。

The work progressed smoothly. (87)

584-14. 運転の仕方を知っているの？

運転(うんてん) の 仕方(しかた) を 知っ(しっ)て いる の？

Do you know how to drive a car? (87)

584-15. 運命の前では我々は無力である。

運命(うんめい) の 前(まえ) で は 我々(われわれ) は 無力(むりょく) で ある。

We are helpless in the face of destiny. (101)

584-16. あなたが独身とは実に運が悪い。

あなた が 独身(どくしん) と は 実(じつ)に 運(うん) が 悪(わる)い。

You're truly unlucky to still be a bachelor. (4)

584-17. 私は四日連続 2 時間運動しました。

私(わたし) は 四日(よっか) 連続(れんぞく) 2 時間(じかん) 運動(うんどう) しました。

I exercised two hours a day for four straight days. (87)

584-18. 労働者が解放運動の先頭に立った。

労働者(ろうどうしゃ) が 解放(かいほう) 運動(うんどう) の 先頭(せんとう) に 立っ(たっ)た。

Workers spearheaded the liberation movement. (10)

584-19. 両親は長時間の運転にはなれていない。

両親(りょうしん) は 長時間(ちょうじかん) の 運転(うんてん) に は なれて いない。

My parents are not accustomed to driving for a long time. (87)

584-20. 活動家は女性解放運動のために働いた。

活動家(かつどうか) は 女性(じょせい) 解放(かいほう) 運動(うんどう) の ため に 働い(はたらい)た。

The activists worked for women's liberation. (101)

584-21. この運動は、上半身を強化するだろう。

この 運動(うんどう) は、 上半身(じょうはんしん) を 強化(きょうか) する だろう。

This exercise will strengthen your upper body. (101)

584-22. かれの神意によって運命づけられた役割。

かれ の 神意(しんい) に よって 運命(うんめい) づけられた 役割(やくわり)。

His providentially destined role. (101)

584-23. スーツを私の部屋に運んでもらった。

スーツ を 私(わたし) の 部屋(へや) に 運ん(はこん)で もらった。

I had my suit carried to my room. (87)

584-24. 飛行機の部品は運送業者によって運ばれた。

飛行機(ひこうき) の 部品(ぶひん) は 運送(うんそう) 業者(ぎょうしゃ) に よって 運ば(はこば)れた。

The airplane parts were transmitted by carrier. (101)

584-25. その事故は不注意な運転によるものであった。

その 事故(じこ) は 不注意(ふちゅうい) な 運転(うんてん) に よる もの で あった。

The accident was due to careless driving. (87)

584-26. 仕事に行くのに 1 時間半も運転するなんていやだな。

仕事(しごと) に 行く(いく) の に 1 時間(じかん) 半(はん) も 運転(うんてん) する なんて いや だ な。

Driving for one and a half hours to get to work is a bear. (87)

「～なんて」 ["such (things)/such (a thing)"]: DJG v3 p339; Tobira ch4 #3.

584-27. この決定により、私は地位を失う運命となるだろう。

この 決定(けってい) に より、 私(わたし) は 地位(ちい) を 失う(う し なう) 運命(うんめい) と なる だろう。

This decision will doom me to lose my position. (101)

584-28. どんな回転体も質量の中心周りに角運動量を持っている。

どんな 回転体(かいてんたい) も 質量(しつりょう) の 中心(ちゅうしん) 周り(まわり) に 角(かく) 運動量(うんどうりょう) を 持っ(もっ)て いる。

Any rotating body has an angular momentum about its center of mass. (101)

584-29. ノートパソコンとは、簡単に持ち運べるパソコンのことを意味する。

ノート パソコン と は、 簡単(かんたん) に 持ち運べる(もちはこべる) パソコン の こと を 意味(いみ) する。

A laptop is a personal computer that can easily be carried by hand. (100)

585 ： 蓮

585-1. しかし天国の蓮池の蓮は、ちょっともそんな事には気にしません。

しかし 天国(てんごく) の 蓮池(はすいけ) の 蓮(はす) は、 ちょっと も そんな 事(こと) には 気(き) に しません。

Yet the lotus blossoms in the lotus ponds of Paradise care nothing about such matters. (64)

585-2. 友人たちはナイル川にそって飛び回ったり、大きな蓮の花に話しかけたりしています。

友人(ゆうじん)たち は ナイル川(がわ) に そって 飛び回っ(とびまわっ) たり、 大(おお)きな 蓮(はす) の 花(はな) に 話しかけ(はなしかけ)たり し て います。

My friends are flying up and down the Nile, and talking to large lotus flowers. (37)

585-3. とうとう白鳥の頭は羽の間に埋もれ、湖の蓮の白い花の様に、白鳥はしずかによこたわりました。

とうとう 白鳥(はくちょう) の 頭(あたま) は 羽(はね) の 間(あいだ) に 埋もれ(うずもれ)、 湖(みずうみ) の 蓮(はす) の 白い(しろい) 花(はな) の 様(よう) に、 白鳥(はくちょう) は しずか に よこたわりました。

At length his head lay back between his wings, and silently he lay there, like a white lotus flower upon the lake. (98)

585-4. 池の中にさいている蓮の花は、みんな玉のようにまっ白で、そのまん中にある金色のずいからは、なんとも言えない好いにおいが、たえまなくあたりへ溢れて居ります。

池(いけ) の 中(なか) に さいて いる 蓮(はす) の 花(はな) は、 みん な 玉(たま) の よう に まっ白(まっしろ) で、 その まん中(まんなか) に

238

ある 金色(きんいろ) の ずいから は、 なんとも 言え(いえ)ない 好い(よい)
におい が、 たえま なく あたり へ 溢(あふ)れて 居り(おり)ます。

The blooming lotus flowers in the pond are each pure white like jewels, and the place is filled with the indescribably wondrous fragrance continually emitted from each flower's golden center. (79)

586： 隊

586-1. 先発隊。

先発隊(せんぱつたい)。

An advance party. (101)

586-2. 入隊する。

入隊(にゅうたい) する。

Join the military. (100)

586-3. 軍隊の士官。

軍隊(ぐんたい) の 士官(しかん)。

An officer in the armed forces. (100)

586-4. 軍隊の動員。

軍隊(ぐんたい) の 動員(どういん)。

Mobilization of the troops. (101)

586-5. 森林で待機する軍隊。

森林(しんりん) で 待機(たいき) する 軍隊(ぐんたい)。

An army lying in wait in the forest. (101)

586-6. 軍隊は町を占拠した。

軍隊(ぐんたい) は 町(まち) を 占拠(せんきょ) した。

The army seized the town. (101)

586-7. フランスの外人部隊。

フランス の 外人(がいじん) 部隊(ぶたい)。

The French Foreign Legion. (101)

586-8. 隊長はすぐに心を決めた。

隊長(たいちょう) は すぐ に 心(こころ) を 決め(きめ)た。

The captain's hesitation did not last long. (7)

586-9. 隊長は最高の動機で行動した。

隊長(たいちょう) は 最高(さいこう) の 動機(どうき) で 行動(こうどう) した。

The Captain acted with the best of motives. (101)

586-10. フォッグ氏が小隊の先頭にいた。

フォッグ 氏(し) が 小隊(しょうたい) の 先頭(せんとう) に いた。

Mr. Fogg marched at the head of the platoon. (7)

586-11. その軍隊は十分な武器を持っていた。

その　軍隊(ぐんたい)　は　十分(じゅうぶん)　な　武器(ぶき)　を　持っ(も
つ)て　いた。

The army had plenty of weapons. (87)

586-12. 我々は国家安全の名目で軍隊を支持する。

我々(われわれ)　は　国家(こっか)　安全(あんぜん)　の　名目(めいもく)　で
軍隊(ぐんたい)　を　支持(しじ)　する。

We support the armed services in the name of national security. (101)

586-13. 総理大臣は数千人の男性を入隊させ、戦線に送った。

総理(そうり)　大臣(だいじん)　は　数千人(すうせんにん)　の　男性(だんせ
い)　を　入隊(にゅうたい)　させ、　戦線(せんせん)　に　送っ(おくっ)た。

The Premier enlisted thousands of men and sent them to the front. (100)

586-14. シャイロー戦の二日目に、グラントの軍隊はビュエルの軍隊と組んだ。

シャイロー　戦(せん)　の　二日目(ふつかめ)　に、　グラント　の　軍隊(ぐん
たい)　は　ビュエル　の　軍隊(ぐんたい)　と　組ん(くん)だ。

On the second day of the Battle of Shiloh, Grant's forces joined with Buell's. (101)

587：　呈

587-1. 外見を呈する。

外見(がいけん)　を　呈する(ていする)。

To present a (certain) appearance.

587-2. 言いわけを呈する。

言い(いい)わけ　を　呈する(ていする)。

Give an excuse. (101)

587-3. 最大3000ポイント進呈！

最大(さいだい)　3000　ポイント　進呈(しんてい)！

Offering up to 3,000 (customer loyalty) points!

587-4. 私たちは全力を呈していた。

私(わたし)たち　は　全力(ぜんりょく)　を　呈し(ていし)て　いた。

We put forth our very best. (101)

587-5. 私がうたがいを呈した意見だった。

私(わたし)　が　うたがい　を　呈し(ていし)た　意見(いけん)　だった。

It was a view toward which I expressed doubt. (4)

587-6. 居住者は家の所有証書を呈示するように命じられた。

居住者(きょじゅうしゃ)　は　家(いえ)　の　所有証書(しょゆうしょうし
ょ)　を　呈示(ていじ)　する　よう　に　命(めい)じられた。

The resident was ordered to produce the deed to the house.

588：　程

588-1. 程々に寒い。

程々(ほどほど) に 寒い(さむい)。

Moderately cold. (100)

588-2. 二次方程式。

二次(にじ) 方程式(ほうていしき)。

Quadratic equation. (101)

588-3. 方程式を解く。

方程式(ほうていしき) を 解く(とく)。

Solve an equation. (101)

588-4. ある程度まで。

ある 程度(ていど) まで。

To a certain degree. (101)

588-5. 音程を調節する。

音程(おんてい) を 調節(ちょうせつ) する。

Regulate the musical pitch of. (100)

588-6. 並外れた程度で。

並外れ(なみはずれ)た 程度(ていど) で。

To an extraordinary degree. (100)

588-7. 子供を出産する過程。

子供(こども) を 出産(しゅっさん) する 過程(かてい)。

The process of giving birth to a child. (100)

588-8. 早ければ早い程よい。

早けれ(はやけれ)ば 早い(はやい) 程(ほど) よい。

The sooner, the better. (87)

　　「A ば B ほど」 {A ば B 程* 588} ["the more A, the more B"]: DJG v2 p6; Marx v2 day58; Tobira ch8 #5.

588-9. 過度な程度に注入する。

過度(かど) な 程度(ていど) に 注入(ちゅうにゅう) する。

Fill to an excessive degree. (100)

588-10. やっと来週の日程が決まった。

やっと 来週(らいしゅう) の 日程(にってい) が 決まっ(きまっ)た。

My schedule for next week was finally fixed. (10)

588-11. 毎日ある程度運動する事は必要だ。

毎日(まいにち) ある 程度(ていど) 運動(うんどう) する 事(こと) は 必要(ひつよう) だ。

It is necessary to do some exercise every day. (87)

588-12. 全行程を5時間半で走る必要があった。

全行程(ぜんこうてい) を 5時間(じかん) 半(はん) で 走る(はしる) 必要(ひつよう) が あった。

It was necessary to make the journey in five hours and a half. (7)

588-13. あなたの言うことにある程度同意します。

あなた の 言(い)う こと に ある 程度(ていど) 同意(どうい) します。

I agree with what you say to some extent. (87)

588-14. 恵さんはほぼ私と同程度に英語が話せる。

恵(めぐみ)さん は ほぼ 私(わたし) と 同程度(どうていど) に 英語(えいご) が 話せる(はなせる)。

Megumi can speak English virtually as well as I. (87)

588-15. 程々に飲めば、アルコールは害にはならない。

程々(ほどほど) に 飲め(のめ)ば、 アルコール は 害(がい) に は ならない。

Drunk in moderation, alcohol is not harmful. (87)

588-16. より安い商品を作るために、工程をはしょる。

より 安い(やすい) 商品(しょうひん) を 作る(つくる) ため に、 工程(こうてい) を はしょる。

Cut corners to make cheaper merchandise. (69)

588-17. 八十マイルの行程を二時間で走る予定だった。

八十(はちじゅう) マイル の 行程(こうてい) を 二時間(にじかん) で 走る(はしる) 予定(よてい) だった。

It was a run of eighty miles, and was to be accomplished in two hours. (7)

588-18. 蓮さんは30分程前にここを出発した。

蓮(れん)さん は 30分(ぷん) 程(ほど) 前(まえ) に ここ を 出発(しゅっぱつ) した。

Ren left here about thirty minutes ago. (87)

588-19. 運転手は体を思いっ切りのばし、私が思うにはつい先程の旅程の半分は気持ちよくねていた。

運転手(うんてんしゅ) は 体(からだ) を 思いっ切り(おもいっきり) のばし、 私(わたし) が 思う(おもう) に は つい 先程(さきほど) の 旅程(りょてい) の 半分(はんぶん) は 気持ちよく(きもちよく) ねて いた。

The coachman stretched himself, though I am very sure that he had been most comfortably asleep half the last stage. (4)

「**おもうに〜**」 {思うに〜 142} ["**in my view __**", "**I think __**"]: DJG v3 p496.

588-20. 重要なのは目的ではなく、そこに至る道程である。

重要(じゅうよう) な の は 目的(もくてき) で は なく、 そこ に 至る(いたる) 道程(どうてい) で ある。

What's important is not the goal, but the journey. (87)

242

589： 聖

589-1. 神聖な林。

神聖(しんせい) な 林(はやし)。

A numinous wood. (101)

589-2. 聖式の法。

聖式(せいしき) の 法(ほう)。

Sacral laws. (101)

589-3. 聖戦を行う。

聖戦(せいせん) を 行う(おこなう)。

Fight a holy war. (100)

589-4. 神聖な文言。

神聖(しんせい) な 文言(もんごん)。

Sacred texts. (101)

589-5. 聖地への旅行。

聖地(せいち) へ の 旅行(りょこう)。

A journey to a sacred place. (100)

589-6. 万聖節の時節。

万聖節(ばんせいせつ) の 時節(じせつ)。

The season of All Saints' Day. (100)

589-7. 神聖な三位一体。

神聖(しんせい) な 三位一体(さんみいったい)。

The Blessed Trinity. (101)

589-8. 大聖堂の入り口。

大聖堂(だいせいどう) の 入り口(いりぐち)。

The portals of the cathedral. (101)

589-9. 私の聖人になった母。

私(わたし) の 聖人(せいじん) に なった 母(はは)。

My sainted mother. (101)

589-10. 私たちの聖なる土地。

私(わたし)たち の 聖なる(せいなる) 土地(とち)。

Our blessed land. (101)

589-11. イエスの神聖な名前。

イエス の 神聖(しんせい) な 名前(なまえ)。

The sacred name of Jesus. (101)

589-12. 聖書の人物を思わせるようなあごひげ。

聖書(せいしょ) の 人物(じんぶつ) を 思わ(おもわ)せる よう な あごひげ。

A beard of biblical proportions. (101)

589-13. これらはすべて聖書からの引用である。

これら は すべて 聖書(せいしょ) から の 引用(いんよう) で ある。

These are all quotations from the Bible. (87)

589-14. 胡神父はかのじょに聖書を引用した。

胡(フ) 神父(しんぷ) は かのじょ に 聖書(せいしょ) を 引用(いんよう) した。

Father Hu quoted the Bible to her. (101)

589-15. インドでは牛は神聖な生き物とされています。

インド では 牛(うし) は 神聖(しんせい) な 生き物(いきもの) と されて います。

Cows are considered sacred animals in India. (87)

589-16. 法王庁のサン・ピエトロ大聖堂の名は聖ペトロのイタリア語読みに由来する。

法王庁(ほうおうちょう) の サン・ピエトロ 大聖堂(だいせいどう) の 名(な) は 聖(せい) ペトロ の イタリア語(ご) 読み(よみ) に 由来(ゆらい) する。

The name of the Basilica di San Pietro in the Vatican comes from the Italian reading for St. Peter. (87)

590 ： 丑

590-1. 丑三つ時。

丑三つ時(うしみつどき)。

The middle of the night.

590-2. 実さんは丑年生まれだ。

実(みのる)さん は 丑年(うしどし) 生まれ(うまれ) だ。

Minoru was born in the year of the ox.

590-3. 家のネコはいつも丑三つ時に目覚める。

家(うち) の ネコ は いつも 丑三つ時(うしみつどき) に 目覚める(めざめる)。

Our cat always wakes in the dead of night.

591 ： 紐

591-1. 紐で固定する。

紐(ひも) で 固定(こてい) する。

Fasten with strings. (100)

591-2. 馬の尾の下を通る紐。

馬(うま) の 尾(お) の 下(した) を 通る(とおる) 紐(ひも)。

A strap that passes under the horse's tail. (86)

591-3. 左右の上と下に紐をつけ、前で結びます。

左右(さゆう) の 上と下(うえとした) に 紐(ひも) を つけ、 前(まえ) で 結び(むすび)ます。

Attach the string to the top and bottom of both sides and tie it in the front. (10)

591-4. 仕立て屋は目立たない穴に紐を通した。

仕立て屋(したてや) は 目立た(めだた)ない 穴(あな) に 紐(ひも) を 通し(とおし)た。

The tailor pushed the string through an inconspicuous hole. (101)

591-5. 目的は、ポールに紐を巻きつけることである。

目的(もくてき) は、 ポール に 紐(ひも) を 巻き(まき)つける こと で ある。

The object is to wrap the string around the pole. (100)

591-6. 店員さんはその小包にしっかりと紐をかけた。

店員(てんいん)さん は その 小包(こづつみ) に しっかり と 紐(ひも) を かけた。

The store clerk tied up the parcel with string. (87)

591-7. 日本では土足禁止が多いのでスニーカーの紐は結んだままにすることが多い。

日本(にほん) で は 土足(どそく) 禁止(きんし) が 多い(おおい) ので スニーカー の 紐(ひも) は 結ん(むすん)だ まま に する こと が 多い(おおい)。

In Japan you have to take your shoes off all the time so many people just don't bother untying the laces.

592： 革

592-1. 産業革命。

産業(さんぎょう) 革命(かくめい)。

The industrial revolution. (101)

592-2. 革命的な発見。

革命的(かくめいてき) な 発見(はっけん)。

A revolutionary discovery. (101)

592-3. 革新的な作品。

革新的(かくしんてき) な 作品(さくひん)。

Innovative works. (101)

592-4. 革命を起こす。

革命(かくめい) を 起こす(おこす)。

Make revolution. (101)

592-5. 命がけの革命家。

命がけ(いのちがけ)　の　革命家(かくめいか)。

Do-or-die revolutionaries. (101)

592-6. 黒い革のジャケット。

黒い(くろい)　革(かわ)　の　ジャケット。

Black leather jackets. (101)

592-7. 牛革で作られたベルト。

牛革(ぎゅうかわ)　で　作ら(つくら)れた　ベルト。

A belt made from cow's leather. (100)

592-8. 英国の産業は十分に革新的なのか？

英国(えいこく)　の　産業(さんぎょう)　は　十分(じゅうぶん)　に　革新的(かくしんてき)　な　の　か？

Is British industry innovative enough? (101)

592-9. 舌は、丸で革のように感じられる。

舌(した)　は、　丸(まる)　で　革(かわ)　の　よう　に　感じ(かんじ)られる。

My tongue feels like leather. (2)

592-10. 産業革命はまた文化革命でもあった。

産業(さんぎょう)　革命(かくめい)　は　また　文化(ぶんか)　革命(かくめい)でも　あった。

The industrial revolution was also a cultural revolution. (101)

592-11. 1978 年以来、中国共産党はいわゆる「改革開放」の時代に入った。

1978 年(ねん)　以来(いらい)、　中国共産党(ちゅうごくきょうさんとう)　はいわゆる　「改革(かいかく)　開放(かいほう)」　の　時代(じだい)　に　入っ(はいっ)た。

Beginning in 1978, the Communist Party of China entered its period of so-called "Reform and Opening". (101)

「いわゆる〜」　["so-called __"]: DJG v3 p172.

593：　靴

593-1. 靴下類。

靴下(くつした)　類(るい)。

Hosiery. (100)

593-2. 靴紐を結ぶ。

靴紐(くつひも)　を　結ぶ(むすぶ)。

Lace the shoelaces. (101)

593-3. 靴屋の仕事。

靴屋(くつや)　の　仕事(しごと)。

The shoemaker's trade. (100)

593-4. 不細工な木の靴。

不細工(ぶさいく) な 木(き) の 靴(くつ)。
Clumsy wooden shoes. (101)

593-5. 伝線に強い靴下。
　伝線(でんせん) に 強い(つよい) 靴下(くつした)。
Stockings resistant to runs [ladders]. (100)

593-6. 舌革のついた靴。
　舌革(したがわ) の ついた 靴(くつ)。
Tongued shoes. (101)

593-7. 運動のための靴下。
　運動(うんどう) の ため の 靴下(くつした)。
Gym socks. (100)

593-8. つま先が四角い靴。
　つま先(つまさき) が 四角い(しかくい) 靴(くつ)。
Square-toed shoes. (101)

593-9. 靴ベラをお持ちですか。
　靴(くつ)ベラ を お持ち(もち) です か。
Do you have a shoehorn? (87)

593-10. 靴底に穴が開いている。
　靴底(くつぞこ) に 穴(あな) が 開い(あい)て いる。
The sole has a hole in it. (101)

593-11. この靴下はちぐはぐだ。
　この 靴下(くつした) は ちぐはぐ だ。
These socks do not match. (87)

593-12. 靴紐が解けていますよ。
　靴紐(くつひも) が 解け(とけ)て います よ。
Your shoes are untied. (87)

593-13. 靴屋は長時間労働をする。
　靴屋(くつや) は 長時間(ちょうじかん) 労働(ろうどう) を する。
Shoe sellers work long hours. (101)

593-14. 靴は、最高に私に合った。
　靴(くつ) は、 最高(さいこう) に 私(わたし) に 合っ(あっ)た。
The shoes fit me tip-top. (101)

593-15. 靴下に穴が開いているよ。
　靴下(くつした) に 穴(あな) が 開い(ひらい)て いる よ。
There is a hole in your sock. (87)

593-16. 舌革のないモカシンの靴。
　舌革(したがわ) の ない モカシン の 靴(くつ)。

Tongueless moccasins. (101)

593-17. これらの古い靴を処分しなさい！

これら の 古い(ふるい) 靴(くつ) を 処分(しょぶん) し なさい！

Get rid of these old shoes! (101)

593-18. 靴屋は家族旅行の計画を立てている。

靴屋(くつや) は 家族(かぞく) 旅行(りょこう) の 計画(けいかく) を 立て(たて)て いる。

The shoe seller is planning a trip with his family. (101)

593-19. これは私が見た中で一番高価な靴だ。

これ は 私(わたし) が 見(み)た 中(なか) で 一番(いちばん) 高価(こうか) な 靴(くつ) だ。

Those are the most expensive shoes I've ever seen. (87)

593-20. 紐によって足を固定した靴底からなる靴。

紐(ひも) に よって 足(あし) を 固定(こてい) した 靴底(くつぞこ) から なる 靴(くつ)。

A shoe consisting of a sole fastened by straps to the foot. (100)

593-21. 入隊者の全員は新しい軍靴を一足もらった。

入隊者(にゅうたいしゃ) の 全員(ぜんいん) は 新(あたら)しい 軍靴(ぐんか) を 一足(いっそく) もらった。

The recruits all received one pair of new army boots. (100)

593-22. 靴が小さ過ぎるから新しいのを買う必要がある。

靴(くつ) が 小さ過ぎる(ちいさすぎる) から 新(あたら)しい の を 買う(かう) 必要(ひつよう) が ある。

My shoes are too small. I need new ones. (87)

593-23. 自分の好みにぴったり合う靴が見つからなかった。

自分(じぶん) の 好み(このみ) に ぴったり 合う(あう) 靴(くつ) が 見つから(みつから)なかった。

I found no shoes completely to my taste. (87)

593-24. 入隊者は新しい靴の先を動かしながら目を下にやった。

入隊者(にゅうたいしゃ) は 新(あたら)しい 靴(くつ) の 先(さき) を 動かし(うごかし)ながら 目(め) を 下(した) に やった。

The recruit looked down, moving the point of her new shoe. (58)

593-25. 私は毎日激しい運動をするので、すぐに靴下に穴が開く。

私(わたし) は 毎日(まいにち) 激しい(はげしい) 運動(うんどう) を するので、すぐ に 靴下(くつした) に 穴(あな) が 開く(あく)。

I do a strenuous workout every day, so my socks get holes in them quickly. (10)

593-26. 農夫の足は、千切れて血のしみた靴下しかはいていなかった。

農夫(のうふ) の 足(あし) は、 千切れ(ちぎれ)て 血(ち) の しみた 靴下(くつした) しか はいて いなかった。

The farmer had nothing on his feet but a pair of tattered blood-stained socks. (89)

593-27. 子供は靴も靴下もはいていないし、なにも頭にかぶっていない。

子供(こども) は 靴(くつ) も 靴下(くつした) も はいて いない し、 なに も 頭(あたま) に かぶって いない。

The child has no shoes or stockings, and her little head is bare. (37)

593-28. 軍靴が不足していたので、入隊者は殺された軍隊の靴を取り外した。

軍靴(ぐんか) が 不足(ふそく) して いた ので、 入隊者(にゅうたいしゃ) は 殺(ころ)された 軍隊(ぐんたい) の 靴(くつ) を 取り外(とりはず)した。

As there weren't enough combat boots, the new recruits took boots off the feet of the soldiers who had been killed. (100)

593-29. あなたはかかとを三回うちあわせて、靴にどこへでも行きたい所へ運べと命令すれば良いだけ。

あなた は かかと を 三回(さんかい) うちあわせて、 靴(くつ) に どこ へ でも 行き(いき)たい 所(ところ) へ 運べ(はこべ) と 命令(めいれい) すれば 良い(よい) だけ。

All you have to do is to knock the heels together three times and command the shoes to carry you wherever you wish to go. (99)

594：　鞄

594-1. 旅行鞄をもったよそ者。

旅行(りょこう) 鞄(かばん) を もった よそ者(よそもの)。

A carpetbag stranger. (101)

594-2. 蓮さんは社長の鞄持ちだ。

蓮(れん)さん は 社長(しゃちょう) の 鞄持ち(かばんもち) だ。

Ren is the boss's private secretary. (87)

594-3. 大臣は部下に鞄を手渡した。

大臣(だいじん) は 部下(ぶか) に 鞄(かばん) を 手渡し(てわたし)た。

The minister handed his bag to an assistant.

594-4. 鞄持ちは、根気よく子供と遊んだ。

鞄持ち(かばんもち) は、 根気(こんき) よく 子供(こども) と 遊ん(あそん)だ。

The attendant patiently played with the child. (101)

594-5. 私の鞄の中には書類がいっぱい入っている。

私(わたし) の 鞄(かばん) の 中(なか) に は 書類(しょるい) が いっぱい 入っ(はいっ)て いる。

My briefcase is full of papers. (87)

595：　皮

595-1. 生皮。
生皮(なまかわ)。
Undressed hides. (101)

595-2. 皮下の針。
皮下(ひか) の 針(はり)。
Hypodermic needle. (101)

595-3. 合成皮革。
合成(ごうせい) 皮革(ひかく)。
Synthetic leather. (101)

595-4. 無毛の頭皮。
無毛(むもう) の 頭皮(とうひ)。
A glabrous scalp. (101)

595-5. 豆の皮をむく。
豆(まめ) の 皮(かわ) を むく。
Shell the legumes. (101)

595-6. 皮下埋め込み。
皮下(ひか) 埋め込み(うめこみ)。
Subcutaneous implant. (101)

595-7. 固いドラムの皮。
固い(かたい) ドラム の 皮(かわ)。
A tight drumhead. (101)

595-8. 若い子羊の毛皮。
若い(わかい) 子羊(こひつじ) の 毛皮(けがわ)。
The fur of young lambs. (100)

595-9. 皮肉のアドバイス。
皮肉(ひにく) の アドバイス。
Tongue-in-cheek advice. (101)

595-10. 意地悪く皮肉な発言。
意地悪く(いじわるく) 皮肉(ひにく) な 発言(はつげん)。
A spitefully sarcastic comment. (100)

595-11. ミンクの高価な毛皮。
ミンク の 高価(こうか) な 毛皮(けがわ)。
The expensive fur of a mink. (100)

595-12. リンゴを食べる前に皮をむきなさい。
リンゴ を 食べる(たべる) 前(まえ) に 皮(かわ) を むき なさい。
Peel the apple before you eat it. (87)

595-13. 「なるほど」と、かれが皮肉っぽく発言した。

「なるほど」 と、 かれ が 皮肉(ひにく)っぽく 発言(はつげん) した。

"Ah, that makes sense", he commented wryly. (101)

「なるほど」 ["indeed"; "Ah, that makes sense."]: DJG v3 p359.

595-14. 行政官の口調にはちょっとした皮肉が込められていた。

行政官(ぎょうせいかん) の 口調(くちょう) に は ちょっとした 皮肉(ひにく) が 込め(こめ)られて いた。

There was a touch of sarcasm in the Magistrate's tone. (101)

596： 破

596-1. 約束を破る。

約束(やくそく) を 破る(やぶる)。

Break a promise. (101)

596-2. 破産寸前で。

破産(はさん) 寸前(すんぜん) で。

On the brink of bankruptcy. (101)

596-3. 家族の破産。

家族(かぞく) の 破産(はさん)。

The broken fortunes of the family. (101)

596-4. 女性は出産前に破水する。

女性(じょせい) は 出産(しゅっさん) 前(まえ) に 破水(はすい) する。

Before a woman gives birth her waters break. (101)

596-5. 正午になる前に本を読破した。

正午(しょうご) に なる 前(まえ) に 本(ほん) を 読破(どくは) した。

He read the book from cover to cover before noon. (87)

596-6. 恵子さんの靴下が破れていた。

恵子(けいこ)さん の 靴下(くつした) が 破れ(やぶれ)て いた。

Keiko had snags in her stockings. (101)

596-7. 恵さんと蓮さんは先週に破局した。

恵(めぐみ)さん と 蓮(れん)さん は 先週(せんしゅう) に 破局(はきょく) した。

Megumi and Ren broke up last week. (87)

596-8. 旅行の計画を立てることがかれらのロマンスの破局だった。

旅行(りょこう) の 計画(けいかく) を 立(た)てる こと が かれら の ロマンス の 破局(はきょく) だった。

Travel planning was the shipwreck of their romance. (101)

596-9. 連合軍の軍隊は、毎週およそ300キロメートルを走破した。

連合軍(れんごうぐん) の 軍隊(ぐんたい) は、 毎週(まいしゅう) およそ 300 キロメートル を 走破(そうは) した。

The allied troops covered almost 300 kilometers each week. (101)

「およそ～」 {凡そ～** 1629} ["generally __"; "roughly __"]: DJG v3 p526.

597： 彼

597-1. にじの彼方に。

にじ の 彼方(かなた) に。

Over the rainbow.

597-2. 彼氏はいますか？

彼氏(かれし) は います か？

Do you have a boyfriend? (87)

597-3. それが彼等の主要紙だ。

それ が 彼等(かれら) の 主要紙(しゅようし) だ。

It is their flagship newspaper. (101)

597-4. 彼は触覚で形を知覚する。

彼(かれ) は 触覚(しょっかく) で 形(かたち) を 知覚(ちかく) する。

He perceives shapes tactually. (101)

597-5. 彼女は、期待して彼を見た。

彼女(かのじょ) は、 期待(きたい) して 彼(かれ) を 見(み)た。

She looked at him expectantly. (101)

597-6. 彼は集合場所で彼らを待った。

彼(かれ) は 集合(しゅうごう) 場所(ばしょ) で 彼ら(かれら) を 待っ(まっ)た。

He was waiting for them at the rendezvous. (101)

597-7. 彼の返事は単に句読点だった。

彼(かれ) の 返事(へんじ) は 単に(たんに) 句読点(くとうてん) だった。

His answer was just a punctuation mark. (101)

597-8. 彼氏といつから会ってないの？

彼氏(かれし) と いつ から 会っ(あっ)てない の？

When was the last time you saw your boyfriend? (87)

597-9. 私には2つ年下の彼氏がいます。

私(わたし) に は 2つ 年下(としした) の 彼氏(かれし) が います。

I have a boyfriend who is 2 years younger than I. (10)

597-10. 彼は運動感覚で形を知覚できる。

彼(かれ) は 運動(うんどう) 感覚(かんかく) で 形(かたち) を 知覚(ちかく) できる。

He can perceive shapes kinesthetically. (101)

597-11. 私は彼女を家まで送るつもりだ。

私(わたし) は 彼女(かのじょ) を 家(いえ) まで 送(おく)る つもり だ。

I'm going to take her home. (101)

597-12. 彼女はきみの電話番号知ってるの？

彼女(かのじょ) は きみ の 電話(でんわ) 番号(ばんごう) 知っ(しっ)て る の？

Does she know your phone number? (87)

「-てる」 [colloquial contraction of -ている: "be __ing"; "have (done) __"]: DJG v1 p155; Genki ch7; Marx v1 day36.

597-13. 部屋のざわめきが彼の注意を引いた。

部屋(へや) の ざわめき が 彼(かれ) の 注意(ちゅうい) を 引い(ひい)た。

A murmur in the room attracted his attention. (25)

597-14. 前夫は、皮肉な発言で彼女をいじめた。

前夫(ぜんぷ) は、 皮肉(ひにく) な 発言(はつげん) で 彼女(かのじょ) を いじめた。

Her ex needled her with sarcastic remarks. (101)

597-15. 彼女は彼氏からプレゼントをもらった。

彼女(かのじょ) は 彼氏(かれし) から プレゼント を もらった。

She got a present from her boyfriend. (87)

597-16. 彼は彼女の生の温みが掌に感じられた。

彼(かれ) は 彼女(かのじょ) の 生(なま) の 温み(ぬくみ) が 掌(てのひら) に 感じ(かんじ)られた。

He could feel her live warmth beneath his hands. (42)

597-17. 彼氏と別れたって昨日言ってなかったっけ？

彼氏(かれし) と 別れ(わかれ)た って 昨日(きのう) 言っ(いっ)て なか った っけ？

Didn't you tell me yesterday that you and your boyfriend had broken up? (87)

「-っけ」 [informal question marker]: DJG v3 p223; Marx v2 day3; Tobira ch15 #14.

597-18. 私が今朝彼女を見た時、彼女は起きていた。

私(わたし) が 今朝(けさ) 彼女(かのじょ) を 見(み)た 時(とき)、 彼女(かのじょ) は 起き(おき)て いた。

She was afoot when I saw her this morning. (101)

597-19. 彼は両手の間に彼女の頭を持って立っていた。

彼(かれ) は 両手(りょうて) の 間(あいだ) に 彼女(かのじょ) の 頭(あたま) を 持っ(もっ)て 立っ(たっ)て いた。

He stood, holding her head between his hands. (25)

597-20. 彼等はみんな彼女のことを利口な子だと思った。

彼等(かれら) は みんな 彼女(かのじょ) の こと を 利口(りこう) な 子(こ) だ と 思っ(おもっ)た。

They all thought of her as a bright girl. (87)

597-21. 彼はその部屋の自分の周囲に詩のリズムを感じた。

彼(かれ) は その 部屋(へや) の 自分(じぶん) の 周囲(しゅうい) に 詩(し) の リズム を 感じ(かんじ)た。

He felt the rhythm of the verse about him in the room. (51)

597-22. 彼は彼女と二人だけになりたくてたまらなかった。

彼(かれ) は 彼女(かのじょ) と 二人(ふたり) だけ に なりたくて た まらなかった。

He longed to be alone with her. (25)

「-てたまらない」 ["cannot help/bear __"]: DJG v1 p445, v2 p222 (under -てならない).

597-23. 彼女は窓のところへ行き、そこに立ち、外を見ていた。

彼女(かのじょ) は 窓(まど) の ところ へ 行き(いき)、 そこ に 立ち (たち)、 外(そと) を 見(み)て いた。

She went on to the window and stood there, looking out. (25)

597-24. ただ彼女が自分から彼の方を見るか彼の方へ来てくれたら！

ただ 彼女(かのじょ) が 自分(じぶん) から 彼(かれ) の 方(ほう) を 見る(みる) か 彼(かれ) の 方(ほう) へ 来(き)て くれたら！

If she would only turn to him or come to him of her own accord! (25)

「ただ〜」 {只〜* 1194} ["just __", "only __"]: DJG v2 p445.

597-25. 彼女は気長に、ほとんど楽しげに、不安もなく待ち続けた。

彼女(かのじょ) は 気長(きなが) に、 ほとんど 楽し(たのし)げ に、 不 安(ふあん) も なく 待ち続け(まちつづけ)た。

She waited on patiently, almost cheerfully, without alarm. (15)

「-げ」 ["__-looking", "__-like"]: Marx v2 day68.

597-26. あなたは彼女を知らないが、あれは鉄の心を持っています。

あなた は 彼女(かのじょ) を 知ら(しら)ない が、 あれ は 鉄(てつ) の 心(こころ) を 持っ(もっ)て います。

You do not know her, but she has a soul of steel. (4)

597-27. 彼女の夫は、彼女を殺すために、彼女の飲み物に毒を入れた。

彼女(かのじょ) の 夫(おっと) は、 彼女(かのじょ) を 殺す(ころす) た め に、 彼女(かのじょ) の 飲み物(のみもの) に 毒(どく) を 入(い)れた。

Her husband poisoned her drink in order to kill her. (101)

597-28. けれども、あなたは彼等の企みを見破ることが出来たんです。

けれども、 あなた は 彼等(かれら) の 企(たくら)み を 見破る(みや ぶる) こと が 出来(でき)た ん です。

Still, you might have burst up their little plan. (88)

597-29. あかちゃんの泣き声は彼の周囲へ、一時に父や母を集まらせた。

あかちゃん の 泣き声(なきごえ) は 彼(かれ) の 周囲(しゅうい) へ、一時(いちじ) に 父(ちち) や 母(はは) を 集まら(あつまら)せた。

The baby's howling immediately brought his parents to him. (93)

597-30. 話をする間、彼女は手首の銀のブレスレットをぐるぐると回した。

話(はなし) を する 間(あいだ)、 彼女(かのじょ) は 手首(てくび) の 銀(ぎん) の ブレスレット を ぐるぐる と 回し(まわし)た。

While she spoke she turned a silver bracelet round and round her wrist. (6)

597-31. その後四、五日間は、彼女の名をアッシャーも私も口にしなかった。

その 後(ご) 四(し)、 五(ご) 日間(にちかん) は、 彼女(かのじょ) の 名(な) を アッシャー も 私(わたし) も 口(くち) に しなかった。

For several days ensuing, her name went unsaid by either Usher or myself. (31)

597-32. この三人はノアの子らで、全地の民は彼らから出て広がったのである。

この 三人(さんにん) は ノア の 子(こ)ら で、 全地(ぜんち) の 民(たみ) は 彼ら(かれら) から 出(で)て 広がっ(ひろがっ)た の で ある。

These are the three sons of Noah: and of them was the whole earth overspread. (33)

597-33. 靴がきついのも彼女を苦しめていましたが、その心はもっと苦しんでいました。

靴(くつ) が きつい の も 彼女(かのじょ) を 苦しめ(くるしめ)て いました が、 その 心(こころ) は もっと 苦しん(くるしん)で いました。

The tight shoe pained her, but her heart pained her still more. (98)

597-34. 彼等が彼女の所在を知っていたが、彼女の友人はそれに関して口をつぐんでいた。

彼等(かれら) が 彼女(かのじょ) の 所在(しょざい) を 知っ(しっ)て いた が、 彼女(かのじょ) の 友人(ゆうじん) は それ に関して(にかんして) 口(くち) を つぐんで いた。

Although they knew her whereabouts her friends kept close about it. (101)

597-35. かんじで書いた「彼処」とは「あの所」を意味する。通常この単語はひらがなを用いて「あそこ」と書く。

かんじ で 書い(かい)た 「彼処(あそこ)」 と は 「あの 所(ところ)」 を 意味(いみ) する。 通常(つうじょう) この 単語(たんご) は ひらがな を 用い(もちい)て 「あそこ」 と 書く(かく)。

The kanji spelling of "over there" denotes "that (distant) place". This word is usually written in hiragana.

597-36. 我々もこの地方に彼のいることは耳にしていたし、一度か二度は原野への小道でその長身を目にしたこともあった。

我々(われわれ) も この 地方(ちほう) に 彼(かれ) の いる こと は 耳(みみ) に して いた し、一度(いちど) か 二度(にど) は 原野(げんや) へ の 小道(こみち) で その 長身(ちょうしん) を 目(め) に した こと も あった。

We had heard of his presence in the district and had once or twice caught sight of his tall figure upon the moorland paths. (2)

597-37. かんじで書いた「彼方」とは「あの方」又は「あの方」を意味する。通常この単語はひらがなを用いて「あちら」と書く。また別の発音の「彼方」とはあるもののとおいところを意味する。

かんじ で 書い(かい)た 「彼方(あちら)」 と は 「あの 方(ほう)」 又は(または) 「あの 方(かた)」 を 意味(いみ) する。 通常(つうじょう) この 単語(たんご) は ひらがな を 用い(もちい)て 「あちら」 と 書く(かく)。 また 別(べつ) の 発音(はつおん) の 「彼方(かなた)」 と は ある もの の とおい ところ を 意味(いみ) する。

The kanji spelling of "that (distant) way/person" (polite) denotes "that (distant) way" or "that person". This word is usually written in hiragana. Pronounced as *kanata*, it refers to a place distant from the speaker, beyond something else.

598： 波

598-1. 音波。

音波(おんぱ)。

A sonic wave. (101)

598-2. 波線。

波線(はせん)。

Wiggly lines. (101)

598-3. 巨大な波。

巨大(きょだい) な 波(なみ)。

A huge wave. (101)

598-4. 波形の鉄。

波形(なみがた) の 鉄(てつ)。

Corrugated iron. (101)

598-5. 短波放送局。

短波(たんぱ) 放送局(ほうそうきょく)。

Shortwave broadcasting station. (7)

598-6. 三角波の立つ海。

三角波(さんかくなみ) の 立つ(たつ) 海(うみ)。

Choppy seas. (101)

598-7. 電波は音を伝える。

電波(でんぱ) は 音(おと) を 伝える(つたえる)。

The airwaves carry the sound. (101)

598-8. 鳥は羽を波立たせた。

鳥(とり) は 羽(はね) を 波立た(なみだた)せた。

The bird ruffled its feathers. (101)

598-9. 波立っていない水面。

波立つ(なみだっ)て いない 水面(すいめん)。

Unruffled water. (101)

598-10. 彼らは波長が合っている。

彼ら(かれら) は 波長(はちょう) が 合っ(あっ)て いる。

They are on the same wavelength. (101)

598-11. 隊長の短波受信機が破れた。

隊長(たいちょう) の 短波(たんぱ) 受信機(じゅしんき) が 破(やぶ)れた。

The Captain's shortwave receiver is broken. (7)

598-12. 波動力学の基本的な方程式。

波動力学(はどうりきがく) の 基本的(きほんてき) な 方程式(ほうていしき)。

The fundamental equation of wave mechanics. (100)

598-13. 波止場がすこしずつ活気づいてきた。

波止場(はとば) が すこしずつ 活気づい(かっきづい)て きた。

Little by little the scene on the quay became more animated. (7)

598-14. 「ヘルツ」とは、周波数の単位のことを示す。

「ヘルツ」 と は、 周波数(しゅうはすう) の 単位(たんい) の こと を 示(しめ)す。

A "hertz" is a unit of wave frequency. (100)

598-15. この頭上電線は高周波の信号用の転送線です。

この 頭上(ずじょう) 電線(でんせん) は 高周波(こうしゅうは) の 信号用(しんごうよう) の 転送線(てんそうせん) です。

These overhead wires are transmission lines for high-frequency signals. (100)

598-16. この放送局に割り当てられた周波数は1600キロヘルツです。

この 放送局(ほうそうきょく) に 割り当て(わりあて)られた 周波数(しゅうはすう) は 1600 キロヘルツ です。

The frequency assigned to this broadcasting station is 1600 kilohertz. (100)

598-17. 波止場へ行った時に、彼の所に水夫がやってきて話しかけられた。

波止場(はとば) へ 行っ(いっ)た 時(とき) に、 彼(かれ) の 所(ところ) に 水夫(すいふ) が やって きて 話しかけ(はなしかけ)られた。

When he went to the wharf he was accosted by a sailor. (7)

599：　果

599-1. 二次結果。

二次(にじ) 結果(けっか)。

A secondary consequence. (100)

599-2. 秋の果実。

秋(あき) の 果実(かじつ)。

Autumnal fruits. (101)

599-3. 干し果物。

干し(ほし) 果物(くだもの)。

Dried fruit. (101)

599-4. 果てしない会話。

果てしない(はてしない) 会話(かいわ)。

An endless conversation. (101)

599-5. 果肉の多い果物。

果肉(かにく) の 多い(おおい) 果物(くだもの)。

Pulpy fruit. (101)

599-6. 結果を図に示す。

結果(けっか) を 図(ず) に 示す(しめす)。

The results are shown in the figure. (10)

599-7. この果物は不味い。

この 果物(くだもの) は 不味い(まずい)。

This fruit doesn't taste good. (87)

599-8. 彼は結果を要約した。

彼(かれ) は 結果(けっか) を 要約(ようやく) した。

He summed up the results. (101)

599-9. 彼女は結果に満足した。

彼女(かのじょ) は 結果(けっか) に 満足(まんぞく) した。

She was satisfied with the result. (87)

599-10. その結果は重要でない。

その 結果(けっか) は 重要(じゅうよう) で ない。

That result is of no consequence. (101)

599-11. 彼の有利な結果となった。

彼(かれ) の 有利(ゆうり) な 結果(けっか) と なった。

The outcome was in his favor. (101)

599-12. 様々な要素が結果を決定した。

様々(さまざま) な 要素(ようそ) が 結果(けっか) を 決定(けってい) した。

A variety of factors determined the outcome. (101)

599-13. つかい果たされていない井戸。

つかい果たさ(はたさ)れて いない 井戸(いど)。

An unexhausted well. (101)

599-14. 果物以外になにか食べたいわ。

果物(くだもの) 以外(いがい) に なに か 食べ(たべ)たい わ。

I should like something to eat besides fruit. (99)

599-15. 最新の結果を私に送って下さい。

最新(さいしん) の 結果(けっか) を 私(わたし) に 送っ(おくっ)て 下(くだ)さい。

Please send me your latest results. (101)

599-16. 計画を進める見込みがある結果。

計画(けいかく) を 進(すす)める 見込み(みこみ) が ある 結果(けっか)。

The probable consequences of going ahead with the scheme. (101)

599-17. 定理は、申し分ない結果となる。

定理(ていり) は、 申し分(もうしぶん)ない 結果(けっか) と なる。

The theorem falls out nicely. (101)

599-18. 私たちは貯金をつかい果たした。

私(わたし)たち は 貯金(ちょきん) を つかい果たし(はたし)た。

We exhausted our savings. (101)

599-19. 彼女の文句は、果てしなく続いた。

彼女(かのじょ) の 文句(もんく) は、 果て(はて)しなく 続い(つづい)た。

Her nagging went on endlessly. (101)

599-20. 果物を自由にとって食べて下さい。

果物(くだもの) を 自由(じゆう) に とって 食べ(たべ)て 下(くだ)さい。

Please help yourself to some fruit. (87)

599-21. いずれも成果は上げられなかったが。

いずれ も 成果(せいか) は 上げ(あげ)られなかった が。

In any event there has been no result. (73)

599-22. それがすでに一定の成果を上げます。

それ が すでに 一定(いってい) の 成果(せいか) を 上げ(あげ)ます。

It already has brought a certain result. (10)

599-23. 私の株式は去年は期待以下の結果であった。

私(わたし) の 株式(かぶしき) は 去年(きょねん) は 期待(きたい) 以下(いか) の 結果(けっか) で あった。

My stocks underperformed last year. (101)

599-24. 政府はその役割を果たさなければならない。

政府(せいふ) は その 役割(やくわり) を 果たさ(はたさ)なければ ならない。

The government must do its part. (101)

599-25. 我々はこの過程から多大な成果を得ている。

我々(われわれ) は この 過程(かてい) から 多大(ただい) な 成果(せいか) を 得(え)て いる。

We have reaped great fruits from this process. (28)

599-26. 本が全くクッションの役目を果たさなかった。

本(ほん) が 全く(まったく) クッション の 役目(やくめ) を 果たさ(はたさ)なかった。

The book didn't work as a cushion at all. (10)

599-27. 靴屋は結果を聞いてがっかりした様子だった。

靴屋(くつや) は 結果(けっか) を 聞い(きい)て がっかり した 様子(ようす) だった。

The shoe seller seemed disappointed upon hearing the results. (87)

599-28. 皮肉にも、彼は結局、彼自身の計画の結果、お金を失った。

皮肉(ひにく) に も、 彼(かれ) は 結局(けっきょく)、 彼(かれ) 自身(じしん) の 計画(けいかく) の 結果(けっか)、 お金(おかね) を 失(うしな)った。

Ironically, he ended up losing money under his own plan. (101)

600： 課

600-1. 新たに課する。

新た(あらた) に 課する(かする)。

Impose anew. (100)

600-2. 自ら課した苦しみ。

自ら(みずから) 課し(かし)た 苦しみ(くるしみ)。

Self-imposed distress. (100)

600-3. 学習課程を多様化する。

学習(がくしゅう) 課程(かてい) を 多様化(たようか) する。

Diversify a course of study. (101)

600-4. 過度な重量を課された。

過度(かど) な 重量(じゅうりょう) を 課さ(かさ)れた。

Loaded with excessive weight. (100)

600-5. 医学部進学課程の学生。

医学部(いがくぶ) 進学(しんがく) 課程(かてい) の 学生(がくせい)。

Premedical students. (101)

600-6. 彼は企画課で働いている。

彼(かれ) は 企画課(きかくか) で 働い(はたらい)て いる。

He works in the planning section. (87)

600-7. 彼は課長代理に任命された。

彼(かれ) は 課長(かちょう) 代理(だいり) に 任命(にんめい) された。

He was appointed deputy manager. (101)

600-8. 10課を最後まで読みなさい。

10課(か) を 最後(さいご) まで 読(よ)み なさい。

Read Chapter 10 until the end.

600-9. 彼女は、彼と放課後会うことを約束した。

彼女(かのじょ) は、 彼(かれ) と 放課後(ほうかご) 会う(あう) こと を 約束(やくそく) した。

She promised that she would meet him after school. (87)

600-10. 牧野さんは人事課の課長に任命されるそうだ。

牧野(まきの)さん は 人事課(じんじか) の 課長(かちょう) に 任命(にんめい) される そう だ。

I hear Makino-san is going to be named head of the Personnel Section.

「〜そうだ」 ["I heard that __"]: DJG v1 p407; Genki ch17; Marx v2 day70.

㊗ Congratulations! ㊗

You have now attained the seventh *dan*:

セツ
PREPARING

See the full list of KLC kanji ranks at
keystojapanese.com/kanji-ranks

Paste your own kanji *dan* color badges
to give yourself positive reinforcement as you progress:
keystojapanese.com/stickers

601 ： 巣

601-1. 食器室にネズミの巣がある。

食器室(しょっきしつ) に ネズミ の 巣(す) が ある。

There's a rat's nest in the pantry.

601-2. キツツキは木の穴に巣を作る。

キツツキ は 木(き) の 穴(あな) に 巣(す) を 作る(つくる)。

The woodpecker builds its nest in tree cavities. (100)

601-3. 革の工場にツバメが巣を作った。

革(かわ) の 工場(こうじょう) に ツバメ が 巣(す) を 作(つく)った。

Swallows built a nest in the leather workshop. (10)

601-4. 鳥は毎春、私の窓の外に巣を作っている。

鳥(とり) は 毎(まい) 春(はる)、 私(わたし) の 窓(まど) の 外(そと) に 巣(す) を 作っ(つくっ)て いる。

Birds are nesting outside my window every Spring. (101)

601-5. 明日あなたが来る時には巣は空っぽです。

明日(あした) あなた が 来る(くる) 時(とき) に は 巣(す) は 空っぽ (からっぽ) です。

When you call tomorrow you will find the nest empty. (4)

601-6. 野口投手は巨人から古巣の阪神にもどった。

野口(のぐち) 投手(とうしゅ) は 巨人(きょじん) から 古巣(ふるす) の 阪神(はんしん) に もどった。

The pitcher Noguchi returned from the Giants to his old team, Hanshin.

601-7. クモが巣をはるところを見たことがありますか。

クモ が 巣(す) を はる ところ を 見(み)た こと が あります か。

Have you ever seen a spider spinning its web? (87)

601-8. 私は、とっても、つかれて、もう、これ以上、近くまで、巣を、運んで、行けない。

私(わたし) は、 とっても、 つかれて、 もう、 これ 以上(いじょう)、 近く(ちかく) まで、 巣(す) を、 運ん(はこん)で、 行け(いけ)ない。

I – am – too – tired – to – bring – the nest – any – nearer --. (64)

602 ： 菓

602-1. 子供は洋菓子が大好きです。

子供(こども) は 洋菓子(ようがし) が 大好き(だいすき) です。

Children are crazy for western sweets.

602-2. 恵さんは菓子屋の末っ子です。

恵(めぐみ)さん は 菓子屋(かしや) の 末っ子(すえっこ) です。

Megumi is the youngest child of a pastry maker.

602-3. 個人的に、私は和菓子の方を好む。

個人的(こじんてき) に、 私(わたし) は 和菓子(わがし) の 方(ほう) を 好(この)む。

Personally, I prefer Japanese sweets.

602-4. 和菓子は小豆を用いて作られる。

和菓子(わがし) は 小豆(あずき) を 用い(もちい)て 作ら(つくら)れる。

Japanese sweets are made with adzuki beans.

602-5. 菓子は新聞紙に包まれていたらしい。

菓子(かし) は 新聞紙(しんぶんし) に 包ま(つつま)れて いた らしい。

It seemed like the confections had been wrapped in newspaper. (93)

602-6. 色々な種類のおもちゃや、明るい絵がかかれた紙に包まれたお菓子がありました。

色々(いろいろ) な 種類(しゅるい) の おもちゃ や、 明るい(あかるい) 絵(え) が かかれた 紙(かみ) に 包ま(つつま)れた お菓子(おかし) が ありました。

There were toys of various fashions and sweets in bright-pictured papers. (29)

603 ： 茶

603-1. 無味な茶。

無味(むみ) な 茶(ちゃ)。

Vapid tea. (101)

603-2. 茶色の冬草。

茶色(ちゃいろ) の 冬草(ふゆくさ)。

Brown wintry grasses. (101)

603-3. 無茶なことするなよ。

無茶(むちゃ) な こと する な よ。

Don't do anything rash. (87)

603-4. このお茶、苦すぎるよ。

この お茶(おちゃ)、 苦(にが)すぎる よ。

This tea is too bitter. (87)

603-5. 家族全員は茶の間で夕食を食べた。

家族(かぞく) 全員(ぜんいん) は 茶の間(ちゃのま) で 夕食(ゆうしょく) を 食べ(たべ)た。

The whole family dined in the sitting room. (87)

603-6. 和菓子にはやっぱり日本茶が合う。

和菓子(わがし) に は やっぱり 日本茶(にほんちゃ) が 合う(あう)。

Traditional Japanese sweets really do go well with Japanese tea. (87)

603-7. 一定量のお茶が入っている小さな紙バッグ。

一定量(いっていりょう) の お茶(おちゃ) が 入っ(はいっ)て いる 小(ちい)さな 紙(かみ) バッグ。

Small paper bag holding a measure of tea. (100)

603-8. 彼女は親切にも私たちにお茶菓を出してくれた。

彼女(かのじょ) は 親切(しんせつ) に も 私(わたし)たち に お茶菓(ちゃか) を 出し(だし)て くれた。

She was kind enough to make refreshments for us. (87)

603-9. お茶湯はわらぶき屋根の小さな茶室で行われた。

お茶湯(おちゃのゆ) は わらぶき 屋根(やね) の 小(ちい)さな 茶室(ちゃしつ) で 行わ(おこなわ)れた。

The tea ceremony took place in a small, thatched tea hut.

603-10. このお茶に毒が入っているかどうか分かりません。

この お茶(おちゃ) に 毒(どく) が 入っ(はいっ)て いる か どう か 分かり(わかり)ません。

I don't know whether this tea contains poison.

603-11. 代理の鞄はざらざらした茶色の革で作られていた。

代理(だいり) の 鞄(かばん) は ざらざら した 茶色(ちゃいろ) の 革(かわ) で 作ら(つくら)れて いた。

The deputy's briefcase was made of rough brown leather. (87)

603-12. 彼は背が高く、明るい茶色の口ひげのある若い男だった。

彼(かれ) は 背(せ) が 高く(たかく)、 明るい(あかるい) 茶色(ちゃいろ) の 口ひげ(くちひげ) の ある 若い(わかい) 男(おとこ) だった。

He was a tall young man with a light brown moustache. (49)

603-13. その坂を向うへ下り切ると、又同じような茶店があった。

その 坂(さか) を 向う(むこう) へ 下り切る(おりきる) と、 又(また) 同じ(おなじ) よう な 茶店(ちゃみせ) が あった。

Climbing up and over the hill brought them to a similar teahouse. (93)

604： 世

604-1. 6 世紀以後。

6 世紀(せいき) 以後(いご)。

From the sixth century onward. (101)

604-2. 後世の世代。

後世(こうせい) の 世代(せだい)。

Unborn generations. (101)

604-3. 18 世紀後半。

18 世紀(せいき)　後半(こうはん)。

Late 18th century. (101)

604-4. 失われた世代。

失わ(うしなわ)れた　世代(せだい)。

A lost generation. (101)

604-5. 紀元前六世紀。

紀元前(きげんぜん)　六世紀(ろくせいき)。

Sixth century BCE.

604-6. 彼の世渡りの知恵の利益。

彼(かれ)　の　世渡り(よわたり)　の　知恵(ちえ)　の　利益(りえき)。

The benefits from his wisdom as to getting ahead in this world. (101)

604-7. 彼女は1日中夫の世話をした。

彼女(かのじょ)　は　1日中(いちにちじゅう)　夫(おっと)　の　世話(せわ)
を　した。

She cared for her husband all day long. (87)

604-8. 彼はこの世で一番の金持ちだ。

彼(かれ)　は　この世(よ)　で　一番(いちばん)　の　金持ち(かねもち)　だ。

He is the richest man on earth. (87)

604-9. エリザベス二世は英国の元首だ。

エリザベス　二世(にせい)　は　英国(えいこく)　の　元首(げんしゅ)　だ。

Elizabeth II is the head of state in Great Britain. (101)

604-10. 私は子供を世話する仕事を彼に課した。

私(わたし)　は　子供(こども)　を　世話(せわ)　する　仕事(しごと)　を　彼
(かれ)　に　課し(かし)た。

I tasked him with looking after the children. (101)

604-11. この風習の起源は12世紀にさかのぼる。

この　風習(ふうしゅう)　の　起源(きげん)　は　12世紀(せいき)　に　さかの
ぼる。

This custom dates back to the 12th century. (87)

604-12. 彼らは年上の世代となんの共通点もない。

彼ら(かれら)　は　年上(としうえ)　の　世代(せだい)　と　なん　の　共通点
(きょうつうてん)　も　ない。

They have nothing in common with the older generation. (87)

604-13. 彼は世なれた人で我々に好意を持っている。

彼(かれ)　は　世(よ)なれた　人(ひと)　で　我々(われわれ)　に　好意(こうい)
を　持っ(もっ)て　いる。

He's a man of the world, and he means well by us. (49)

604-14. 彼の家はなん世代にもわたって農家だった。

彼(かれ) の 家(いえ) は なん 世代(せだい) に も わたって 農家(のうか) だった。

His people have been farmers for generations. (101)

604-15. 今やこの世には二人の人間しか存在しない。

今や(いまや) この世(このよ) に は 二人(ふたり) の 人間(にんげん) しか 存在(そんざい) しない。

There are only two people in the world now. (70)

604-16. 当時かのじょはこの世で最も美しい女であった。

当時(とうじ) かのじょ は この世(このよ) で 最も(もっとも) 美しい(うつくしい) 女(おんな) で あった。

At that time she was the fairest lady in the world. (86)

604-17. それが特に同世代の女性から多くの支持を得た。

それ が 特に(とくに) 同世代(どうせだい) の 女性(じょせい) から 多く(おおく) の 支持(しじ) を 得た(えた)。

It especially got a lot of support from women of that generation. (10)

604-18. 中世英語とは1100年から1500年の英語である。

中世(ちゅうせい) 英語(えいご) と は 1100年(ねん) から 1500年(ねん) の 英語(えいご) で ある。

Middle English is the English language from about 1100 to 1500. (101)

604-19. 彼女は世の中に良い行いをしようといつも心がけている。

彼女(かのじょ) は 世の中(よのなか) に 良い(よい) 行い(おこない) を しよう と いつも 心がけ(こころがけ)て いる。

She always seeks to do good in the world. (101)

604-20. 「カルマ」とは、来世の運命を決定する行動の結果のことを示す。

「カルマ」 と は、 来世(らいせ) の 運命(うんめい) を 決定(けってい) する 行動(こうどう) の 結果(けっか) の こと を 示(しめ)す。

"Karma" refers to the effects of a person's actions that determine his destiny in his next incarnation. (100)

604-21. 給仕は、彼の人生が彼の後世で、より良くなると信じています。

給仕(きゅうじ) は、 彼(かれ) の 人生(じんせい) が 彼(かれ) の 後世(こうせい) で、 より 良く(よく) なる と 信じ(しんじ)て います。

The server believes that his life will be better in his next incarnation. (101)

604-22. 彼があの世で楽しく過ごせる見込みは、きわめてすくないのだ。

彼(かれ) が あの世(あのよ) で 楽しく(たのしく) 過ごせる(すごせる) 見込み(みこみ) は、 きわめて すくない の だ。

His chances of comfort in another world are very small. (90)

604-23. 今日、連続する世代の間の通常の年間が30年ほどに近づいている。

今日(こんにち)、連続(れんぞく) する 世代(せだい) の 間(あいだ) の 通常(つうじょう) の 年間(ねんかん) が 30年(ねん) ほど に 近づい(ちかづい)て いる。

Today the normal interval between successive generations is nearing thirty years. (100)

605：　葉

605-1. 広葉の。

広葉(こうよう) の。

Broad-leafed. (101)

605-2. 無毛の葉。

無毛(むもう) の 葉(は)。

Glabrous leaves. (101)

605-3. 茶の葉。

茶(ちゃ) の 葉(は)。

Tea leaves.

605-4. 細長い葉巻。

細長い(ほそながい) 葉巻(はまき)。

A long slender cigar. (100)

605-5. 下品な言葉。

下品(げひん) な 言葉(ことば)。

Coarse language. (101)

605-6. 不吉な言葉。

不吉(ふきつ) な 言葉(ことば)。

Ominous words. (101)

605-7. 失礼な言葉。

失礼(しつれい) な 言葉(ことば)。

Rude remarks. (101)

605-8. 生意気な言葉。

生意気(なまいき) な 言葉(ことば)。

An impudent statement. (100)

605-9. 専門的な言葉。

専門的(せんもんてき) な 言葉(ことば)。

Technical language. (101)

605-10. 神の聖なる言葉。

神(かみ) の 聖なる(せいなる) 言葉(ことば)。

The divine word of God. (100)

605-11. 言葉を切り詰める。

言葉(ことば) を 切り詰める(きりつめる)。

Truncate a word. (101)

605-12. 私は言葉に詰まった。

私(わたし) は 言葉(ことば) に 詰まっ(つまっ)た。

I was at a loss for words. (87)

605-13. 彼女の言葉は神聖です。

彼女(かのじょ) の 言葉(ことば) は 神聖(しんせい) です。

Her word is inviolate. (4)

605-14. 簡単に言葉にならない。

簡単(かんたん) に 言葉(ことば) に ならない。

Not easily put into words. (100)

605-15. 葉っぱが空中でぐるぐる回っていた。

葉っぱ(はっぱ) が 空中(くうちゅう) で ぐるぐる 回(まわ)って いた。

Leaves were whirling in the air. (87)

605-16. 旅行中に葉書を出すのは好きではない。

旅行中(りょこうちゅう) に 葉書(はがき) を 出す(だす) の は 好き(すき) で は ない。

I don't like to send postcards when I'm on a trip. (87)

605-17. シュワルツェネッガー知事の食後の葉巻。

シュワルツェネッガー 知事(ちじ) の 食後(しょくご) の 葉巻(はまき)。

Governor Schwarzenegger's postprandial cigar. (101)

605-18. 万葉集の本来の意味が理解できなかった。

万葉集(まんようしゅう) の 本来(ほんらい) の 意味(いみ) が 理解(りかい) できなかった。

I could not grasp the original meaning of the *Man'yoshu*.

605-19. 彼女は彼のあらゆる言葉に聞き入っていた。

彼女(かのじょ) は 彼(かれ) の あらゆる 言葉(ことば) に 聞き入っ(ききいっ)て いた。

She hung on his every word. (101)

605-20. 大抵、書き言葉は話し言葉より正式的である。

大抵(たいてい)、 書き言葉(かきことば) は 話し言葉(はなしことば) より 正式的(せいしきてき) で ある。

In general, the written language is more formal than the spoken language. (101)

605-21. 役人が千世さんの言葉に、すぐに返事を返した。

役人(やくにん) が 千世(ちよ)さん の 言葉(ことば) に、 すぐ に 返事(へんじ) を 返し(かえし)た。

The bureaucrat responded quickly to Chiyo's words. (10)

605-22. 彼の様子からは、まったく言葉通りであることが分かった。

彼(かれ) の 様子(ようす) から は、 まったく 言葉通り(ことばどおり) で ある こと が 分かっ(わかっ)た。

His appearance fully bore out his words. (84)

605-23. このひどく皮肉な言葉は、みんなの居心地を悪くしました。

この ひどく 皮肉(ひにく) な 言葉(ことば) は、 みんな の 居心地(いごこち) を 悪く(わるく) しました。

The awful cynicism of this remark made everyone uncomfortable. (64)

605-24. 私の言葉を覚えておいてくれ、やつのことを聞くことは二度とないよ。

私(わたし) の 言葉(ことば) を 覚え(おぼえ)て おいて くれ、 やつ の こと を 聞く(きく) こと は 二度と(にどと) ない よ。

Mark my words, he will never more be heard of. (84)

「～くれ」 {～呉れ** 1478} [impolite request]: DJG v1 p210.

605-25. お茶と葉巻が給仕されている間、彼女は図書室で手紙にざっと目を通したりした。

お茶(おちゃ) と 葉巻(はまき) が 給仕(きゅうじ) されて いる 間(あいだ)、 彼女(かのじょ) は 図書室(としょしつ) で 手紙(てがみ) に ざっと 目(め) を 通し(とおし)たり した。

While the tea and cigars were served she glanced at some letters in the library. (16)

「～-たり～-たりする」 [partial enumeration of actions/states]: DJG v1 p458; Genki ch11.

606： 棄

606-1. 有害化学廃棄物。

有害(ゆうがい) 化学(かがく) 廃棄物(はいきぶつ)。

Noxious chemical wastes. (101)

606-2. 彼女は信念を放棄した。

彼女(かのじょ) は 信念(しんねん) を 放棄(ほうき) した。

She abjured her beliefs. (101)

606-3. 私は廃棄物を週に１度投棄する。

私(わたし) は 廃棄物(はいきぶつ) を 週(しゅう) に １度(ど) 投棄(とうき) する。

I dump out the refuse once a week.

606-4. これらの古い記念品を廃棄して！

これら の 古い(ふるい) 記念品(きねんひん) を 廃棄(はいき) して！

Deep-six these old souvenirs! (101)

606-5. 当社は産業廃棄物の処理を行います。

当社(とうしゃ) は 産業(さんぎょう) 廃棄物(はいきぶつ) の 処理(しょり) を 行い(おこない)ます。

Our company carries out industrial waste disposal. (10)

606-6. 会社の全員は夜中に書類を破棄していた。

会社(かいしゃ) の 全員(ぜんいん) は 夜中(よなか) に 書類(しょるい) を 破棄(はき) して いた。

All the company employees were destroying papers in the middle of the night. (30)

606-7. その工場は古い機械類を廃棄することにした。

その 工場(こうじょう) は 古い(ふるい) 機械類(きかいるい) を 廃棄(はいき) する こと に した。

The factory decided to do away with the old machinery. (87)

606-8. 古い飛行機を廃棄して、部品を売ってしまおう。

古い(ふるい) 飛行機(ひこうき) を 廃棄(はいき) して、 部品(ぶひん) を 売っ(うっ)て しまおう。

Let's scrap the old airplane and sell the parts. (101)

607 ： 緑

607-1. 常緑低木。

常緑(じょうりょく) 低木(ていぼく)。

An evergreen shrub. (100)

607-2. 緑の野原。

緑(みどり) の 野原(のはら)。

Green wilds. (101)

607-3. 鮮やかな緑。

鮮やか(あざやか) な 緑(みどり)。

Vivid green. (101)

607-4. 同じ理由で、草は緑。

同じ(おなじ) 理由(りゆう) で、 草(くさ) は 緑(みどり)。

Grass is green for the same reason. (77)

607-5. 緑の雨戸を閉めた小屋。

緑(みどり) の 雨戸(あまど) を 閉め(しめ)た 小屋(こや)。

Green-shuttered cottages. (101)

607-6. 窓は緑のガラスでした。

窓(まど) は 緑(みどり) の ガラス でした。

The window panes were of green glass. (99)

607-7. 葉緑素なしで成長させる。

葉緑素(ようりょくそ) なし で 成長(せいちょう) させる。

Cause to grow without chlorophyll. (100)

607-8. 固い果肉と緑色の皮のナシ。

固(かた)い 果肉(かにく) と 緑色(みどりいろ) の 皮(かわ) の ナシ。

A pear with firm flesh and a green skin. (100)

607-9. ねじられた葉を持つ中国の緑茶。

ねじられた 葉(は) を 持(も)つ 中国(ちゅうごく) の 緑茶(りょくちゃ)。

A Chinese green tea with twisted leaves. (100)

607-10. スタートの合図は緑の信号だった。

スタート の 合図(あいず) は 緑(みどり) の 信号(しんごう) だった。

The starting signal was a green light. (101)

607-11. 草が緑の野原となって広がっていました。

草(くさ) が 緑(みどり) の 野原(のはら) と なって 広がっ(ひろがっ) て いました。

The grass spread in beautiful green fields before them. (99)

607-12. 新鮮な風のおかげで、緑の森まで都市全体を見渡すことができた。

新鮮(しんせん) な 風(かぜ) の おかげ で、 緑(みどり) の 森(もり) まで 都市(とし) 全体(ぜんたい) を 見渡す(みわたす) こと が できた。

With the fresh wind one could look over the whole city to the green wood. (98)

「〜おかげ」 {〜お陰* 1311} ["thanks to __"]: DJG v2 p382 (under せい); Marx v2 day44; Tobira ch8 #14.

607-13. お菓子の入れ物は見たところ、ブロンズの物で、緑青におおわれていました。

お菓子(おかし) の 入れ物(いれもの) は 見(み)た ところ、 ブロンズ の 物(もの) で、 緑青(ろくしょう) に おおわれて いました。

The sweets container, it appeared, was bronze, and was covered with verdigris. (64)

「〜ところ」 ["when __"]: DJG v2 p500; Marx v2 day46. 「おおわれる」 {覆われる 1870} [passive form of おおう ("cover"): "be covered"].

608： 録

608-1. 気圧記録計。

気圧(きあつ) 記録計(きろくけい)。

A recording barometer. (100)

608-2. 詳細に記録する。

詳細(しょうさい) に 記録(きろく) する。

Record in detail. (100)

608-3. 録音した音を放つ。

録音(ろくおん) した 音(おと) を 放つ(はなつ)。

Emit recorded sound. (100)

608-4. 放送のために記録する。

放送(ほうそう) の ため に 記録(きろく) する。

Recorded for broadcast. (100)

608-5. 勝利者は記録を破った。

　　勝利者(しょうりしゃ)　は　記録(きろく)　を　破っ(やぶっ)た。

　　The winner set a new record. (87)

608-6. 株式の記録された所有者。

　　株式(かぶしき)　の　記録(きろく)　された　所有者(しょゆうしゃ)。

　　Recorded holders of a stock. (101)

608-7. 商業取引に関する文書記録。

　　商業(しょうぎょう)　取引(とりひき)　に関する(にかんする)　文書(ぶんしょ)　記録(きろく)。

　　A written record of a commercial transaction. (100)

608-8. この会話は録音されています。

　　この　会話(かいわ)　は　録音(ろくおん)　されて　います。

　　This conversation is being recorded. (87)

608-9. 自動的に温度を記録する温度計。

　　自動的(じどうてき)　に　温度(おんど)　を　記録(きろく)　する　温度計(おんどけい)。

　　A thermometer that records the temperature automatically. (100)

608-10. 彼はオリンピック記録に並んだ。

　　彼(かれ)　は　オリンピック　記録(きろく)　に　並ん(ならん)だ。

　　He tied the Olympic record. (101)

608-11. 彼の名前はすべての記録にある。

　　彼(かれ)　の　名前(なまえ)　は　すべて　の　記録(きろく)　に　ある。

　　His name is in all the record books. (101)

608-12. 彼女は新記録でテープを切った。

　　彼女(かのじょ)　は　新記録(しんきろく)　で　テープ　を　切っ(きっ)た。

　　She broke the tape in record time. (101)

608-13. 私は番組を録画して、知り合いに見せた。

　　私(わたし)　は　番組(ばんぐみ)　を　録画(ろくが)　して、　知り合い(しりあい)　に　見せ(みせ)た。

　　I recorded the program and showed it to my friends.

608-14. 付録ＤＶＤには、コンサートの全４時間が録画されています。

　　付録(ふろく)　ＤＶＤ　に　は、　コンサート　の　全(ぜん)　４時間(じかん)　が　録画(ろくが)　されて　います。

　　The accompanying DVD contains a video recording of all 4 hours of the concert. (10)

608-15. 先生に課された読本は図書館の図書目録に記録されていない。

　　先生(せんせい)　に　課さ(かさ)れた　読本(どくほん)　は　図書館(としょかん)　の　図書(としょ)　目録(もくろく)　に　記録(きろく)　されて　いない。

　　The reader the teacher assigned us is not listed in the library catalog. (101)

608-16. 我々が別の時代、別の場所に関して詳しいのは、人々が文字で記録をのこしていたからだ。

我々(われわれ) が 別(べつ) の 時代(じだい)、 別(べつ) の 場所(ばしょ) に関して(にかんして) 詳しい(くわしい) の は、 人々(ひとびと) が 文字(もじ) で 記録(きろく) を のこして いた から だ。

We know infinitely more about other times and places because people have left textual records. (76)

609 ：　剥

609-1. 剥き出しの野心。

剥き出し(むきだし) の 野心(やしん)。

Naked ambition. (101)

Note: 剥 is one of two commonly used variants for KLC kanji #609 (see the KLC for the other). Learn to recognize both interchangeably.

609-2. 牛の皮を剥いた尾。

牛(うし) の 皮(かわ) を 剥い(むい)た 尾(お)。

The skinned tail of cattle. (100)

609-3. 菓子屋さんは小刀でりんごの皮を剥いていた。

菓子屋(かしや)さん は 小刀(こがたな) で りんご の 皮(かわ) を 剥い(むい)て いた。

The confectioner was peeling the apples with a pocketknife.

609-4. 緑さんは貝の剥き身でチャウダーを作ってくれた。

緑(みどり)さん は 貝(かい) の 剥き身(むきみ) で チャウダー を 作っ(つくっ)て くれた。

Midori made chowder for us from clam meat.

609-5. 原住民は隊長の頭皮を戦利品として剥ぎ取りたかった。

原住民(げんじゅうみん) は 隊長(たいちょう) の 頭皮(とうひ) を 戦利品(せんりひん) として 剥ぎ取り(はぎとり)たかった。

The aborigines wanted to take the Captain's scalp as a trophy. (101)

609-6. 取立屋は一も二もなく恵美さんの高い毛皮のコートを剥ぎ取った。

取立屋(とりたてや) は 一(いち) も 二(に) も なく 恵美(えみ)さん の 高い(たかい) 毛皮(けがわ) の コート を 剥ぎ取っ(はぎとっ)た。

The debt collector unhesitatingly tore the expensive fur coat off Emi's back.

610 ：　縁

610-1. 縁の周りで。

縁(ふち) の 周り(まわり) で。

Around the edges. (101)

610-2. 王の血縁者。

王(おう) の 血縁者(けつえんしゃ)。

Royal persons. (100)

610-3. 縁結びの神。

縁結び(えんむすび) の 神(かみ)。

The god of marriage. (100)

610-4. 角縁のメガネ。

角縁(かくぶち) の メガネ。

Horn-rimmed glasses. (101)

610-5. 縁起の悪い言葉。

縁起(えんぎ) の 悪い(わるい) 言葉(ことば)。

Unlucky words. (101)

610-6. 彼のすべての親類縁者。

彼(かれ) の すべて の 親類縁者(しんるいえんじゃ)。

All his kith and kin. (101)

610-7. 彼はその一族に縁がある。

彼(かれ) は その 一族(いちぞく) に 縁(えん) が ある。

He is related to the family. (87)

610-8. 彼女は、夫と縁を切った。

彼女(かのじょ) は、 夫(おっと) と 縁(えん) を 切っ(きっ)た。

She renounced her husband. (101)

610-9. 縁起でもないこと言うなよ。

縁起(えんぎ) でも ない こと 言う(いう) な よ。

It's bad luck to say that. (87)

610-10. 多くの養子縁組が人の心に触れる。

多く(おおく) の 養子(ようし) 縁組(えんぐみ) が 人(ひと) の 心(こころ) に 触れる(ふれる)。

Many adoption cases tug at the heartstrings. (101)

610-11. 緑さんは黒縁メガネをかけている。

緑(みどり)さん は 黒縁(くろぶち) メガネ を かけて いる。

Midori is wearing glasses with black frames. (87)

610-12. 彼女のドレスの縁に、しみがついた。

彼女(かのじょ) の ドレス の 縁(ふち) に、 しみ が ついた。

The hem of her dress got stained. (101)

610-13. 知事は不祥事とは全く無縁であった。

知事(ちじ) は 不祥事(ふしょうじ) と は 全く(まったく) 無縁(むえん) で あった。

Not a breath of scandal ever touched the governor. (101)

610-14. 分別のある人間として、きみがこの作業から縁を切るべきだ。

分別(ふんべつ) の ある 人間(にんげん) として、 きみ が この 作業(さぎょう) から 縁(えん) を 切る(きる) べき だ。

As a sensible man, you should determine to have nothing to do with the whole operation. (2)

611： 介

611-1. 介在する時間内で。

介在(かいざい) する 時間(じかん) 内(ない) で。

During the intervening time. (100)

611-2. その過程は人間の介入なしで起こる。

その 過程(かてい) は 人間(にんげん) の 介入(かいにゅう) なし で 起こる(おこる)。

That process occurs without human intervention. (101)

611-3. 千葉さんはめったに魚介類を食べない。

千葉(ちば)さん は めったに 魚介類(ぎょかいるい) を 食べ(たべ)ない。

Chiba-san seldom eats seafood. (87)

「めったに〜ない」 {滅多に〜ない 1149; 267} **["seldom __"]**: DJG v3 p252.

611-4. 課長は知り合いを介してその地位を得たのだ。

課長(かちょう) は 知り合い(しりあい) を 介(かい)して その 地位(ちい) を 得(え)た の だ。

The Section Chief got his position through an acquaintance.

611-5. その介在する数年間で、とても多くのことが起こっていました。

その 介在(かいざい) する 数年間(すうねんかん) で、 とても 多く(おおく) の こと が 起こっ(おこっ)て いました。

So much had happened during the intervening years. (101)

611-6. それを防ぐためには、政府が介入しなければなりませんでした。

それ を 防ぐ(ふせぐ) ため に は、 政府(せいふ) が 介入(かいにゅう) しなければ なりません でした。

To prevent that, the government had to intervene. (7)

611-7. 緑さんは本当にお節介だ。他人の行動にたいしてあまりにも興味がある。

緑(みどり)さん は 本当に(ほんとうに) お節介(せっかい) だ。 他人(たにん) の 行動(こうどう) にたいして あまり に も 興味(きょうみ) が ある。

Midori is such a nosy parker. She's too interested in other people's doings.

「〜にたいして／〜にたいし」 {〜に対して／〜に対し 650} ["toward __"; "(as) against __"]: DJG v2 p275; Tobira ch9 #13. **「あまりに(も)〜／あんまりに(も)〜」** {余りに(も)〜 995} ["too __"]: Tobira ch13 #10.

612： 界

612-1. 外界。

外界(がいかい)。

The outside world. (101)

612-2. 新世界。

新世界(しんせかい)。

The New World. (101)

612-3. 読書界。

読書界(どくしょかい)。

The reading public. (101)

612-4. もう限界だ。

もう 限界(げんかい) だ。

I've had it. (87)

612-5. 野外の世界。

野外(やがい) の 世界(せかい)。

The outdoor world. (101)

612-6. 産業界の大物。

産業界(さんぎょうかい) の 大物(おおもの)。

A captain of industry. (101)

612-7. 業界の有力者。

業界(ぎょうかい) の 有力者(ゆうりょくしゃ)。

Movers and shakers in the business world. (101)

612-8. 世界的な分布。

世界的(せかいてき) な 分布(ぶんぷ)。

Worldwide distribution. (101)

612-9. 私は世界市民である。

私(わたし) は 世界(せかい) 市民(しみん) で ある。

I am a citizen of the world. (87)

612-10. 彼は世界記録を破った。

彼(かれ) は 世界(せかい) 記録(きろく) を 破っ(やぶっ)た。

He broke the world record. (87)

612-11. 世界最大の医学図書館。

世界(せかい) 最大(さいだい) の 医学(いがく) 図書館(としょかん)。

The world's largest medical library. (100)

612-12. 音楽は世界の共通言語だ。

音楽(おんがく) は 世界(せかい) の 共通(きょうつう) 言語(げんご) だ。

Music is the universal language. (87)

612-13. 彼女は世界中を旅行した。

彼女(かのじょ) は 世界中(せかいじゅう) を 旅行(りょこう) した。

She traveled all over the world. (87)

612-14. 世界中で知られている音楽家。

世界中(せかいじゅう) で 知ら(しら)れて いる 音楽家(おんがくか)。

A musician known throughout the world. (101)

612-15. 世界の最も重要な商業魚の１つ。

世界(せかい) の 最も(もっとも) 重要(じゅうよう) な 商業魚(しょうぎょうぎょ) の １つ。

One of the world's most important commercial fishes. (100)

612-16. 自分の限界を知る事は重要である。

自分(じぶん) の 限界(げんかい) を 知る(しる) 事(こと) は 重要(じゅうよう) で ある。

It is important to know your own limitations. (87)

612-17. 社交界の名士たちは、そこに行く。

社交界(しゃこうかい) の 名士(めいし)たち は、 そこ に 行く(いく)。

The smart set goes there. (101)

612-18. 医学界は予防医学からは利益を得ない。

医学界(いがくかい) は 予防(よぼう) 医学(いがく) から は 利益(りえき) を 得(え)ない。

The medical establishment doesn't profit from preventive medicine. (101)

612-19. 田中元総理大臣は本当の政界実力者だった。

田中(たなか) 元(もと) 総理(そうり) 大臣(だいじん) は 本当(ほんとう) の 政界(せいかい) 実力者(じつりょくしゃ) だった。

Former Premier Tanaka was a real kingmaker.

612-20. 安全のため、この飛行機は低い重量の限界が設けられている。

安全(あんぜん) の ため、 この 飛行機(ひこうき) は 低い(ひくい) 重量(じゅうりょう) の 限界(げんかい) が 設け(もうけ)られて いる。

For safety, this airplane has a low weight limit set on it. (100)

612-21. 紀元前５世紀、アテネは世界で最も有力で文明化された都市だった。

紀元前(きげんぜん) ５世紀(せいき)、 アテネ は 世界(せかい) で 最も(もっとも) 有力(ゆうりょく) で 文明化(ぶんめいか) された 都市(とし) だった。

In the 5th C. B.C.E. Athens was the world's most powerful and civilized city. (101)

612-22. 矢島さんは映画界にデビューするとすぐに10代の若者の間で人気が出た。

矢島(やじま)さん は 映画界(えいがかい) に デビュー する と すぐ に 10代(だい) の 若者(わかもの) の 間(あいだ) で 人気(にんき) が 出(で)た。

Yajima-san became popular among teenagers as soon as he debuted on screen. (87)

613： 浮

613-1. 彼の心は浮き立った。

彼(かれ) の 心(こころ) は 浮き立っ(うきたっ)た。

His spirit rose. (101)

613-2. 色々な計画が心に浮んだ。

色々(いろいろ) な 計画(けいかく) が 心(こころ) に 浮ん(うかん)だ。

Many projects entered my mind. (13)

613-3. いきなり名案が浮かんだ。

いきなり 名案(めいあん) が 浮かん(うかん)だ。

Suddenly a good idea occurred to me. (87)

613-4. 満足の色が彼の顔に浮かんだ。

満足(まんぞく) の 色(いろ) が 彼(かれ) の 顔(かお) に 浮かん(うかん)だ。

A look of contentment appeared on his face. (87)

613-5. 月は夜空高くに浮かんでいた。

月(つき) は 夜空(よぞら) 高く(たかく) に 浮かん(うかん)で いた。

The moon rode high in the night sky. (101)

613-6. 益世さんは満足げに笑みを浮かべた。

益世(ますよ)さん は 満足(まんぞく)げ に 笑み(えみ) を 浮かべ(うかべ)た。

Masuyo displayed a satisfied smile. (87)

613-7. 牧野氏は、この発言に笑みを浮かべた。

牧野(まきの) 氏(し) は、 この 発言(はつげん) に 笑み(えみ) を 浮かべ(うかべ)た。

Mr. Makino smiled at this remark. (7)

613-8. すぐこれらの言葉が私の頭に浮かびます。

すぐ これら の 言葉(ことば) が 私(わたし) の 頭(あたま) に 浮かび(うかび)ます。

These words come to my mind at once. (10)

613-9. 浮かない顔してるけど、なにかあったの？

浮か(うか)ない 顔(かお) してる けど、 なに か あった の？

You look depressed. Did something happen? (87)

613-10. この飛行機は自身の浮力で支えられている。

この　飛行機(ひこうき)　は　自身(じしん)　の　浮力(ふりょく)　で　支え(ささえ)られて　いる。

This aircraft is supported by its own buoyancy. (100)

613-11. ヘリコプターを空中で支える浮力を生み出す。

ヘリコプター　を　空中(くうちゅう)　で　支える(ささえる)　浮力(ふりょく)を　生み出す(うみだす)。

Produce the lift to support a helicopter in the air. (100)

613-12. 私も浮かない顔になりましたよ、だって結局私はその空席を手にする運命じゃなかったと思いましたから。

私(わたし)　も　浮か(うか)ない　顔(かお)　に　なりました　よ、　だって　結局(けっきょく)　私(わたし)　は　その　空席(くうせき)　を　手(て)　に　する　運命(うんめい)　じゃ　なかった　と　思い(おもい)ました　から。

My face lengthened, for I thought I was not to have the vacant seat after all. (4)

「だって〜」　["because __"]: DJG v3 p60.

614 :　将

614-1. 海軍の将校。

海軍(かいぐん)　の　将校(しょうこう)。

A commissioned officer in the navy. (100)

614-2. 将来の所得。

将来(しょうらい)　の　所得(しょとく)。

Future earnings. (101)

614-3. 将校専用の食堂。

将校(しょうこう)　専用(せんよう)　の　食堂(しょくどう)。

A mess for the exclusive use of officers. (100)

614-4. 軍隊の最高位の将校。

軍隊(ぐんたい)　の　最高位(さいこうい)　の　将校(しょうこう)。

A military officer of highest rank. (100)

614-5. 恵子さんはチームの主将だ。

恵子(けいこ)さん　は　チーム　の　主将(しゅしょう)　だ。

Keiko is team captain. (87)

614-6. 将来性のない仕事にはまり込む。

将来性(しょうらいせい)　の　ない　仕事(しごと)　に　はまり込む(こむ)。

Get stuck in a dead-end job. (101)

614-7. 彼女は自分の将来に不安を感じた。

彼女(かのじょ)　は　自分(じぶん)　の　将来(しょうらい)　に　不安(ふあん)を　感じ(かんじ)た。

She felt insecure about her future. (87)

614-8. 本校は、将来のリーダーを育成する。

本校(ほんこう) は、 将来(しょうらい) の リーダー を 育成(いくせい) する。

Our school cultivates the leaders of the future. (101)

614-9. 将軍は日常的な決定は部下に任せていた。

将軍(しょうぐん) は 日常的(にちじょうてき) な 決定(けってい) は 部下(ぶか) に 任せ(まかせ)て いた。

The general relied on his staff to make routine decisions. (101)

614-10. 大抵の親は自分の子供の将来が気になるものです。

大抵(たいてい) の 親(おや) は 自分(じぶん) の 子供(こども) の 将来(しょうらい) が 気(き) に なる もの です。

Parents are usually concerned about their children's future. (87)

614-11. 近い将来ここに地下鉄の駅ができるのを期待しています。

近い(ちかい) 将来(しょうらい) ここ に 地下鉄(ちかてつ) の 駅(えき) が できる の を 期待(きたい) して います。

I expect a subway station will be here in the near future. (87)

614-12. イエズス会士の将軍は、彼の下に幾つかの行政区を持っている。

イエズス会士(かいし) の 将軍(しょうぐん) は、 彼(かれ) の 下(もと) に 幾(いく)つ か の 行政区(ぎょうせいく) を 持っ(もっ)て いる。

The general of the Jesuits has several provinces under him. (101)

615： 奨

615-1. 奨学金を受けている学生。

奨学金(しょうがくきん) を 受け(うけ)て いる 学生(がくせい)。

A student who holds a scholarship. (100)

615-2. 彼女は奨学金のおかげで大学に進学することができた。

彼女(かのじょ) は 奨学金(しょうがくきん) の おかげ で 大学(だいがく) に 進学(しんがく) する こと が できた。

She was able to go to college thanks to the scholarship. (87)

「～おかげ」 {～お陰* 1311} ["thanks to __"]: DJG v2 p382 (under せい); Marx v2 day44; Tobira ch8 #14.

615-3. もし私があなたなら、奨学金の申し込みをするのですが。

もし 私(わたし) が あなた なら、 奨学金(しょうがくきん) の 申し込み(もうしこみ) を する の です が。

If I were you, I would apply for the scholarship. (87)

616： 状

616-1. 波状運動。

波状(はじょう)　運動(うんどう)。

Wavelike motion. (100)

616-2. 波状の曲線。

波状(はじょう)　の　曲線(きょくせん)。

An undulating curve. (100)

616-3. 三角形状にする。

三角形状(さんかっけいじょう)　に　する。

Make triangular. (100)

616-4. 犬の羽毛状の尾。

犬(いぬ)　の　羽毛状(うもうじょう)　の　尾(お)。

The dog's plumy tail. (101)

616-5. 葉の縁は波状である。

葉(は)　の　縁(ふち)　は　波状(はじょう)　で　ある。

The edge of the leaf is wavy. (101)

616-6. 令状が来ていなかったのだ！

令状(れいじょう)　が　来(き)て　いなかった　の　だ！

The warrant had not come! (7)

616-7. 彼女は、お金を取ったと白状した。

彼女(かのじょ)　は、　お金(おかね)　を　取っ(とっ)た　と　白状(はくじょう)
した。

She confessed that she had taken the money. (101)

616-8. ビールは液状のパンのような物である。

ビール　は　液状(えきじょう)　の　パン　の　よう　な　物(もの)　で　ある。

Beer is like liquefied bread.

616-9. 周先生は過ちをあからさまに白状した。

周(ジョ)　先生(せんせい)　は　過ち(あやまち)　を　あからさま　に　白状(は
くじょう)　した。

Zhou-sensei openly confessed his faults. (87)

616-10. 彼女は、医者の手の石鹸×状のにおいを感じることができた。

彼女(かのじょ)　は、　医者(いしゃ)　の　手(て)　の　石鹸×状(せっけんじょ
う)　の　におい　を　感じる(かんじる)　こと　が　できた。

She could smell the soapiness of the doctor's hands. (101)

616-11. 広東の先では、令状だけではなんの役にも立たない。

広東(カントン)　の　先(さき)　で　は、　令状(れいじょう)　だけ　で　は　な
ん　の　役(やく)　に　も　立た(たた)ない。

Beyond Canton a simple warrant would be of no avail. (7)

616-12. だれかが無理してまであなたを手伝ってくれた時にはお礼状を書きなさ
い。

だれ か が 無理(むり) して まで あなた を 手伝っ(てつだっ)て く
れた 時(とき) に は お礼状(れいじょう) を 書き(かき) なさい。

Write a thank-you note when someone goes out of his or her way to help you. (87)

617： 病

617-1. 重病。

重病(じゅうびょう)。

A grave illness. (101)

617-2. 性病。

性病(せいびょう)。

Venereal disease. (101)

617-3. 病弱な子供。

病弱(びょうじゃく) な 子供(こども)。

A sickly child. (101)

617-4. 病的な詳細。

病的(びょうてき) な 詳細(しょうさい)。

Morbid details.

617-5. リンパ性白血病。

リンパ性(せい) 白血病(はっけつびょう)。

Lymphocytic leukemia. (101)

617-6. 病的な自己中心者。

病的(びょうてき) な 自己中心者(じこちゅうしんしゃ)。

A pathological egotist. (100)

617-7. 電話で病欠を伝える。

電話(でんわ) で 病欠(びょうけつ) を 伝える(つたえる)。

Call in sick. (101)

617-8. 大将は病室に入っている。

大将(たいしょう) は 病室(びょうしつ) に 入っ(はいっ)て いる。

The Admiral is in the sick bay. (101)

617-9. こんな食事が病気を防ぐ。

こんな 食事(しょくじ) が 病気(びょうき) を 防ぐ(ふせぐ)。

This kind of diet prevents illness. (10)

617-10. それは予防できない病気だ。

それ は 予防(よぼう) できない 病気(びょうき) だ。

It is a disease that can't be prevented. (87)

617-11. 彼は致命的な病気を否定した。

彼(かれ) は 致命的(ちめいてき) な 病気(びょうき) を 否定(ひてい)
した。

He denied his fatal illness. (101)

617-12. 彼女は病気の間、彼を支えた。

彼女(かのじょ) は 病気(びょうき) の 間(あいだ)、 彼(かれ) を 支え
(ささえ)た。

She supported him during the illness. (101)

617-13. 夫が病気の時でも、働き続ける。

夫(おっと) が 病気(びょうき) の 時(とき) でも、 働き続ける(はたらき
つづける)。

Even when my husband is sick, he keeps working. (101)

617-14. 先夫は重い病気にかかっている。

先夫(せんぷ) は 重い(おもい) 病気(びょうき) に かかって いる。

My ex-husband is suffering from a serious disease. (87)

617-15. 水夫は悪い病気を性交から得て来た。

水夫(すいふ) は 悪い(わるい) 病気(びょうき) を 性交(せいこう) から
得(え)て 来(き)た。

The sailor caught a terrible illness from sexual intercourse. (46)

617-16. 彼は病み上がりで弱っているそうだ。

彼(かれ) は 病み上が(やみあが)り で 弱っ(よわっ)て いる そう だ。

I heard he was still weak from a recent sickness. (87)

「〜そうだ」 ["I heard that __"]: DJG v1 p407; Genki ch17; Marx v2 day70.

617-17. パン屋は働き過ぎから病気になった。

パン屋(や) は 働き過(はたらきす)ぎ から 病気(びょうき) に なった。

The baker became ill from overwork. (101)

617-18. 私はその大食堂で食事をすると必ず病気になる。

私(わたし) は その 大食堂(だいしょくどう) で 食事(しょくじ) を す
る と 必ず(かならず) 病気(びょうき) に なる。

I invariably get sick when I eat in that dining hall. (101)

617-19. 主将が起きた時、彼は病室にいることに気がづいた。

主将(しゅしょう) が 起き(おき)た 時(とき)、 彼(かれ) は 病室(びょう
しつ) に いる こと に 気(き) が づいた。

When the Captain woke up, he found himself in a hospital room. (101)

617-20. 朱さんは、病気のために彼の旅行を短くしました。

朱(ジュ)さん は、 病気(びょうき) の ため に 彼(かれ) の 旅行(りょ
こう) を 短く(みじかく) しました。

Zhu-san shortened his trip due to illness. (101)

617-21. 病人にそんなことを言うなんて、彼には思いやりがなかった。

病人(びょうにん) に そんな こと を 言う(いう) なんて、 彼(かれ) に は 思いやり(おもいやり) が なかった。

It was heartless of him to say such a thing to the sick man. (87)

「～なんて」 ["such (things)/such (a thing)"]: DJG v3 p339; Tobira Ch2 #3.

617-22. 外交官は、なんカ月も病気であり、それは家族に知られてなかった。

外交官(がいこうかん) は、 なんカ月(かげつ) も 病気(びょうき) で あ り、 それ は 家族(かぞく) に 知ら(しら)れて なかった。

The diplomat had been ill for months, unbeknownst to the family. (101)

618： 症

618-1. 失読症。

失読症(しつどくしょう)。

Dyslexia. (101)

618-2. 全身症状。

全身(ぜんしん) 症状(しょうじょう)。

General symptoms. (101)

618-3. 自閉症の行動。

自閉症(じへいしょう) の 行動(こうどう)。

Autistic behavior. (101)

618-4. 限局性強皮症。

限局性(げんきょくせい) 強皮症(きょうひしょう)。

Localized scleroderma. (100)

618-5. 出産後に発症する病気。

出産(しゅっさん) 後(ご) に 発症(はっしょう) する 病気(びょうき)。

A disease that appears after childbirth. (100)

618-6. 病気における末期症状。

病気(びょうき) に おける 末期(まっき) 症状(しょうじょう)。

An end-stage symptom of the disease. (101)

618-7. 恵美さん過食症に苦しむ。

恵美(えみ)さん 過食症(かしょくしょう) に 苦しむ(くるしむ)。

Emi-san suffers from bulimia. (100)

618-8. この病人は心気症に苦しむ。

この 病人(びょうにん) は 心気症(しんきしょう) に 苦しむ(くるしむ)。

This sufferer has a case of hypochondria. (100)

618-9. よくこういう症状が起きますか。

よく こういう 症状(しょうじょう) が 起き(おき)ます か。

Do you have this symptom often? (87)

618-10. 必ず同じ病気を発症するわけではない。

必ず(かならず) 同じ(おなじ) 病気(びょうき) を 発症(はっしょう) する わけ で は ない。

It doesn't mean they will develop the same disease. (10)

「～わけではない」 {～訳ではない* 1505} ["it is/was not the case that __"]: DJG v2 p574; Tobira ch7 #15.

618-11. この薬品が高血圧症の人の血圧を下げます。

この 薬品(やくひん) が 高血圧症(こうけつあつしょう) の 人(ひと) の 血圧(けつあつ) を 下げ(さげ)ます。

It lowers blood pressure in hypertensive individuals. (10)

619：　痛

619-1. 激しい痛み。

激しい(はげしい) 痛み(いたみ)。

Acute pain. (101)

619-2. 関節の痛み。

関節(かんせつ) の 痛み(いたみ)。

Pain in a joint or joints. (100)

619-3. 心理的苦痛。

心理的(しんりてき) 苦痛(くつう)。

Psychological suffering. (100)

619-4. 痛風の症状。

痛風(つうふう) の 症状(しょうじょう)。

Symptom of gout. (100)

619-5. 出産間近の激痛。

出産(しゅっさん) 間近(まぢか) の 激痛(げきつう)。

Parturient pangs. (101)

619-6. 店頭売りの頭痛薬。

店頭売り(てんとううり) の 頭痛薬(ずつうやく)。

Over-the-counter headache remedies. (100)

619-7. 彼が私の苦痛の種だ。

彼(かれ) が 私(わたし) の 苦痛(くつう) の 種(たね) だ。

He's a thorn in my flesh. (101)

619-8. 翌朝は足が痛かった。

翌朝(よくあさ) は 足(あし) が 痛かっ(いたかっ)た。

I had sore legs the next morning. (87)

619-9. 頭が割れそうに痛い。

頭(あたま) が 割れ(われ)そう に 痛い(いたい)。

I have a splitting headache. (87)

619-10. 痛みに無感覚である。

痛み(いたみ) に 無感覚(むかんかく) で ある。

Insensible to pain. (101)

619-11. 彼は痛む足を休ませた。

彼(かれ) は 痛む(いたむ) 足(あし) を 休ま(やすま)せた。

He rested his bad leg. (101)

619-12. 運動の後は体中が痛い。

運動(うんどう) の 後(あと) は 体中(からだじゅう) が 痛い(いたい)。

I ache all over after exercising. (87)

619-13. 今朝は頭痛で目が覚めた。

今朝(けさ) は 頭痛(ずつう) で 目(め) が 覚め(さめ)た。

I woke up with a headache this morning. (87)

619-14. 高地で運転手は頭痛がした。

高地(こうち) で 運転手(うんてんしゅ) は 頭痛(ずつう) が した。

The altitude gave the driver a headache. (101)

619-15. きみはいつも頭痛の種だよ。

きみ は いつも 頭痛(ずつう) の 種(たね) だ よ。

You are always the cause of my worries. (87)

619-16. この薬は筋肉痛を和らげる。

この 薬(くすり) は 筋肉痛(きんにくつう) を 和らげる(やわらげる)。

This medicine helps relieve muscle pain. (87)

619-17. 病気の子供は痛ましく泣いた。

病気(びょうき) の 子供(こども) は 痛ま(いたま)しく 泣い(ない)た。

The sick child cried pathetically. (101)

619-18. なんで汗が目に入ると痛いの？

なんで 汗(あせ) が 目(め) に 入る(はいる) と 痛い(いたい) の？

Why does it hurt when you get sweat in your eyes? (87)

619-19. 耳の周りに局部的な痛みがある。

耳(みみ) の 周り(まわり) に 局部的(きょくぶてき) な 痛み(いたみ) が ある。

I have a localized pain around the ear. (100)

619-20. 運転手はその事故で首を痛めた。

運転手(うんてんしゅ) は その 事故(じこ) で 首(くび) を 痛め(いため)た。

The driver injured his neck in the accident. (87)

619-21. 悪党は転んだ時に左足を痛めた。

悪党(あくとう) は 転ん(ころん)だ 時(とき) に 左足(ひだりあし) を 痛め(いため)た。

The villain hurt his left foot when he fell. (87)

619-22. 痛風は全身に行き渡ることがある。

痛風(つうふう) は 全身(ぜんしん) に 行き渡る(いきわたる) こと が ある。

Gout sometimes wanders through the entire body. (101)

「～ことがある」 {～事がある* 80} [" __ does occur"]: DJG v1 p198.

619-23. これらの新しい靴は痛くてたまらない！

これら の 新(あたら)しい 靴(くつ) は 痛く(いたく)て たまらない！

These new shoes are killing me! (101)

「-てたまらない」 ["cannot help/bear __"]: DJG v1 p445, v2 p222 (under -てならない).

619-24. この薬を飲めば痛みが和らぐでしょう。

この 薬(くすり) を 飲め(のめ)ば 痛み(いたみ) が 和らぐ(やわらぐ) でしょう。

This medicine will relieve the pain. (87)

619-25. 彼の無知は、痛々しいほど明らかだった。

彼(かれ) の 無知(むち) は、 痛々しい(いたいたしい) ほど 明(あき)らか だった。

His ignorance was painfully obvious. (101)

619-26. この運動はあなたの背中を痛めるだろう。

この 運動(うんどう) は あなた の 背中(せなか) を 痛める(いためる) だろう。

This exercise will hurt your back. (101)

619-27. 牧野さんは起きた時、首筋に痛みを感じた。

牧野(まきの)さん は 起き(おき)た 時(とき)、 首筋(くびすじ) に 痛み(いたみ) を 感じ(かんじ)た。

Makino-san awoke with a pain in his neck. (101)

619-28. 若くて、病気がないんだったら痛快だろうな。

若く(わかく)て、 病気(びょうき) が ない ん だったら 痛快(つうかい) だろう な。

It must be a pleasant thing to be young and fit as a fiddle. (100)

619-29. ニュースによって私の良心の痛みが和らいだ。

ニュース に よって 私(わたし) の 良心(りょうしん) の 痛み(いたみ) が 和らい(やわらい)だ。

The news eased my conscience. (101)

619-30. けがはひどく痛んだし、血もずいぶん出ていた。

けが は ひどく 痛(いた)んだ し、 血(ち) も ずいぶん 出(で)て いた。

The wound pained me a good deal and still bled freely. (90)

619-31. その事件以来、私は運動の必要性を痛感してきました。

その 事件(じけん) 以来(いらい)、 私(わたし) は 運動(うんどう) の 必要性(ひつようせい) を 痛感(つうかん) して きました。

Since that incident I have strongly appreciated the necessity of exercise. (10)

619-32. 靴屋は菓子屋の利益が自身のそれを勝ることを痛切に感じた。

靴屋(くつや) は 菓子屋(かしや) の 利益(りえき) が 自身(じしん) の それ を 勝(まさ)る こと を 痛切(つうせつ) に 感(かん)じた。

The shoe seller acutely felt how the confectioner's profits surpassed his own.

620： 憶

620-1. 短い記憶。

短い(みじかい) 記憶(きおく)。

A short memory. (101)

620-2. 記憶の形成。

記憶(きおく) の 形成(けいせい)。

The formation of memories. (101)

620-3. 鮮やかな記憶。

鮮やか(あざやか) な 記憶(きおく)。

A vivid recollection. (101)

620-4. 形状記憶シャツ。

形状(けいじょう) 記憶(きおく) シャツ。

A wash-and-wear shirt. (101)

620-5. きみすごい記憶力だね。

きみ すごい 記憶力(きおくりょく) だ ね。

You have a very good memory. (87)

620-6. 以前、彼女に会った記憶がある。

以前(いぜん)、 彼女(かのじょ) に 会っ(あっ)た 記憶(きおく) が ある。

I remember seeing her once. (87)

620-7. 先生は詩を記憶するように子供に命じた。

先生(せんせい) は 詩(し) を 記憶(きおく) する よう に 子供(こども) に 命じ(めいじ)た。

The teacher charged the children to memorize the poem. (101)

「～ようにいう」 {～ように言う 51} ["tell (someone) to __"]: DJG v1 p556; Tobira Ch2 #11.

620-8. 私が記憶している限りでは、彼はそんな言葉を言わなかった。

私(わたし) が 記憶(きおく) して いる 限り(かぎり) で は、 彼(かれ) は そんな 言葉(ことば) を 言わ(いわ)なかった。

As far as I remember, he didn't say such words. (87)

621：　臆

621-1. 見下げ果てた臆病者。

見下げ果て(みさげはて)た　臆病者(おくびょうもの)。

An abject coward. (100)

621-2. 運転手が運悪く臆病だ。

運転手(うんてんしゅ)　が　運悪く(うんわるく)　臆病(おくびょう)　だ。

Unfortunately the driver is cowardly. (51)

621-3. ネズミは臆病な生き物だ。

ネズミ　は　臆病(おくびょう)　な　生き物(いきもの)　だ。

A mouse is a timid creature. (87)

621-4. 彼は臆病な意気地のない虫であった。

彼(かれ)　は　臆病(おくびょう)　な　意気地(いくじ)　の　ない　虫(むし)　であった。

He was a yellow gutless worm. (101)

621-5. 立っていて、戦うにはあまりに臆病な。

立っ(たっ)て　いて、　戦う(たたかう)　に　は　あまり　に　臆病(おくびょう)　な。

Too yellow to stand and fight. (101)

「あまりに(も)〜／あんまりに(も)〜」 {余りに(も)〜 995} ["too __"]: Tobira ch13 #10.

621-6. 私は彼に面と向かって臆病者と言ってやった。

私(わたし)　は　彼(かれ)　に　面(めん)　と　向かっ(むかっ)て　臆病者(おくびょうもの)　と　言っ(いっ)て　やった。

I called him a coward to his face. (87)

621-7. 米国内戦において、北部のマクレーン大将は全くの臆病者であることで知られる。戦場から部隊を引き上げたことが多かった。

米国(べいこく)　内戦(ないせん)　において、　北部(ほくぶ)　の　マクレーン大将(たいしょう)　は　全く(まったく)　の　臆病者(おくびょうもの)　で　ある　こと　で　知ら(しら)れる。　戦場(せんじょう)　から　部隊(ぶたい)　を　引き上げ(ひきあげ)た　こと　が　多かっ(おおかっ)た。

In the U.S. Civil War, the North's General McClellan became known for his utter cowardice, having often withdrawn his troops from the scene of battle. (101)

622：　億

622-1. 1億の等しい部分の1部分。

1億(おく)　の　等しい(ひとしい)　部分(ぶぶん)　の　1部分(ぶぶん)。

One part in a hundred million equal parts. (100)

622-2. 英語話者の数は 10 億人以上います。

英語(えいご) 話者(わしゃ) の 数(かず) は 10億人(おくにん) 以上(いじょう) います。

Over a billion people speak English. (87)

622-3. 世界には 70 億人以上の人がいます。

世界(せかい) に は 70億人(おくにん) 以上(いじょう) の 人(ひと) が います。

There are more than six billion people in the world. (87)

622-4. ドナルドさんは他人のお金の億万長者だ。

ドナルドさん は 他人(たにん) の お金(かね) の 億万長者(おくまんちょうじゃ) だ。

Donald is a billionaire of other people's money.

622-5. 長さのメートル法単位で 1 メートルの十億分の 1 に同じ。

長(なが)さ の メートル法(めーとるほう) 単位(たんい) で 1メートル の 十億分(じゅうおくぶん) の 1 に 同じ(おなじ)。

A metric unit of length equal to one billionth of a meter. (100)

622-6. 日本の人口は一億二千万人を数えるが、その分布は均一ではない。

日本(にほん) の 人口(じんこう) は 一億(いちおく) 二千万(にせんまん) 人(にん) を 数える(かぞえる) が、その 分布(ぶんぷ) は 均一(きんいつ) で は ない。

Upon Japan is spread unequally a population of one hundred twenty million. (7)

622-7. 米国では、年間の日本アニメの売り上げは 2002 年で 5 億ドルだった。

米国(べいこく) で は、年間(ねんかん) の 日本(にほん) アニメ の 売り上げ(うりあげ) は 2002 年(ねん) で 5億(おく) ドル だった。

In the United States, annual anime sales totaled $500 million in 2002. (69)

623： 視

623-1. 三色視。

三色視(さんしょくし)。

Trichromatic vision. (101)

623-2. 注視する。

注視(ちゅうし) する。

Keep an eye on. (100)

623-3. 視覚器官。

視覚(しかく) 器官(きかん)。

The organ of sight. (100)

623-4. 正常な視力。

正常(せいじょう) な 視力(しりょく)。

Normal eyesight. (100)

623-5. 視線を反らす。

視線(しせん) を 反らす(そらす)。

Avert one's gaze. (100)

623-6. 視野を広げる。

視野(しや) を 広げる(ひろげる)。

Broaden one's horizons. (101)

623-7. 視覚的に歪んだ。

視覚的(しかくてき) に 歪ん(ゆがん)だ。

Visually distorted. (101)

623-8. 見渡すような視線。

見渡す(みわたす) よう な 視線(しせん)。

A sweeping glance. (101)

623-9. 鮮明な視力を失う。

鮮明(せんめい) な 視力(しりょく) を 失う(うしなう)。

Lose clear vision. (100)

623-10. 固定された視線で見る。

固定(こてい) された 視線(しせん) で 見る(みる)。

Look at with fixed eyes. (100)

623-11. 牛はインドで神聖視される。

牛(うし) は インド で 神聖視(しんせいし) される。

The cow is regarded as sacred in India. (100)

623-12. 視界のよいフロントガラス。

視界(しかい) の よい フロント ガラス。

A windshield with good visibility. (101)

623-13. 彼女は親の視線に気づいた。

彼女(かのじょ) は 親(おや) の 視線(しせん) に 気づい(きづい)た。

She became aware that her parents were watching her. (87)

623-14. 広い視野が得られる高い場所。

広い(ひろい) 視野(しや) が 得(え)られる 高い(たかい) 場所(ばしょ)。

An elevated post affording a wide view. (100)

623-15. みなの視線が彼女に注がれた。

みな の 視線(しせん) が 彼女(かのじょ) に 注が(そそが)れた。

Everyone's eyes were fixed upon her. (87)

623-16. 悪意のある視線を彼に向けた。

悪意(あくい) の ある 視線(しせん) を 彼(かれ) に 向け(むけ)た。

I gave him a malign look. (101)

623-17. 奨さんは親の禁止を無視した。

奨(しょう)さん は 親(おや) の 禁止(きんし) を 無視(むし) した。

Sho ignored his parents' forbiddance. (101)

623-18. 住民は私たちの視点に同調した。

住民(じゅうみん) は 私(わたし)たち の 視点(してん) に 同調(どうちょう) した。

The residents came around to our point of view. (101)

623-19. 朱さんは臆病者で、子供を無視する。

朱(ジュ)さん は 臆病者(おくびょうもの) で、 子供(こども) を 無視(むし) する。

Zhu-san is a coward who neglects his children. (101)

623-20. 大多数の場合、日本企業は無視された。

大多数(だいたすう) の 場合(ばあい)、 日本(にほん) 企業(きぎょう) は 無視(むし) された。

In almost all cases, Japanese companies were ignored. (69)

623-21. 天文学者は良い視覚に恵まれていた。

天文学者(てんもんがくしゃ) は 良い(よい) 視覚(しかく) に 恵まれ(めぐまれ)て いた。

The astronomer was endowed with good eyesight. (101)

623-22. 彼等は私とは視線を交わそうとはしなかった。

彼等(かれら) は 私(わたし) と は 視線(しせん) を 交わそ(かわそ)う と は しなかった。

Not a look did they exchange in my presence. (84)

623-23. 要件は形式上に過ぎず、しばしば無視される。

要件(ようけん) は 形式上(けいしきじょう) に 過ぎ(すぎ)ず、 しばしば 無視(むし) される。

The requirement is only formal and is often ignored. (101)

623-24. もし物体に光が当たっていなければ、物体から目に投げ返される光もなく、だから、私たちはその存在を視覚的に証明できない。

もし 物体(ぶったい) に 光(ひかり) が 当たっ(あたっ)て いなければ、 物体(ぶったい) から 目(め) に 投げ返さ(なげかえさ)れる 光(ひかり) も なく、 だから、 私(わたし)たち は その 存在(そんざい) を 視覚的(しかくてき) に 証明(しょうめい) できない。

If no light strikes upon them, then no light is flung back from them to the eye, and so we have no vision-evidence of their being. (77)

「-なく」 ["not __, so __"; "not __, but __"]: DJG v2 p211; Tobira Ch2 #15.

624: 規

624-1. 規定された条件。

規定(きてい) された 条件(じょうけん)。

A stipulated condition. (100)

624-2. 1メートルの定規。

1メートル の 定規(じょうぎ)。

A one-meter ruler. (100)

624-3. 規定通りに必要である。

規定(きてい) 通り(どおり) に 必要(ひつよう) で ある。

Required by rule. (100)

624-4. 食物規定をイスラム化する。

食物(しょくもつ) 規定(きてい) を イスラム化(か) する。

Islamize the dietary laws. (101)

624-5. 改正規定は平成29年12月1日から施行する。

改正(かいせい) 規定(きてい) は 平成(へいせい) 29年(ねん) 12月(がつ) 1日(ついたち) から 施行(しこう) する。

The revised provisions will come into effect on 1 December 2017. (10)

624-6. 聖書によって、モーセがイスラエル人に法規を言い渡した。

聖書(せいしょ) に よって、 モーセ が イスラエル人(じん) に 法規(ほうき) を 言い渡し(いいわたし)た。

According to the Bible, Moses gave the Israelites a code of laws. (100)

624-7. ウェブサイトのサービス利用規約を無視しない人はいない。

ウェブサイト の サービス 利用(りよう) 規約(きやく) を 無視(むし) しない 人(ひと) は いない。

There's no one who doesn't ignore the terms of service on websites. (101)

625： 則

625-1. 鉄則。

鉄則(てっそく)。

An ironclad rule. (101)

625-2. 反則の印。

反則(はんそく) の 印(しるし)。

An indication of foul play. (101)

625-3. 物理法則。

物理(ぶつり) 法則(ほうそく)。

Physical laws. (101)

625-4. 大まかな規則。

大まか(おおまか) な 規則(きそく)。

A broad rule. (101)

625-5. 文法上の規則。

文法上(ぶんぽうじょう) の 規則(きそく)。

Grammatical rules. (101)

625-6. 基本的な原則。

基本的(きほんてき) な 原則(げんそく)。

Underlying principles. (101)

625-7. 規則を強化する。

規則(きそく) を 強化(きょうか) する。

Stiffen the regulations. (101)

625-8. 社会によって課された規則。

社会(しゃかい) に よって 課さ(かさ)れた 規則(きそく)。

Rules imposed by society. (101)

625-9. 最近、党則はきびしく実施された。

最近(さいきん)、 党則(とうそく) は きびしく 実施(じっし) された。

Lately the party rules have been strictly enforced. (101)

625-10. 彼女は、いくぶん不規則な私生活を送った。

彼女(かのじょ) は、 いくぶん 不規則(ふきそく) な 私生活(しせいかつ) を 送っ(おくつ)た。

She led a somewhat irregular private life. (101)

625-11. レフェリーは二人の反則を同時に記録した。

レフェリー は 二人(ふたり) の 反則(はんそく) を 同時(どうじ) に 記録(きろく) した。

The referee booked two players' fouls at once. (84)

625-12. その規則は我々外国人にも当てはまりますか。

その 規則(きそく) は 我々(われわれ) 外国人(がいこくじん) に も 当 てはまり(あてはまり)ます か。

Is that rule applicable to us foreigners? (87)

625-13. Fitt の法則はもっとも基本的で有名な UI デザインの法則です。

Fitt の 法則(ほうそく) は もっとも 基本的(きほんてき) で 有名(ゆう めい) な UI デザイン の 法則(ほうそく) です。

Fitt is the most basic and well known of UI design laws. (96)

625-14. 彼等の間で行われている規則は彼等にとっては自明で自ずと正当なもの と思われるのです。

彼等(かれら) の 間(あいだ) で 行わ(おこなわ)れて いる 規則(きそく) は 彼等(かれら) に とって は 自明(じめい) で 自(おの)ずと 正当(せいと う) な もの と 思わ(おもわ)れる の です。

The rules that hold among them appear to them self-evident and self-justifying. (62)

「〜ようにおもわれる / 〜とおもわれる」 {〜ように思われる / と思われる 142} ["seem(s) __"]: DJG v2 p325; Tobira Ch2 #2.

626： 側

626-1. 側頭骨。

側頭骨(そくとうこつ)。

Temporal bone. (101)

626-2. 内側車線。

内側(うちがわ) 車線(しゃせん)。

The inside lane. (101)

626-3. 島の風下側で。

島(しま) の 風下(かざしも) 側(がわ) で。

On the leeward side of the island. (101)

626-4. 交通の最も右側で。

交通(こうつう) の 最も(もっとも) 右側(みぎがわ) で。

In the rightmost line of traffic. (101)

626-5. 血液の生化学的側面。

血液(けつえき) の 生化学的(せいかがくてき) 側面(そくめん)。

A biochemical profile of blood. (101)

626-6. 政府の側近グループ。

政府(せいふ) の 側近(そっきん) グループ。

Inner circles of government. (101)

626-7. 重力は光線を内側へ曲げる。

重力(じゅうりょく) は 光線(こうせん) を 内側(うちがわ) へ 曲げる(まげる)。

Gravity incurvates the rays. (101)

626-8. リー大将は右側に立っていた。

リー 大将(たいしょう) は 右側(みぎがわ) に 立っ(たっ)て いた。

General Lee stood on the right. (101)

626-9. 母性にさえ、否定的側面がある。

母性(ぼせい) に さえ、 否定的(ひていてき) 側面(そくめん) が ある。

There is a downside even to motherhood. (101)

626-10. 体が背中ですこし内側に曲がる。

体(からだ) が 背中(せなか) で すこし 内側(うちがわ) に 曲がる(まがる)。

The body incurvates a little at the back. (101)

626-11. 我々は通りの両側に住んでいた。

我々(われわれ) は 通り(とおり) の 両側(りょうがわ) に 住ん(すん)で いた。

We lived on opposite sides of the street. (101)

626-12. 日本では、自動車は左側通行です。

日本(にほん) で は、 自動車(じどうしゃ) は 左側(ひだりがわ) 通行(つうこう) です。

Cars keep to the left in Japan. (87)

626-13. ダンサーの爪先が外側を向いている。

ダンサー の 爪先(つまさき) が 外側(そとがわ) を 向(む)いて いる。

The dancer's toes point outward. (101)

626-14. 川の向こう側の土手に山ほどのごみがある。

川(かわ) の 向こう側(むこうがわ) の 土手(どて) に 山(やま) ほど の ごみ が ある。

There are mountains of trash on the far bank of the river. (87)

626-15. 広い野原が私たちの両側に大きく広がっていた。

広い(ひろい) 野原(のはら) が 私(わたし)たち の 両側(りょうがわ) に 大(おお)きく 広がっ(ひろがっ)て いた。

Broad fields lay stretched on both sides of us. (101)

626-16. 二人は通りの向こう側に向かい合った家で一生を送った。

二人(ふたり) は 通り(とおり) の 向こう側(むこうがわ) に 向かい合っ(むかいあっ)た 家(いえ) で 一生(いっしょう) を 送っ(おくっ)た。

The two lived all their lives in houses face-to-face across the street. (101)

626-17. 飛行機は空の向こう側にすごいスピードで飛んでいった。

飛行機(ひこうき) は 空(そら) の 向こう側(むこうがわ) に すごい スピード で 飛ん(とん)で いった。

The plane streaked across the far end of the sky. (101)

626-18. 両面通行の通りを渡るときには両側を見なければならない。

両面(りょうめん) 通行(つうこう) の 通り(とおり) を 渡る(わたる) と き に は 両側(りょうがわ) を 見(み)なければ ならない。

You have to look both ways crossing a two-way street. (101)

627： 測

627-1. 測定単位。

測定(そくてい) 単位(たんい)。

A unit of measurement. (100)

627-2. 悪い予測。

悪い(わるい) 予測(よそく)。

Ill predictions. (101)

627-3. 頭骨計測法。

頭骨(ずこつ) 計測法(けいそくほう)。

Craniometry. (100)

627-4. 土地測量士。

　　土地(とち)　測量士(そくりょうし)。

　　Land surveyor. (101)

627-5. 血圧を測る。

　　血圧(けつあつ)　を　測る(はかる)。

　　Take a pulse. (101)

627-6. ばら色の予測。

　　ばら色(ばらいろ)　の　予測(よそく)。

　　Rosy predictions. (101)

627-7. 光度の測定単位。

　　光度(こうど)　の　測定(そくてい)　単位(たんい)。

　　A measure of luminous intensity. (100)

627-8. 彼は予測を企てた。

　　彼(かれ)　は　予測(よそく)　を　企て(くわだて)た。

　　He took a stab at forecasting. (101)

627-9. 目測で知覚できない。

　　目測(もくそく)　で　知覚(ちかく)　できない。

　　Imperceptible to the eye. (100)

627-10. 先ず朝・夕の体温を測ります。

　　先(ま)ず　朝(あさ)・夕(ゆう)　の　体温(たいおん)　を　測り(はかり)ます。

　　First off, take your temperature in the morning and in the evening. (10)

627-11. 彼女は空を読んで、雨を予測した。

　　彼女(かのじょ)　は　空(そら)　を　読ん(よん)で、雨(あめ)　を　予測(よそく)　した。

　　She read the sky and predicted rain. (101)

627-12. 機長は雨になるだろうと予測した。

　　機長(きちょう)　は　雨(あめ)　に　なる　だろう　と　予測(よそく)　した。

　　The pilot predicted there would be rain. (87)

627-13. 水夫たちは放送局の信号強度を測定した。

　　水夫(すいふ)たち　は　放送局(ほうそうきょく)　の　信号(しんごう)　強度(きょうど)　を　測定(そくてい)　した。

　　The mariners measured the broadcast station's signal strength. (101)

627-14. 彼女はドレスに十分な生地を測って切った。

　　彼女(かのじょ)　は　ドレス　に　十分(じゅうぶん)　な　生地(きじ)　を　測っ(はかっ)て　切っ(きっ)た。

　　She measured off enough material for a dress. (101)

627-15. 地理学者が9地点で大気中の水銀濃度を測定した。

地理学者(ちりがくしゃ) が 9 地点(ちてん) で 大気中(たいきちゅう) の 水銀(すいぎん) 濃度(のうど) を 測定(そくてい) した。

The geologist measured the mercury concentration in the air at nine sites. (10)

627-16. 臆病者の行動について、ある程度の憶測があった。

臆病者(おくびょうもの) の 行動(こうどう) について、 ある 程度(ていど) の 憶測(おくそく) が あった。

There was a certain degree of speculation regarding the coward's conduct.

628： 考

628-1. 一連の考え。

一連(いちれん) の 考え(かんがえ)。

A train of thought. (101)

628-2. 高尚な考え。

高尚(こうしょう) な 考え(かんがえ)。

Ennobling thoughts. (101)

628-3. 有害な考え。

有害(ゆうがい) な 考え(かんがえ)。

Noxious ideas. (101)

628-4. 理性的思考。

理性的(りせいてき) 思考(しこう)。

Rational thought. (101)

628-5. 思考の過程。

思考(しこう) の 過程(かてい)。

The process of thinking. (101)

628-6. 今風の考え。

今風(いまふう) の 考え(かんがえ)。

Trendy ideas. (101)

628-7. 事実上の考え。

事実上(じじつじょう) の 考え(かんがえ)。

Factual considerations. (101)

628-8. 時代おくれな考え。

時代(じだい)おくれ な 考え(かんがえ)。

Outdated ideas. (101)

628-9. 古い考えを放棄する。

古い(ふるい) 考え(かんがえ) を 放棄(ほうき) する。

Relinquish the old ideas. (101)

628-10. 計画を考案すること。

計画(けいかく) を 考案(こうあん) する こと。
The devising of plans. (101)

628-11. 彼等の考えは一致した。

彼等(かれら) の 考え(かんがえ) は 一致(いっち) した。
Their ideas concorded. (101)

628-12. 次の事実を考えてみよう。

次(つぎ) の 事実(じじつ) を 考え(かんがえ)て みよう。
Let's consider the following facts. (22)

628-13. 良く考えた皮肉をこめて。

良く(よく) 考え(かんがえ)た 皮肉(ひにく) を こめて。
With measured irony. (101)

628-14. 最近考えることが多過ぎる。

最近(さいきん) 考える(かんがえる) こと が 多過ぎる(おおすぎる)。
I have too many things on my mind these days. (87)

628-15. 最悪の場合を考えておこう。

最悪(さいあく) の 場合(ばあい) を 考え(かんがえ)て おこう。
Let's consider the worst that could happen. (87)

628-16. 彼女は私の考えに同意した。

彼女(かのじょ) は 私(わたし) の 考(かんが)え に 同意(どうい) した。
She agreed with my idea. (87)

628-17. 彼女は旅のことを考えている。

彼女(かのじょ) は 旅(たび) の こと を 考え(かんがえ)て いる。
She is contemplating a trip. (87)

628-18. この考え方は合理的ではない。

この 考え方(かんがえかた) は 合理的(ごうりてき) で は ない。
This view is not rational. (87)

628-19. 彼女は彼の申し出をよく考えた。

彼女(かのじょ) は 彼(かれ) の 申し出(もうしで) を よく 考え(かんがえ)た。
She considered his offer carefully. (87)

628-20. 彼女は自分の考えを言葉にした。

彼女(かのじょ) は 自分(じぶん) の 考え(かんがえ) を 言葉(ことば)に した。
She put her thoughts into words. (101)

628-21. その時、彼にある考えが浮かんだ。

その 時(とき)、 彼(かれ) に ある 考え(かんがえ) が 浮か(うか)んだ。
All at once an idea struck him. (7)

628-22. 不動産屋はすぐに金持ちになる計画を考え出した。

不動産屋(ふどうさんや) は すぐ に 金持ち(かねもち) に なる 計画(けいかく) を 考え出し(かんがえだし)た。

The realtor thought up a plan to get rich quickly. (101)

628-23. 休日の計画についての彼女の考えは彼と同じだった。

休日(きゅうじつ) の 計画(けいかく) について の 彼女(かのじょ) の 考え(かんがえ) は 彼(かれ) と 同じ(おなじ) だった。

She agreed with him about the holiday plan. (87)

628-24. 他人が考えることはすべて彼にとって無関心である。

他人(たにん) が 考える(かんがえる) こと は すべて 彼(かれ) に とって 無関心(むかんしん) で ある。

What others think is altogether indifferent to him. (101)

628-25. 先人は、失政が革命のための理由であると考えていた。

先人(せんじん) は、 失政(しっせい) が 革命(かくめい) の ため の 理由(りゆう) で ある と 考え(かんがえ)て いた。

Our predecessors considered misrule a justification for revolution. (101)

628-26. 私はこれら2つの証拠を頭の中で結び付けて考えることができない。

私(わたし) は これら 2つ の 証拠(しょうこ) を 頭(あたま) の 中(なか) で 結び付け(むすびつけ)て 考える(かんがえる) こと が できない。

I cannot connect these two pieces of evidence in my mind. (101)

628-27. 彼女は仕事をしている時間よりも、仕事について考えている時間の方が長い。

彼女(かのじょ) は 仕事(しごと) を して いる 時間(じかん) より も、 仕事(しごと) について 考え(かんがえ)て いる 時間(じかん) の 方(ほう) が 長い(ながい)。

She spends more time thinking about work than doing it. (87)

628-28. そういう人々は、動物の肉体を見て、神の手が作った機械だと考えるだろう。

そういう 人々(ひとびと) は、 動物(どうぶつ) の 肉体(にくたい) を 見(み)て、 神(かみ) の 手(て) が 作っ(つくっ)た 機械(きかい) だ と 考える(かんがえる) だろう。

Such persons will see animals' bodies as machines made by the hands of God. (28)

「そういう〜/そういった〜」 {そう言う〜 / そう言った〜 51} ["such __"]: DJG v2 p131; Tobira Ch2 #10.

628-29. そして私は、この国が緑に溢れて美しいので、エメラルドの都とよぼうと考えた。

そして 私(わたし) は、 この 国(くに) が 緑(みどり) に 溢れ(あふれ)て 美しい(うつくしい) ので、 エメラルド の 都(みやこ) と よぼう と 考え(かんがえ)た。

Then I thought, as the country was so green and beautiful, I would call it the Emerald City. (99)

628-30. 新しい世代が私たちの中に育っています。新しい考え方、新しい原則に動かされる世代です。

新(あたら)しい 世代(せだい) が 私(わたし)たち の 中(なか) に 育っ(そだっ)て います。 新(あたら)しい 考え方(かんがえかた)、 新(あたら)しい 原則(げんそく) に 動かさ(うごかさ)れる 世代(せだい) です。

A new generation is growing up in our midst, a generation actuated by new ideas and new principles. (25)

628-31. そう言う人間は自分自身のことも、考えるだろうし、それから自分の友だちのことも考える。

そう 言う(いう) 人間(にんげん) は 自分(じぶん) 自身(じしん) の こと も、 考える(かんがえる) だろう し、 それから 自分(じぶん) の 友だち(ともだち) の こと も 考える(かんがえる)。

Such a man will look after himself and will look after his chums. (35)

628-32. 最近の証拠では、らんまプロジェクトの会員たちはちょっとちがった考え方で行動していたらしい。

最近(さいきん) の 証拠(しょうこ) で は、 らんま プロジェクト の 会員(かいいん)たち は ちょっと ちがった 考え方(かんがえかた) で 行動(こうどう) して いた らしい。

Recent evidence suggests that members of the Ranma Project operated along a slightly different line of thought. (69)

629： 老

629-1. 老人学の専門家。

老人学(ろうじんがく) の 専門家(せんもんか)。

A specialist in gerontology. (100)

629-2. 老年期に近づく。

老年期(ろうねんき) に 近づく(ちかづく)。

Approach old age. (101)

629-3. 意地の悪い老人。

意地(いじ) の 悪い(わるい) 老人(ろうじん)。

Malicious old man. (101)

629-4. 老化しない美しさ。

老化(ろうか) しない 美し(うつくし)さ。

Ageless beauty. (101)

629-5. 心労で彼は年老いた。

心労(しんろう) で 彼(かれ) は 年老い(としおい)た。

Care had aged him. (101)

629-6. 彼女の老いて痛む関節。

彼女(かのじょ) の 老い(おい)て 痛む(いたむ) 関節(かんせつ)。

Her old achy joints. (101)

629-7. パン屋は老けて見える。

パン屋(や) は 老け(ふけ)て 見える(みえる)。

The baker looks old for his age. (87)

629-8. スパで老人は活性化した。

スパ で 老人(ろうじん) は 活性化(かっせいか) した。

The treatment at the spa vitalized the old man. (101)

629-9. 老後に向けて貯金している。

老後(ろうご) に 向け(むけ)て 貯金(ちょきん) して いる。

I'm saving money for my old age. (87)

629-10. 老夫人は音もなく通り過ぎた。

老夫人(ろうふじん) は 音(おと) も なく 通り過ぎ(とおりすぎ)た。

The old lady passed by without a sound. (101)

629-11. 菓子屋は年の割には老けて見える。

菓子屋(かしや) は 年(とし) の 割(わり) に は 老け(ふけ)て 見える
(みえる)。

The confectioner looks old for his age. (87)

「～わりに(は)」 {～割に(は) / ～割りに(は) 416} [**"considering __", "for (a) __"**]:
DJG v3 p697.

629-12. 市の長老たちはその申し出を支持した。

市(し) の 長老(ちょうろう)たち は その 申し出(もうしで) を 支持(し
じ) した。

The city fathers endorsed the proposal. (101)

629-13. 神父たちは老若男女様々な信者に囲まれていた。

神父(しんぷ)たち は 老若男女(ろうにゃくなんにょ) 様々(さまざま) な
信者(しんじゃ) に 囲ま(かこま)れて いた。

The vicars were encircled by men, women and children, believers of all ages. (100)

629-14. 緑さんが老年男性と付き合っているのを知っていましたか？

緑(みどり)さん が 老年(ろうねん) 男性(だんせい) と 付き合(つきあ)っ
て いる の を 知っ(しっ)て いました か？

Did you know that Midori is seeing an older man? (101)

630： 孝

630-1. 不孝者。

不孝者(ふこうもの)。

An undutiful child. (101)

630-2. 老父への孝行。

老父(ろうふ) へ の 孝行(こうこう)。

Filial piety toward one's aged father.

630-3. 世界を回る親不孝な次男。

世界(せかい) を 回(まわ)る 親不孝(おやふこう) な 次男(じなん)。

An unfilial globetrotting second son.

631：　厚

631-1. 手厚く。

手厚く(てあつく)。

Hospitably. (100)

631-2. 厚底の靴。

厚底(あつぞこ) の 靴(くつ)。

Thick-soled shoe. (100)

631-3. 厚く広がる。

厚く(あつく) 広がる(ひろがる)。

Spread thickly. (100)

631-4. 厚手のコート。

厚手(あつで) の コート。

A heavy coat. (101)

631-5. 濃厚なプリン。

濃厚(のうこう) な プリン。

A heavy pudding. (101)

631-6. パンの厚切れ。

パン の 厚切れ(あつぎれ)。

A hunk of bread. (101)

631-7. 厚手の重い靴。

厚手(あつで) の 重い(おもい) 靴(くつ)。

A thick and heavy shoe. (100)

631-8. 皮の厚いピザ。

皮(かわ) の 厚い(あつい) ピザ。

Pizza made with a thick crust. (100)

631-9. ワイヤーの厚み。

ワイヤー の 厚み(あつみ)。

The thickness of wire. (100)

631-10. 分厚いカーペット。

分厚い(ぶあつい) カーペット。

Deep carpets. (101)

631-11. 厚かましい方法で。

厚かましい(あつかましい)　方法(ほうほう)　で。

In a brazen manner. (100)

631-12. 空は重く厚かった。

空(そら)　は　重く(おもく)　厚かっ(あつかっ)た。

The sky was leaden and thick. (101)

631-13. 分厚いサンドイッチ。

分厚い(ぶあつい)　サンドイッチ。

A thick sandwich. (101)

631-14. のんきで温厚な話し方。

のんき　で　温厚(おんこう)　な　話し方(はなしかた)。

An easy, good-natured way of speaking. (101)

631-15. あの厚い本を読み切ったの？

あの　厚い(あつい)　本(ほん)　を　読み切っ(よみきっ)た　の？

Did you finish reading that thick book? (87)

631-16. あまりにも濃厚なデザート。

あまり　に　も　濃厚(のうこう)　な　デザート。

Over-rich desserts. (101)

631-17. 濃厚な黒っぽい英国産エール。

濃厚(のうこう)　な　黒っ(くろっ)ぽい　英国産(えいこくさん)　エール。

A strong dark English ale. (100)

「-っぽい」　[" __like"]: DJG v2 p337; Marx v2 day68.

631-18. 他の人の厚意を利用するたかり屋。

他(ほか)　の　人(ひと)　の　厚意(こうい)　を　利用(りよう)　する　たかり屋(や)。

A scrounger who takes advantage of the generosity of others. (100)

631-19. 水夫は厚く短く強い首を持っていた。

水夫(すいふ)　は　厚く(あつく)　短く(みじかく)　強い(つよい)　首(くび)　を　持っ(もっ)て　いた。

The mariner had a thick, short, powerful neck. (100)

631-20. 私たちに手厚い持て成しをしてくれた。

私(わたし)たち　に　手厚い(てあつい)　持て成し(もてなし)　を　して　くれた。

They gave us a cordial reception. (101)

631-21. 分厚いレンズは医者の目を大きく見せた。

分厚い(ぶあつい)　レンズ　は　医者(いしゃ)　の　目(め)　を　大(おお)きく　見せ(みせ)た。

Thick lenses exaggerated the size of the doctor's eyes. (101)

631-22. それに、自分が厚意を受けた男に話しかけたくもなかった。

それに、 自分(じぶん) が 厚意(こうい) を 受け(うけ)た 男(おとこ) に 話しかけ(はなしかけ)たく も なかった。

Besides, he did not quite like to talk to the man whose favors he had accepted. (7)

「それに〜」 {其れに〜** 1757} ["in addition, __"]: DJG v2 p427; Tobira Ch2 #4.

632： 教

632-1. 教典。

教典(きょうてん)。

A body of doctrine. (101)

632-2. 教会の基金。

教会(きょうかい) の 基金(ききん)。

A church endowment. (100)

632-3. 教育機関。

教育(きょういく) 機関(きかん)。

An educational institution. (100)

632-4. 教育施設。

教育(きょういく) 施設(しせつ)。

Educational facilities. (101)

632-5. 高等教育。

高等(こうとう) 教育(きょういく)。

Higher education. (101)

632-6. 教区学校。

教区(きょうく) 学校(がっこう)。

Parochial schools. (101)

632-7. 教育心理学。

教育(きょういく) 心理学(しんりがく)。

Educational psychology. (101)

632-8. 教え易い子供。

教え易い(おしえやすい) 子供(こども)。

Teachable youngsters. (101)

632-9. 世界教会運動。

世界(せかい) 教会(きょうかい) 運動(うんどう)。

The ecumenical movement. (101)

632-10. 無教育の子供。

無教育(むきょういく) の 子供(こども)。

Uneducated children. (101)

632-11. 聖書にあるモーゼの教え。

聖書(せいしょ)　に　ある　モーゼ　の　教え(おしえ)。

The biblical teachings of Moses. (100)

632-12. 詳しく教えてくれませんか。

詳しく(くわしく)　教え(おしえ)て　くれません　か。

Can you clue me in? (101)

632-13. 簡単にその話を私に教えて。

簡単(かんたん)　に　その　話(はなし)　を　私(わたし)　に　教(おし)えて。

Just tell me the story in a nutshell. (101)

632-14. イスラム教のための布教活動。

イスラム教(きょう)　の　ため　の　布教(ふきょう)　活動(かつどう)。

Missionary work for Islam. (100)

632-15. 岡島夫人は古い教区のミサに行く。

岡島(おかじま)　夫人(ふじん)　は　古(ふる)い　教区(きょうく)　の　ミサ　に　行(い)く。

Mrs. Okajima attends mass at an old parish.

632-16. 彼女は詩を十分に教え込まれた。

彼女(かのじょ)　は　詩(し)　を　十分(じゅうぶん)　に　教え込ま(おしえこま)れた。

She is well schooled in poetry. (101)

632-17. 我らは教養を高めるために読む。

我ら(われら)　は　教養(きょうよう)　を　高める(たかめる)　ため　に　読む(よむ)。

We read to improve our minds. (101)

632-18. 私たちは竹籠の作り方を教わった。

私(わたし)たち　は　竹籠(たけかご)　の　作り方(つくりかた)　を　教わっ(おそわっ)た。

We received instructions on how to make a bamboo basket. (87)

632-19. 私は彼女に運転の仕方を教えました。

私(わたし)　は　彼女(かのじょ)　に　運転(うんてん)　の　仕方(しかた)　を　教え(おしえ)ました。

I taught my girlfriend how to drive. (87)

632-20. 彼女は彼に名前と電話番号を教えた。

彼女(かのじょ)　は　彼(かれ)　に　名前(なまえ)　と　電話(でんわ)　番号(ばんごう)　を　教え(おしえ)た。

She gave him her name and telephone number. (87)

632-21. 神父たちは教育の重要性を強調した。

神父(しんぷ)たち は 教育(きょういく) の 重要性(じゅうようせい) を 強調(きょうちょう) した。

The vicars emphasized the importance of education. (87)

632-22. むしろ性教育の必要性が高まっている。

むしろ 性教育(せいきょういく) の 必要性(ひつようせい) が 高まっ(たかまっ)て いる。

On the contrary, the need for sex education is increasing. (10)

「むしろ」 ["rather"]: DJG v3 p295; Marx v2 day56.

632-23. 先生は、教室から子供たちを連れ出した。

先生(せんせい) は、 教室(きょうしつ) から 子供(こども)たち を 連れ出し(つれだし)た。

The teacher took the children out of the classroom. (101)

632-24. ちなみに私の住所もお教えしておきましょう。

ちなみに 私(わたし) の 住所(じゅうしょ) も お教え(おしえ) して おきましょう。

And a propos, you should have my address. (84)

「ちなみに〜」 {因みに〜** 1725} ["incidentally __"]: DJG v3 p40.

632-25. 私は4年間ネイティブの先生に英語を教わった。

私(わたし) は 4年間(ねんかん) ネイティブ の 先生(せんせい) に 英語(えいご) を 教わっ(おそわっ)た。

I studied English for four years with a native speaker. (87)

632-26. 緑さんは読み書きを教えるプログラムを設けた。

緑(みどり)さん は 読み書き(よみかき) を 教える(おしえる) プログラム を 設け(もうけ)た。

Midori set up a literacy program. (101)

632-27. 旅行会社は旅行の詳細を全て私たちに教えてくれた。

旅行(りょこう) 会社(がいしゃ) は 旅行(りょこう) の 詳細(しょうさい) を 全て(すべて) 私(わたし)たち に 教え(おしえ)て くれた。

The travel company furnished us with all the details of the tour. (87)

632-28. 3月には学校教育法施行規則の一部が改正されました。

3月(がつ) に は 学校(がっこう) 教育(きょういく) 法(ほう) 施行(しこう) 規則(きそく) の 一部(いちぶ) が 改正(かいせい) されました。

In March, part of the Ordinance for Enforcement of the School Education Act was revised. (10)

632-29. 農夫は物事をあるがままに受け入れなさいと教わってきた。

農夫(のうふ) は 物事(ものごと) を あるが まま に 受け入れ(うけいれ) なさい と 教わっ(おそわっ)て きた。

The peasants have been taught to accept things as they are. (87)

632-30. 若者を連れて行き、彼等に悪習を教えるのは日通常だった。

若者(わかもの) を 連れ(つれ)て 行き(いき)、 彼等(かれら) に 悪習(あくしゅう) を 教える(おしえる) の は 日(にち) 通常(つうじょう) だった。

It was common practice to lead off the young ones, and teach them bad habits. (101)

633： 完

633-1. 完成品。

完成品(かんせいひん)。

A finished product. (101)

633-2. 完全な注視。

完全(かんぜん) な 注視(ちゅうし)。

Complete attention. (100)

633-3. 完全な土地。

完全(かんぜん) な 土地(とち)。

Unbroken land. (101)

633-4. 完全な約束。

完全(かんぜん) な 約束(やくそく)。

Unbroken promises. (101)

633-5. 未完の仕事。

未完(みかん) の 仕事(しごと)。

Unfinished business. (101)

633-6. 完結に至らす。

完結(かんけつ) に 至ら(いたら)す。

Bring to perfection. (100)

633-7. 不完全な前方パス。

不完全(ふかんぜん) な 前方(ぜんぽう) パス。

An incomplete forward pass. (101)

633-8. 家は早めに完成した。

家(いえ) は 早め(はやめ) に 完成(かんせい) した。

The house was completed ahead of time. (101)

633-9. 完全に信用できる証言。

完全(かんぜん) に 信用(しんよう) できる 証言(しょうげん)。

Completely credible testimony. (101)

633-10. 完全に羽毛のある若鳥。

完全(かんぜん) に 羽毛(うもう) の ある 若鳥(わかどり)。

Fully plumaged young bird. (101)

633-11. 運動場は完成している。

運動場(うんどうじょう) は 完成(かんせい) して いる。

The playground has been completed. (101)

633-12. 見事に完結した文学作品。

見事(みごと) に 完結(かんけつ) した 文学(ぶんがく) 作品(さくひん)。
A dazzling and finished piece of writing. (101)

633-13. 課長は彼女の話を完全に信じた。

課長(かちょう) は 彼女(かのじょ) の 話(はなし) を 完全(かんぜん) に 信じ(しんじ)た。
The Section Chief went for her story hook, line, and sinker. (101)

633-14. 大工はテーブルを美しく完成させた。

大工(だいく) は テーブル を 美(うつく)しく 完成(かんせい) させた。
The carpenter finished the table beautifully. (101)

633-15. 私は午後の間ずっと彼の話に完全に没頭した。

私(わたし) は 午後(ごご) の 間(あいだ) ずっと 彼(かれ) の 話(はなし) に 完全(かんぜん) に 没頭(ぼっとう) した。
His story completely involved me during the entire afternoon. (101)

633-16. 亡夫は完全なルーレット必勝法を知っていた。

亡夫(ぼうふ) は 完全(かんぜん) な ルーレット 必勝法(ひっしょうほう) を 知っ(しっ)て いた。
My late husband had a perfect gambling system at roulette. (101)

633-17. あの事故の後、運転手が痛みから完全に解放されることはなかった。

あの 事故(じこ) の 後(あと)、 運転手(うんてんしゅ) が 痛み(いたみ) から 完全(かんぜん) に 解放(かいほう) される こと は なかった。
She was never completely free from pain after the accident. (87)

633-18. 今週はたくさんの人が休んでいたので、その企画を完成できなかった。

今週(こんしゅう) は たくさん の 人(ひと) が 休ん(やすん)で いた ので、 その 企画(きかく) を 完成(かんせい) できなかった。
With so many people absent this week, we weren't able to complete the project. (87)

633-19. 神が無限の完成度を持っていること以外は、なにごとも自分の理由づけの根拠とはしなかった。

神(かみ) が 無限(むげん) の 完成度(かんせいど) を 持つ(もっ)て いる こと 以外(いがい) は、 なにごと も 自分(じぶん) の 理由(りゆう)づけ の 根拠(こんきょ) と は しなかった。
With no other principle upon which to found my reasonings except the infinite perfection of God. (28)

633-20. 新聞は進みぐせのある時計のようなものであり、鉄道の完成を早まって記事にしてしまったのだ。

新聞(しんぶん) は 進み(すすみ)ぐせ の ある 時計(とけい) の よう な もの で あり、 鉄道(てつどう) の 完成(かんせい) を 早まっ(はやまっ)て 記事(きじ) に して しまった の だ。

The papers were like some watches, which have a way of running too fast, and had been premature in their announcement of the completion of the line. (7)

633-21. そういった場合にはいつも、行動しその結果を引き受けるという、法的かつ社会的な完全な自由があるべきなのです。

そういった 場合(ばあい) に は いつも、 行動(こうどう) し その 結果(けっか) を 引き受ける(ひきうける) という、 法的(ほうてき) かつ 社会的(しゃかいてき) な 完全(かんぜん) な 自由(じゆう) が ある べき な の です。

In all such cases there should be perfect freedom, legal and social, to do the action and stand the consequences. (62)

「そういう〜/そういった〜」{そう言う〜 / そう言った〜 51} ["such __"]: DJG v2 p131; Tobira Ch2 #10. 「かつ」{且つ* 263} ["and"]: DJG v3 p209.

634： 院

634-1. 大学院課程。

大学院(だいがくいん) 課程(かてい)。

Graduate courses. (101)

634-2. ジャワの寺院。

ジャワ の 寺院(じいん)。

Javanese temples. (101)

634-3. 老年病専門病院。

老年病(ろうねんびょう) 専門(せんもん) 病院(びょういん)。

Geriatric hospital. (101)

634-4. 味気ない病院の食物。

味気(あじけ)ない 病院(びょういん) の 食物(しょくもつ)。

Insipid hospital food. (101)

634-5. 父は今病院で仕事中だ。

父(ちち) は 今(いま) 病院(びょういん) で 仕事中(しごとちゅう) だ。

My father is now at work at the hospital. (87)

634-6. 整体院の山田先生が語る。

整体院(せいたいいん) の 山田(やまだ) 先生(せんせい) が 語る(かたる)。

Dr. Yamada from the osteopathic clinic will talk. (10)

634-7. 総理は過労のために入院した。

総理(そうり) は 過労(かろう) の ため に 入院(にゅういん) した。

The Prime Minister was hospitalized for extreme fatigue. (101)

634-8. その法案は下院を通過しました。

その 法案(ほうあん) は 下院(かいん) を 通過(つうか) しました。

The bill cleared the House. (101)

634-9. 彼は２年の任期の後、上院を去った。

彼(かれ) は ２年(ねん) の 任期(にんき) の 後(あと)、 上院(じょうい
ん) を 去っ(さっ)た。

He left the Senate after two terms. (101)

634-10. この間彼女の母親が病院で亡くなった。

この間(このかん) 彼女(かのじょ) の 母親(ははおや) が 病院(びょうい
ん) で 亡くなっ(なくなっ)た。

The other day her mother passed away in the hospital. (87)

634-11. 火事の生存者は、病院へ連れて行かれた。

火事(かじ) の 生存者(せいぞんしゃ) は、 病院(びょういん) へ 連れ(つ
れ)て 行か(いか)れた。

The survivors of the fire were taken to a hospital. (101)

634-12. 彼女を元気付けるために病院に花束を送った。

彼女(かのじょ) を 元気付ける(げんきづける) ため に 病院(びょういん)
に 花束(はなたば) を 送っ(おくっ)た。

We sent some flowers to the hospital to cheer her up. (87)

634-13. 朱さんは病院で働きたいと思っているらしい。

朱(ジュ)さん は 病院(びょういん) で 働き(はたらき)たい と 思っ(おも
っ)て いる らしい。

It seems that Zhu-san wants to work in a hospital. (87)

634-14. 胡先生は大学院で、学習と記憶のコースを教えていた。

胡(フ) 先生(せんせい) は 大学院(だいがくいん) で、 学習(がくしゅう)
と 記憶(きおく) の コース を 教え(おしえ)て いた。

Professor Hu taught a course at the graduate school on learning and memory. (101)

634-15. 血圧が高過ぎたので、母は入院しなければならなかった。

血圧(けつあつ) が 高過ぎ(たかすぎ)た ので、 母(はは) は 入院(にゅう
いん) しなければ ならなかった。

Mother had to be hospitalized because her blood pressure was too high. (101)

635：　奈

635-1. 私は京都か奈良に住みたい。

私(わたし) は 京都(きょうと) か 奈良(なら) に 住み(すみ)たい。

I want to live in Kyoto or in Nara. (87)

635-2. 考古学者は私に来月、奈良を訪れるつもりだと言った。

考古学者(こうこがくしゃ) は 私(わたし) に 来月(らいげつ)、 奈良(な
ら) を 訪れる(おとずれる) つもり だ と 言っ(いっ)た。

The archeologist told me that he would visit Nara next month. (87)

635-3. 奈良の古刹の中で、海竜王寺、川原寺、元興寺、と東大寺に行ったことがある。

奈良(なら) の 古刹(こさつ) の 中(なか) で、 海竜王寺(かいりゅうおうじ)、 川原寺(かわらでら)、 元興寺(がんごうじ)、 と 東大寺(とうだいじ) に 行っ(いっ)た こと が ある。

Of Nara's ancient temples, I've been to Kairyuoji, Kawaradera, Gankoji, and Todaiji.

636： 宗

636-1. 宗教の教え。

宗教(しゅうきょう) の 教え(おしえ)。

Religious teachings. (101)

636-2. 東洋の宗教。

東洋(とうよう) の 宗教(しゅうきょう)。

The Eastern religions. (101)

636-3. 彼の幾分不安定な宗教信念。

彼(かれ) の 幾分(いくぶん) 不安定(ふあんてい) な 宗教(しゅうきょう) 信念(しんねん)。

His rather unstable religious convictions. (101)

636-4. 彼はその宗教に関する以前の声明を取り下げた。

彼(かれ) は その 宗教(しゅうきょう) に関する(にかんする) 以前(いぜん) の 声明(せいめい) を 取り下げ(とりさげ)た。

He retracted his earlier statements about his religion. (101)

636-5. イスラム教は、完全な生活様式であり、日曜の宗教ではない。

イスラム教(きょう) は、 完全(かんぜん) な 生活(せいかつ) 様式(ようしき) で あり、 日曜(にちよう) の 宗教(しゅうきょう) で は ない。

Islam is a complete way of life, not a Sunday religion. (101)

636-6. ポールの名前は、キリスト教への改宗以前はサウルであった。

ポール の 名前(なまえ) は、 キリスト教(きょう) へ の 改宗(かいしゅう) 以前(いぜん) は サウル で あった。

Paul's name was Saul prior to his conversion to Christianity. (101)

636-7. 国およびその機関は、宗教教育その他いかなる宗教的活動もしてはならない。

国(くに) および その 機関(きかん) は、 宗教(しゅうきょう) 教育(きょういく) その 他(た) いかなる 宗教的(しゅうきょうてき) 活動(かつどう) も して は ならない。

The State and its organs shall refrain from religious education or any other religious activity. (19)

「および」 {及び* 1760} ["and"]: DJG v3 p521.　「いかなる〜」 {如何なる〜** 2197; 815} ["any __"]: DJG v3 p132.

637： 祭

637-1. 祭典行事。

祭典(さいてん)　行事(ぎょうじ)。

Ceremonial occasions. (101)

637-2. お祭り行事。

お祭り(まつり)　行事(ぎょうじ)。

Festal occasions. (101)

637-3. 全てはお祭りのようでした。

全て(すべて)　は　お祭り(まつり)　の　よう　でした。

Everything had a festive look. (98)

「～ようだ」 **["looks like __"; "seems (that) __"]**: DJG v1 p547; Marx v2 day66.

637-4. 日本では、秋に行う祭りが多い。

日本(にほん)　で　は、　秋(あき)　に　行う(おこなう)　祭り(まつり)　が　多い(おおい)。

In Japan, many festivals are held in the autumn. (29)

637-5. その祭りは二年に一度行われる。

その　祭(まつ)り　は　二年(にねん)　に　一度(いちど)　行(おこな)われる。

This festival takes places biennially. (101)

637-6. その行事全体は、お祭りムードだ。

その　行事(ぎょうじ)　全体(ぜんたい)　は、　お祭り(まつり)　ムード　だ。

The whole occasion has a carnival atmosphere. (101)

637-7. 町の神社のお神輿は、祭りの日に限って見える。

町(まち)　の　神社(じんじゃ)　の　お神輿(おみこし)　は、　祭り(まつり)　の　日(ひ)　に　限っ(かぎっ)て　見える(みえる)。

Our neighborhood shrine's *mikoshi* can only be seen on the festival day. (29)

「～にかぎって」 {～に限って 282} **["only (this one) of all (its group)"]**: DJG v2 p250.

637-8. オリンピック聖火リレーは毎回ギリシャから出発し、古代祭礼からはじまる。

オリンピック　聖火(せいか)　リレー　は　毎回(まいかい)　ギリシャ　から　出発(しゅっぱつ)　し、古代(こだい)　祭礼(さいれい)　から　はじまる。

The Olympic Torch Relay always departs from Greece, and begins with an ancient ritual. (64)

638： 際

638-1. 窓際族。

窓際族(まどぎわぞく)。

Marginalized employees. (101)

638-2. 国際協定。

国際(こくさい)　協定(きょうてい)。

An international agreement. (101)

638-3. 国際労働機関。

国際(こくさい)　労働(ろうどう)　機関(きかん)。

International Labor Organization. (100)

638-4. 際限なく笑う。

際限(さいげん)　なく　笑う(わらう)。

Laugh unrestrainedly. (100)

638-5. 国際連合の機関。

国際(こくさい)　連合(れんごう)　の　機関(きかん)。

An agency of the United Nations. (100)

638-6. 成人式の際、……

成人式(せいじんしき)　の　際(さい)、……

On the occasion of the coming-of-age ceremony, ...

「～さい(に)」　{～際に 638}　["on the occasion of __", "when __"]: DJG v2 p369.

638-7. 際立った緑色の線。

際立っ(きわだっ)た　緑色(みどりいろ)　の　線(せん)。

A prominent green line. (101)

638-8. 彼女の実際の動機。

彼女(かのじょ)　の　実際(じっさい)　の　動機(どうき)。

Her actual motive. (101)

638-9. 国際連合の常設理事会。

国際(こくさい)　連合(れんごう)　の　常設(じょうせつ)　理事会(りじかい)。

A permanent council of the United Nations. (100)

638-10. その交際は彼を元気づけた。

その　交際(こうさい)　は　彼(かれ)　を　元気づけ(げんきづけ)た。

The company spirited him up. (101)

638-11. 手際よく彼は結び目を解いた。

手際(てぎわ)　よく　彼(かれ)　は　結び目(むすびめ)　を　解い(とい)た。

Dextrously he untied the knots. (101)

638-12. 考古学者は実際にラテン語で話した。

考古学者(こうこがくしゃ)　は　実際(じっさい)　に　ラテン語(ご)　で　話し(はなし)た。

The archeologist actually spoke in Latin. (101)

638-13. 矢島夫人は菓子屋へ閉店間際に行った。

矢島(やじま)　夫人(ふじん)　は　菓子屋(かしや)　へ　閉店(へいてん)　間際(まぎわ)　に　行っ(いっ)た。

Mrs. Yajima went to the confectioner's just before closing time.

638-14. これは実際に殺されたのと同じやり方だ。

これ は 実際(じっさい) に 殺さ(ころさ)れた の と 同じ(おなじ) や り方(やりかた) だ。

This is just like the way he was actually killed. (30)

638-15. 火事の際は、119番に電話して下さい。

火事(かじ) の 際(さい) は、 119番(ばん) に 電話(でんわ) して 下(く だ)さい。

In case of fire, please dial 119. (87)

「～さい(に)」 {～際に 638} ["on the occasion of __", "when __"]: DJG v2 p369.

638-16. 美奈子さんは友人との交際を楽しんだ。

美奈子(みなこ)さん は 友人(ゆうじん) と の 交際(こうさい) を 楽し ん(たのしん)だ。

Minako enjoyed the society of her friends. (101)

638-17. 当社の商品の品質はそれを際立たせる。

当社(とうしゃ) の 商品(しょうひん) の 品質(ひんしつ) は それ を 際立た(きわだた)せる。

The quality of our merchandise sets it apart. (101)

638-18. 私たちは、その委員会を国際化にした。

私(わたし)たち は、 その 委員会(いいんかい) を 国際化(こくさいか) に した。

We internationalized the committee. (101)

638-19. 彼らは自分たちの分野では際だっている。

彼ら(かれら) は 自分(じぶん)たち の 分野(ぶんや) で は 際だっ(きわ だっ)て いる。

They are outstanding in their field. (101)

638-20. この物語は実際の出来事に基づいている。

この 物語(ものがたり) は 実際(じっさい) の 出来事(できごと) に 基 づい(もとづい)て いる。

This story is based on actual events. (87)

638-21. 3年間交際していた彼氏と先日別れました。

3年間(ねんかん) 交際(こうさい) して いた 彼氏(かれし) と 先日(せん じつ) 別れ(わかれ)ました。

I recently broke up with my boyfriend of three years. (87)

638-22. この東洋医学の専門家は国際的に知られている。

この 東洋(とうよう) 医学(いがく) の 専門家(せんもんか) は 国際的(こ くさいてき) に 知ら(しら)れて いる。

This specialist in Eastern Medicine is internationally known. (101)

638-23. 彼女は内気に見えるが、実際は強い意志の持主だ。

彼女(かのじょ) は 内気(うちき) に 見える(みえる) が、 実際(じっさい) は 強い(つよい) 意志(いし) の 持主(もちぬし) だ。

She seems reserved, but she's actually a strong-willed person. (87)

638-24. 私たちの考えを行動として実際に起こさなければならない。

私(わたし)たち の 考え(かんがえ) を 行動(こうどう) として 実際(じっさい) に 起こさ(おこさ)なければ ならない。

Our ideas must be substantiated into actions. (101)

638-25. 今はじめて、彼は身際にある彼女の顔を、失いたくないと感じた。

今(いま) はじめて、 彼(かれ) は 身際(みぎわ) に ある 彼女(かのじょ) の 顔(かお) を、 失い(うしない)たくない と 感じ(かんじ)た。

Only now had it become indispensable to him to have her face pressed close. (42)

638-26. その部分を明るくして他の部分から際立たせ、読み易くした方がいい。

その 部分(ぶぶん) を 明る(あかる)く して 他(ほか) の 部分(ぶぶん) から 際立た(きわだた)せ、 読み易く(よみやすく) した 方(ほう) が いい。

It would be better to make this text stand out from the rest by making it brighter and easier to read. (96)

638-27. 実際には次元は4つあって、その内3つは我々が空間の3方向とよぶ物で、4つめが時間です。

実際(じっさい) に は 次元(じげん) は 4つ あって、 その 内(うち) 3 つ は 我々(われわれ) が 空間(くうかん) の 3方向(ほうこう) と よぶ 物(もの) で、 4つめ が 時間(じかん) です。

There are really four dimensions, three which we call the three planes of Space, and a fourth, Time. (89)

639：　察

639-1. 察が来た、ずらかれ！

察(さつ) が 来(き)た、 ずらかれ！

Here come the police. Let's get out of here. (87)

「**Imperative verb ending**」 : DJG v1 p577 & 579 right column, v2 p70; Marx v1 day28 ("-E form verbs").

639-2. 彼は来月中国へ視察旅行に出かけます。

彼(かれ) は 来月(らいげつ) 中国(ちゅうごく) へ 視察(しさつ) 旅行(りょこう) に 出かけ(でかけ)ます。

He is leaving for China on an inspection tour next month.

639-3. 住民はなにが起こるか、察していなかった。

住民(じゅうみん) は なに が 起こる(おこる) か、 察し(さっし)て いなかった。

The residents had no inkling what was about to happen. (101)

639-4. 彼は彼女の声に皮肉のちらつきを察知して、たじろいだ。

彼(かれ) は 彼女(かのじょ) の 声(こえ) に 皮肉(ひにく) の ちらつき を 察知(さっち) して、 たじろいだ。

He winced at the detected flicker of irony in her voice. (101)

639-5. 人類の運命について考察するうちに、このフィクションを思いついたのだと思って下さい。

人類(じんるい) の 運命(うんめい) について 考察(こうさつ) する うち に、 この フィクション を 思いつい(おもいつい)た の だ と 思っ(おもっ)て 下(くだ)さい。

Consider I have been speculating upon the destinies of our kind until I have hatched this fiction. (89)

「〜うちに」 {〜内に* 215} ["while __", "before __ ends"]: DJG v1 p512; Tobira Ch2 #16.

640： 祈

640-1. 主の祈り。

主(しゅ) の 祈り(いのり)。

The Lord's Prayer. (100)

640-2. 祈りをささげる。

祈り(いのり) を ささげる。

Say grace. (101)

640-3. 彼の道中安全を祈った。

彼(かれ) の 道中(どうちゅう) 安全(あんぜん) を 祈っ(いのっ)た。

I wished him a safe journey. (101)

640-4. 親が子供の出世を祈念した。

親(おや) が 子供(こども) の 出世(しゅっせ) を 祈念(きねん) した。

The parents prayed for their child's success in life.

640-5. 京大に受かることを祈願した。

京大(きょうだい) に 受(う)かる こと を 祈願(きがん) した。

I prayed to get into Kyoto University.

640-6. 寺田神父は日になん度も祈る。

寺田(てらだ) 神父(しんぷ) は 日(ひ) に なん度(ど) も 祈る(いのる)。

Father Terada prays many times each day. (87)

640-7. 私のためにお祈りして下さい。

私(わたし) の ため に お祈り(おいのり) して 下(くだ)さい。

Please remember me in your prayers. (101)

640-8. 我々の祈りを聞き入れなさい、父なる神。

我々(われわれ) の 祈り(いのり) を 聞き入れ(ききいれ) なさい、 父(ちち) なる 神(かみ)。

Hear our prayers, Heavenly Father. (101)

640-9. 両手を組み、お祈りをしていたように私は思いました。

両手(りょうて) を 組み(くみ)、 お祈り(おいのり) を して いた よう
に 私(わたし) は 思い(おもい)ました。

Her hands were folded, and I think she prayed. (98)

641: 祖

641-1. 母方の祖母。

母方(ははかた) の 祖母(そぼ)。

Maternal grandmother. (101)

641-2. 王室の先祖の。

王室(おうしつ) の 先祖(せんぞ) の。

Of royal ancestry. (101)

641-3. 先祖伝来の地所。

先祖(せんぞ) 伝来(でんらい) の 地所(じしょ)。

Patrimonial land. (101)

641-4. 先祖に特有の短所。

先祖(せんぞ) に 特有(とくゆう) の 短所(たんしょ)。

Shortcomings characteristic of one's ancestors.

641-5. 元祖キリスト教会。

元祖(がんそ) キリスト 教会(きょうかい)。

The original Christian Church. (101)

641-6. 祖父は大阪の出身です。

祖父(そふ) は 大阪(おおさか) の 出身(しゅっしん) です。

My grandfather comes from Osaka. (87)

641-7. 同じ先祖の言語を持つさま。

同じ(おなじ) 先祖(せんぞ) の 言語(げんご) を 持つ(もつ) さま。

Having the same ancestral language. (100)

641-8. 母方の祖母は島根に住んでいる。

母方(ははかた) の 祖母(そぼ) は 島根(しまね) に 住(す)んで いる。

My grandmother on my mother's side lives in Shimane. (87)

641-9. 長女は祖母から文字を教わった。

長女(ちょうじょ) は 祖母(そぼ) から 文字(もじ) を 教(おそ)わった。

My oldest learned her letters from her grandmother. (101)

641-10. 母方の祖父は10年前に他界した。

母方(ははかた) の 祖父(そふ) は 10年(ねん) 前(まえ) に 他界(たかい)
した。

My grandfather on my mother's side passed away ten years ago. (87)

641-11. 作曲家は王族の祖先を見くびった。

作曲家(さっきょくか) は 王族(おうぞく) の 祖先(そせん) を 見くびっ(みくびっ)た。

The composer played down his royal ancestry. (101)

641-12. 私の祖母はドイツの病院に送られた。

私(わたし) の 祖母(そぼ) は ドイツ の 病院(びょういん) に 送ら(おくら)れた。

My grandmother was sent to a hospital in Germany. (87)

641-13. 両親が亡くなった後、祖父母が彼らを育てた。

両親(りょうしん) が 亡くなっ(なくなっ)た 後(あと)、 祖父母(そふぼ) が 彼ら(かれら) を 育て(そだて)た。

After their parents died, their grandparents brought them up. (87)

641-14. ヌナヴートはイヌイットの人々の祖国だ。

ヌナヴート は イヌイット の 人々(ひとびと) の 祖国(そこく) だ。

Nunavut is the homeland of the Inuit people. (101)

641-15. 祖母はいつも寒い寒いと言って不平を言っています。

祖母(そぼ) は いつも 寒い(さむい) 寒い(さむい) と 言っ(いっ)て 不平(ふへい) を 言っ(いっ)て います。

My grandmother is always complaining of the cold. (87)

641-16. コンスタンティン一世は、コンスタンチノープルの名祖である。

コンスタンティン 一世(いっせい) は、 コンスタンチノープル の 名祖(めいそ) で ある。

Constantine I is the eponym for Constantinople. (101)

642：　助

642-1. 友好的な助言。

友好的(ゆうこうてき) な 助言(じょげん)。

Friendly advice. (101)

642-2. 自発的な助手。

自発的(じはつてき) な 助手(じょしゅ)。

Willing helpers. (101)

642-3. 助けて、助けて！

助け(たすけ)て、 助け(たすけ)て！

Help, help! (64)

642-4. 平和の助けになる。

平和(へいわ) の 助け(たすけ) に なる。

Conducive to peace. (100)

642-5. 最も助けになる助手。

最も(もっとも) 助け(たすけ) に なる 助手(じょしゅ)。

The most helpful assistant. (100)

642-6. 教える際の視覚的な助け。

教える(おしえる) 際(さい) の 視覚的(しかくてき) な 助け(たすけ)。

Visual assistance in teaching. (101)

「～さい(に)」 {～際に 638} ["on the occasion of __", "when __"]: DJG v2 p369.

642-7. 彼が必ず多くの人を助ける。

彼(かれ) が 必ず(かならず) 多く(おおく) の 人(ひと) を 助ける(たすける)。

He will certainly save a lot of people. (10)

642-8. 専門家の助言が必要である。

専門家(せんもんか) の 助言(じょげん) が 必要(ひつよう) で ある。

We need professional advice. (101)

642-9. 人助けをするのは彼の性質だ。

人助け(ひとだすけ) を する の は 彼(かれ) の 性質(せいしつ) だ。

It is his nature to help others. (101)

642-10. 助けが必要なら、大声を出せ。

助け(たすけ) が 必要(ひつよう) なら、 大声(おおごえ) を 出せ(だせ)。

When you need help, holler. (90)

「Imperative verb ending」 : DJG v1 p577 & 579 right column, v2 p70; Marx v1 day28 ("-E form verbs").

642-11. 今夜はきみの助けが必要になる。

今夜(こんや) は きみ の 助け(たすけ) が 必要(ひつよう) に なる。

I shall want your help to-night. (4)

642-12. 彼らは大いに助けを必要としていた。

彼ら(かれら) は 大いに(おおいに) 助け(たすけ) を 必要(ひつよう) と して いた。

They were badly in need of help. (101)

642-13. 私を助けてくれたら、私もお前を助けよう。

私(わたし) を 助け(たすけ)て くれたら、 私(わたし) も お前(おまえ) を 助けよ(たすけよ)う。

Help me and I will help you. (99)

642-14. これらのいわゆる専門家は助けにならない。

これら の いわゆる 専門家(せんもんか) は 助(たす)け に ならない。

∴ These so-called experts are no help. (101)

「いわゆる～」 ["so-called __"]: DJG v3 p172.

642-15. あなたが手伝ってくれれば私は本当に助かる。

あなた が 手伝っ(てつだっ)て くれれば 私(わたし) は 本当に(ほんとうに) 助かる(たすかる)。

If you could assist me, it would be a great help. (87)

642-16. 彼女は私たちを助けるために最も尽力してくれる。

彼女(かのじょ) は 私(わたし)たち を 助ける(たすける) ため に 最も(もっとも) 尽力(じんりょく) して くれる。

She goes farthest in helping us. (101)

642-17. お前の命を助ければ、またスパイに来るかも知れぬでな。

お前(おまえ) の 命(いのち) を 助けれ(たすけれ)ば、 また スパイ に 来る(くる) か も 知れ(しれ)ぬ で な。

If I spare your life you may come spying again. (86)

「-ぬ」 ["not __"]: DJG v2 p315; Tobira ch11 #14.

642-18. 父はいつも「天は自ら助くる者を助く」と言っていました。

父(ちち) は いつも 「天(てん) は 自ら(みずから) 助くる(たすくる) 者(もの) を 助く(たすく)」 と 言っ(いっ)て いました。

My father always said that heaven helps those who help themselves. (87)

642-19. 助けが得られないまでも、中立の立場でいてもらう必要があった。

助け(たすけ) が 得(え)られない まで も、 中立(ちゅうりつ) の 立場(たちば) で いて もらう 必要(ひつよう) が あった。

In default of his assistance, it was necessary to be assured of his neutrality. (7)

642-20. もしお前が殺されたら、だれがこの老いた私を助けてくれるというのか。

もし お前(おまえ) が 殺さ(ころさ)れたら、 だれ が この 老い(おい)た 私(わたし) を 助け(たすけ)て くれる と いう の か。

If he slays thee whom have I to help me in my old age? (86)

642-21. かかしは新品同様になり、助けてくれてありがとうとなん度もお礼を言っていました。

かかし は 新品(しんぴん) 同様(どうよう) に なり、 助(たす)けて くれて ありがとう と なん度(ど) も お礼(おれい) を 言(い)って いました。

The Scarecrow, as good as new, thanked them over and over for saving him. (99)

643：　仲

643-1. 飲み仲間。

飲み(のみ) 仲間(なかま)。

Drinking companions. (101)

643-2. 一時的な仲間。

一時的(いちじてき) な 仲間(なかま)。

A temporary associate. (100)

643-3. 彼は会社の仲間です。

彼(かれ) は 会社(かいしゃ) の 仲間(なかま) です。

He works with me at the office. (87)

643-4. 私は近所の人と仲が良い。

私(わたし) は 近所(きんじょ) の 人(ひと) と 仲(なか) が 良(よ)い。

I'm on good terms with the neighbors. (87)

643-5. 奨さんは先生と仲が悪い。

奨(しょう)さん は 先生(せんせい) と 仲(なか) が 悪い(わるい)。

Sho is on bad terms with the teacher. (87)

643-6. 彼女は仲間とうまく付き合う。

彼女(かのじょ) は 仲間(なかま) と うまく 付き合う(つきあう)。

She relates well to her peers. (101)

643-7. 今日なん人か昔の仲間に会ったよ。

今日(きょう) なん人(にん) か 昔(むかし) の 仲間(なかま) に 会っ(あっ)た よ。

I met some of the old gang today. (51)

643-8. 株の仲買人は500株を引き受けた。

株(かぶ) の 仲買人(なかがいにん) は 500株(かぶ) を 引き受け(ひきうけ)た。

The broker subscribed 500 shares. (101)

643-9. 私たちは千葉夫人の仲人で付き合った。

私(わたし)たち は 千葉(ちば) 夫人(ふじん) の 仲人(なこうど) で 付き合っ(つきあっ)た。

We started going out thanks to Mrs. Chiba's matchmaking. (87)

643-10. 彼は仲間のハッカーに電子メールを送った。

彼(かれ) は 仲間(なかま) の ハッカー に 電子(でんし) メール を 送っ(おくっ)た。

He sent e-mail to his fellow hackers. (101)

643-11. 正面の窓から下の通りで遊ぶ仲間たちが見えた。

正面(しょうめん) の 窓(まど) から 下(した) の 通り(とおり) で 遊ぶ(あそぶ) 仲間(なかま)たち が 見え(みえ)た。

From the front window I saw my companions playing below in the street. (6)

643-12. おや、全員まるで仲良し家族みたいにおそろいだ。

おや、 全員(ぜんいん) まるで 仲良し(なかよし) 家族(かぞく) みたい に おそろい だ。

Why, there you all are together like a happy family, in a manner of speaking. (90)

643-13. 学童が休み時間に、友だちと外で仲良く遊びます。

学童(がくどう) が 休み(やすみ) 時間(じかん) に、 友だち(ともだち) と 外(そと) で 仲良く(なかよく) 遊び(あそび)ます。

The schoolchild enjoys playing outside with friends during recess. (10)

643-14. 一人の目は青かった、しかし、仲間のそれは茶色だった。

　　一人(ひとり)　の　目(め)　は　青かっ(あおかっ)た、　しかし、　仲間(なかま)　の　それ　は　茶色(ちゃいろ)　だった。

One eye was blue but its fellow was brown. (101)

643-15. ライオンは、こんなに臆病なくせにとてもよい仲間だった。

　　ライオン　は、　こんなに　臆病(おくびょう)　な　くせ　に　とても　よい　仲間(なかま)　だった。

The Lion was a very good comrade for one so cowardly. (99)

「～くせに」{～癖に 1468} ["__ and yet"]: DJG v2 p155; Marx v2 day12; Tobira ch7 #13.

643-16. 人魚と子供たちが仲良しだったなんて考えてはいけません。

　　人魚(にんぎょ)　と　子供(こども)たち　が　仲良し(なかよし)　だった　なんて　考え(かんがえ)て　は　いけません。

You must not think that the mermaids were on friendly terms with the children. (64)

643-17. ディックは海に出て悪い仲間に入る前は育ちが良かったのだ。

　　ディック　は　海(うみ)　に　出(で)て　悪い(わるい)　仲間(なかま)　に　入る(はいる)　前(まえ)　は　育ち(そだち)　が　良かっ(よかっ)た　の　だ。

He had been well brought up, had Dick, before he came to sea and fell among bad companions. (90)

643-18. その馬たちが、彼らが売買を仲立ちする最後の馬になるはずだった。

　　その　馬(うま)たち　が、　彼ら(かれら)　が　売買(ばいばい)　を　仲立ち(なかだち)　する　最後(さいご)　の　馬(うま)　に　なる　はず　だった。

These were the last horses that would go through their hands. (42)

643-19. 二つ目の理由は彼が仲間たちを自分より下と見なしていることだった。

　　二つ目(ふたつめ)　の　理由(りゆう)　は　彼(かれ)　が　仲間(なかま)たち　を　自分(じぶん)　より　下(した)　と　見なし(みなし)て　いる　こと　だった。

The second reason was that he considered his companions beneath him. (49)

643-20. お前、長いこと仲間だったが、もうわしの仲間じゃねぇ。

　　お前(おまえ)、　長い(ながい)　こと　仲間(なかま)　だった　が、　もう　わし　の　仲間(なかま)　じゃ　ねぇ。

As for you, long you've been a mate of mine, but you're mate of mine no more. (90)

「ねえ / ねぇ」 [vulgar pronunciation of ない].

644：　忠

644-1. 忠実な子供。

　　忠実(ちゅうじつ)　な　子供(こども)。

A dutiful child. (101)

644-2. 忠実な市民。

　　忠実(ちゅうじつ)　な　市民(しみん)。

A dutiful citizen. (101)

644-3. 心底忠実な。

心底(しんそこ) 忠実(ちゅうじつ) な。

Profoundly loyal. (101)

644-4. 歪んだ忠実心。

歪ん(ゆがん)だ 忠実心(ちゅうじつしん)。

A perverted sense of loyalty. (101)

644-5. 忠節の気持ち。

忠節(ちゅうせつ) の 気持ち(きもち)。

Feelings of allegiance. (100)

644-6. 証拠に忠実でない。

証拠(しょうこ) に 忠実(ちゅうじつ) で ない。

Not true to the evidence. (100)

644-7. 忠実な友人は彼を支持した。

忠実(ちゅうじつ) な 友人(ゆうじん) は 彼(かれ) を 支持(しじ) した。

Loyal friends stood by him. (101)

644-8. 女中は主人に忠実に仕えた。

女中(じょちゅう) は 主人(しゅじん) に 忠実(ちゅうじつ) に 仕え(つかえ)た。

The housemaid served her master devotedly. (101)

644-9. 一部の忠実な支持者を集める。

一部(いちぶ) の 忠実(ちゅうじつ) な 支持者(しじしゃ) を 集める(あつめる)。

Round up some loyal followers. (101)

644-10. 小野さんは党に忠実な党員の一人だ。

小野(おの)さん は 党(とう) に 忠実(ちゅうじつ) な 党員(とういん) の 一人(ひとり) だ。

Ono-san is one of the party regulars. (101)

644-11. 矢島さんは、毎週日曜日に忠実に母を訪ねた。

矢島(やじま)さん は、 毎週(まいしゅう) 日曜日(にちようび) に 忠実(ちゅうじつ) に 母(はは) を 訪ね(たずね)た。

Yajima-san dutifully visited his mother every Sunday. (101)

644-12. 教会に通うことを欠かさず、忠実しく父親の世話をした。

教会(きょうかい) に 通う(かよう) こと を 欠かさ(かかさ)ず、 忠実(まめ)しく 父親(ちちおや) の 世話(せわ) を した。

She went regularly to church, and faithfully attended to her father. (42)

644-13. その３人の子供には、忠実なナナという名前の乳母がいました。

その 3人(にん) の 子供(こども) に は、 忠実(ちゅうじつ) な ナナ という 名前(なまえ) の 乳母(うば) が いました。

These children had a faithful nurse called Nana. (64)

644-14. セレブリティ・ホーム・エンターテイメントは、日本のオリジナルに忠実であろうなどとは一切思わなかった。

セレブリティ・ホーム・エンターテイメント は、 日本(にほん) の オリジナル に 忠実(ちゅうじつ) で あろう など と は 一切(いっさい) 思わ(おもわ)なかった。

Celebrity Home Entertainment made no attempt to be faithful to the Japanese original. (69)

「〜などと」 {〜等と＊393} [paraphrase]: DJG v2 p197.

645： 沖

645-1. 沖合の島。

沖合(おきあい) の 島(しま)。

An offshore island. (101)

645-2. 沖に向かう風。

沖(おき) に 向かう(むかう) 風(かぜ)。

Offshore winds. (101)

645-3. アラスカ沖の島。

アラスカ 沖(おき) の 島(しま)。

An island off southern Alaska in the Gulf of Alaska. (100)

645-4. 潮の沖へのながれ。

潮(しお) の 沖(おき) へ の ながれ。

The outward flow of the tide. (100)

645-5. 沖に石油タンカーがあった。

沖(おき) に 石油(せきゆ) タンカー が あった。

There was an oil tanker in the offing. (101)

645-6. 北東ブラジルの沖合いの島の都市。

北東(ほくとう) ブラジル の 沖合い(おきあい) の 島(しま) の 都市(とし)。

A city on an offshore island in northeast Brazil. (100)

645-7. そのクジラは高知の沖合いで発見されました。

その クジラ は 高知(こうち) の 沖合い(おきあい) で 発見(はっけん) されました。

The whale was found off the coast of Kochi. (87)

645-8. コスメルはユカタン半島の北東沖の、人気のあるリゾート地である。

コスメル は ユカタン 半島(はんとう) の 北東(ほくとう) 沖(おき) の、 人気(にんき) の ある リゾート地(ち) で ある。

Cozumel is a popular resort off the northeastern tip of the Yucatan peninsula. (100)

645-9. はるか、沖合へ出てみますと、海の水は、およそ美しいやぐるまぎくの花びらのように青い。

はるか、 沖合(おきあい) へ 出(で)て みます と、 海(うみ) の 水(みず) は、 およそ 美しい(うつくしい) やぐるまぎく の 花びら(はなびら) の よう に 青い(あおい)。

Far out at sea the water is as blue as the bluest cornflower. (87)

646： 保

646-1. 目の保養。

目(め) の 保養(ほよう)。

A site for sore eyes.

646-2. 身元保証人。

身元(みもと) 保証人(ほしょうにん)。

Guarantor [personal reference].

646-3. 保証できる事実。

保証(ほしょう) できる 事実(じじつ)。

A certifiable fact. (101)

646-4. 保持力のある心。

保持力(ほじりょく) の ある 心(こころ)。

A retentive mind. (101)

646-5. 湿気を保持する土。

湿気(しっけ) を 保持(ほじ) する 土(つち)。

Soils retentive of moisture. (101)

646-6. 子供の安全を保証する。

子供(こども) の 安全(あんぜん) を 保証(ほしょう) する。

Insure the safety of the children. (101)

646-7. 石油不足は保存を強いる。

石油不足(せきゆぶそく) は 保存(ほぞん) を 強いる(しいる)。

The petroleum shortage compels conservation. (101)

646-8. 彼は2年間世界記録を保持した。

彼(かれ) は 2年間(ねんかん) 世界記録(せかいきろく) を 保持(ほじ) した。

He held the world record for two years. (101)

646-9. 実に無計画な記録保存システム。

実(じつ)に 無計画(むけいかく) な 記録(きろく) 保存(ほぞん) システム。

A most haphazard system of record keeping. (101)

646-10. 彼は保安官によって処理された。

彼(かれ) は 保安官(ほあんかん) に よって 処理(しょり) された。

He was processed by the sheriff. (101)

646-11. 彼女はあの家族の平和を保つ人だ。

彼女(かのじょ) は あの 家族(かぞく) の 平和(へいわ) を 保つ(たもつ) 人(ひと) だ。

She's the peacekeeper in that family. (101)

646-12. 通常、車の保持者は、年間1万マイル走る。

通常(つうじょう)、 車(くるま) の 保持者(ほじしゃ) は、 年間(ねんかん) 1万(まん) マイル 走る(はしる)。

The typical car owner drives 10,000 miles a year. (101)

646-13. 亡夫は高価な証券のいくつかを保有していた。

亡夫(ぼうふ) は 高価(こうか) な 証券(しょうけん) の いくつ か を 保有(ほゆう) して いた。

My late husband held several valuable securities. (101)

646-14. 自民党は、下院で単独過半数を保持している。

自民党(じみんとう) は、 下院(かいん) で 単独(たんどく) 過半数(かはんすう) を 保持(ほじ) して いる。

The LDP has a working majority in the lower chamber. (101)

646-15. 強い光に当てないよう、保存方法に気を付けて。

強い(つよい) 光(ひかり) に 当て(あて)ない よう、 保存(ほぞん) 方法(ほうほう) に 気(き) を 付けて(つけて)。

When storing it, be careful not to expose it to intense light. (10)

646-16. この地位を彼はそう長くは保つことができませんでした。

この 地位(ちい) を 彼(かれ) は そう 長く(ながく) は 保つ(たもつ) こと が できません でした。

He did not keep this position for long. (67)

646-17. 私はカンボジアへの旅行が安全であることを彼に保証した。

私(わたし) は カンボジア へ の 旅行(りょこう) が 安全(あんぜん) で ある こと を 彼(かれ) に 保証(ほしょう) した。

I assured him that traveling to Cambodia was safe. (101)

646-18. あるクッキーは無期限にユーザーのハードディスクに保存される。

ある クッキー は 無期限(むきげん) に ユーザー の ハード ディスク に 保存(ほぞん) される。

Some cookies are stored indefinitely on users' hard drives. (87)

646-19. 元首はその国家を保とうとすれば、しばしば悪行をせざるを得ないのです。

元首(げんしゅ) は その 国家(こっか) を 保と(たもと)う と すれば、しばしば 悪行(あくぎょう) を せざる を 得(え)ない の です。

A sovereign wishing to keep his state is very often forced to do evil. (67)

「-ざるをえない」 {-ざるを得ない* 387} ["have no choice but to __"]: DJG v2 p606.

647 ： 呆

647-1. 呆れるほど忠実な助手。

呆れる(あきれる) ほど 忠実(ちゅうじつ) な 助手(じょしゅ)。

An astonishingly loyal assistant.

647-2. 勝さんには呆れて物が言えない。

勝(まさる)さん に は 呆れ(あきれ)て 物(もの) が 言え(いえ)ない。

Masaru was dumbstruck from amazement.

647-3. 私はあの録音を聞いて、呆気にとられた。

私(わたし) は あの 録音(ろくおん) を 聞い(きい)て、 呆気(あっけ) にとられた。

When I heard that recording, I was dumbfounded. (87)

647-4. 父は一口食べた後、呆れ顔で母を見ていた。

父(ちち) は 一口(ひとくち) 食べ(たべ)た 後(あと)、 呆れ顔(あきれがお)で 母(はは) を 見(み)て いた。

After one bite my dad made a look of disgust to my mom.

647-5. 祖父はその話を聞いて呆気に取られていた。

祖父(そふ) は その 話(はなし) を 聞い(きい)て 呆気(あっけ) に 取ら(とら)れて いた。

My granddad was dumbstruck by that story.

647-6. 牧野さんは自分自身に呆れ果てて笑っていた。

牧野(まきの)さん は 自分(じぶん) 自身(じしん) に 呆れ果て(あきれはて)て 笑っ(わらっ)て いた。

Makino-san laughed at himself in utter amazement.

648 ： 守

648-1. 約束を守る。

約束(やくそく) を 守る(まもる)。

Keep appointments. (101)

648-2. 信念を守る。

信念(しんねん) を 守る(まもる)。

Keep the faith. (101)

648-3. 家族の平和を守る。

家族(かぞく) の 平和(へいわ) を 守る(まもる)。

Preserve the peace in the family. (101)

648-4. 父祖の信念を守り通す。

父祖(ふそ) の 信念(しんねん) を 守り通す(まもりとおす)。

Keep the faith of our forefathers. (101)

648-5. 予防医学が命を守ります。

予防(よぼう) 医学(いがく) が 命(いのち) を 守り(まもり)ます。

Preventive medicine saves lives. (10)

648-6. 悪い保守記録を持つ飛行機。

悪(わる)い 保守(ほしゅ) 記録(きろく) を 持(も)つ 飛行機(ひこうき)。

An airplane with a bad maintenance record. (100)

648-7. 彼女は約束を決して守らない。

彼女(かのじょ) は 約束(やくそく) を 決(けっ)して 守ら(まもら)ない。

She never keeps her promises. (101)

648-8. 不動産屋は必ず約束を守った。

不動産屋(ふどうさんや) は 必ず(かならず) 約束(やくそく) を 守っ(まもっ)た。

The realtor never failed to keep his promise. (87)

648-9. 彼女は二人を注意して見守った。

彼女(かのじょ) は 二人(ふたり) を 注意(ちゅうい) して 見守っ(みまもっ)た。

She kept a close eye on that pair. (15)

648-10. 彼らは、彼らの計画を固守した。

彼(かれ)ら は、 彼(かれ)ら の 計画(けいかく) を 固守(こしゅ) した。

They adhered to their plan. (101)

648-11. 英国保守党は新しい方針を決めた。

英国(えいこく) 保守党(ほしゅとう) は 新(あたら)しい 方針(ほうしん) を 決め(きめ)た。

The British Conservative Party settled on a new policy direction.

648-12. 多分守ってくれる規則もあるんだろう。

多分(たぶん) 守(まも)って くれる 規則(きそく) も ある ん だろう。

Surely there are some rules that you do abide by. (90)

648-13. 彼は時間をきっちり守る男として有名だ。

彼(かれ) は 時間(じかん) を きっちり 守る(まもる) 男(おとこ) として 有名(ゆうめい) だ。

His punctuality is well known. (7)

648-14. 住民はただ見守ることしかできなかった。

住民(じゅうみん) は ただ 見守る(みまもる) こと しか できなかった。

The residents could do nothing but watch. (87)

648-15. 彼女はピストルを持って自分の身を守った。

彼女(かのじょ) は ピストル を 持っ(もっ)て 自分(じぶん) の 身(み) を 守っ(まもっ)た。

She defended herself with a pistol.

648-16. すべての会員はこれらの規則を守ることが必要である。

すべて の 会員(かいいん) は これら の 規則(きそく) を 守る(まも る) こと が 必要(ひつよう) で ある。

All members need to observe these rules. (87)

648-17. 私は今夜子供たちの子守りをすることになっています。

私(わたし) は 今夜(こんや) 子供(こども)たち の 子守り(こもり) を する こと に なって います。

I am supposed to babysit the children tonight. (87)

「～ことになる」 {～事になる* 80} ["be decided that __"]: DJG v1 p202; Marx v2 day80; Tobira Ch2 #7&10.

649： 団

649-1. 外交団。

外交団(がいこうだん)。

Diplomatic corps. (101)

649-2. 集団農場。

集団(しゅうだん) 農場(のうじょう)。

Collective farms. (101)

649-3. 低めの気圧を持つ気団。

低め(ひくめ) の 気圧(きあつ) を 持つ(もつ) 気団(きだん)。

An air mass of lower pressure. (100)

649-4. ホワイトハウス記者団。

ホワイトハウス 記者団(きしゃだん)。

The White House press corps. (101)

649-5. イエズス会士の教団の一員。

イエズス 会士(かいし) の 教団(きょうだん) の 一員(いちいん)。

A member of the Jesuit order. (100)

649-6. インフルエンザの集団発生。

インフルエンザ の 集団(しゅうだん) 発生(はっせい)。

An epidemic outbreak of influenza. (101)

649-7. 団体旅行は楽しめないんだ。

団体(だんたい) 旅行(りょこう) は 楽しめ(たのしめ)ない ん だ。

I don't enjoy traveling in large groups. (87)

649-8. 王女の侍女は布団を干した。

王女(おうじょ) の 侍女(じじょ) は 布団(ふとん) を 干し(ほし)た。

The princess's handmaiden put the bedding out to dry.

649-9. いっしょに祈る家族は団結する。

いっしょ に 祈る(いのる) 家族(かぞく) は 団結(だんけつ) する。

The family that prays together stays together. (101)

「**いっしょに**」 {一緒に 2; 1450} [**"together"**]: DJG v3 p97 (under どうし).

649-10. すぐに団子屋の角を右に曲がる。

すぐ に 団子屋(だんごや) の 角(かど) を 右(みぎ) に 曲が(まが)る。

Turn right immediately at the corner of the dumpling store. (10)

649-11. 万国の労働者よ、一致団結しよう！

万国(ばんこく) の 労働者(ろうどうしゃ) よ、 一致(いっち) 団結(だんけつ) しよう！

Workers of the world — unite! (101)

649-12. 彼の一団は、戦車隊の後方で行進した。

彼(かれ) の 一団(いちだん) は、 戦車隊(せんしゃたい) の 後方(こうほう) で 行進(こうしん) した。

His outfit marched to the rearward of the tank divisions. (101)

649-13. 翌朝早くサーカス団は次の町へ出発した。

翌朝(よくあさ) 早く(はやく) サーカス団(だん) は 次(つぎ) の 町(まち) へ 出発(しゅっぱつ) した。

Early the next morning, the circus left for the next town. (87)

649-14. 一団の全員が同じことを考えていました。

一団(いちだん) の 全員(ぜんいん) が 同じ(おなじ) こと を 考え(かんがえ)て いました。

The whole unit thought of the same thing. (98)

649-15. 特別利益団体によって発行される定期刊行物。

特別(とくべつ) 利益(りえき) 団体(だんたい) に よって 発行(はっこう) される 定期(ていき) 刊行物(かんこうぶつ)。

A periodical that is published by a special interest group. (100)

649-16. サーカス団はテントを調理場としてつかった。

サーカス団(だん) は テント を 調理場(ちょうりば) として つかった。

The circus used a tent as their cookhouse. (101)

649-17. 彼女には私たちの団体での重要な役割があります。

彼女(かのじょ) に は 私(わたし)たち の 団体(だんたい) で の 重要(じゅうよう) な 役割(やくわり) が あります。

She has an important role in our organization. (87)

649-18. 私は当時、バスで15分ぐらいの団地に住んでいました。

私(わたし) は 当時(とうじ)、 バス で 15分(ふん) ぐらい の 団地(だんち) に 住ん(すん)で いました。

At that time, I lived in a housing complex about 15 minutes away by bus. (10)

649-19. ある人間がある「場所」にいるということは、ある特定の集団、社会、文化の中にいるということでもある。

ある 人間(にんげん) が ある 「場所(ばしょ)」 に いる という こと は、 ある 特定(とくてい) の 集団(しゅうだん)、 社会(しゃかい)、 文化(ぶんか) の 中(なか) に いる という こと でも ある。

For a human being to exist in a "place", however, also means to exist in a particular community, society, and culture. (76)

「～ということは」 {～と言うことは* / ～と言う事は** 51; 80} [presents preceding clause as the subject of the sentence: **"that __"**]: DJG v2 p480; Marx v2 day18.

649-20. 1979年には、もうSF活動とは完全に独立した運動となったファンや集団は、animeという用語をつかうようになっていた。

1979年(ねん) に は、 もう SF 活動(かつどう) と は 完全(かんぜん) に 独立(どくりつ) した 運動(うんどう) と なった ファン や 集団(しゅうだん) は、 anime という 用語(ようご) を つかう よう に なって いた。

By 1979, fans and clubs, who had recently established an independent identity from the science fiction movement, began using the term *anime*. (69)

「～ようになる」 [**"reach the point where __"**]: DJG v1 p559; Tobira Ch2 #11.

650：　対

650-1. 正反対。

正反対(せいはんたい)。

Complete opposite. (101)

650-2. 正面対決。

正面(しょうめん) 対決(たいけつ)。

A head-on confrontation. (101)

650-3. 対数関数。

対数(たいすう) 関数(かんすう)。

Logarithmic function. (101)

650-4. 空対空通信。

空対空(くうたいくう) 通信(つうしん)。

Air-to-air communications. (101)

650-5. 反対の意味。

反対(はんたい) の 意味(いみ)。

Opposite meanings. (101)

650-6. 反対者多数。

反対者(はんたいしゃ) 多数(たすう)。

The nays have it. (101)

650-7. 正反対の立場。

正反対(せいはんたい) の 立場(たちば)。

The direct opposite. (101)

650-8. 反対方向を見る。

反対(はんたい) 方向(ほうこう) を 見る(みる)。

Looking in opposite directions. (101)

650-9. 地対空ミサイル。

地対空(ちたいくう) ミサイル。

Surface-to-air missile. (101)

650-10. 痛みに対する感度。

痛み(いたみ) に対する(にたいする) 感度(かんど)。

Sensitivity to pain. (101)

650-11. 彼は事毎に私に反対する。

彼(かれ) は 事(こと) 毎(ごと) に 私(わたし) に 反対(はんたい) する。

He opposes me at every turn. (87)

650-12. 彼女の鳥類学に対する興味。

彼女(かのじょ) の 鳥類学(ちょうるいがく) に対する(にたいする) 興味(きょうみ)。

Her ornithological interests. (101)

650-13. 素早く対処する必要があった。

素早く(すばやく) 対処(たいしょ) する 必要(ひつよう) が あった。

We had to react quickly. (87)

650-14. 彼女はストレスに対処できない。

彼女(かのじょ) は ストレス に 対処(たいしょ) できない。

She is unable to cope with stress. (87)

650-15. 知事は強く中央政府に反対した。

知事(ちじ) は 強く(つよく) 中央(ちゅうおう) 政府(せいふ) に 反対(はんたい) した。

The governor was strongly opposed to the national government. (101)

650-16. 私は教育基本法の改悪に反対する。

私(わたし) は 教育基本法(きょういくきほんほう) の 改悪(かいあく) に 反対(はんたい) する。

I oppose changes that may worsen the Fundamental Law of Education. (10)

650-17. 京大は、今週末に阪大と対戦する。

京大(きょうだい) は、 今週末(こんしゅうまつ) に 阪大(はんだい) と 対戦(たいせん) する。

Kyoto University plays Osaka University this weekend. (101)

650-18. 学校外における若者に対する機会。

学校外(がっこうがい) に おける 若者(わかもの) に対する(にたいする) 機会(きかい)。

Opportunities for out-of-school youth. (101)

650-19. 彼女は私の道の反対側に住んでいた。

彼女(かのじょ) は 私(わたし) の 道(みち) の 反対側(はんたいがわ) に 住ん(すん)で いた。

She lived on the other side of the street from me. (101)

650-20. 委員会は総理大臣の法案に反対した。

委員会(いいんかい) は 総理(そうり) 大臣(だいじん) の 法案(ほうあん) に 反対(はんたい) した。

The committee opposed the Prime Minister's bill. (101)

650-21. 共和党と民主党とのおなじみの対立。

共和党(きょうわとう) と 民主党(みんしゅとう) と の おなじみ の 対立(たいりつ)。

The familiar conflict between Republicans and Democrats. (101)

650-22. 原子力発電所に反対する全面的な運動。

原子力(げんしりょく) 発電所(はつでんしょ) に 反対(はんたい) する 全面的(ぜんめんてき) な 運動(うんどう)。

A full-scale campaign against nuclear power plants. (101)

650-23. 反対者は、長い戦いの後、勝利を感じた。

反対者(はんたいしゃ) は、 長い(ながい) 戦い(たたかい) の 後(あと)、 勝利(しょうり) を 感じ(かんじ)た。

The antis smelled victory after a long battle. (101)

650-24. 里奈さんは美に対するセンスを持っていない。

里奈(りな)さん は 美(び) に対する(にたいする) センス を 持っ(もっ)て いない。

Rina has no sense of beauty. (87)

650-25. 彼の絵画様式はキュビスムに対する反動だった。

彼(かれ) の 絵画(かいが) 様式(ようしき) は キュビスム に対する(にたいする) 反動(はんどう) だった。

His style of painting was a reaction against cubism. (101)

650-26. 私に関する限り、その計画には反対ではありません。

私(わたし) に関する(にかんする) 限り(かぎり)、 その 計画(けいかく) に は 反対(はんたい) で は ありません。

As far as I'm concerned, I have no objection to the plan. (87)

「〜かぎり」 ["as long as __"; "unless__"]: Tobira ch9 #14.

650-27. 彼女は私たちから道の対角線の向こうに住んでいる。

彼女(かのじょ) は 私(わたし)たち から 道(みち) の 対角線(たいかくせん) の 向こう(むこう) に 住ん(すん)で いる。

She lives diagonally across the street from us. (101)

650-28. 教育長は規則と詳細に対する細心の注意で悪名高い。

教育長(きょういくちょう) は 規則(きそく) と 詳細(しょうさい) に対する(にたいする) 細心(さいしん) の 注意(ちゅうい) で 悪名高い(あくめいだかい)。

The Superintendent is notorious for his meticulous attention to rules and details.

650-29. 新聞の反対にも関わらず、労働組合はストを決行した。

新聞(しんぶん) の 反対(はんたい) に も 関わら(かかわら)ず、 労働(ろうどう) 組合(くみあい) は スト を 決行(けっこう) した。

Despite the papers' opposition, the labor union went ahead with the strike. (101)

「〜にもかかわらず」 {〜にも関わらず 451} ["although __"]: DJG v2 p257; Tobira ch9 #15.

650-30. 美奈子さんは作法の原則に対して、細かいことにまでこだわる。

美奈子(みなこ)さん は 作法(さほう) の 原則(げんそく) に対して(にたいして)、 細かい(こまかい) こと に まで こだわる。

Minako is punctilious in her attention to rules of etiquette. (101)

「〜にたいして / 〜にたいし」 {〜に対して / 〜に対し 650} ["toward __"; "(as) against __"]: DJG v2 p275; Tobira ch9 #13.

650-31. 先見の明がある父は、彼の子供たちへの教育に対して計画を立てる。

先見(せんけん) の 明(めい) が ある 父(ちち) は、 彼(かれ) の 子供(こども)たち へ の 教育(きょういく) に対して(にたいして) 計画(けいかく) を 立てる(たてる)。

A provident father plans for his children's education. (101)

650-32. 黒木さんは彼女の気持ちに対して、すこしの思いやりも示さなかった。

黒木(くろき)さん は 彼女(かのじょ) の 気持ち(きもち) に対して(にたいして)、 すこし の 思いやり(おもいやり) も 示さ(しめさ)なかった。

Kuroki-san showed no consideration for her feelings. (101)

650-33. これは企業世界での「フリーソフト」に対する興味をかきたてることになった。

これ は 企業(きぎょう) 世界(せかい) で の 「フリー ソフト」 に対する(にたいする) 興味(きょうみ) を かきたてる こと に なった。

This excited more interest in 'free software' within the corporate world. (41)

「〜ことになる」 {〜事になる* 80} ["end up that __"]: DJG v2 p140; Marx v2 day73.

651: 村

651-1. 農村社会。

農村(のうそん) 社会(しゃかい)。

Farming communities. (101)

651-2. 点在している村。

点在(てんざい) して いる 村(むら)。

Scattered villages. (101)

651-3. 絵のように美しい村。

絵(え) の よう に 美しい(うつくしい) 村(むら)。

A picturesque village. (101)

651-4. 教会は村の中心部にある。

教会(きょうかい) は 村(むら) の 中心部(ちゅうしんぶ) に ある。

The church is in the middle of the village. (87)

651-5. 私は彼氏が生まれた村を訪れた。

私(わたし) は 彼氏(かれし) が 生まれ(うまれ)た 村(むら) を 訪れ(お
とずれ)た。

I visited the village where my boyfriend was born. (87)

651-6. 村の中心には、風車小屋がありました。

村(むら) の 中心(ちゅうしん) に は、 風車小屋(ふうしゃごや) が あ
りました。

In the centre of the village stood a windmill. (29)

651-7. 村長は村で最高の医者とみなされている。

村長(そんちょう) は 村(むら) で 最高(さいこう) の 医者(いしゃ) と
みなされて いる。

The village mayor is regarded as the best doctor in the village. (87)

651-8. この村の居住者はカトリック教を固く守る。

この 村(むら) の 居住者(きょじゅうしゃ) は カトリック教(かとりっく
きょう) を 固く(かたく) 守る(まもる)。

The residents of this village adhere strictly to Catholicism. (101)

651-9. 夏休みの間に私は多くの村人と親しくなった。

夏休み(なつやすみ) の 間(あいだ) に 私(わたし) は 多く(おおく) の
村人(むらびと) と 親しく(したしく) なった。

During the summer vacation, I made friends with many villagers. (87)

651-10. この季節は、小さい村は、いつも楽しそうでした。

この 季節(きせつ) は、 小(ちい)さい 村(むら) は、 いつも 楽し(たの
し)そう でした。

At this season the little village was always cheerful. (29)

651-11. 実際、小さなアロアは、村で一番金持ちの子供でした。

実際(じっさい)、 小(ちい)さな アロア は、 村(むら) で 一番(いちばん)
金持ち(かねもち) の 子供(こども) でした。

Little Alois, indeed, was the richest child in the hamlet. (29)

651-12. 良平は毎日村外れへ、その工事を見物に行った。

良平(りょうへい) は 毎日(まいにち) 村外(むらはず)れ へ、 その 工事(こうじ) を 見物(けんぶつ) に 行っ(いっ)た。

Ryohei would go to the outskirts of his village every day to watch the construction. (93)

651-13. 村へ入って見ると、もう両側の家家には電灯の光がさし合っていた。

村(むら) へ 入っ(はいっ)て 見る(みる) と、 もう 両側(りょうがわ) の 家家(いえいえ) に は 電灯(でんとう) の 光(ひかり) が さし合っ(あっ)て いた。

Entering the village, electric light spilled from houses on either side of the road. (93)

651-14. ネロは、なにも食べていなくて体は弱っていましたが、できるだけ元気を出して、村に引き返しました。

ネロ は、 なに も 食べ(たべ)て いなくて 体(からだ) は 弱っ(よわっ)て いました が、 できる だけ 元気(げんき) を 出し(だし)て、 村(むら) に 引き返し(ひきかえし)ました。

Nello rallied himself as best he could, for he was weak from fasting, and retraced his steps to the village. (29)

「できるだけ〜」 ["as __ as possible", "as much as possible __"]: Marx v2 day4.

652： 才

652-1. 多才な画家。

多才(たさい) な 画家(がか)。

Versatile painter. (100)

652-2. 世才のある人。

世才(せさい) の ある 人(ひと)。

A worldly-wise person. (100)

652-3. 才気に溢れている機知。

才気(さいき) に 溢れ(あふれ)て いる 機知(きち)。

Scintillating wit. (101)

652-4. 彼はおよそ30才である。

彼(かれ) は およそ 30才(さい) で ある。

He's about 30 years old. (101)

「およそ〜」 {凡そ〜** 1629} ["generally __"; "roughly __"]: DJG v3 p526.

652-5. 教育を受けていない天才。

教育(きょういく) を 受け(うけ)て いない 天才(てんさい)。

An untutored genius. (101)

652-6. 天才は通常、革新的な道筋をたどる。

天才(てんさい) は 通常(つうじょう)、 革新的(かくしんてき) な 道筋(みちすじ) を たどる。

Genius usually follows a revolutionary path. (101)

652-7. 子供たちは、彼らの靴紐を解く天才だ。

子供(こども)たち は、 彼ら(かれら) の 靴紐(くつひも) を 解く(とく)
天才(てんさい) だ。

Children are talented undoers of their shoelaces. (101)

652-8. 私はご存じの通り生まれつき発明の才があります。

私(わたし) は ご存じ(ごぞんじ) の 通り(とおり) 生まれつき(うまれつ
き) 発明(はつめい) の 才(さい) が あります。

I am naturally inventive, as you know. (89)

652-9. ダヴィンチは多くの分野を習得した多才な人物だった。

ダヴィンチ は 多く(おおく) の 分野(ぶんや) を 習得(しゅうとく) し
た 多才(たさい) な 人物(じんぶつ) だった。

Da Vinci was a versatile personage who mastered many fields. (100)

652-10. 一番年上が六才で、一番小さいのがたぶん二才くらいでしょう。

一番(いちばん) 年上(としうえ) が 六才(ろくさい) で、 一番(いちばん)
小(ちい)さい の が たぶん 二才(にさい) くらい でしょう。

The eldest was perhaps six years old, the youngest probably not more than two. (98)

653：　財

653-1. 私有財産。

私有(しゆう) 財産(ざいさん)。

Private property. (101)

653-2. 共有財産。

共有(きょうゆう) 財産(ざいさん)。

Property held in common. (100)

653-3. 多量の財産。

多量(たりょう) の 財産(ざいさん)。

A very large treasure. (100)

653-4. 財布を返せ。

財布(さいふ) を 返せ(かえせ)。

Give me back my wallet. (87)

「Imperative verb ending」: DJG v1 p577 & 579 right column, v2 p70; Marx v1
day28 ("-E form verbs").

653-5. 主要な財源。

主要(しゅよう) な 財源(ざいげん)。

Principal source of revenue. (100)

653-6. 財産の取得。

財産(ざいさん) の 取得(しゅとく)。

The acquisition of wealth. (101)

653-7. 物質的な財産。

物質的(ぶっしつてき) な 財産(ざいさん)。

Material possessions. (101)

653-8. 巨大な財政支出。

巨大(きょだい) な 財政(ざいせい) 支出(ししゅつ)。

Huge government spending. (101)

653-9. 財政的に豊かな。

財政的(ざいせいてき) に 豊か(ゆたか) な。

In financial comfort. (100)

653-10. 財政的な安全の保証。

財政的(ざいせいてき) な 安全(あんぜん) の 保証(ほしょう)。

A guarantee of financial security. (100)

653-11. 全くのんきな財政方針。

全く(まったく) のんき な 財政(ざいせい) 方針(ほうしん)。

An utterly insouciant financial policy. (101)

653-12. 財布に物入れすぎだよ。

財布(さいふ) に 物入れ(ものいれ)すぎ だ よ。

You put too much stuff in your wallet. (87)

653-13. 財源のないプロジェクト。

財源(ざいげん) の ない プロジェクト。

An unfunded project. (101)

653-14. フリーソフトウェア財団。

フリー ソフトウェア 財団(ざいだん)。

Free Software Foundation. (41)

653-15. 不動産のような有形財産。

不動産(ふどうさん) の よう な 有形(ゆうけい) 財産(ざいさん)。

Tangible property like real estate. (101)

653-16. 生きるに必要な最低の財源。

生き(いき)る に 必要(ひつよう) な 最低(さいてい) の 財源(ざいげん)。

Minimal resources for subsisting. (100)

653-17. あなたの個人的な財政手段。

あなた の 個人的(こじんてき) な 財政(ざいせい) 手段(しゅだん)。

Your personal financial means. (100)

653-18. 中村さんは石油で財を成した。

中村(なかむら)さん は 石油(せきゆ) で 財(ざい) を 成し(なし)た。

Nakamura-san made a fortune in oil. (87)

653-19. 私には財政上、あまりに高価すぎる。

私(わたし) に は 財政上(ざいせいじょう)、 あまり に 高価(こうか)すぎる。

Much too dear for my pocketbook. (101)

653-20. 私の祖父は全財産を私にのこした。

私(わたし) の 祖父(そふ) は 全財産(ぜんざいさん) を 私(わたし) に のこした。

My grandfather left me his entire estate. (101)

653-21. 必要な手段『特に財政的な手段』。

必要(ひつよう) な 手段(しゅだん) 『特に(とくに) 財政的(ざいせいてき)な 手段(しゅだん)』。

The necessary means (especially financial means). (100)

653-22. 私たちが所有する全財産を失った。

私(わたし)たち が 所有(しょゆう) する 全財産(ぜんざいさん) を 失っ(うしなっ)た。

We lost all the property we possessed. (100)

653-23. 公共の利益のために設けられた財団。

公共(こうきょう) の 利益(りえき) の ため に 設け(もうけ)られた 財団(ざいだん)。

A foundation set up for the public benefit. (41)

653-24. 村松さんはきっと一財産を成すに決まっている。

村松(むらまつ)さん は きっと 一財産(ひとざいさん) を 成す(なす) に 決まっ(きまっ)て いる。

Muramatsu-san is bound to make a fortune. (87)

「～にきまっている」 {～に決まっている 330} [“be bound to __”]: DJG v3 p395.

653-25. 宿屋の主人は苦労して働いて財産を貯めた。

宿屋(やどや) の 主人(しゅじん) は 苦労(くろう) して 働い(はたらい)て 財産(ざいさん) を 貯め(ため)た。

The innkeeper accumulated his fortune by hard work. (87)

653-26. 私は財布をなくした。両親の家を訪問した間のことである。

私(わたし) は 財布(さいふ) を なくした。 両親(りょうしん) の 家(いえ) を 訪問(ほうもん) した 間(あいだ) の こと で ある。

I lost my wallet; this was during the visit to my parents' house. (101)

653-27. 財産を取り上げる口実が見つからないということは決してないのです。

財産(ざいさん) を 取り上げる(とりあげる) 口実(こうじつ) が 見つから(みつから)ない という こと は 決して(けっして) ない の です。

Pretexts for taking away the property are never wanting. (67)

「～ということは」 {～と言うことは* / ～と言う事は** 51; 80} [presents preceding clause as the subject of the sentence: “that __”]: DJG v2 p480; Marx v2 day18.

653-28. 彼らの国には金銀が満ち、その財宝は限りない。また彼らの国には馬が満ち、その戦車も限りない。

彼ら(かれら) の 国(くに) に は 金銀(きんぎん) が 満ち(みち)、 その 財宝(ざいほう) は 限り(かぎり) ない。 また 彼ら(かれら) の 国(くに) に は 馬(うま) が 満ち(みち)、 その 戦車(せんしゃ) も 限り(かぎり) ない。

Their land also is full of silver and gold, neither is there any end of their treasures; their land is also full of horses, neither is there any end of their chariots. (48)

654： 材

654-1. 節の多い松材。

節(ふし) の 多い(おおい) 松材(まつざい)。

Pine lumber with many knots. (100)

654-2. 役に立つ器材。

役に立つ(やくにたつ) 器材(きざい)。

Useful equipment. (101)

654-3. 役に立つ教材。

役に立つ(やくにたつ) 教材(きょうざい)。

Useful teaching materials. (101)

654-4. 材木を調整する。

材木(ざいもく) を 調整(ちょうせい) する。

Trim lumber. (101)

654-5. 材木の仕上げをする機械。

材木(ざいもく) の 仕上げ(しあげ) を する 機械(きかい)。

A machine that trims timber. (100)

654-6. 紙は木材からできている。

紙(かみ) は 木材(もくざい) から できて いる。

Paper is made from wood. (87)

「～からできる」 {～から出来る 38; 274} ["be made from __"]: Tobira Ch2 #1.

654-7. 丸太や材木を切るための工場。

丸太(まるた) や 材木(ざいもく) を 切る(きる) ため の 工場(こうじょう)。

A mill for dressing logs and lumber. (100)

654-8. 松は商業的に重要な用材である。

松(まつ) は 商業的(しょうぎょうてき) に 重要(じゅうよう) な 用材(ようざい) で ある。

The pine is a commercially important timber tree. (100)

654-9. 季節ごとに旬の素材を生かしている。

季節(きせつ) ごと に 旬(しゅん) の 素材(そざい) を 生かし(いかし) て いる。

We take advantage of the ingredients available each season. (10)

654-10. 当社は特に人材育成に力を入れています。

当社(とうしゃ) は 特に(とくに) 人材(じんざい) 育成(いくせい) に 力(ちから) を 入れ(いれ)て います。

We invest special effort into training personnel. (10)

654-11. このテーブルは良質のオーク材でできている。

この テーブル は 良質(りょうしつ) の オーク材(ざい) で できて いる。

This table is made of good oak. (87)

654-12. ホワイトハウス記者団が毎日重要な取材活動を行う。

ホワイトハウス 記者団(きしゃだん) が 毎日(まいにち) 重要(じゅうよう) な 取材(しゅざい) 活動(かつどう) を 行う(おこなう)。

The White House press corps does important news gathering work every day. (101)

654-13. 昨日私たちはその機材でちょっとしたトラブルがあった。

昨日(きのう) 私(わたし)たち は その 機材(きざい) で ちょっとした トラブル が あった。

We had a little trouble with the equipment yesterday. (87)

655：　沈

655-1. 日が沈む前に。

日(ひ) が 沈む(しずむ) 前(まえ) に。

Before the set of sun. (101)

655-2. 水中に沈めて殺す。

水中(すいちゅう) に 沈め(しずめ)て 殺す(ころす)。

Kill by submerging in water. (100)

655-3. 私の気分は沈んだ。

私(わたし) の 気分(きぶん) は 沈ん(しずん)だ。

My spirits sank. (101)

655-4. 頭を完全に沈めて下さい。

頭(あたま) を 完全(かんぜん) に 沈め(しずめ)て 下(くだ)さい。

Please submerge your head completely. (101)

655-5. 石油タンカーが海に沈んだ。

石油(せきゆ) タンカー が 海(うみ) に 沈ん(しずん)だ。

The oil tanker sank into the sea. (10)

655-6. 夕日は並木の向こうに沈んだ。

夕日(ゆうひ) は 並木(なみき) の 向こう(むこう) に 沈ん(しずん)だ。

The setting sun sank below the tree line. (101)

655-7. 周さんはベッドに沈んだ。

周(ジョ)さん は ベッド に 沈ん(しずん)だ。

Zhou-san sank into bed. (101)

655-8. 地平線の彼方に日が沈みかけている。

地平線(ちへいせん) の 彼方(かなた) に 日(ひ) が 沈み(しずみ)かけて
いる。

The sun is setting below the horizon. (87)

655-9. 重い小包が店のカウンターを沈下させた。

重い(おもい) 小包(こづつみ) が 店(みせ) の カウンター を 沈下(ちん
か) させた。

The heavy package caused the store counter to sag. (100)

655-10. まだタイタニック号沈没の話をしている。

まだ タイタニック号(ごう) 沈没(ちんぼつ) の 話(はなし) を して い
る。

They still talk about the sinking of the Titanic. (101)

655-11. 人の全身を水に沈めて行う、洗礼式の形式。

人(ひと) の 全身(ぜんしん) を 水(みず) に 沈め(しずめ)て 行う(おこ
なう)、 洗礼式(せんれいしき) の 形式(けいしき)。

A form of baptism in which all of a person's body is submerged in water. (100)

655-12. 「キスして。」彼女は思い沈んだ声で言った。

「キス して。」 彼女(かのじょ) は 思い沈ん(おもいしずん)だ 声(こえ)
で 言っ(いっ)た。

'Kiss me', she said bluely. (42)

655-13. 株式市場は予測できない浮き沈みがあります。

株式(かぶしき) 市場(しじょう) は 予測(よそく) できない 浮き沈み(う
きしずみ) が あります。

The stock market has unpredictable ups and downs. (100)

656： 枕

656-1. 枕と毛布を下さい。

枕(まくら) と 毛布(もうふ) を 下(くだ)さい。

May I have a pillow and a blanket, please? (87)

656-2. 枕に羽毛を詰める。

枕(まくら) に 羽毛(うもう) を 詰める(つめる)。

Stuff a pillow with feathers. (101)

656-3. 枕は詰め込み過ぎだった。

枕(まくら) は 詰め込み過ぎ(つめこみすぎ) だった。

The pillow was overstuffed. (101)

656-4. 医者が彼女の枕元に立った。

医者（いしゃ）　が　彼女（かのじょ）　の　枕元（まくらもと）　に　立（た）った。

The doctor stood at her bedside. (101)

656-5. 彼女は枕の上に頭をもたれさせた。

彼女（かのじょ）　は　枕（まくら）　の　上（うえ）　に　頭（あたま）　を　もたれさせた。

She reclined her head on the pillow. (101)

656-6. 英国人は枕木を「sleeper」とよぶ。

英国人（えいこくじん）　は　枕木（まくらぎ）　を　「sleeper」　と　よぶ。

Britons call a railroad tie a "sleeper". (101)

657：　丈

657-1. 丈夫な体。

丈夫（じょうぶ）　な　体（からだ）。

A robust body. (101)

657-2. 丈夫な多年生草本。

丈夫（じょうぶ）　な　多年生（たねんせい）　草本（そうほん）。

Stout perennial herb. (100)

657-3. 仲間は大丈夫らしいな。

仲間（なかま）　は　大丈夫（だいじょうぶ）　らしい　な。

I fancy that my pal is all right. (4)

657-4. 彼は大丈夫だと思うな。

彼（かれ）　は　大丈夫（だいじょうぶ）　だ　と　思う（おもう）　な。

I think he'll be all right. (49)

657-5. 丈夫な長方形のテーブル。

丈夫（じょうぶ）　な　長方形（ちょうほうけい）　の　テーブル。

A sturdy rectangular table. (100)

657-6. 物を包むための丈夫な紙。

物（もの）　を　包む（つつむ）　ため　の　丈夫（じょうぶ）　な　紙（かみ）。

A tough paper used for wrapping. (100)

657-7. 保安官は平均的な背丈だった。

保安官（ほあんかん）　は　平均的（へいきんてき）　な　背丈（せたけ）　だった。

The sheriff was a man of average height. (87)

657-8. すごく顔色が悪いよ！大丈夫？

すごく　顔色（かおいろ）　が　悪い（わるい）　よ！　大丈夫（だいじょうぶ）？

You look really pale. Are you all right? (87)

657-9. 牧場で丈夫な茶色の種類の乳牛が草を食べていた。

牧場(ぼくじょう) で 丈夫(じょうぶ) な 茶色(ちゃいろ) の 種類(しゅるい) の 乳牛(にゅうぎゅう) が 草(くさ) を 食べ(たべ)て いた。

A hardy brown breed of dairy cattle grazed on the pasture. (100)

657-10. 最も丈夫である動物だけが寒い冬を生存しました。

最も(もっとも) 丈夫(じょうぶ) で ある 動物(どうぶつ) だけ が 寒い(さむい) 冬(ふゆ) を 生存(せいぞん) しました。

Only the fittest animals survived the cold winters. (101)

658： 杖

658-1. 転ばぬ先の杖。

転ば(ころば)ぬ 先(さき) の 杖(つえ)。

A stitch in time saves nine. (87)

「-ぬ」 ["not __"]: DJG v2 p315; Tobira ch11 #14.

658-2. シルバーは松葉杖を持ち上げて出て行った。

シルバー は 松葉杖(まつばづえ) を 持ち上げ(もちあげ)て 出(で)て 行っ(いっ)た。

Silver took up his crutch and departed. (90)

658-3. 我等は老人の竹杖がコツコツいう音を聞いた。

我等(われら) は 老人(ろうじん) の 竹杖(たけづえ) が コツコツ いう 音(おと) を 聞い(きい)た。

We heard the tapping of the old man's bamboo cane. (101)

658-4. 松葉杖の若い女性は野村さんに住んでいるところを聞いた。

松葉杖(まつばづえ) の 若い(わかい) 女性(じょせい) は 野村(のむら)さん に 住ん(すん)で いる ところ を 聞い(きい)た。

A young woman on crutches asked Nomura-san where he lived. (87)

659： 偉

659-1. 偉がりは止めてくれ。

偉(えら)がり は 止め(やめ)て くれ。

Cut the bragging. (100)

「-がる」 [have or express a feeling; pretend]: DJG v1 p123; Marx v2 day63. 「～くれ」 {～呉れ** 1478} [impolite request]: DJG v1 p210.

659-2. 偉そうな言葉を言うなよ。

偉(えら)そう な 言葉(ことば) を 言う(いう) な よ。

Stop talking so big. (29)

659-3. 偉大な思考は心より生じる。

偉大(いだい) な 思考(しこう) は 心(こころ) より 生(しょう)じる。

Great thoughts come from the heart. (87)

659-4. 圧力団体は偉業を果たした。

圧力団体(あつりょくだんたい) は 偉業(いぎょう) を 果(は)たした。

The pressure group accomplished a great feat.

659-5. 村上さんは自分が偉いと思っている。

村上(むらかみ)さん は 自分(じぶん) が 偉い(えらい) と 思っ(おもっ)
て いる。

Murakami-san thinks he's a big shot. (29)

659-6. きっと偉い人たちが度々来るんだ。

きっと 偉い(えらい) 人(ひと)たち が 度々(たびたび) 来(く)る ん だ。

They must often get important guests. (71)

659-7. 彼は自分のことを偉大な詩人だと思っている。

彼(かれ) は 自分(じぶん) の こと を 偉大(いだい) な 詩人(しじん)
だ と 思っ(おもっ)て いる。

He fancies himself a great poet. (87)

659-8. 木村さんは、偉大な音楽家になる運命にあった。

木村(きむら)さん は、 偉大(いだい) な 音楽家(おんがくか) に なる
運命(うんめい) に あった。

Kimura-san was destined to become a great musician. (101)

660： 緯

660-1. 北緯 23 度付近。

北緯(ほくい) 23 度(ど) 付近(ふきん)。

Roughly 23 degrees north of the equator. (100)

660-2. 緯度と並行な方向に。

緯度(いど) と 並行(へいこう) な 方向(ほうこう) に。

In a direction parallel with lines of latitude. (100)

660-3. 「森林限界」とは、山や高緯度の所で木が生育する高さの限界を示す線
のことを言う。

「森林(しんりん) 限界(げんかい)」 と は、 山(やま) や 高緯度(こうい
ど) の 所(ところ) で 木(き) が 生育(せいいく) する 高(たか)さ の 限界
(げんかい) を 示す(しめす) 線(せん) の こと を 言う(いう)。

The "tree line" is a line marking the upper limit of tree growth in mountains or high
latitudes. (100)

661： 衛

661-1. 個人衛生。

個人(こじん) 衛生(えいせい)。

Personal hygiene. (101)

661-2. 自己防衛する。

自己(じこ) 防衛(ぼうえい) する。

Defend oneself. (100)

661-3. 穴のある防衛システム。

穴(あな) の ある 防衛(ぼうえい) システム。

A leaky defense system. (101)

661-4. それらは防衛計画のために開発された。

それら は 防衛(ぼうえい) 計画(けいかく) の ため に 開発(かいはつ) された。

They were developed for the defense program. (101)

661-5. 軍は、農民を民間防衛団体に引き入れようとした。

軍(ぐん) は、 農民(のうみん) を 民間(みんかん) 防衛(ぼうえい) 団体 (だんたい) に 引き入れよ(ひきいれよ)う と した。

The army tried to co-opt peasants into civil defence groups. (101)

661-6. 東ヨーロッパの国々は自衛のための武器が不足している。

東(ひがし) ヨーロッパ の 国々(くにぐに) は 自衛(じえい) の ため の 武器(ぶき) が 不足(ふそく) して いる。

The Eastern European countries lack weapons for self-defense. (100)

661-7. 私が先をどうするか、完全にあなたの自己防衛の性質によるでしょうね。

私(わたし) が 先(さき) を どう する か、 完全(かんぜん) に あなた の 自己(じこ) 防衛(ぼうえい) の 性質(せいしつ) に よる でしょう ね。

What my next step may be will depend entirely upon the nature of your own defence. (2)

662 :   韓

662-1. 韓国の手工芸品。

韓国(かんこく) の 手工芸品(しゅこうげいひん)。

Korean handicrafts. (101)

662-2. 国防大臣は来週訪韓する予定です。

国防(こくぼう) 大臣(だいじん) は 来週(らいしゅう) 訪韓(ほうかん) す る 予定(よてい) です。

The Defense Minister is scheduled to visit South Korea next week. (87)

662-3. 韓国で100チョンは1ウォンと等しい。

韓国(かんこく) で 100チョン は 1ウォン と 等しい(ひとしい)。

100 chon equal 1 won in South Korea. (100)

662-4. ソウルは韓国の首都で最大の都市である。

ソウル は 韓国(かんこく) の 首都(しゅと) で 最大(さいだい) の 都
市(とし) で ある。

Seoul is South Korea's capital and largest city. (100)

662-5. 国有の韓国電力公社『ＫＥＰＣＯ』が原子力発電に集中している。

国有(こくゆう) の 韓国(かんこく) 電力(でんりょく) 公社(こうしゃ) 『
ＫＥＰＣＯ』 が 原子力(げんしりょく) 発電(はつでん) に 集中(しゅうちゅ
う) して いる。

The state-owned Korea Electric Power Corp (KEPCO) is focused on atomic power generation.

662-6. 韓国の正式名は大韓民国で、韓国語で「ダエ・ハン・ミン・グック」と
発音する。

韓国(かんこく) の 正式名(せいしきめい) は 大韓民国(だいかんみんこ
く) で、 韓国語(かんこくご) で 「ダエ・ハン・ミン・グック」 と 発音(は
つおん) する。

South Korea's official name is the Republic of Korea, which in Korean is pronounced
Dae-Han-Min-Guk. (100)

663 ： 違

663-1. 違法な取引。

違法(いほう) な 取引(とりひき)。

Illicit transactions. (101)

663-2. 数え間違う。

数え間違う(かぞえまちがう)。

Miscount. (100)

663-3. 場違いの発言。

場違い(ばちがい) の 発言(はつげん)。

An inept remark. (101)

663-4. 間違った考え。

間違っ(まちがっ)た 考え(かんがえ)。

Wrongheaded thinking. (101)

663-5. 致命的な間違い。

致命的(ちめいてき) な 間違い(まちがい)。

A fateful error. (101)

663-6. 手続き上の違反。

手続き上(てつづきじょう) の 違反(いはん)。

A procedural violation. (101)

663-7. 違法に占拠する。

違法(いほう) に 占拠(せんきょ) する。

Occupy illegally. (100)

663-8. 違法薬物の取引。

違法(いほう) 薬物(やくぶつ) の 取引(とりひき)。

Traffic in illegal drugs. (100)

663-9. 若干の違いが有る。

若干(じゃっかん) の 違い(ちがい) が 有る(ある)。

There is a slight difference. (10)

663-10. 彼は以前の彼とは違う。

彼(かれ) は 以前(いぜん) の 彼(かれ) と は 違う(ちがう)。

He's not the same man he used to be. (87)

663-11. かなり目に違和感が有る。

かなり 目(め) に 違和感(いわかん) が 有る(ある)。

My eyes feel really strange. (10)

663-12. 私の意見はきみとは違う。

私(わたし) の 意見(いけん) は きみ と は 違う(ちがう)。

My opinion differs from yours. (101)

663-13. 言葉を間違って発音する。

言葉(ことば) を 間違っ(まちがっ)て 発音(はつおん) する。

Pronounce a word incorrectly. (100)

663-14. 私が聞いたのとは違うな。

私(わたし) が 聞い(きい)た の と は 違う(ちがう) な。

That's not what I heard. (87)

663-15. 感動してるでしょ、違う？

感動(かんどう) してる でしょ、 違う(ちがう)？

You're impressed, aren't you? (87)

663-16. 電話番号を間違えたようです。

電話(でんわ) 番号(ばんごう) を 間違え(まちがえ)た よう です。

I seem to have the wrong number. (87)

663-17. 野村さんは見かけとは違う。

野村(のむら)さん は 見かけ(みかけ) と は 違う(ちがう)。

Nomura-san is not what he seems. (87)

663-18. 作者は、間違いなく天才だ。

作者(さくしゃ) は、 間違い(まちがい)なく 天才(てんさい) だ。

The author has genius, certainly. (98)

「まちがいなく」 {間違いなく 448; 663} [**"unmistakably"**]: DJG v3 p750 (under ず にはおかない); Marx v2 day3.

663-19. 音楽の好みは人によって違う。

音楽(おんがく) の 好(この)み は 人(ひと) に よって 違(ちが)う。

Tastes in music vary from person to person. (87)

663-20. 財政家はデータを読み違えた。

財政家(ざいせいか) は データ を 読み違え(よみちがえ)た。

The financier misread the data. (101)

663-21. はっきり味の違いが分かります。

はっきり 味(あじ) の 違い(ちがい) が 分かり(わかり)ます。

I can definitely tell a difference in the taste. (10)

663-22. 交通違反のチケットを渡された。

交通(こうつう) 違反(いはん) の チケット を 渡さ(わたさ)れた。

I got a traffic ticket. (87)

663-23. 私は彼を違う名前で知っている。

私(わたし) は 彼(かれ) を 違う(ちがう) 名前(なまえ) で 知っ(しっ)て
いる。

I know him under a different name. (101)

663-24. 間違いなく、彼女も察したんだ。

間違い(まちがい)なく、 彼女(かのじょ) も 察し(さっし)た ん だ。

It is certain that she too has surmised it. (8)

「**まちがいなく**」 {間違いなく 448; 663} [**"unmistakably"**]: DJG v3 p750 (under ず
にはおかない); Marx v2 day3.

663-25. 重要な違いは見つからなかった。

重要(じゅうよう) な 違い(ちがい) は 見つから(みつから)なかった。

No significant difference was found. (101)

663-26. 私はなんとなく違和感があります。

私(わたし) は なんとなく 違和感(いわかん) が あります。

Somehow, I feel something is off. (10)

663-27. 明らかに左右の大きさが違う。

明(あき)らか に 左右(さゆう) の 大き(おおき)さ が 違(ちが)う。

The right and left sizes are obviously different. (10)

663-28. 殺人が行われたに違いありません。

殺人(さつじん) が 行わ(おこなわ)れた に 違い(ちがい) ありません。

There is no doubt that there was a murder. (84)

663-29. 私たちは違った世界に生きている。

私(わたし)たち は 違(ちが)った 世界(せかい) に 生き(いき)て いる。

We live in different worlds. (101)

663-30. 前夫は彼女の間違いを利用している。

前夫(ぜんぷ) は 彼女(かのじょ) の 間違い(まちがい) を 利用(りよう)
して いる。

Her ex is capitalizing on her mistake. (101)

663-31. 彼女の目で見ると私は間違っていた。

彼女(かのじょ) の 目(め) で 見る(みる) と 私(わたし) は 間違っ(まちがっ)て いた。

I was wrong in her eyes. (101)

663-32. 田村さんは日付を間違って記憶した。

田村(たむら)さん は 日付(ひづけ) を 間違っ(まちがっ)て 記憶(きおく)した。

Tamura-san misremembered the date. (101)

663-33. その行いは保守党の党則に違反する。

その 行い(おこない) は 保守党(ほしゅとう) の 党則(とうそく) に 違反(いはん) する。

That action violates Conservative Party rules. (10)

663-34. 専門家の意見が食い違う場合がある。

専門家(せんもんか) の 意見(いけん) が 食い違う(くいちがう) 場合(ばあい) が ある。

There are situations in which the experts disagree. (7)

663-35. 野村大臣は今韓国にいるに違いない。

野村(のむら) 大臣(だいじん) は 今(いま) 韓国(かんこく) に いる に 違い(ちがい)ない。

There's no doubt Minister Nomura is in South Korea at the moment. (101)

「〜にちがいない」 {〜に違いない 663} ["**no doubt __**"]: DJG v1 p304; Tobira Ch2 #10.

663-36. 彼は間違いなく私を助けてくれるでしょう。

彼(かれ) は 間違い(まちがい)なく 私(わたし) を 助け(たすけ)て くれる でしょう。

I don't doubt that he will help me. (87)

663-37. 館長の文書の出典は明らかに間違っている。

館長(かんちょう) の 文書(ぶんしょ) の 出典(しゅってん) は 明(あき)らか に 間違っ(まちがっ)て いる。

The Curator's documentary sources are demonstrably wrong. (101)

663-38. 守衛はランジェリーの店で場違いに感じた。

守衛(しゅえい) は ランジェリー の 店(みせ) で 場違い(ばちがい) に 感じ(かんじ)た。

The guard felt out of place in the lingerie shop. (101)

663-39. 教皇はカトリック教会の間違いを否定する。

教皇(きょうこう) は カトリック 教会(きょうかい) の 間違い(まちがい) を 否定(ひてい) する。

The Pope denies the errancy of the Catholic Church. (101)

663-40. 朱先生は間違った音節を強調した。

朱(ジュ) 先生(せんせい) は 間違っ(まちがっ)た 音節(おんせつ) を 強調(きょうちょう) した。

Zhu-sensei stressed the wrong syllables. (101)

663-41. 文法の間違いは、村田先生の不平の種である。

文法(ぶんぽう) の 間違い(まちがい) は、 村田(むらた) 先生(せんせい) の 不平(ふへい) の 種(たね) で ある。

Grammatical mistakes are Murata-sensei's pet peeve. (101)

663-42. それは彼が期待していたものとは大違いだった。

それ は 彼(かれ) が 期待(きたい) して いた もの と は 大違い(おおちがい) だった。

It was a far cry from what he had expected. (101)

663-43. 駅前には多くの自転車が違法に止められています。

駅前(えきまえ) に は 多く(おおく) の 自転車(じてんしゃ) が 違法(いほう) に 止め(とめ)られて います。

A lot of bicycles are illegally parked in front of the station. (87)

663-44. 教皇ははラテン語の単語の多くの発音を間違える。

教皇(きょうこう) は は ラテン語(らてんご) の 単語(たんご) の 多く(おおく) の 発音(はつおん) を 間違える(まちがえる)。

The Pope mispronounces many Latin words. (101)

663-45. ホールムズ氏は必ず察するんだ、間違いなく。

ホールムズ 氏(し) は 必ず(かならず) 察する(さっする) ん だ、 間違い(まちがい)なく。

Mr. Holmes will definitely surmise it, that's for sure. (101)

663-46. 馬車とすれ違った時、私は閉ざされた窓から視線を感じた。

馬車(ばしゃ) と すれ違っ(すれちがっ)た 時(とき)、 私(わたし) は 閉ざさ(とざさ)れた 窓(まど) から 視線(しせん) を 感じ(かんじ)た。

As the coach drove by us I sensed a gaze through the closed window. (2)

663-47. 私たち５人の中で、間違いなく彼女が一番多くの言語を話せる。

私(わたし)たち ５人(にん) の 中(なか) で、 間違い(まちがい)なく 彼女(かのじょ) が 一番(いちばん) 多く(おおく) の 言語(げんご) を 話せる(はなせる)。

Among the five of us, she, without a doubt, speaks the most languages. (87)

664： 抱

664-1. 反感を抱く。

反感(はんかん) を 抱く(いだく)。

Harbor ill feelings. (100)

664-2. 川村課長は大志を抱いている。

川村(かわむら) 課長(かちょう) は 大志(たいし) を 抱(いだ)いて い
る。

Section Chief Kawamura embosoms lofty ambitions. (101)

664-3. 老人は夫人に介抱されました。

老人(ろうじん) は 夫人(ふじん) に 介抱(かいほう) されました。

The old man was cared for by his wife. (29)

664-4. 二人は泣きながら抱き合った。

二人(ふたり) は 泣き(なき)ながら 抱き合っ(だきあっ)た。

Weeping, the two embraced. (101)

664-5. 千世さんは彼氏をきつく抱いた。

千世(ちよ)さん は 彼氏(かれし) を きつく 抱い(だい)た。

Chiyo embraced her boyfriend tightly. (100)

664-6. 北村さんは鳥に強い興味を抱く。

北村(きたむら)さん は 鳥(とり) に 強い(つよい) 興味(きょうみ) を
抱く(いだく)。

Kitamura-san has a strong interest in birds. (100)

664-7. 旅館の館主は4人の子供を抱えていた。

旅館(りょかん) の 館主(かんしゅ) は 4人(にん) の 子供(こども) を
抱え(かかえ)て いた。

The ryokan proprietor had four children. (10)

664-8. 彼はだまされているという考えを抱いた。

彼(かれ) は だまされて いる という 考(かんが)え を 抱(いだ)いた。

He had a notion that he was being had. (15)

664-9. 守衛はどうしていいのか分からず頭を抱えた。

守衛(しゅえい) は どうして いい の か 分から(わから)ず 頭(あたま)
を 抱え(かかえ)た。

The guard did not know what to do, and held his head in his hands. (87)

664-10. 彼女は泣いて彼の首に抱きつき、「私を抱きしめて」と言った。

彼女(かのじょ) は 泣い(ない)て 彼(かれ) の 首(くび) に 抱きつき(だ
きつき)、 「私(わたし) を 抱きしめ(だきしめ)て」 と 言っ(いっ)た。

She cried and threw her arms round his neck, and said "Hug me". (15)

664-11. 日本の偉大な作家たちの大多数は、英語に関心を抱いていたようだ。

日本(にほん) の 偉大(いだい) な 作家(さっか)たち の 大多数(だいたすう) は、 英語(えいご) に 関心(かんしん) を 抱(いだ)いて いた よう だ。

It seems the majority of great Japanese writers have been interested in English. (87)

664-12. 吉村さんは社長のお抱えの運転手としてなん年もずっと働いている。

吉村(よしむら)さん は 社長(しゃちょう) の お抱え(おかかえ) の 運転
手(うんてんしゅ) として なん年(ねん) も ずっと 働い(はたらい)て いる。

665： 砲

665-1. 重砲。

重砲(じゅうほう)。

Heavy guns. (101)

665-2. 無鉄砲な人。

無鉄砲(むてっぽう) な 人(ひと)。

A reckless person. (100)

665-3. 21 発の礼砲。

21 発(ぱつ) の 礼砲(れいほう)。

A twenty-one gun salute. (101)

665-4. 大砲に火薬を詰める。

大砲(たいほう) に 火薬(かやく) を 詰める(つめる)。

Prime a cannon. (101)

665-5. 激しい砲火が聞こえた。

激しい(はげしい) 砲火(ほうか) が 聞こえ(きこえ)た。

Intense artillery fire could be heard. (100)

665-6. 軍人は、発砲していた。

軍人(ぐんじん) は、 発砲(はっぽう) して いた。

The soldiers were firing away. (101)

665-7. その発砲は、彼女を不動にさせた。

その 発砲(はっぽう) は、 彼女(かのじょ) を 不動(ふどう) に させた。

The shot rendered her immobile. (101)

665-8. リー大将の砲手たちがみんな殺された。

リー 大将(たいしょう) の 砲手(ほうしゅ)たち が みんな 殺さ(ころさ)れた。

All of General Lee's gunners were killed. (90)

665-9. 松村さんは無鉄砲な青年時代を送った。

松村(まつむら)さん は 無鉄砲(むてっぽう) な 青年(せいねん) 時代(じだい) を 送っ(おくっ)た。

Matsumura-san had a harum-scarum youth. (101)

665-10. 日没の 30 分前に号砲で知らせることにする。

日没(にちぼつ) の 30分(ぷん) 前(まえ) に 号砲(ごうほう) で 知らせる(しらせる) こと に する。

I'll fire a gun half an hour before sundown to let you know. (90)

665-11. 我々の部隊は向こう側の重砲隊に鉄砲を向けた。

我々(われわれ) の 部隊(ぶたい) は 向こう側(むこうがわ) の 重砲隊(じゅうほうたい) に 鉄砲(てっぽう) を 向け(むけ)た。

Our unit aimed its guns at the artillery unit on the other side.

666： 泡

666-1. 泡立つ生ビール。

泡立つ(あわだつ) 生(なま) ビール。

Foamy draft beer. (101)

666-2. クリームを泡立てる。

クリーム を 泡立てる(あわだてる)。

Beat the cream. (101)

666-3. 顔面に水泡を生じる。

顔面(がんめん) に 水泡(すいほう) を 生じる(しょうじる)。

Causes a rash of vesicles on the face. (100)

666-4. 北米原産の発泡性ワイン。

北米(ほくべい) 原産(げんさん) の 発泡性(はっぽうせい) ワイン。

Sparkling wine from North America. (100)

666-5. ガスは、地面から泡立った。

ガス は、 地面(じめん) から 泡立っ(あわだっ)た。

Gases bubbled up from the earth. (101)

666-6. シャンパンは泡を立ててグラスに注がれた。

シャンパン は 泡(あわ) を 立(た)てて グラス に 注が(そそが)れた。

The champagne poured frothily into the glasses. (101)

666-7. 仲人は自分のやったことが全て水の泡になったことに気づいた。

仲人(なこうど) は 自分(じぶん) の やった こと が 全て(すべて) 水の泡(みずのあわ) に なった こと に 気づい(きづい)た。

The go-between found all his efforts of no avail. (87)

667： 丹

667-1. 丹念に調べる。

丹念(たんねん) に 調べる(しらべる)。

Carefully scrutinize. (2)

667-2. 金の錦を丹念に見て行くよう命じられていた。

金(きん) の 錦(にしき) を 丹念(たんねん) に 見(み)て 行く(いく) よう 命じ(めいじ)られて いた。

He was ordered to closely watch the gold brocade.

668： 舟

668-1. 物売り舟。

物売り舟(ものうりぶね)。

Bumboat. (90)

668-2. 小舟が海に沈んだ。

小舟(こぶね) が 海(うみ) に 沈ん(しずん)だ。

The skiff sunk into the sea. (90)

668-3. お前の小舟はもう海の底だ。

お前(おまえ) の 小舟(こぶね) は もう 海(うみ) の 底(そこ) だ。

Your little skiff's now at the bottom of the sea. (90)

668-4. 私は舟の竿でもそれには触らない。

私(わたし) は 舟(ふね) の 竿(さお) でも それ に は 触(さわ)らない。

I wouldn't touch it with a barge pole. (101)

668-5. 舟は安らかな海の上をぐんぐん進んだ。

舟(ふね) は 安らか(やすらか) な 海(うみ) の 上(うえ) を ぐんぐん 進ん(すすん)だ。

The boat skimmed swiftly over a smooth sea. (90)

668-6. この小舟が手出しを好まないことは明らかだった。

この 小舟(こぶね) が 手出し(てだし) を 好ま(このま)ない こと は 明(あき)らか だった。

This skiff, it was plain she was not to be interfered with. (90)

「こと」 {事 80} [nominalizer]: DJG v1 p193.

668-7. ぐるぐる回ってしまうのがその舟のお得意だった。

ぐるぐる 回っ(まわっ)て しまう の が その 舟(ふね) の お得意(とくい) だった。

Turning round and round was the manoeuvre the boat was best at. (90)

668-8. 段々なれてきて、波の合間で小舟を左右し、時々白波をぶつけたり、顔に水の泡をあびたりもした。

段々(だんだん) なれて きて、 波(なみ) の 合間(あいま) で 小舟(こぶね) を 左右(さゆう) し、 時々(ときどき) 白波(しらなみ) を ぶつけたり、 顔(かお) に 水の泡(みずのあわ) を あびたり も した。

Gradually I got into the way of it and guided my little boat among the waves, with only now and then a blow from a whitecap and a dash of foam in my face. (90)

669: 船

669-1. 英国海軍の船。

英国(えいこく) 海軍(かいぐん) の 船(ふね)。

A ship of the British navy. (100)

669-2. 船主の代理人。

船主(せんしゅ) の 代理人(だいりにん)。
An agent for the ship owner. (100)

669-3. 出て行く汽船。

出(で)て 行く(いく) 汽船(きせん)。
An outgoing steamship. (101)

669-4. 船を浮かべる。

船(ふね) を 浮かべる(うかべる)。
Float a ship. (101)

669-5. 船は海底に沈んだ。

船(ふね) は 海底(かいてい) に 沈ん(しずん)だ。
The ship sank to the bottom of the sea. (87)

669-6. 船員は海の方を見た。

船員(せんいん) は 海(うみ) の 方(ほう) を 見(み)た。
The sailor looked seaward. (101)

669-7. 船長、大丈夫ですかい？

船長(せんちょう)、 大丈夫(だいじょうぶ) です かい？
Captain, is all well? (64)

669-8. 船が舟だまりに入った。

船(ふね) が 舟(ふね)だまり に 入っ(はいっ)た。
The ship docked. (101)

669-9. 船長は前もって用心した。

船長(せんちょう) は 前もって(まえもって) 用心(ようじん) した。
The pilot took his precautions in advance. (7)

669-10. 船は波止場につながれた。

船(ふね) は 波止場(はとば) に つながれた。
The ship was wharfed. (101)

669-11. 8、9マイルの船旅だった。

8、 9マイル の 船旅(ふなたび) だった。
This was a run of eight or nine miles. (90)

669-12. 船で世界一周をしてみたい。

船(ふね) で 世界(せかい) 一周(いっしゅう) を して みたい。
I'd like to sail around the world. (87)

669-13. 子供は風船をポンと割った。

子供(こども) は 風船(ふうせん) を ポン と 割っ(わっ)た。
The child popped the balloon. (101)

669-14. 船はできるだけ後方に進んだ。

船(ふね) は できる だけ 後方(こうほう) に 進ん(すすん)だ。

The ship went hard astern. (101)

「できるだけ〜」 ["as __ as possible", "as much as possible __"]: Marx v2 day4.

669-15. タンカーは船底に穴があいた。

タンカー は 船底(ふなぞこ) に 穴(あな) が あいた。

The tanker bilged. (101)

669-16. 船の安全が船長の主な関心事だ。

船(ふね) の 安全(あんぜん) が 船長(せんちょう) の 主(おも) な 関心事(かんしんじ) だ。

The safety of the ship is the captain's main concern. (101)

669-17. 太平洋を小舟で渡る命がけの船旅。

太平洋(たいへいよう) を 小舟(こぶね) で 渡る(わたる) 命がけ(いのちがけ) の 船旅(ふなたび)。

A perilous voyage across the Pacific in a small boat. (101)

669-18. 船が水平線からくるのを知覚できた。

船(ふね) が 水平線(すいへいせん) から くる の を 知覚(ちかく) できた。

I could perceive the ship coming over the horizon. (101)

669-19. 船は強風でほとんど前進できない。

船(ふね) は 強風(きょうふう) で ほとんど 前進(ぜんしん) できない。

The ship can hardly make headway against the gale. (101)

669-20. 最後に一つ考えたのは、船長のことだった。

最後(さいご) に 一つ(ひとつ) 考え(かんがえ)た の は、 船長(せんちょう) の こと だった。

My last thought was of the captain. (90)

669-21. 船首には、すでに船員がみんな集まっていた。

船首(せんしゅ) に は、 すでに 船員(せんいん) が みんな 集まっ(あつまっ)て いた。

All hands were already congregated at the bow. (90)

669-22. その一方で他の全員は船を進水し船出して行った。

その 一方(いっぽう) で 他(ほか) の 全員(ぜんいん) は 船(ふね) を 進水(しんすい) し 船出(ふなで) して 行っ(いっ)た。

Meanwhile the rest launched their ships and sailed away. (86)

「いっぽう(で)」 {一方(で) 2; 173} ["while"]: DJG v3 p149; Tobira ch9 #4.

669-23. 船長は火薬を運んでいる連中に声をかけ続けていた。

船長(せんちょう) は 火薬(かやく) を 運ん(はこん)で いる 連中(れんちゅう) に 声(こえ) を かけ続け(つづけ)て いた。

The captain continued addressing the fellows who were moving the powder. (90)

669-24. しばらく六人の臆病な船員は物音一つ立てなかった。

しばらく　六人(ろくにん)　の　臆病(おくびょう)　な　船員(せんいん)　は　物音(ものおと)　一つ(ひとつ)　立て(たて)なかった。

We heard no more, for the time, of these six very faint-hearted seamen. (90)

669-25. 彼がいなければ、船は一時間で発進していたことだろう。

彼(かれ)　が　いなければ、　船(ふね)　は　一時間(いちじかん)　で　発進(はっしん)　して　いた　こと　だろう。

But for him the ships would have been launched in an hour. (86)

669-26. 船長の部屋の窓がバタンと開き、ガラスの割れる音がした。

船長(せんちょう)　の　部屋(へや)　の　窓(まど)　が　バタン　と　開き(ひらき)、　ガラス　の　割れる(われる)　音(おと)　が　した。

The window of the captain's room was thrown open with a slam and a jingle of broken glass. (90)

669-27. シルバーは、船の中では松葉杖を首から紐でぶら下げていた。

シルバー　は、　船(ふね)　の　中(なか)　で　は　松葉杖(まつばづえ)　を　首(くび)　から　紐(ひも)　で　ぶら下げ(ぶらさげ)て　いた。

Aboard ship Silver carried his crutch by a lanyard round his neck. (90)

669-28. 人魚は、その船室の窓の所までずんずんおよいで行きました。

人魚(にんぎょ)　は、　その　船室(せんしつ)　の　窓(まど)　の　所(ところ)　まで　ずんずん　およいで　行き(いき)ました。

The little mermaid swam right up to the cabin windows. (55)

669-29. そうしている間にも、船長は防衛の計画をしっかりと決めた。

そう　して　いる　間(あいだ)　に　も、　船長(せんちょう)　は　防衛(ぼうえい)　の　計画(けいかく)　を　しっかり　と　決め(きめ)た。

While this was going on, the captain completed the plan of defence. (90)

「そうして」　["like this"]: DJG v2 p131.

669-30. 船室の窓はまだ開いており、テーブルの上の灯火は昼になっても灯っていた。

船室(せんしつ)　の　窓(まど)　は　まだ　開い(ひらい)て　おり、　テーブル　の　上(うえ)　の　灯火(ともしび)　は　昼(ひる)　に　なって　も　灯っ(ともっ)て　いた。

With the cabin window still gaping open and the lamp over the table still burning on into the day. (90)

「-ており」　[written equivalent of verbal connective -ていて]: DJG v2 p329 & 64 of front matter if unclear about -ていて.

669-31. 私は自分の計画を船長に話し、2人で実行に際しての細かいところまで決めた。

私(わたし)　は　自分(じぶん)　の　計画(けいかく)　を　船長(せんちょう)　に　話し(はなし)、　2人(ふたり)　で　実行(じっこう)　に　際して(にさいして)　の　細かい(こまかい)　ところ　まで　決め(きめ)た。

I told my plan to the captain, and between us we settled on the details of its accomplishment. (90)

「～さい(に)」 {～際に 638} ["on the occasion of __", "when __"]: DJG v2 p369.

670： 舶

670-1. 船舶の通行。

船舶(せんぱく) の 通行(つうこう)。

The passage of watercraft.

670-2. 行き交う船舶。

行き交う(いきかう) 船舶(せんぱく)。

Passing ships. (100)

670-3. 船舶が下関から出発した。

船舶(せんぱく) が 下関(しものせき) から 出発(しゅっぱつ) した。

The ship departed from Shimonoseki. (100)

671： 般

671-1. 一般労働者。

一般(いっぱん) 労働者(ろうどうしゃ)。

Run-of-the-mill worker. (101)

671-2. 一般市民の生活。

一般(いっぱん) 市民(しみん) の 生活(せいかつ)。

Civilian life. (101)

671-3. 一般的な上品さ。

一般的(いっぱんてき) な 上品(じょうひん)さ。

Common decency. (101)

671-4. 一般的な家の害虫。

一般的(いっぱんてき) な 家(いえ) の 害虫(がいちゅう)。

A common household pest. (100)

671-5. 石鹸×の一般的なブランド。

石鹸×(せっけん) の 一般的(いっぱんてき) な ブランド。

A common brand of soap. (101)

671-6. 一般的な読者にとって分かり易い。

一般的(いっぱんてき) な 読者(どくしゃ) に とって 分かり易い(わかりやすい)。

Comprehensible to the general reader. (101)

671-7. このプールは一般開放されている。

この プール は 一般(いっぱん) 開放(かいほう) されて いる。

This swimming pool is open to the public. (87)

671-8. 子供は一般に大人よりも体温が高い。

子供(こども) は 一般(いっぱん) に 大人(おとな) よりも 体温(たいおん) が 高い(たかい)。

Children generally have a higher body temperature than adults. (87)

671-9. 全般的にみてまあまあの出来だった。

全般的(ぜんぱんてき) に みて まあまあ の 出来(でき) だった。

He hasn't done badly, all in all. (87)

671-10. 彼はいつも細部から一般へと筋道をたどる。

彼(かれ) は いつも 細部(さいぶ) から 一般(いっぱん) へ と 筋道(すじみち) を たどる。

He always reasons from the particular to the general. (101)

671-11. 今年になってやっとこれらの記録が一般に公開された。

今年(ことし) に なって やっと これら の 記録(きろく) が 一般(いっぱん) に 公開(こうかい) された。

Only this year were these documents finally made available to the public. (87)

671-12. ASCII 文字セットは最も一般的に用いられている文字セットである。

ASCII 文字(もじ) セット は 最も(もっとも) 一般的(いっぱんてき) に 用い(もちい)られて いる 文字(もじ) セット で ある。

The ASCII character set is the most widely used character set. (101)

671-13. デジタル時計が一般的になるまでは、アナログ時計と耳にするものはいなかった。なので、「アナログ時計」とはレトロニムだ。

デジタル 時計(とけい) が 一般的(いっぱんてき) に なる まで は、 アナログ 時計(とけい) と 耳(みみ) に する もの は いなかった。 な の で、 「アナログ 時計(とけい)」 と は レトロニム だ。

Nobody ever heard of analog clocks until digital clocks became common, so 'analog clock' is a retronym. (101)

672： 搬

672-1. 材木運搬車。

材木(ざいもく) 運搬車(うんぱんしゃ)。

Carriage for transporting lumber.

672-2. 海上で運搬される。

海上(かいじょう) で 運搬(うんぱん) される。

Conveyed by sea. (100)

672-3. 運搬作業に用いる。

運搬(うんぱん) 作業(さぎょう) に 用いる(もちいる)。

Used for haulage. (100)

672-4. 大砲を運搬する船舶。

大砲(たいほう) を 運搬(うんぱん) する 船舶(せんぱく)。

Seaborne vessels transporting artillery. (100)

672-5. 車両によって運搬する。

車両(しゃりょう) に よって 運搬(うんぱん) する。

Transport in a vehicle. (100)

672-6. この後、今村さんは病院へ搬送された。

この 後(あと)、 今村(いまむら)さん は 病院(びょういん) へ 搬送(はんそう) された。

After this, Imamura-san was taken to the hospital. (87)

672-7. 「組み立てライン」とは、一連の作業を行いながら品物を搬送する工場の機械システムのことを意味する。

「組み立て(くみたて) ライン」 と は、 一連(いちれん) の 作業(さぎょう) を 行い(おこない)ながら 品物(しなもの) を 搬送(はんそう) する 工場(こうじょう) の 機械(きかい) システム の こと を 意味(いみ) する。

An "assembly line" is a mechanical system in a factory whereby an article is conveyed through sites at which successive operations are performed on it. (100)

673： 盤

673-1. 底盤。

底盤(ていばん)。

Batholith. (100)

673-2. 旋盤工。

旋盤工(せんばんこう)。

A lathe operator. (100)

673-3. 洗礼盤。

洗礼盤(せんれいばん)。

Baptismal font. (101)

673-4. 骨盤底。

骨盤底(こつばんてい)。

The floor of the pelvis. (101)

673-5. 不安定な基盤。

不安定(ふあんてい) な 基盤(きばん)。

An unsound foundation. (101)

673-6. 時計の文字盤。

時計(とけい) の 文字盤(もじばん)。

The face of a timepiece. (100)

673-7. 基盤 e への対数。

基盤(きばん) e へ の 対数(たいすう)。

A logarithm to the base e. (100)

673-8. 日本の産業基盤。

日本(にほん) の 産業(さんぎょう) 基盤(きばん)。

The industrial base of Japan. (101)

673-9. 空飛ぶ円盤を見た事がありますか。

空(そら) 飛ぶ(とぶ) 円盤(えんばん) を 見(み)た 事(こと) が あります か。

Have you ever seen a flying saucer? (87)

673-10. チェッカー盤には、64 の正方形がある。

チェッカー盤(ばん) に は、 64 の 正方形(せいほうけい) が ある。

A checkerboard has 64 squares. (101)

673-11. 総理大臣は早期の地盤固めから後期の実質的な改革に前進した。

総理(そうり) 大臣(だいじん) は 早期(そうき) の 地盤固め(じばんがため) から 後期(こうき) の 実質的(じっしつてき) な 改革(かいかく) に 前進(ぜんしん) した。

The Premier advanced from an early period of placating her base to a later period of substantive reforms. (101)

673-12. ファンネットワークなしには、ADV は全く市場基盤を持てなかっただろう。

ファン ネットワーク なし に は、 ADV は 全く(まったく) 市場(しじょう) 基盤(きばん) を 持て(もて)なかった だろう。

Without the fan network, ADV would have had no market base whatsoever. (69)

674： 歯

674-1. 乳歯。

乳歯(にゅうし)。

Deciduous teeth. (101)

674-2. 歯周病。

歯周病(ししゅうびょう)。

Periodontal disease. (101)

674-3. 激しい歯痛。

激しい(はげしい) 歯痛(しつう)。

A raging toothache. (101)

674-4. かみ合った歯車。

かみ合っ(かみあっ)た 歯車(はぐるま)。

Meshed gears. (101)

674-5. 取り外せる入れ歯。

取り外せる(とりはずせる) 入れ歯(いれば)。

A removable denture. (100)

674-6. 肉食性動物の犬歯。

肉食性(にくしょくせい) 動物(どうぶつ) の 犬歯(けんし)。
Canine tooth of a carnivorous animal. (100)

674-7. うちの祖母の歯が欠けた。
うち の 祖母(そぼ) の 歯(は) が 欠け(かけ)た。
My grandmother's tooth chipped. (101)

674-8. 毎食後歯をみがきなさい。
毎食(まいしょく) 後(ご) 歯(は) を みがき なさい。
Brush your teeth after each meal. (87)

674-9. 3時に歯医者の予約がある。
3時(じ) に 歯医者(はいしゃ) の 予約(よやく) が ある。
I have an appointment with the dentist at 3 o'clock. (87)

674-10. あなたといると自分に歯止めがきかない。
あなた と いる と 自分(じぶん) に 歯止め(はどめ) が きかない。
I can't hold back when I'm with you. (10)

674-11. 歯医者の助手が私の歯石をとってくれた。
歯医者(はいしゃ) の 助手(じょしゅ) が 私(わたし) の 歯石(しせき) を とって くれた。
The dentist's assistant kindly removed the tartar from my teeth.

674-12. 私は、ソフトな歯触りにとても興味を持ちました。
私(わたし) は、 ソフト な 歯触り(はざわり) に とても 興味(きょうみ) を 持ち(もち)ました。
I was very interested in the soft texture of the food. (10)

674-13. 上村課長は、大きな機械の小さな歯車に過ぎない。
上村(うえむら) 課長(かちょう) は、 大(おお)きな 機械(きかい) の 小(ちい)さな 歯車(はぐるま) に 過ぎ(すぎ)ない。
Section Chief Uemura is but a small cog in a large machine. (101)
「〜にすぎない」 {〜に過ぎない 464} ["be merely __"]: DJG v2 p245 & 271; Marx v2 day36.

674-14. 彼はピン歯車を回し、Go のところで矢印を止めた。
彼(かれ) は ピン 歯車(はぐるま) を 回し(まわし)、 Go の ところ で 矢印(やじるし) を 止め(とめ)た。
He spun the pinwheel and it stopped with the pointer on 'Go'. (101)

674-15. 歯が固く閉じられていて、あごは鉄のように丈夫だった。
歯(は) が 固く(かたく) 閉じ(とじ)られて いて、 あご は 鉄(てつ) の よう に 丈夫(じょうぶ) だった。
His teeth were tightly shut and his jaws as strong as iron. (90)

674-16. 時の歯車が回って、新しい神々が石から飛び出してきました。
時(とき) の 歯車(はぐるま) が 回っ(まわっ)て、 新(あたら)しい 神々(かみがみ) が 石(いし) から 飛び出し(とびだし)て きました。

The wheel of time has turned, and new gods have come forth from the stone. (98)

674-17. 歯医者が専門的な機械を用いて、素早く虫歯の詰めを仕上げた。

歯医者(はいしゃ) が 専門的(せんもんてき) な 機械(きかい) を 用い(もちい)て、 素早く(すばやく) 虫歯(むしば) の 詰(つ)め を 仕上(しあ)げた。

Using specialized machinery, the dentist quickly finished the filling work. (100)

674-18. 歯にブリッジを入れてから、ほとんど彼女の笑顔を見なくなった。

歯(は) に ブリッジ を 入れ(いれ)て から、 ほとんど 彼女(かのじょ) の 笑顔(えがお) を 見(み)なく なった。

Since she got her braces, I've hardly seen her smile. (87)

674-19. 大きな歯を持つクシで三回すけば、それで完成しているのだった。

大(おお)きな 歯(は) を 持つ(もつ) クシ で 三回(さんかい) すけば、 それ で 完成(かんせい) して いる の だった。

Three strokes of a large-tooth comb completed his toilet. (7)

675： 冷

675-1. 冷たい飲み物。

冷(つめ)たい 飲み物(のみもの)。

Cool drinks. (101)

675-2. 冷たい目つき。

冷(つめ)たい 目(め)つき。

Icy stare. (101)

675-3. 冷や汗ものだった。

冷や汗(ひやあせ) もの だった。

That was a close shave. (87)

675-4. 夕食は冷たくなった。

夕食(ゆうしょく) は 冷(つめ)たく なった。

Dinner has gotten cold. (101)

675-5. 冷戦の最後のあがき。

冷戦(れいせん) の 最後(さいご) の あがき。

The last gasp of the cold war. (101)

675-6. 今夜は冷えるでしょう。

今夜(こんや) は 冷える(ひえる) でしょう。

It will cool down tonight. (87)

675-7. 昨夜は-10℃まで冷え込んだ。

昨夜(さくや) は -10℃(マイナスじゅうど) まで 冷え込ん(ひえこん)だ。

Last night, the temperature went down to ten degrees below zero. (87)

675-8. スープが冷めないうちに飲んでね。

スープ が 冷め(さめ)ない うち に 飲ん(のん)で ね。

Eat your soup before it gets cold. (87)

「〜うちに」 {〜内に* 215} [**"while __"**, **"before __ ends"**]: DJG v1 p512; Tobira Ch2 #16.

675-9. 彼が思わず、掌に冷や汗をかいた。

彼(かれ) が 思わず(おもわず)、 掌(てのひら) に 冷や汗(ひやあせ) を かいた。

Suddenly his palms broke out in a cold sweat. (10)

675-10. この魚の種類は寒冷水の海で一般的だ。

この 魚(さかな) の 種類(しゅるい) は 寒冷水(かんれいすい) の 海(うみ) で 一般的(いっぱんてき) だ。

This type of fish is common in cold seas. (100)

675-11. 私たちは冷ややかな持て成しを受けた。

私(わたし)たち は 冷(ひ)ややか な 持て成し(もてなし) を 受け(うけ) た。

We got a frosty reception. (101)

675-12. 「冷や汗」とは、発汗と寒気が同時に起こる体調のことを示す。

「冷や汗(ひやあせ)」 と は、 発汗(はっかん) と 寒気(さむけ) が 同時(どうじ) に 起こる(おこる) 体調(たいちょう) の こと を 示(しめ)す。

A "cold sweat" refers to the physical condition of experiencing concurrent perspiration and chill. (100)

675-13. 彼は、「入らなければいけないなら入って下さい」と冷やかに言った。

彼(かれ) は、 「入ら(はいら)なければ いけない なら 入っ(はいっ)て 下(くだ)さい」 と 冷やか(ひややか) に 言っ(いっ)た。

'Come in if you have to', he said frostily. (101)

675-14. 助教員は素早く起きて、冷たい水で顔を洗い、歯をみがいて、ひげをそった。

助教員(じょきょういん) は 素早(すばや)く 起(お)きて、 冷(つめ)たい 水(みず) で 顔(かお) を 洗(あら)い、 歯(は) を みがいて、 ひげ を そった。

The assistant teacher got up quickly, splashed cold water on his face, brushed his teeth and shaved. (87)

675-15. 秋刀魚は秋にとられる、体が刀状である、銀色の小さな冷水魚である。

秋刀魚(さんま) は 秋(あき) に とられる、 体(からだ) が 刀状(かたなじょう) で ある、 銀色(ぎんいろ) の 小(ちい)さな 冷水魚(れいすいぎょ) で ある。

The saury is a small cold-water silvery fish that is caught in autumn and shaped like a sword.

676： 齢

676-1. 年齢不詳の。

年齢(ねんれい) 不詳(ふしょう) の。

Of indeterminate age. (101)

676-2. 老齢は苦労するもんだ。

老齢(ろうれい) は 苦労(くろう) する もん だ。

Old age is not for sissies. (101)

「もん」 [colloquial contraction of もの]. 「〜もの(だ)」 [emphasis on a particular situation]: DJG v1 p257.

676-3. 同じ年齢の2人の女の子。

同じ(おなじ) 年齢(ねんれい) の 2人(ふたり) の 女の子(おんなのこ)。

Two girls of the same age. (101)

676-4. 彼の年齢は彼女の倍である。

彼(かれ) の 年齢(ねんれい) は 彼女(かのじょ) の 倍(ばい) で ある。

He is twice as old as she is. (87)

676-5. 彼の年齢にしては背が高い。

彼(かれ) の 年齢(ねんれい) に して は 背(せ) が 高い(たかい)。

He's tall for his age. (101)

「〜にしては」 ["for (a) __"]: DJG v1 p309; Marx v2 day82.

676-6. 彼女はもう学齢になっていた。

彼女(かのじょ) は もう 学齢(がくれい) に なって いた。

She was now of school age. (101)

676-7. 奨さんは、一人旅できる年齢だ。

奨(しょう)さん は、 一人旅(ひとりたび) できる 年齢(ねんれい) だ。

Sho is old enough to travel alone. (87)

676-8. 特に高齢の人の割合が高かった。

特に(とくに) 高齢(こうれい) の 人(ひと) の 割合(わりあい) が 高かっ(たかかっ)た。

The percentage of elderly was especially high. (10)

676-9. 村人は年齢の割に老けて見える。

村人(むらびと) は 年齢(ねんれい) の 割(わり) に 老け(ふけ)て 見える(みえる)。

The villagers look old for their age. (87)

「〜わりに(は)」 {〜割に(は) / 〜割りに(は) 416} ["considering __", "for __"]: DJG v3 p697.

676-10. 長男は自動車を運転できる年齢だ。

長男(ちょうなん) は 自動車(じどうしゃ) を 運転(うんてん) できる 年齢(ねんれい) だ。

My oldest boy is old enough to drive a car. (87)

676-11. 定年の年齢をずいぶん過ぎても、財政家はまだ仕事をしている。

定年(ていねん) の 年齢(ねんれい) を ずいぶん 過ぎ(すぎ)て も、 財政家(ざいせいか) は まだ 仕事(しごと) を して いる。

Though well past retirement age, the financier is still working. (101)

677 ： 少

677-1. 多少若い。

多少(たしょう)　若い(わかい)。

Somewhat young. (100)

677-2. 少量のペンキ。

少量(しょうりょう)　の　ペンキ。

A dab of paint. (101)

677-3. 供給は少ない。

供給(きょうきゅう)　は　少ない(すくない)。

Supplies are low. (101)

「すくない」 {少ない 677} ["few"; "little"]: DJG v1 p427.

677-4. 品行の悪い少年。

品行(ひんこう)　の　悪い(わるい)　少年(しょうねん)。

A bad little boy. (101)

677-5. 背中が少し痛む。

背中(せなか)　が　少し(すこし)　痛む(いたむ)。

I've got a bit of an ache in my back. (87)

677-6. 少し考えさせて。

少し(すこし)　考え(かんがえ)　させて。

Let me think it over a bit. (87)

677-7. 農場で育った少年。

農場(のうじょう)　で　育っ(そだっ)た　少年(しょうねん)。

A boy who has grown up on a farm. (100)

677-8. 少年のような笑顔。

少年(しょうねん)　の　よう　な　笑顔(えがお)。

A boyish grin. (101)

677-9. 思春期の少年と少女。

思春期(ししゅんき)　の　少年(しょうねん)　と　少女(しょうじょ)。

Adolescent boys and girls. (101)

677-10. ほんの少しの間待つ。

ほんの　少し(すこし)　の　間(あいだ)　待つ(まつ)。

Bide a wee moment. (101)

677-11. ほんの少し高価過ぎる。

ほんの　少し(すこし)　高価(こうか)　過ぎる(すぎる)。

Just a tad too expensive. (101)

677-12. 思春期の前の少年の声。

思春期(ししゅんき) の 前(まえ) の 少年(しょうねん) の 声(こえ)。

The voice of a boy before puberty. (100)

677-13. 私は彼を少しも知らない。

私(わたし) は 彼(かれ) を 少し(すこし) も 知ら(しら)ない。

I don't know him at all. (87)

677-14. 岡村さんは頭が少し弱い。

岡村(おかむら)さん は 頭(あたま) が 少し(すこし) 弱い(よわい)。

Okamura-san's a bit weak upstairs. (101)

677-15. 利益のほんの少しの分け前。

利益(りえき) の ほんの 少し(すこし) の 分け前(わけまえ)。

A minor share of the profits. (101)

677-16. 彼女は少しだけ彼を訪れた。

彼女(かのじょ) は 少し(すこし) だけ 彼(かれ) を 訪れ(おとずれ)た。

She visited him briefly. (101)

677-17. 彼は、少し興味を持っていた。

彼(かれ) は、 少し(すこし) 興味(きょうみ) を 持っ(もっ)て いた。

He was mildly interested. (101)

677-18. 村山さんは少々アル中気味だ。

村山(むらやま)さん は 少々(しょうしょう) アル中(あるちゅう) 気味(ぎみ) だ。

Murayama-san is a bit of an alcoholic. (87)

677-19. 村松さんは多少太ったみたい。

村松(むらまつ)さん は 多少(たしょう) 太っ(ふとっ)た みたい。

Muramatsu-san seems to have picked up a few pounds. (101)

「〜みたい(だ)」 ["(is) like __"; "seems like __"]: DJG v3 p105 (under 〜ごとし); Genki ch17; Marx v2 day69.

677-20. 母親は時々ワインを少し飲む。

母親(ははおや) は 時々(ときどき) ワイン を 少(すこ)し 飲む(のむ)。

My mother drinks a little wine at times. (87)

677-21. 守衛は窓をほんの少し開けた。

守衛(しゅえい) は 窓(まど) を ほんの 少し(すこし) 開け(あけ)た。

The guard opened the window a crack. (101)

677-22. 私の意見では、その少年は無実だ。

私(わたし) の 意見(いけん) で は、 その 少年(しょうねん) は 無実(むじつ) だ。

In my estimation, the boy is innocent. (101)

677-23. 少し間をおいて若い男が入って来た。

少し(すこし) 間(ま) を おいて 若い(わかい) 男(おとこ) が 入っ(はいって) 来(き)た。

After a moment a young man entered. (42)

677-24. 彼女は、お茶を少しずつ飲んでいた。

彼女(かのじょ) は、 お茶(おちゃ) を 少(すこ)しずつ 飲(の)んで いた。

She was sipping her tea. (101)

677-25. 彼は要するに口数の少ない男であった。

彼(かれ) は 要するに(ようするに) 口数(くちかず) の 少ない(すくない) 男(おとこ) で あった。

He was, in short, an incommunicative man. (7)

「ようするに〜」 {要するに〜 547} ["in sum, __"]: DJG v2 p541 (under つまり〜).

677-26. ほんの少数の人しかその事実を知らない。

ほんの 少数(しょうすう) の 人(ひと) しか その 事実(じじつ) を 知ら(しら)ない。

Only a handful of people know the fact. (87)

677-27. 今日は最近の記憶の中で最少の鳥がいた。

今日(きょう) は 最近(さいきん) の 記憶(きおく) の 中(なか) で 最少(さいしょう) の 鳥(とり) が いた。

Today there were the fewest birds in recent memory. (101)

677-28. ブログで少しずつ今後の結果を知らせます。

ブログ で 少し(すこし)ずつ 今後(こんご) の 結果(けっか) を 知らせ(しらせ)ます。

I'll announce the results bit by bit on my blog. (10)

「-させる」 [causing/permitting]: DJG v1 p387; Genki ch22; Marx v2 day8.

677-29. 持ち主は私の財布の中身が少ないことを知っていた。

持ち主(もちぬし) は 私(わたし) の 財布(さいふ) の 中身(なかみ) が 少ない(すくない) こと を 知っ(しっ)て いた。

The owner knew the slenderness of my wallet. (101)

677-30. その若い男性は、少女を不良の集団から助け出した。

その 若い(わかい) 男性(だんせい) は、 少女(しょうじょ) を 不良(ふりょう) の 集団(しゅうだん) から 助け出し(たすけだし)た。

The young man saved the girl from a bunch of hoodlums. (87)

677-31. 当時は少女の教育は少年の教育ほど重要ではなかった。

当時(とうじ) は 少女(しょうじょ) の 教育(きょういく) は 少年(しょうねん) の 教育(きょういく) ほど 重要(じゅうよう) で は なかった。

Back then a girl's education was less important than a boy's. (101)

677-32. 彼女は両親に少なくとも1週間に1度手紙をかきました。

彼女(かのじょ) は 両親(りょうしん) に 少なくとも(すくなくとも) １週間(しゅうかん) に １ 度(ど) 手紙(てがみ) を かきました。

She wrote to her parents at least once a week. (87)

「-ようとも/-くとも」 ["even if __", "no matter __"]: DJG v2 p507. 「すくなくとも〜」 {少なくとも〜 677} ["at least __"]: DJG v2 p383 (under せめて〜); Tobira ch15 #1.

Note: 「すくなくとも〜」 *is a version of* 「くとも〜」, *but has its own independent entry in the DJG.*

677-33. 村井さんのところの夕食はいつも少なくとも6品から成る。

村井(むらい)さん の ところ の 夕食(ゆうしょく) は いつも 少なくとも(すくなくとも) 6品(ぴん) から 成る(なる)。

Dinner at Murai-san's always involves at least six courses. (101)

677-34. 彼女は食事をしっかり取らない。少しかじる程度である。

彼女(かのじょ) は 食事(しょくじ) を しっかり 取ら(とら)ない。 少し(すこし) かじる 程度(ていど) で ある。

She never eats a full meal—she just nibbles. (101)

677-35. 彼は自分の病気の性質と考えていることを少し詳しく話しだした。

彼(かれ) は 自分(じぶん) の 病気(びょうき) の 性質(せいしつ) と 考え(かんがえ)て いる こと を 少し(すこし) 詳しく(くわしく) 話し(はなし)だした。

He entered, at some length, into what he viewed as the nature of his malady. (31)

677-36. 山村さんは、自分の少ない所有物を鞄に入れて家から立ち去った。

山村(やまむら)さん は、 自分(じぶん) の 少ない(すくない) 所有物(しょゆうぶつ) を 鞄(かばん) に 入れ(いれ)て 家(いえ) から 立ち去っ(たちさっ)た。

Yamamura-san put his few belongings in his bag and left the house. (101)

677-37. この家の主人、ロデリック・アッシャーは私の少年時代の親友であった。

この 家(いえ) の 主人(しゅじん)、 ロデリック・アッシャー は 私(わたし) の 少年(しょうねん) 時代(じだい) の 親友(しんゆう) で あった。

The master of the house, Roderick Usher, had been one of my boon companions in boyhood. (31)

677-38. 意固地な少年の不在について、多少の憶測がテーブル上を飛び交った。

意固地(いこじ) な 少年(しょうねん) の 不在(ふざい) について、 多少(たしょう) の 憶測(おくそく) が テーブル 上(じょう) を 飛(と)び交(か)った。

There was some speculation at the table about the obstinate child's absence. (89)

677-39. 少年向けの商品は飛ぶように売れたけれど、少女向きのものにはだれも見向きもしなかった。

少年向け(しょうねんむけ) の 商品(しょうひん) は 飛ぶ(とぶ) よう に 売れ(うれ)た けれど、 少女向き(しょうじょむき) の もの に は だれ も 見向き(みむき) も しなかった。

The boys' merchandise sold very well, but almost no one was interested in the girls' materials. (69)

677-40. 私たちは子供や法が成人男女と定めた年齢以下の青少年のことを語っているのではありません。

私(わたし)たち は 子供(こども) や 法(ほう) が 成人(せいじん) 男女(だんじょ) と 定め(さだめ)た 年齢(ねんれい) 以下(いか) の 青少年(せいしょうねん) の こと を 語っ(かたっ)て いる の で は ありません。

We are not speaking of children, or of young persons below the age which the law may fix as that of manhood or womanhood. (62)

678： 砂

678-1. 大きな粒の砂。

大(おお)きな 粒(つぶ) の 砂(すな)。

Large-grained sand. (101)

678-2. 60分間の砂時計。

60 分間(ぷんかん) の 砂時計(すなどけい)。

A sandglass that runs for sixty minutes. (100)

678-3. 手入れされていない砂利道。

手入れ(ていれ) されて いない 砂利道(じゃりみち)。

Unimproved dirt roads. (101)

678-4. 車は砂で動きが取れなくなった。

車(くるま) は 砂(すな) で 動き(うごき) が 取れ(とれ)なく なった。

The car bogged down in the sand. (101)

678-5. ゴーグルは砂ぼこりから目を守ってくれる。

ゴーグル は 砂ぼこり(すなぼこり) から 目(め) を 守っ(まもっ)て くれる。

The goggles protect your eyes from dust. (87)

678-6. 砂場で仲間と遊んでいた間、目に砂が入った。

砂場(すなば) で 仲間(なかま) と 遊ん(あそん)で いた 間(あいだ)、 目(め) に 砂(すな) が 入っ(はいっ)た。

I got some sand in my eye while playing with my pals in the sandbox. (87)

678-7. 番犬は砂利道でザクザク音を立てる足音を聞いた。

番犬(ばんけん) は 砂利道(じゃりみち) で ザクザク 音(おと) を 立てる(たてる) 足音(あしおと) を 聞い(きい)た。

The watchdog heard the crunch of footsteps on the gravel path. (101)

678-8. 彼を起こすのは簡単じゃないと見こんでいたから、あなたの話に出た小石の山から砂利を集め、窓に向かって投げつけた。

彼(かれ) を 起こす(おこす) の は 簡単(かんたん) じゃ ない と 見(み)こんで いた から、あなた の 話(はなし) に 出(で)た 小石(こいし) の 山(やま) から 砂利(じゃり) を 集め(あつめ)、窓(まど) に 向かっ(むかっ)て 投げつけ(なげつけ)た。

I foresaw the difficulty of arousing him, so I gathered some gravel from the pile which you have mentioned, and I used it to throw up to his window. (2)

679: 歩

679-1. 進歩的な学校。

進歩的(しんぽてき) な 学校(がっこう)。

Progressive schools. (101)

679-2. 自由に歩き回る。

自由(じゆう) に 歩き回る(あるきまわる)。

Wander freely. (100)

679-3. 彼らは一様に歩く。

彼ら(かれら) は 一様(いちよう) に 歩く(あるく)。

They walk alike. (101)

679-4. 重い足取りで歩く。

重い(おもい) 足取り(あしどり) で 歩く(あるく)。

Walk heavily. (100)

679-5. 天皇の不安定な歩き方。

天皇(てんのう) の 不安定(ふあんてい) な 歩き方(あるきかた)。

The Emperor's unsteady gait.

679-6. 当ても無く歩き回る。

当て(あて) も 無く(なく) 歩き回る(あるきまわる)。

Wander aimlessly. (100)

679-7. 彼は2時間歩き続けた。

彼(かれ) は 2時間(じかん) 歩き続け(あるきつづけ)た。

He went on walking for two hours. (87)

679-8. 彼は歩合で働いている。

彼(かれ) は 歩合(ぶあい) で 働い(はたらい)て いる。

He works on commission. (101)

679-9. 彼女は新宿まで歩いた。

彼女(かのじょ) は 新宿(しんじゅく) まで 歩い(あるい)た。

She walked as far as Shinjuku. (87)

679-10. 彼女と人生を共に歩む。

彼女(かのじょ)　と　人生(じんせい)　を　共に(ともに)　歩む(あゆむ)。

I'll spend my life with her.

679-11.　歩くことはよい運動です。

歩く(あるく)　こと　は　よい　運動(うんどう)　です。

Walking is a good exercise. (87)

679-12.　運動のための長時間の歩行。

運動(うんどう)　の　ため　の　長時間(ちょうじかん)　の　歩行(ほこう)。

A long walk for the sake of exercise. (100)

679-13.　この近所を夜歩くのは不安だ。

この　近所(きんじょ)　を　夜(よる)　歩(ある)く　の　は　不安(ふあん)　だ。

I don't feel safe walking in this neighborhood at night. (87)

679-14.　家から駅まで歩いて行きます。

家(いえ)　から　駅(えき)　まで　歩い(あるい)て　行き(いき)ます。

I'll go from home to the station on foot.

679-15.　彼女は歩くべきほど歩かない。

彼女(かのじょ)　は　歩く(あるく)　べき　ほど　歩か(あるか)ない。

She walks less than she should. (101)

679-16.　彼女は少し足を引きずって歩く。

彼女(かのじょ)　は　少し(すこし)　足(あし)　を　引きずっ(ひきずっ)て　歩く(あるく)。

She walks with a slight limp. (101)

679-17.　歩道をこする鉄の門がきしる音。

歩道(ほどう)　を　こする　鉄(てつ)　の　門(もん)　が　きしる　音(おと)。

The jarring noise of the iron gate scraping on the sidewalk. (101)

679-18.　すす黒いネコが屋根を歩いていた。

すす黒い(くろい)　ネコ　が　屋根(やね)　を　歩い(あるい)て　いた。

A soot-black cat walked along the roof. (46)

　　「〜を」　[indicates space of motion]: DJG v1 p349.

679-19.　長女の進歩ぶりに満足している。

長女(ちょうじょ)　の　進歩(しんぽ)ぶり　に　満足(まんぞく)　して　いる。

I'm satisfied with our elder girl's progress. (87)

679-20.　竹村夫人は助け無しでは歩けない。

竹村(たけむら)　夫人(ふじん)　は　助け(たすけ)　無し(なし)　で　は　歩け(あるけ)ない。

Mrs. Takemura cannot walk without assistance. (101)

679-21.　私たちは小川を歩く必要があった。

私(わたし)たち　は　小川(おがわ)　を　歩く(あるく)　必要(ひつよう)　が　あった。

We had to tramp the creeks. (101)

679-22. 預かった子供を連れて歩き回る子守女。

預かっ(あずかっ)た 子供(こども) を 連れ(つれ)て 歩き回る(あるきまわ
る) 子守(こもり) 女(おんな)。

Perambulating nursemaids with their charges. (101)

679-23. 近年における医学の進歩は目覚ましい。

近年(きんねん) に おける 医学(いがく) の 進歩(しんぽ) は 目覚まし
い(めざましい)。

Recent advances in medicine are eye-opening. (87)

679-24. 歩行者が歩けるように作った公共の場所。

歩行者(ほこうしゃ) が 歩ける(あるける) よう に 作っ(つくっ)た 公共
(こうきょう) の 場所(ばしょ)。

A public area set aside as a pedestrian walk. (100)

「～ように」 ["so that __"]: DJG v1 p553; Marx v2 day71; Tobira Ch2 #6.

679-25. 彼女は、冷たい空気の中元気良く歩いた。

彼女(かのじょ) は、 冷(つめ)たい 空気(くうき) の 中(なか) 元気(げん
き) 良く(よく) 歩い(あるい)た。

She walked briskly in the cold air. (101)

679-26. 彼は彼女から数歩のところで立ち止まった。

彼(かれ) は 彼女(かのじょ) から 数歩(すうほ) の ところ で 立ち止
まっ(たちどまっ)た。

He halted a few paces from her. (25)

679-27. 彼女が道全体を調べられる場所まで歩いた。

彼女(かのじょ) が 道(みち) 全体(ぜんたい) を 調べ(しらべ)られる 場
所(ばしょ) まで 歩い(あるい)た。

She walked to a point where she could survey the whole street. (101)

679-28. 彼女は、この見知らぬ男友だちと歩き回る。

彼女(かのじょ) は、 この 見知らぬ(みしらぬ) 男(おとこ) 友だち(ともだ
ち) と 歩き回る(あるきまわる)。

She walks around with this strange boyfriend. (101)

679-29. 向かい側の家の犬は近所を自由自在に歩き回る。

向かい側(むかいがわ) の 家(いえ) の 犬(いぬ) は 近所(きんじょ) を
自由自在(じゆうじざい) に 歩き回る(あるきまわる)。

The dog in the house across the street just roams the neighborhood at will. (101)

679-30. 二人の子供にいっぴきの犬が川上の方へ歩いて行く。

二人(ふたり) の 子供(こども) に いっぴき の 犬(いぬ) が 川上(かわ
かみ) の 方(ほう) へ 歩い(あるい)て 行く(いく)。

Two children and a dog walk upriver. (46)

679-31. 下村夫人はこの件に関して進歩的な見解を持っている。

下村(しもむら) 夫人(ふじん) は この 件(けん) に関して(にかんして) 進歩的(しんぽてき) な 見解(けんかい) を 持っ(もっ)て いる。

Mrs. Shimomura has advanced views on this subject. (101)

679-32. 足は、まるでよぼよぼで、一間とも歩けません。

足(あし) は、 まるで よぼよぼ で、 一間(いっけん) と も 歩け(あるけ)ません。

His legs are so frail that he can not walk at all. (60)

679-33. そこで、彼女は身につけて持ち歩かないと考えてよかろう。

そこで、 彼女(かのじょ) は 身(み) に つけて 持ち歩か(もちあるか)ない と 考え(かんがえ)て よかろう。

We may take it, then, that she does not carry it about with her. (4)

「そこで〜」 {其処で〜** 1757; 553} ["**(and) so __**"]: DJG v2 p401 & 405; Tobira ch9 #8. 「-かろう」 ["probably __"]: DJG v2 p106.

679-34. 波止場を少し歩くには、シルバーは本当に楽しい道連れだった。

波止場(はとば) を 少し(すこし) 歩く(あるく) に は、 シルバー は 本当に(ほんとうに) 楽しい(たのしい) 道連れ(みちづれ) だった。

On our little walk along the quays, Silver made himself the most interesting companion. (90)

679-35. 少年は心に激しい痛みを感じながら、立ち止まらずに歩き続けた。

少年(しょうねん) は 心(こころ) に 激(はげ)しい 痛み(いたみ) を 感じ(かんじ)ながら、 立ち止まら(たちどまら)ず に 歩き続け(あるきつづけ)た。

The boy, with a pang at his heart, went on without pausing. (29)

679-36. 歩いて回ってあらゆる視点から詳しく調べたが、他に重要なことには気づかなかった。

歩い(あるい)て 回っ(まわっ)て あらゆる 視点(してん) から 詳しく(くわしく) 調べ(しらべ)た が、 他(ほか) に 重要(じゅうよう) な こと に は 気づか(きづか)なかった。

I walked round it and examined it closely from every point of view, but without noting anything else of interest. (4)

680 ： 渉

680-1. 組合交渉。

組合(くみあい) 交渉(こうしょう)。

Union negotiations. (101)

680-2. 干渉好きな人。

干渉好き(かんしょうずき) な 人(ひと)。

A meddler who likes to butt in. (100)

680-3. 器用な交渉者。

器用(きよう) な 交渉者(こうしょうしゃ)。

An adroit negotiator. (101)

680-4. 国家間の交渉。

  国家間(こっかかん) の 交渉(こうしょう)。

  Negotiation between nations. (100)

680-5. 交渉を中止する。

  交渉(こうしょう) を 中止(ちゅうし) する。

  Break off the negotiations. (101)

680-6. 交渉は行き詰った。

  交渉(こうしょう) は 行き詰っ(いきづまっ)た。

  Negotiations ran into a brick wall. (101)

680-7. 私の事に干渉するな。

  私(わたし) の 事(こと) に 干渉(かんしょう) する な。

  Don't meddle in my affairs! (101)

680-8. 不器用な政府の干渉。

  不器用(ぶきよう) な 政府(せいふ) の 干渉(かんしょう)。

  Ham-handed governmental interference. (101)

680-9. 丹羽夫人は家を売る交渉をした。

  丹羽(たんば) 夫人(ふじん) は 家(いえ) を 売る(うる) 交渉(こうしょう) を した。

  Mrs. Tanba negotiated the sale of the house. (101)

680-10. 一部のタイトルはすでに交渉が進んでいたが、他の作品については業界のだれもまったく関心がなく、あとからライセンス話が持ち上がったのだった。

  一部(いちぶ) の タイトル は すでに 交渉(こうしょう) が 進ん(すすん)で いた が、 他(ほか) の 作品(さくひん) について は 業界(ぎょうかい) の だれ も まったく 関心(かんしん) が なく、あと から ライセンス 話(ばなし) が 持ち上がっ(もちあがっ)た の だった。

  Some of these titles were already in discussion, but there were other shows that no one in the industry had any interest in whatsoever that got picked up later. (69)

681： 省

681-1. 厚生労働省の省令。

  厚生労働省(こうせいろうどうしょう) の 省令(しょうれい)。

  Decree of the Ministry of Health, Labor, and Welfare.

681-2. 湖北省は中国中部にある。

  湖北省(こほくしょう) は 中国(ちゅうごく) 中部(ちゅうぶ) に ある。

  Hubei Province is in Central China.

681-3. よけいな詳細を省く。

  よけい な 詳細(しょうさい) を 省く(はぶく)。

  Eliminate superfluous details. (100)

681-4. 省エネルギーの食器洗い機。

省(しょう) エネルギー の 食器洗い機(しょっきあらいき)。

Energy-saving dishwasher.

681-5. 私は、あなたの手間を省く。

私(わたし) は、 あなた の 手間(てま) を 省く(はぶく)。

I'll save you the trouble. (101)

681-6. 里奈さんが自らの行いを反省しました。

里奈(りな)さん が 自ら(みずから) の 行い(おこない) を 反省(はんせい) しました。

Rina reflected on her actions. (10)

681-7. 私たちは形式的な手続きを省いている。

私(わたし)たち は 形式的(けいしきてき) な 手続き(てつづき) を 省い(はぶい)て いる。

We are dispensing with formalities. (101)

681-8. このプログラムはかなり入力の手間が省けます。

この プログラム は かなり 入力(にゅうりょく) の 手間(てま) が 省け(はぶけ)ます。

This program significantly streamlines input. (10)

681-9. 私が送った人生を省みると、色んな過ちが頭に浮かぶ。

私(わたし) が 送っ(おくっ)た 人生(じんせい) を 省みる(かえりみる) と、 色んな(いろんな) 過ち(あやまち) が 頭(あたま) に 浮かぶ(うかぶ)。

When I look back on the life I've lived, many different mistakes come to mind. (100)

682： 相

682-1. 首相代理。

首相(しゅしょう) 代理(だいり)。

Acting Prime Minister.

682-2. 首相官邸。

首相(しゅしょう) 官邸(かんてい)。

The prime minister's official residence.

682-3. 相当な数量。

相当(そうとう) な 数量(すうりょう)。

A considerable quantity. (101)

682-4. 手強い相手。

手強い(てづよい) 相手(あいて)。

A formidable opponent. (101)

682-5. 相対的な量。

相対的(そうたいてき) な 量(りょう)。
A relative amount. (100)

682-6. 相反する目的。
相反(そうはん) する 目的(もくてき)。
A contrary aim. (100)

682-7. 合法的な相続。
合法的(ごうほうてき) な 相続(そうぞく)。
A rightful inheritance. (101)

682-8. 相対的重要度。
相対的(そうたいてき) 重要度(じゅうようど)。
Relative importance. (100)

682-9. 相対的な地位。
相対的(そうたいてき) な 地位(ちい)。
Relative status. (100)

682-10. 合法的な相続人。
合法的(ごうほうてき) な 相続人(そうぞくにん)。
The legitimate heir. (101)

682-11. 相違は多少大きい。
相違(そうい) は 多少(たしょう) 大(おお)きい。
The difference is rather large. (101)

682-12. 預金と引き出しの相殺。
預金(よきん) と 引き出し(ひきだし) の 相殺(そうさい)。
The offsetting of deposits and withdrawals. (101)

682-13. 前夫は銀行預金が相当ある。
前夫(ぜんぷ) は 銀行(ぎんこう) 預金(よきん) が 相当(そうとう) ある。
My ex-husband has plenty of money in the bank. (87)

682-14. 老人には話し相手が必要だ。
老人(ろうじん) に は 話し相手(はなしあいて) が 必要(ひつよう) だ。
Old people need someone to talk to. (87)

682-15. 対戦相手より多く得点する。
対戦(たいせん) 相手(あいて) より 多く(おおく) 得点(とくてん) する。
Score more points than one's opponents. (100)

682-16. 相手にお気持ちが必ず伝わる。
相手(あいて) に お気持ち(きもち) が 必ず(かならず) 伝わる(つたわる)。
Your feelings will certainly be conveyed to the other side. (10)

682-17. 彼が全く相手にされなかった。

彼(かれ) が 全く(まったく) 相手(あいて) に されなかった。

He got the cold shoulder. (10)

682-18. 相手の電話番号が分からない。

相手(あいて) の 電話(でんわ) 番号(ばんごう) が 分から(わから)ない。

I don't know the telephone number of the other party. (10)

682-19. 奨さんは父親の全財産を相続した。

奨(しょう)さん は 父親(ちちおや) の 全財産(ぜんざいさん) を 相続(そうぞく) した。

Sho inherited all of his father's property. (87)

682-20. 意見の相違を解決する必要がある。

意見(いけん) の 相違(そうい) を 解決(かいけつ) する 必要(ひつよう) が ある。

The disagreements need to be ironed out. (101)

682-21. 進歩党は内部の意見の相違に気づいた。

進歩党(しんぽとう) は 内部(ないぶ) の 意見(いけん) の 相違(そうい) に 気づい(きづい)た。

The Progressive Party found dissension in their own ranks. (101)

682-22. 相手チームをやっつけるのは朝飯前だ。

相手(あいて) チーム を やっつける の は 朝飯前(あさめしまえ) だ。

Beating the other team is no sweat at all. (87)

682-23. 首相は明日、首相官邸で記者会見を開きます。

首相(しゅしょう) は 明日(あした)、 首相(しゅしょう) 官邸(かんてい) で 記者(きしゃ) 会見(かいけん) を 開き(ひらき)ます。

The Prime Minister will hold a press conference tomorrow at the Prime Minister's official residence. (87)

682-24. そんなことを言うとは、きみも相当図々しいね。

そんな こと を 言う(いう) と は、 きみ も 相当(そうとう) 図々しい (ずうずうしい) ね。

You've got a nerve to say such a thing! (87)

682-25. 「A」を取ることであなたが取った「C」は相殺されるだろう。

「A」 を 取る(とる) こと で あなた が 取っ(とっ)た 「C」 は 相殺(そうさい) される だろう。

The 'A' will cancel out the 'C' on your record. (101)

「〜ことで」 {〜事で* 80} ["by virtue of __"]: DJG v2 p137.

682-26. 安倍首相は会見で「アベノミクス」方針について詰問された。

安倍(あべ) 首相(しゅしょう) は 会見(かいけん) で 「アベノミクス」 方針(ほうしん) について 詰問(きつもん) された。

At an interview, Prime Minister Abe was grilled on the "Abenomics" policy.

682-27. 多くのお金を相続したので、彼女はどんな仕事も決してしなかった。

多く(おおく) の お金(おかね) を 相続(そうぞく) した ので、 彼女(かのじょ) は どんな 仕事(しごと) も 決して(けっして) しなかった。

She never did any work because she inherited a lot of money. (101)

683 ： 想

683-1. 高尚な理想。

高尚(こうしょう) な 理想(りそう)。

An exalted ideal.

683-2. 理想化する。

理想化(りそうか) する。

Idealize.

683-3. 予想外の利点。

予想外(よそうがい) の 利点(りてん)。

An unanticipated advantage. (101)

683-4. 予想外の勝者。

予想外(よそうがい) の 勝者(しょうしゃ)。

An unexpected winner. (100)

683-5. 予想に反して。

予想(よそう) に 反し(はんし)て。

Contrary to expectations. (100)

683-6. 予想外に悪い。

予想外(よそうがい) に 悪い(わるい)。

Unexpectedly bad. (100)

683-7. 19世紀の思想。

19世紀(せいき) の 思想(しそう)。

19th century thought. (101)

683-8. 実体のない空想。

実体(じったい) の ない 空想(くうそう)。

Aerial fancies. (101)

683-9. まずい発想の計画。

まずい 発想(はっそう) の 計画(けいかく)。

An ill-conceived plan. (101)

683-10. 道の予想外の曲り角。

道(みち) の 予想外(よそうがい) の 曲り角(まがりかど)。

Unsuspected turnings in the road. (101)

683-11. 良い結果が予想される。

良い(よい) 結果(けっか) が 予想(よそう) される。

Good results are expected. (87)

683-12. その想いが今の支える。

その　想い(おもい)　が　今(いま)　の　支える(ささえる)。

He sustains himself with that thought. (10)

683-13. 竜は空想上の生き物だ。

竜(りゅう)　は　空想上(くうそうじょう)　の　生き物(いきもの)　だ。

The dragon is an imaginary creature. (87)

683-14. 彼が笑顔で感想を話した。

彼(かれ)　が　笑顔(えがお)　で　感想(かんそう)　を　話し(はなし)た。

He said his thoughts on it with a smile. (10)

683-15. 私が予想したより早く来た。

私(わたし)　が　予想(よそう)　した　より　早く(はやく)　来(き)た。

It came earlier than I expected. (101)

683-16. 彼は私にとって理想の夫です。

彼(かれ)　は　私(わたし)　に　とって　理想(りそう)　の　夫(おっと)　です。

He is an ideal husband for me. (87)

683-17. 最悪の場合を想定してみようか。

最悪(さいあく)　の　場合(ばあい)　を　想定(そうてい)　して　みよう　か。

Let us suppose the worst. (89)

683-18. 句の本当の想起性の作家だ。

句(く)　の　本当(ほんとう)　の　想起性(そうきせい)　の　作家(さっか)
だ。

She is a writer of true memorability of phrase. (101)

683-19. 私がそういった感想を持ちました。

私(わたし)　が　そういった　感想(かんそう)　を　持ち(もち)ました。

I had that kind of impression. (10)

「そういう〜/そういった〜」{そう言う〜/そう言った〜 51}["such __"]: DJG v2
p131; Tobira Ch2 #10.

683-20. 彼女は空想しながら窓の外を見た。

彼女(かのじょ)　は　空想(くうそう)　しながら　窓(まど)　の　外(そと)　を
見(み)た。

She looked out the window, daydreaming. (101)

683-21. 憲法が皇室の存続を想定している。

憲法(けんぽう)　が　皇室(こうしつ)　の　存続(そんぞく)　を　想定(そうて
い)　して　いる。

The constitution assumes the continued existence of the Imperial Household. (10)

683-22. 学生たちは校長先生を理想化した。

学生(がくせい)たち は 校長(こうちょう) 先生(せんせい) を 理想化(りそうか) した。

The students put the headmaster on a pedestal. (101)

683-23. 彼自身の重要性に関する空想的な考え。

彼(かれ) 自身(じしん) の 重要性(じゅうようせい) に関する(にかんする) 空想的(くうそうてき) な 考え(かんがえ)。

A fantastic idea of his own importance. (101)

683-24. 想い沈むような、測りがたい目色だった。

想い沈む(おもいしずむ) よう な、 測り(はかり)がたい 目色(めいろ) だった。

Her eyes were wistful and unfathomable. (42)

「-がたい」 {-難い* 712} ["un__able"]: DJG v2 p50.

683-25. 課長は、予想以上に不完全な仕事をした。

課長(かちょう) は、 予想(よそう) 以上(いじょう) に 不完全(ふかんぜん) な 仕事(しごと) を した。

The Section Chief's work was even more faulty than expected. (101)

683-26. その映画は、夏の予想外のヒット作だった。

その 映画(えいが) は、 夏(なつ) の 予想外(よそうがい) の ヒット作(さく) だった。

That movie was the sleeper of the summer. (101)

683-27. 海辺は子供たちが遊ぶのに理想的な場所だ。

海辺(うみべ) は 子供(こども)たち が 遊ぶ(あそぶ) の に 理想的(りそうてき) な 場所(ばしょ) だ。

The beach is an ideal place for children to play. (87)

683-28. ソフトウェアの市場が広がると予想される。

ソフトウェア の 市場(しじょう) が 広がる(ひろがる) と 予想(よそう) される。

The market for software is expected to expand. (101)

683-29. 仲人は正にその正反対を予想していました。

仲人(なこうど) は 正に(まさに) その 正反対(せいはんたい) を 予想(よそう) して いました。

The go-between had expected the very opposite. (101)

683-30. 宿屋の主人が彼女に京都の夜の感想を聞いた。

宿屋(やどや) の 主人(しゅじん) が 彼女(かのじょ) に 京都(きょうと) の 夜(よる) の 感想(かんそう) を 聞い(きい)た。

The innkeeper asked what impression she had of Kyoto at night. (10)

683-31. 思想の自由が必要なのは、偉大な思想家をつくるためだけというわけではありません。

思想(しそう) の 自由(じゆう) が 必要(ひつよう) な の は、 偉大(いだい) な 思想家(しそうか) を つくる ため だけ という わけ で は あ りません。

It is not merely to form great thinkers that freedom of thinking is required. (62)

「〜わけではない」 {〜訳ではない* 1505} ["it is/was not the case that __"]: DJG v2 p574; Tobira ch7 #15.

683-32. 生後５ヶ月の時に、なんの命令を受けずに想念が彼の心の中で起こるようになりました。

生後(せいご) ５ヶ月(かげつ) の 時(とき) に、 なん の 命令(めいれい) を 受(う)けず に 想念(そうねん) が 彼(かれ) の 心(こころ) の 中(なか) で 起こる(おこる) よう に なりました。

When he was five months old, thoughts came to arise in his mind independently of any instruction. (12)

「〜ようになる」 ["reach the point where __"]: DJG v1 p559; Tobira Ch2 #11.

684： 称

684-1. 通称。

通称(つうしょう)。

A vernacular term. (101)

684-2. 三人称。

三人称(さんにんしょう)。

[Grammar] Third person.

684-3. 対称にする。

対称(たいしょう) に する。

Make symmetric. (100)

684-4. 自称専門家。

自称(じしょう) 専門家(せんもんか)。

Self-proclaimed experts. (101)

684-5. 対称的な波。

対称的(たいしょうてき) な 波(なみ)。

Symmetrized waves. (101)

684-6. 公称 GDP。

公称(こうしょう) GDP。

The nominal GDP. (101)

684-7. 分類学上の名称。

分類学上(ぶんるいがくじょう) の 名称(めいしょう)。

A taxonomic designation. (101)

684-8. 強い気持ちの総称。

強い(つよい) 気持ち(きもち) の 総称(そうしょう)。

General term for any strong feeling. (100)

684-9. 重要な規則の総称。

重要(じゅうよう) な 規則(きそく) の 総称(そうしょう)。

The general term for any important rule. (100)

684-10. 左右対称のないチェス盤。

左右(さゆう) 対称(たいしょう) の ない チェス 盤(ばん)。

An asymmetrical chessboard. (100)

684-11. 対称的に整えられたティーセット。

対称的(たいしょうてき) に 整え(ととのえ)られた ティーセット。

A symmetrically arranged tea service. (100)

684-12. 「パロ」は古代エジプト王の称号であった。

「パロ」 は 古代(こだい) エジプト 王(おう) の 称号(しょうごう) で
あった。

"Pharaoh" was the title of the ancient Egyptian kings. (100)

684-13. アルハンブラは通称を「神の都」といった。

アルハンブラ は 通称(つうしょう) を 「神(かみ) の 都(みやこ)」 と
いった。

Alhambra was commonly called the "City of God". (7)

684-14. 自称「医者」は、いかなる種類の学位も持たない。

自称(じしょう) 「医者(いしゃ)」 は、 いかなる 種類(しゅるい) の 学
位(がくい) も 持た(もた)ない。

The self-styled 'doctor' has no degree of any kind. (101)

「いかなる〜」 {如何なる〜** 2197; 815} ["any __"]: DJG v3 p132.

684-15. カソリック教の信者はイエスの母を聖母マリアと称する。

カソリック教(きょう) の 信者(しんじゃ) は イエス の 母(はは) を
聖母(せいぼ) マリア と 称する(しょうする)。

Catholic believers refer to the mother of Jesus as the Virgin Mary. (101)

684-16. アポロを称えるため、古代ギリシャ人は4年ごとのオリュンピア紀の3年目にデルフィで集った。

アポロ を 称え(たたえ)る ため、 古代(こだい) ギリシャ人(じん) は 4
年(ねん) ごと の オリュンピア 紀(き) の 3年(ねん) 目(め) に デルフィ
で 集っ(つどっ)た。

In honor of Apollo, the ancient Greeks gathered at Delphi every four years in the third year of the Olympiad. (100)

685： 弥

685-1. 弥生式土器の地味な色調。

弥生式(やよいしき) 土器(どき) の 地味(じみ) な 色調(しきちょう)。

The subdued shades of Yayoi-style earthenware.

685-2. もう弥次馬が集まり出した。

もう　弥次馬(やじうま)　が　集まり出し(あつまりだし)た。

Already a few idle onlookers had gathered. (3)

685-3. 弥次馬が歩道の上から一つの窓を見つめていた。

弥次馬(やじうま)　が　歩道(ほどう)　の　上(うえ)　から　一つ(ひとつ)　の　窓(まど)　を　見つめ(みつめ)て　いた。

The idle onlookers seated on the sidewalk all stared up at a particular window. (3)

686： 互

686-1. 相互作用。

相互(そうご)　作用(さよう)。

Mutual interaction. (100)

686-2. 互恵条約。

互恵(ごけい)　条約(じょうやく)。

Treaty of reciprocity.

686-3. 互角の対戦。

互角(ごかく)　の　対戦(たいせん)。

An even contest.

686-4. 互恵通商協定。

互恵(ごけい)　通商(つうしょう)　協定(きょうてい)。

Reciprocal trading arrangement.

686-5. お互いさまだろ。

お互い(おたがい)さま　だろ。

It seems we are in the same boat. (87)

686-6. 部族はお互いに戦った。

部族(ぶぞく)　は　お互い(おたがい)　に　戦っ(たたかっ)た。

The tribesmen fought each other. (101)

686-7. 私たちはお互い仲が悪い。

私(わたし)たち　は　お互い(おたがい)　仲(なか)　が　悪い(わるい)。

We don't get along with each other. (87)

686-8. 少年と少女が交互に並ぶ。

少年(しょうねん)　と　少女(しょうじょ)　が　交互(こうご)　に　並(なら)ぶ。

Line up boy-girl boy-girl.

686-9. 相互にかみ合ったローター。

相互(そうご)　に　かみ合っ(かみあっ)た　ローター。

Intermeshed twin rotors. (101)

686-10. 五人は互いに顔を見合わせた。

五人(ごにん) は 互いに(たがいに) 顔(かお) を 見合わせ(みあわせ)た。
The five gentlemen looked at each other. (7)

686-11. 二人は互いに抱きしめ合いました。

二人(ふたり) は 互いに(たがいに) 抱きしめ合い(だきしめあい)ました。
The two embraced each other. (87)

686-12. 彼らは互いに楽しい時を過ごした。

彼ら(かれら) は 互いに(たがいに) 楽しい(たのしい) 時(とき) を 過ごし(すごし)た。
They had a good time together. (101)

686-13. 両人は、時々互いに電話をかける。

両人(りょうにん) は、 時々(ときどき) 互(たが)いに 電話(でんわ) を かける。
The two phone each other off and on. (101)

686-14. 我々はお互いに長年の知り合いだ。

我々(われわれ) は お互い(おたがい) に 長年(ながねん) の 知り合い(しりあい) だ。
We've known each other for ages. (101)

686-15. 彼らはお互いに様々なあだ名をつけた。

彼ら(かれら) は お互い(おたがい) に 様々(さまざま) な あだ名(あだな) を つけた。
They fastened various nicknames to each other. (101)

686-16. 2つのソファーは互いに向き合っている。

2つ の ソファー は 互いに(たがいに) 向き合っ(むきあっ)て いる。
The two sofas face each other. (101)

686-17. ホームズと私とはお互いに顔を見合った。

ホームズ と 私(わたし) と は お互い(おたがい) に 顔(かお) を 見合っ(みあっ)た。
Holmes and I glanced at each other. (88)

686-18. その二つの国は、お互いに対立し合っている。

その 二つ(ふたつ) の 国(くに) は、 お互い(おたがい) に 対立(たいりつ) し合っ(あっ)て いる。
The two countries are antagonistic to each other. (87)

686-19. しばらく対戦相手は互いに見詰め合っていました。

しばらく 対戦(たいせん) 相手(あいて) は 互いに(たがいに) 見詰め合っ(みつめあっ)て いました。
For long the opponents looked at one another. (64)

686-20. 両親は子供の育て方でお互いの意見が合わなかった。

両親(りょうしん) は 子供(こども) の 育て方(そだてかた) で お互い(おたがい) の 意見(いけん) が 合わ(あわ)なかった。

The parents differed with each other on the upbringing of their children. (87)

686-21. 両者は互いのビジネスに干渉しないという協定をした。

両者(りょうしゃ) は 互い(たがい) の ビジネス に 干渉(かんしょう) しない という 協定(きょうてい) を した。

The two parties agreed not to interfere in each other's business. (101)

686-22. 私たち、まるで未知の島に取りのこされたみたいな感覚があって、それ故に互いに親しくならなければいけないように感じたんだ。

私(わたし)たち、 まるで 未知(みち) の 島(しま) に 取り(とり)のこされた みたい な 感覚(かんかく) が あって、 それ 故に(ゆえに) 互(たが)いに 親しく(したしく) ならなければ いけない よう に 感じ(かんじ)た ん だ。

We were reduced to our own devices, as though upon an unknown island, and obliged, therefore, to make friends with one another. (8)

「～ゆえに」 {～故に* 257} ["therefore", "because of __"]: DJG v3 p745.

687： 務

687-1. 農務省。
農務省(のうむしょう)。
The Ministry of Agriculture. (100)

687-2. 商務省。
商務省(しょうむしょう)。
The Ministry of Commerce. (100)

687-3. 内務省。
内務省(ないむしょう)。
The Ministry of the Interior. (100)

687-4. 国務省。
国務省(こくむしょう)。
The State Department (USA). (100)

687-5. 財務省。
財務省(ざいむしょう)。
The Finance Ministry. (100)

687-6. 事務作業。
事務(じむ) 作業(さぎょう)。
Clerical work. (101)

687-7. 質素な事務所。
質素(しっそ) な 事務所(じむしょ)。
An unostentatious office. (101)

687-8. 不正銀行業務。

不正(ふせい) 銀行(ぎんこう) 業務(ぎょうむ)。

Improper banking practices. (101)

687-9. 不動産を売る業務。

不動産(ふどうさん) を 売る(うる) 業務(ぎょうむ)。

The business of selling real estate. (100)

687-10. 割り当てられた任務。

割り当て(わりあて)られた 任務(にんむ)。

Assigned duties. (101)

687-11. 侍祭の役を務める少年。

侍祭(じさい) の 役(やく) を 務める(つとめる) 少年(しょうねん)。

A boy serving as an acolyte. (100)

687-12. いらだたしい文書業務。

いらだたしい 文書(ぶんしょ) 業務(ぎょうむ)。

Nettlesome paperwork. (101)

687-13. 業務取引を記録する人。

業務(ぎょうむ) 取引(とりひき) を 記録(きろく) する 人(ひと)。

Someone who records the transactions of a business. (100)

687-14. 軍隊で任務を果たす人。

軍隊(ぐんたい) で 任務(にんむ) を 果たす(はたす) 人(ひと)。

Someone who serves in the armed forces. (100)

687-15. 木村さんは地方公務員だ。

木村(きむら)さん は 地方(ちほう) 公務員(こうむいん) だ。

Kimura-san is a local government officer. (87)

687-16. 電話業務を行う公益事業体。

電話(でんわ) 業務(ぎょうむ) を 行う(おこなう) 公益(こうえき) 事業体(じぎょうたい)。

A public utility that provides telephone service. (100)

687-17. 彼らの任務は重要でなかった。

彼ら(かれら) の 任務(にんむ) は 重要(じゅうよう) で なかった。

Their duties were inconsiderable. (101)

687-18. 主将の入院中は私が代理を務めた。

主将(しゅしょう) の 入院中(にゅういんちゅう) は 私(わたし) が 代理(だいり) を 務め(つとめ)た。

I acted for our captain while he was in the hospital. (87)

687-19. 私があなたの案内役を務めましょう。

私(わたし) が あなた の 案内役(あんないやく) を 務(つと)めましょう。

I'll act as a guide for you. (87)

687-20. 総理大臣は矢野氏を内務大臣に任命した。

総理(そうり) 大臣(だいじん) は 矢野(やの) 氏(し) を 内務(ないむ) 大臣(だいじん) に 任命(にんめい) した。

The Prime Minister named Mr. Yano Minister of the Interior. (101)

687-21. 彼は有名人の大きな集まりで主人を務めた。

彼(かれ) は 有名人(ゆうめいじん) の 大(おお)きな 集まり(あつまり) で 主人(しゅじん) を 務め(つとめ)た。

He was host to a large gathering of luminaries. (101)

687-22. 彼女は事務用品のいくつかを自由に取った。

彼女(かのじょ) は 事務(じむ) 用品(ようひん) の いくつ か を 自由(じゆう) に 取っ(とっ)た。

She helped herself to some of the office supplies. (101)

687-23. 外務大臣の地位は財務大臣の地位と互角だ。

外務(がいむ) 大臣(だいじん) の 地位(ちい) は 財務(ざいむ) 大臣(だいじん) の 地位(ちい) と 互角(ごかく) だ。

The status of the Foreign Minister is on par with that of the Finance Minister.

687-24. 上院で4期目を務める人はそう多くはいない。

上院(じょういん) で 4期目(きめ) を 務める(つとめる) 人(ひと) は そう 多く(おおく) は いない。

There are not many fourth termers in the Senate. (101)

687-25. 彼の激務は、すぐに先生の注意を引きつけた。

彼(かれ) の 激務(げきむ) は、 すぐ に 先生(せんせい) の 注意(ちゅうい) を 引き(ひき)つけた。

His hard work immediately attracted the teacher's notice. (101)

687-26. 丹羽課長は事務所の方へ長く偉そうな歩を進めた。

丹羽(たんば) 課長(かちょう) は 事務所(じむしょ) の 方(ほう) へ 長く(ながく) 偉(えら)そう な 歩(ほ) を 進め(すすめ)た。

Section Chief Tanba took long, important-looking strides toward his office. (101)

687-27. 彼の事務所は左側の廊下を行って3番目のドアである。

彼(かれ) の 事務所(じむしょ) は 左側(ひだりがわ) の 廊下(ろうか) を 行っ(いっ)て 3番目(ばんめ) の ドア で ある。

His office is the third door down the hall on the left. (101)

687-28. 「教父」とは、洗礼で子供の保証人を務める男性のことを言う。

「教父(きょうふ)」 と は、 洗礼(せんれい) で 子供(こども) の 保証人(ほしょうにん) を 務(つと)める 男性(だんせい) の こと を 言う(いう)。

"Godfather" refers to a man who serves as a sponsor for a child at baptism. (100)

687-29. 彼の新しい事務所は今までなれ親しんだ広さに欠けていた。

彼(かれ) の 新(あたら)しい 事務所(じむしょ) は 今(いま) まで なれ 親しん(したしん)だ 広(ひろ)さ に 欠け(かけ)て いた。

His new office lacked the spaciousness that he had become accustomed to. (101)

687-30. 二人は船会社の事務所へ行って、四人分の船室を予約した。

二人(ふたり) は 船会社(ふねがいしゃ) の 事務所(じむしょ) へ 行っ(いっ)て、 四人分(よにんぶん) の 船室(せんしつ) を 予約(よやく) した。

They entered the steamer office and secured cabins for four persons. (7)

687-31. 祖父はもう高齢ですから、世話をするのは私の務めなのです。

祖父(そふ) は もう 高齢(こうれい) です から、 世話(せわ) を する の は 私(わたし) の 務め(つとめ) な の です。

Now that my grandfather is old, it is my duty to look after him. (87)

687-32. 丹羽さんが業務アプリケーションの作成方法を学習しています。

丹羽(たんば)さん が 業務(ぎょうむ) アプリケーション の 作成(さくせい) 方法(ほうほう) を 学習(がくしゅう) して います。

Tanba-san is learning how to make business applications. (10)

688 ： 柔

688-1. 柔道の有段者。

柔道(じゅうどう) の 有段者(ゆうだんしゃ)。

Judo rank holder. (100)

688-2. 柔らかい革靴。

柔らかい(やわらかい) 革靴(かわぐつ)。

Soft leather shoe. (100)

688-3. 柔らかい牛肉。

柔らかい(やわらかい) 牛肉(ぎゅうにく)。

Tender beef. (101)

688-4. 肉を柔らかくする。

肉(にく) を 柔らかく(やわらかく) する。

Tenderize meat. (101)

688-5. 朝の空の柔らかさ。

朝(あさ) の 空(そら) の 柔らか(やわらか)さ。

The softness of the morning sky. (101)

688-6. 絹は手触りが柔らかい。

絹(きぬ) は 手触り(てざわり) が 柔ら(やわら)かい。

Silk is soft to the touch. (87)

688-7. シートは柔らかく感じられる。

シート は 柔らかく(やわらかく) 感じ(かんじ)られる。

The sheets feel soft. (101)

688-8. ビーバーの柔らかい茶色の毛皮。

ビーバー の 柔らかい(やわらかい) 茶色(ちゃいろ) の 毛皮(けがわ)。

The soft brown fur of the beaver. (100)

688-9. この神は柔和さで知られている。

この 神(かみ) は 柔和(にゅうわ)さ で 知ら(しら)れて いる。

This god is known for his gentleness. (100)

688-10. 彼女はいつも口調が柔らかかった。

彼女(かのじょ) は いつも 口調(くちょう) が 柔ら(やわら)かかった。

She was always soft-spoken. (101)

688-11. シーツは白く、枕は柔らかかった。

シーツ は 白く(しろく)、 枕(まくら) は 柔らかかっ(やわらかかっ)た。

The sheets were clean and the pillows soft. (7)

688-12. 柔らかい手が顔を触っているので気がつきました。

柔らかい(やわらかい) 手(て) が 顔(かお) を 触っ(さわっ)て いる の で 気(き) が つきました。

I was roused by a soft hand touching my face. (89)

688-13. あなたが液体をそれの上に注げば、パンは柔らかくなるだろう。

あなた が 液体(えきたい) を それ の 上(うえ) に 注げ(そそげ)ば、 パン は 柔らかく(やわらかく) なる だろう。

The bread will soften if you pour some liquid on it. (101)

688-14. みんな同じ、柔らかいのに強い絹状の材質を身にまとっていました。

みんな 同じ(おなじ)、 柔らかい(やわらかい) の に 強い(つよい) 絹状(きぬじょう) の 材質(ざいしつ) を 身(み) に まとって いました。

All were clad in the same soft and yet strong, silky material. (89)

689： 軟

689-1. 軟骨魚類。

軟骨(なんこつ) 魚類(ぎょるい)。

Cartilaginous fishes. (100)

689-2. 柔軟な個性。

柔軟(じゅうなん) な 個性(こせい)。

A flexible personality. (101)

689-3. 柔軟な性質。

柔軟(じゅうなん) な 性質(せいしつ)。

A pliant nature. (101)

689-4. 軟弱な柔らかさ。

軟弱(なんじゃく) な 柔らか(やわらか)さ。

A flabby softness. (100)

689-5. 柔軟なゴム底の靴。

柔軟(じゅうなん) な ゴム底(ぞこ) の 靴(くつ)。

A shoe with a pliable rubber sole. (100)

689-6. 液体または気体を運ぶための柔軟なパイプ。

液体(えきたい) または 気体(きたい) を 運ぶ(はこぶ) ため の 柔軟(じゅうなん) な パイプ。

A flexible pipe for conveying a liquid or gas. (100)

689-7. 常務の私に対する話し方が少しだけ軟化した。

常務(じょうむ) の 私(わたし) に対する(にたいする) 話し方(はなしかた) が 少し(すこし) だけ 軟化(なんか) した。

The Managing Director's way of speaking toward me has softened a bit. (100)

689-8. 村上夫人はその子羊のような柔軟さで知られている。

村上(むらかみ) 夫人(ふじん) は その 子羊(こひつじ) の よう な 柔軟(じゅうなん)さ で 知ら(しら)れて いる。

Mrs. Murakami is known for her lamb-like gentleness. (100)

689-9. 糸、テープ、フィルムその他の柔軟な材質の物を巻き付ける巻取り機。

糸(いと)、 テープ、 フィルム その 他(た) の 柔軟(じゅうなん) な 材質(ざいしつ) の 物(もの) を 巻き付(まきつ)ける 巻取り機(まきとりき)。

A winder around which thread, tape, film or other flexible materials is wound. (100)

690： 軌

690-1. 無限軌道の車。

無限(むげん) 軌道(きどう) の 車(くるま)。

Tracked vehicles. (101)

690-2. 常軌から外れる発想。

常軌(じょうき) から 外(はず)れる 発想(はっそう)。

An idea deviating from the norm.

690-3. 戦車は大砲を持ち無限軌道で動く。

戦車(せんしゃ) は 大砲(たいほう) を 持ち(もち) 無限(むげん) 軌道(きどう) で 動く(うごく)。

A tank has a cannon and moves on caterpillar treads. (100)

690-4. 飛行士は月の軌道を天体図に記した。

飛行士(ひこうし) は 月(つき) の 軌道(きどう) を 天体図(てんたいず) に 記し(しるし)た。

The pilot plotted the orbit of the moon. (101)

690-5. 「モノレール」とは、軌道が1本の鉄道のことを意味する。

「モノレール」 と は、 軌道(きどう) が 1本(ぽん) の 鉄道(てつどう) の こと を 意味(いみ) する。

A "monorail" is a railway that has a single track. (100)

691：　軒

691-1. 木が間にある2軒の家。

木(き) が 間(あいだ) に ある 2軒(けん) の 家(いえ)。

Two houses with a tree between. (101)

691-2. 売りに出された家の軒並み。

売り(うり) に 出さ(ださ)れた 家(いえ) の 軒並み(のきなみ)。

A row of houses put up for sale.

691-3. 2軒の家が並んで立っている。

2軒(けん) の 家(いえ) が 並ん(ならん)で 立っ(たっ)て いる。

The two houses stand alongside each other. (87)

691-4. その島には一軒しか店がない。

その 島(しま) に は 一軒(いっけん) しか 店(みせ) が ない。

There is only one store on the whole island. (87)

691-5. 1kmの通りに、200軒もの店が並ぶ。

1 km(キロメートル) の 通り(とおり) に、 200軒(けん) も の 店(みせ) が 並ぶ(ならぶ)。

No fewer than 200 stalls are located on the along a 1-kilometer long road. (10)

691-6. 不動産屋はフロリダに3軒の家を所有している。

不動産屋(ふどうさんや) は フロリダ に 3軒(けん) の 家(いえ) を 所有(しょゆう) して いる。

The realtor owns three houses in Florida. (101)

691-7. 村には、およそ二十軒ばかりの家と農家がありました。

村(むら) に は、 およそ 二十軒(にじゅっけん) ばかり の 家(いえ) と 農家(のうか) が ありました。

The village had about a score of houses and homesteads. (29)

691-8. 彼らは私たちの所から通りを上がって2軒目に住んでいる。

彼ら(かれら) は 私(わたし)たち の 所(ところ) から 通り(とおり) を 上がっ(あがっ)て 2軒目(けんめ) に 住ん(すん)で いる。

They live two doors up the street from us. (101)

691-9. おれは明後日の朝早く、人のうちを一軒ずつ回って、お前が来たかどうかを聞いて歩く。

おれ は 明後日(あさって) の 朝(あさ) 早く(はやく)、 人(ひと) の うち を 一軒(いっけん)ずつ 回っ(まわっ)て、 お前(おまえ) が 来(き)た か どう か を 聞い(きい)て 歩く(あるく)。

On the morning of the day after tomorrow I'm going to go to every house and ask if you've been by. (60)

691-10. 二人は互いの手を取り、そのとき二軒の家のうちの一軒のドアが開き、おとなりさんが顔を出しました。

二人(ふたり) は 互い(たがい) の 手(て) を 取り(とり)、 その とき 二軒(にけん) の 家(いえ) の うち の 一軒(いっけん) の ドア が 開き(ひらき)、 おとなりさん が 顔(かお) を 出し(だし)ました。

They took each other's hand, and at that moment the door of one of the houses opened, and the neighbour appeared. (98)

691-11. 午後の間にそうした家を数軒通り過ぎましたし、時には人々が戸口まで出てきて、なにか聞きたそうにこちらを見ています。

午後(ごご) の 間(あいだ) に そうした 家(いえ) を 数軒(すうけん) 通り過ぎ(とおりすぎ)ました し、 時には(ときには) 人々(ひとびと) が 戸口(とぐち) まで 出(で)て きて、 なに か 聞き(きき)たそう に こちら を 見(み)て います。

They passed by several of these houses during the afternoon, and sometimes people came to the doors and looked at them as if they would like to ask questions. (99)

「そうした〜」 ["such __"]: DJG v2 p131.

692： 軸

692-1. 同軸ケーブル。

同軸(どうじく) ケーブル。

Coaxial cable. (100)

692-2. 地軸の最北の点。

地軸(ちじく) の 最北(さいほく) の 点(てん)。

The northernmost point of the Earth's axis. (100)

692-3. 軸がないガラス器。

軸(じく) が ない ガラス 器(き)。

Stemless glassware. (101)

692-4. 軸の周りで回転する。

軸(じく) の 周り(まわり) で 回転(かいてん) する。

Turn around an axis. (100)

692-5. 旋回軸を回転させる。

旋回軸(せんかいじく) を 回転(かいてん) させる。

Turn on a pivot. (100)

692-6. 車軸に油をさすのに用いられる濃い油。

車軸(しゃじく) に 油(あぶら) を さす の に 用い(もちい)られる 濃い(こい) 油(あぶら)。

A thick heavy grease used to lubricate axles. (100)

693 :　較

693-1. 比較言語学。

比較(ひかく)　言語学(げんごがく)。

Comparative linguistics. (101)

693-2. 比較にならない。

比較(ひかく)　に　ならない。

Beyond compare. (101)

693-3. 好ましくない比較。

好ましく(このましく)ない　比較(ひかく)。

An unfavorable comparison. (101)

693-4. 比較的短い時間で。

比較的(ひかくてき)　短い(みじかい)　時間(じかん)　で。

In a relatively short time. (100)

693-5. 質問は比較的簡単だった。

質問(しつもん)　は　比較的(ひかくてき)　簡単(かんたん)　だった。

The question was comparatively easy. (7)

693-6. 吉村さんは比較的早口だ。

吉村(よしむら)さん　は　比較的(ひかくてき)　早口(はやくち)　だ。

Yoshimura-san speaks relatively fast. (87)

693-7. 比較的低い軟化点をもったガラス。

比較的(ひかくてき)　低(ひく)い　軟化点(なんかてん)　を　もった　ガラス。

Glass having a relatively low softening point. (100)

693-8. 先生は私の詩と彼の詩を比較した。

先生(せんせい)　は　私(わたし)　の　詩(し)　と　彼(かれ)　の　詩(し)　を　比較(ひかく)　した。

The teacher compared my poem with one of his. (87)

693-9. 牛乳は比較的低温で保存する必要がある。

牛乳(ぎゅうにゅう)　は　比較的(ひかくてき)　低温(ていおん)　で　保存(ほぞん)　する　必要(ひつよう)　が　ある。

Milk has to be kept at a relatively low temperature. (87)

694 :　庫

694-1. 在庫品。

在庫品(ざいこひん)。

A stock item (item that is in stock). (101)

694-2. 金庫を破る。

金庫(きんこ)　を　破る(やぶる)。

Crack a safe. (101)

694-3. 独立の車庫を持つ家。

独立(どくりつ) の 車庫(しゃこ) を 持つ(もつ) 家(いえ)。

A house with a separate garage. (101)

694-4. オーブンの庫内の温度を示す温度計。

オーブン の 庫内(こない) の 温度(おんど) を 示す(しめす) 温度計(おんどけい)。

A thermometer that registers the temperature inside an oven. (100)

694-5. 彼らは二軒の大きい車庫を持っていた。

彼ら(かれら) は 二軒(にけん) の 大(おお)きい 車庫(しゃこ) を 持つ(もっ)て いた。

They had two large carriage houses. (101)

694-6. 彼女の本は新しいアイデアの宝庫だった。

彼女(かのじょ) の 本(ほん) は 新(あたら)しい アイデア の 宝庫(ほうこ) だった。

Her book was a treasure trove of new ideas. (101)

694-7. ホテルの金庫に預けている物があります。

ホテル の 金庫(きんこ) に 預(あず)けて いる 物(もの) が あります。

I have some things in the hotel safe. (87)

694-8. 店はその雑誌の在庫を売り尽くしました。

店(みせ) は その 雑誌(ざっし) の 在庫(ざいこ) を 売り尽くし(うりつくし)ました。

The shop had sold out its stock of that magazine. (87)

694-9. その車庫は、彼の馬をかくまうのに役立った。

その 車庫(しゃこ) は、 彼(かれ) の 馬(うま) を かくまう の に 役立っ(やくだっ)た。

The garage served to shelter his horses. (101)

694-10. この店は大量のハードウェアの在庫を抱えている。

この 店(みせ) は 大量(たいりょう) の ハードウェア の 在庫(ざいこ) を 抱え(かかえ)て いる。

This store carries a vast inventory of hardware. (101)

695： 蔵

695-1. 貯蔵肉。

貯蔵肉(ちょぞうにく)。

Preserved meats. (101)

695-2. 大蔵大臣。

大蔵(おおくら) 大臣(だいじん)。

Minister of Finance. (101)

695-3. 冷蔵トラック。

冷蔵(れいぞう) トラック。

A refrigerated truck. (101)

695-4. 血液の貯蔵場所。

血液(けつえき) の 貯蔵(ちょぞう) 場所(ばしょ)。

A place for storing blood. (100)

695-5. 長期の貯蔵を行う。

長期(ちょうき) の 貯蔵(ちょぞう) を 行う(おこなう)。

Put into long-term storage. (100)

695-6. 湿っぽい地下貯蔵室。

湿っぽい(しめっぽい) 地下(ちか) 貯蔵室(ちょぞうしつ)。

A dank cellar. (101)

695-7. 品物や商品の貯蔵庫。

品物(しなもの) や 商品(しょうひん) の 貯蔵庫(ちょぞうこ)。

A storehouse for goods and merchandise. (100)

695-8. 食物を冷蔵して下さい。

食物(しょくもつ) を 冷蔵(れいぞう) して 下(くだ)さい。

Please chill the food. (101)

695-9. 考古学者は相当数の蔵書を集めた。

考古学者(こうこがくしゃ) は 相当数(そうとうすう) の 蔵書(ぞうしょ) を 集め(あつめ)た。

The archeologist has accumulated quite a collection of books. (87)

695-10. 冷蔵庫に入れておけば肉は痛まない。

冷蔵庫(れいぞうこ) に 入れ(いれ)て おけば 肉(にく) は 痛ま(いたま)ない。

If you put meat in the refrigerator it won't spoil. (87)

695-11. 今週その店は冷蔵庫を割引している。

今週(こんしゅう) その 店(みせ) は 冷蔵庫(れいぞうこ) を 割引(わりびき) して いる。

That store is rebating refrigerators this week. (101)

695-12. 果物をアルコール処理して、それらを冷蔵庫にしまう。

果物(くだもの) を アルコール 処理(しょり) して、 それら を 冷蔵庫(れいぞうこ) に しまう。

Alcoholize the fruit and let them sit in the refrigerator. (101)

695-13. 宝の埋蔵場所を蓮さんに話したのは間違いだと思った。

宝(たから) の 埋蔵(まいぞう) 場所(ばしょ) を 蓮(れん)さん に 話し(はなし)た の は 間違い(まちがい) だ と 思っ(おもっ)た。

I thought it was a mistake to tell Ren where we buried the treasure. (87)

696： 倉

696-1. 倉庫に預ける。

倉庫(そうこ)に 預ける(あずける)。

Deposit in a warehouse. (100)

696-2. 宝を貯蔵する倉庫。

宝(たから)を 貯蔵(ちょぞう)する 倉庫(そうこ)。

A storehouse for treasures. (100)

696-3. やつらは、火薬と武器を前の倉庫に入れてましたね。

やつら は、火薬(かやく)と 武器(ぶき)を 前(まえ)の 倉庫(そうこ)に 入れ(いれ)てました ね。

They were putting the powder and the arms in the fore hold. (90)

696-4. トラック運転手、おかかえ運転手、および倉庫労働者らの産業別労働組合。

トラック 運転手(うんてんしゅ)、 おかかえ 運転手(うんてんしゅ)、 および 倉庫(そうこ) 労働者(ろうどうしゃ)ら の 産業別(さんぎょうべつ) 労働(ろうどう) 組合(くみあい)。

An industrial union of truck drivers and chauffeurs and warehouse workers. (100)

「および」 {及び* 1760} ["and"]: DJG v3 p521.

696-5. バーレーンは、紀元前2千年からアラビアとインドの間の取引の倉庫であった。

バーレーン は、紀元前(きげんぜん) 2千年(せんねん) から アラビア と インド の 間(あいだ)の 取引(とりひき)の 倉庫(そうこ)で あった。

Bahrain was an entrepot of trade between Arabia and India from the second millennium B.C.E. (101)

697： 創

697-1. 創作の天才。

創作(そうさく)の 天才(てんさい)。

A creative genius.

697-2. 雑誌の創刊号。

雑誌(ざっし)の 創刊号(そうかんごう)。

The magazine's inaugural issue. (101)

697-3. 独創的な生活様式。

独創的(どくそうてき)な 生活(せいかつ) 様式(ようしき)。

Unconventional lifestyles. (101)

697-4. 武蔵野市の創立75周年の式典。

武蔵野(むさしの) 市(し) の 創立(そうりつ) 75周年(しゅうねん) の 式典(しきてん)。

The 75th anniversary celebration of the founding of Musashino City.

697-5. その会社は5年前に創設された。

その 会社(かいしゃ) は 5年(ねん) 前(まえ) に 創設(そうせつ) された。

That company was created 5 years ago. (101)

697-6. 国務省は1789年に創設された。

国務省(こくむしょう) は 1789年(ねん) に 創設(そうせつ) された。

The Department of State was created in 1789. (101)

697-7. 平和部隊は60年代に創設された。

平和(へいわ) 部隊(ぶたい) は 60年代(ねんだい) に 創設(そうせつ) された。

The Peace Corps was established in the 1960's. (100)

697-8. 財務省は1789年に創設された。

財務省(ざいむしょう) は 1789年(ねん) に 創設(そうせつ) された。

The Treasury Department was created in 1789. (100)

697-9. この大学は1843年に創設された。

この 大学(だいがく) は 1843年(ねん) に 創設(そうせつ) された。

This university was founded in 1843. (87)

697-10. その事実はよく知られていたが、彼が独創的だったのはその組立だ。

その 事実(じじつ) は よく 知ら(しら)れて いた が、 彼(かれ) が 独創的(どくそうてき) だった の は その 組立(くみたて) だ。

The facts were familiar but it was in organizing them that he was original. (101)

697-11. 彼らは自力でこうしたものを創り出し、当時は世界でもっとも偉大で強力な民族だったのです。

彼ら(かれら) は 自力(じりき) で こうした もの を 創り出し(つくりだし)、 当時(とうじ) は 世界(せかい) で もっとも 偉大(いだい) で 強力(きょうりょく) な 民族(みんぞく) だった の です。

They made themselves all this, and were then the greatest and most powerful nations of the world. (62)

「こうした〜」 ["such __"]: DJG v2 p130.

698： 告

698-1. 全面広告。

全面広告(ぜんめんこうこく)。

A full-page ad. (101)

698-2. 相互告発。

相互(そうご) 告発(こくはつ)。

Mutual accusations. (100)

698-3. 告知をする。

　　告知(こくち)を する。

　　Make an announcement. (100)

698-4. 意見の相違の告白。

　　意見(いけん)の 相違(そうい)の 告白(こくはく)。

　　A profession of disagreement. (101)

698-5. 社長は告発された。

　　社長(しゃちょう)は 告発(こくはつ)された。

　　The company's President was accused. (101)

698-6. 目立つ半ページ広告。

　　目立つ(めだつ)半(はん)ページ 広告(こうこく)。

　　A splashy half-page ad. (101)

698-7. 別れの言葉を告げる。

　　別れ(わかれ)の 言葉(ことば)を 告げる(つげる)。

　　Say a valedictory word. (101)

698-8. 彼は告発を否定した。

　　彼(かれ)は 告発(こくはつ)を 否定(ひてい)した。

　　He denied the imputation. (101)

698-9. 全国的に広告される。

　　全国的(ぜんこくてき)に 広告(こうこく)される。

　　Nationally advertised. (101)

698-10. 原告は入室して下さい。

　　原告(げんこく)は 入室(にゅうしつ)して 下(くだ)さい。

　　Please let the accuser come in. (7)

698-11. 実証されていない告発。

　　実証(じっしょう)されて いない 告発(こくはつ)。

　　Unproven accusations.

698-12. 新聞広告を見て来ました。

　　新聞(しんぶん)広告(こうこく)を 見(み)て 来(き)ました。

　　I have come in response to your ad in the paper. (87)

698-13. それは神のお告げだった。

　　それ は 神(かみ)の お告げ(おつげ)だった。

　　It was a sign from God. (101)

698-14. 一つ忠告して上げよう。

　　一つ(ひとつ)忠告(ちゅうこく)して 上げよ(あげよ)う。

　　I'll give you a piece of advice. (90)

698-15. ずるいわ、告げ口なんかして！

ずるい　わ、　告げ口(つげぐち)　なんか　して！

Sneaky tell-tale! (64)

「〜なんか」　["such (things)/such (a thing)"]: DJG v3 p341 (under 〜なんて).

698-16.　少年は父親の忠告を無視した。

少年(しょうねん)　は　父親(ちちおや)　の　忠告(ちゅうこく)　を　無視(む
し)　した。

The boy ignored his father's advice. (87)

698-17.　申告が必要な物をお持ちですか。

申告(しんこく)　が　必要(ひつよう)　な　物(もの)　を　お持(も)ち　です　か。

Do you have anything to declare? (87)

698-18.　私は新聞に売家の広告を出した。

私(わたし)　は　新聞(しんぶん)　に　売家(うりや)　の　広告(こうこく)　を
出し(だし)た。

I put an advertisement in the newspaper saying my house was for sale. (87)

698-19.　ポスターは次回上映作を広告した。

ポスター　は　次回(じかい)　上映作(じょうえいさく)　を　広告(こうこく)
した。

A poster advertised the coming attractions. (101)

698-20.　ここで名前と住所を告げて下さい。

ここ　で　名前(なまえ)　と　住所(じゅうしょ)　を　告げ(つげ)て　下(くだ)
さい。

Please leave your name and address here. (101)

698-21.　彼は別れも告げずに行ってしまった。

彼(かれ)　は　別れ(わかれ)　も　告げ(つげ)ず　に　行(い)って　しまった。

He left without saying goodbye. (87)

698-22.　医者の忠告を聞いておけばよかった。

医者(いしゃ)　の　忠告(ちゅうこく)　を　聞い(きい)て　おけば　よかった。

I wish I had followed the doctor's advice. (87)

698-23.　広告主による性の商業化は悪名高い。

広告主(こうこくぬし)　に　よる　性(せい)　の　商業化(しょうぎょうか)　は
悪名高い(あくめいだかい)。

Sexploitation by advertisers is notorious. (101)

698-24.　上村さんは広告代理店を立ち上げた。

上村(うえむら)さん　は　広告(こうこく)　代理店(だいりてん)　を　立ち上げ
(たちあげ)た。

Uemura-san started an advertising agency. (87)

698-25.　老人は役に立つ忠告を１つしてくれた。

老人(ろうじん) は 役に立つ(やくにたつ) 忠告(ちゅうこく) を 1つ して くれた。

The old man gave me a useful piece of advice. (87)

698-26. あなたには、申告するものがありますか？

あなた に は、申告(しんこく) する もの が あります か？

Do you have anything to declare? (101)

698-27. 彼女は彼に食べ過ぎないように忠告した。

彼女(かのじょ) は 彼(かれ) に 食べ過ぎ(たべすぎ)ない よう に 忠告(ちゅうこく) した。

She advised him not to eat too much. (87)

「～ようにいう」{～ように言う 51} ["tell (someone) to __"]: DJG v1 p556; Tobira Ch2 #11.

698-28. 広告を見て私は新しい冷蔵庫を買う気になった。

広告(こうこく) を 見(み)て 私(わたし) は 新(あたら)しい 冷蔵庫(れいぞうこ) を 買う(かう) 気(き) に なった。

The ads induced me to buy a new refrigerator. (101)

698-29. 医者は私にもっと運動をするように忠告した。

医者(いしゃ) は 私(わたし) に もっと 運動(うんどう) を する よう に 忠告(ちゅうこく) した。

The doctor advised me to take more exercise. (87)

698-30. 前もって通告せずに引き出しが出きる銀行預金。

前もって(まえもって) 通告(つうこく) せず に 引き出し(ひきだし) が 出(で)きる 銀行(ぎんこう) 預金(よきん)。

A bank deposit from which withdrawals can be made without notice. (100)

698-31. 新聞ができる前には布告をする人間がニュースを告げた。

新聞(しんぶん) が できる 前(まえ) に は 布告(ふこく) を する 人間(にんげん) が ニュース を 告げ(つげ)た。

Before we had newspapers, a town crier would cry the news. (101)

698-32. 課長は私に、彼女の言うことを信じないようにと忠告した。

課長(かちょう) は 私(わたし) に、彼女(かのじょ) の 言う(いう) こと を 信じ(しんじ)ない よう に と 忠告(ちゅうこく) した。

The Section Chief advised me not to believe what she says. (87)

698-33. 女王はネズミたちに向かって、すぐに臣民をみんな集めてくるように告げました。

女王(じょおう) は ネズミたち に 向かっ(むかっ)て、すぐ に 臣民(しんみん) を みんな 集め(あつめ)て くる よう に 告げ(つげ)ました。

The Queen turned to the mice and told them to go at once to get all her subjects. (99)

698-34. 外に顔を出す前、自動的に働いてくれるぼくの五感は、そこになにもないと告げていた。

外(そと) に 顔(かお) を 出す(だす) 前(まえ)、 自動的(じどうてき) に 働い(はたらい)て くれる ぼく の 五感(ごかん) は、 そこ に なに も な い と 告げ(つげ)て いた。

Before thrusting out my head, my senses, automatically active, had told me there was nothing there. (77)

699 ： 造

699-1. 造花。

造花(ぞうか)。

Artificial flowers. (101)

699-2. 創造者。

創造者(そうぞうしゃ)。

Creator. (100)

699-3. 造船所。

造船所(ぞうせんじょ)。

Shipyards. (100)

699-4. 創造主。

創造主(そうぞうしゅ)。

The Creator. (100)

699-5. 創造的な仕事。

創造的(そうぞうてき) な 仕事(しごと)。

Creative work. (101)

699-6. 木造の家の軒並み。

木造(もくぞう) の 家(いえ) の 軒並み(のきなみ)。

A row of wooden houses.

699-7. 人造ダイヤモンド。

人造(じんぞう) ダイヤモンド。

An artificial diamond. (101)

699-8. 人の無限の創造力。

人(ひと) の 無限(むげん) の 創造力(そうぞうりょく)。

The infinite ingenuity of man. (101)

699-9. 19世紀に造られた。

19世紀(せいき) に 造ら(つくら)れた。

Built in the 19th century. (100)

699-10. 女性は創造の恵みだ。

女性(じょせい) は 創造(そうぞう) の 恵み(めぐみ) だ。

Woman is the glory of creation. (101)

699-11. 考えを無造作に口にする。

考え(かんがえ) を 無造作(むぞうさ) に 口(くち) に する。

Bandy about an idea. (101)

699-12. なにを言ってるんだ若造！

なに を 言っ(いっ)てる ん だ 若造(わかぞう)！

What's the matter with this young whippersnapper! (7)

699-13. 彼女は創造力が溢れていた。

彼女(かのじょ) は 創造力(そうぞうりょく) が 溢れ(あふれ)て いた。

Her creative juices were flowing. (101)

699-14. 日本の家は大抵木造である。

日本(にほん) の 家(いえ) は 大抵(たいてい) 木造(もくぞう) で ある。

Most Japanese houses are built of wood. (87)

699-15. 倉庫を遊び部屋に改造した。

倉庫(そうこ) を 遊び部屋(あそびべや) に 改造(かいぞう) した。

I converted the storehouse into a game room.

699-16. 日本の寺院の大半は木造だ。

日本(にほん) の 寺院(じいん) の 大半(たいはん) は 木造(もくぞう) だ。

The majority of Japanese temples are made out of wood. (87)

699-17. 特定の個人のために造られた。

特定(とくてい) の 個人(こじん) の ため に 造ら(つくら)れた。

Built for a particular individual. (100)

699-18. 手は器用に、発想は創造的に。

手(て) は 器用(きよう) に、 発想(はっそう) は 創造的(そうぞうてき) に。

Dexterous of hand and inventive of mind. (101)

699-19. 日産は電気で動く車を造った。

日産(にっさん) は 電気(でんき) で 動く(うごく) 車(くるま) を 造っ(つくっ)た。

They built a car that runs on electricity. (101)

699-20. 人間は自分の形に神を創造した。

人間(にんげん) は 自分(じぶん) の 形(かたち) に 神(かみ) を 創造(そうぞう) した。

Man created God in his own image.

699-21. 彼は学習課程に無造作に取り組んだ。

彼(かれ) は 学習(がくしゅう) 課程(かてい) に 無造作(むぞうさ) に 取り組ん(とりくん)だ。

He dealt with his course work casually. (101)

699-22. はじめに神は天と地とを創造された。

はじめ に 神(かみ) は 天(てん) と 地(ち) と を 創造(そうぞう) された。

    In the beginning God created the heaven and the earth. (33)

699-23. 旅館の主人は古い部屋を改造している。

    旅館(りょかん) の 主人(しゅじん) は 古(ふる)い 部屋(へや) を 改造(かいぞう) して いる。

    The ryokan owner is remodeling the old rooms.

699-24. 完全に彼の創造力から生じたものではなかった。

    完全(かんぜん) に 彼(かれ) の 創造力(そうぞうりょく) から 生じ(しょうじ)た もの で は なかった。

    It had not sprung full-clad from his imagination. (101)

699-25. 農場主が20ヘクタールの畑で高品質のワインを造ります。

    農場主(のうじょうしゅ) が 20ヘクタール の 畑(はたけ) で 高品質(こうひんしつ) の ワイン を 造り(つくり)ます。

    The farmer produces excellent wine from his 20-hectare field. (10)

699-26. これが天地創造の由来である。主なる神が地と天とを造られた時。

    これ が 天地(てんち) 創造(そうぞう) の 由来(ゆらい) で ある。 主(しゅ) なる 神(かみ) が 地(ち) と 天(てん) と を 造ら(つくら)れた 時(とき)。

    These are the generations of the heavens and of the earth when they were created, in the day that the Lord God made the earth and the heavens. (33)

699-27. 主なる神は人から取ったあばら骨で一人の女を造り、人のところへ連れてこられた。

    主(しゅ) なる 神(かみ) は 人(ひと) から 取っ(とっ)た あばら骨(あばらぼね) で 一人(ひとり) の 女(おんな) を 造り(つくり)、 人(ひと) の ところ へ 連れ(つれ)て こられた。

    And the rib, which the Lord God had taken from man, made he a woman, and brought her unto the man. (33)

    「**Irregular verb: くる**」: DJG v1 p578-79.

699-28. 神は大空を造って、大空の下の水と大空の上の水とを分けられた。そのようになった。

    神(かみ) は 大空(おおぞら) を 造っ(つくっ)て、 大空(おおぞら) の 下(した) の 水(みず) と 大空(おおぞら) の 上(うえ) の 水(みず) と を 分け(わけ)られた。 その よう に なった。

    And God made the firmament, and divided the waters which were under the firmament from the waters which were above the firmament: and it was so. (33)

    「**～ようになる**」 [**"reach the point where __"**]: DJG v1 p559; Tobira Ch2 #11.

699-29. 国家の教育機関において、創世記に語れる創造の神話を教えることは憲法違反である。

国家(こっか) の 教育(きょういく) 機関(きかん) において、 創世記(そうせいき) に 語(かた)れる 創造(そうぞう) の 神話(しんわ) を 教(おし)える こと は 憲法(けんぽう) 違反(いはん) で ある。

It violates the Constitution to teach the Genesis creation myth in state-run educational institutions.

700： 衣

700-1. 衣類を干す。

衣類(いるい) を 干す(ほす)。

Dry one's clothing.

700-2. 上衣とズボン。

上衣(うわぎ) と ズボン。

A jacket top and trousers. (100)

700-3. 手作りの衣類。

手作り(てづくり) の 衣類(いるい)。

Homespun garments. (101)

700-4. 最上質の絹の衣類。

最上質(さいじょうしつ) の 絹(きぬ) の 衣類(いるい)。

Garments of the finest silk. (101)

700-5. 衣を付けてあげたソーセージ。

衣(ころも) を 付け(つけ)て あげた ソーセージ。

A sausage dressed in batter and fried.

700-6. 彼女の衣類はだらしなかった。

彼女(かのじょ) の 衣類(いるい) は だらしなかった。

Her clothing was disheveled. (101)

700-7. 住民の衣食は足りているようだ。

住民(じゅうみん) の 衣食(いしょく) は 足り(たり)て いる よう だ。

The population seems to be well fed and clothed. (101)

700-8. 肉屋さんは物事を歯に衣をきせずはっきりと言った。

肉屋(にくや)さん は 物事(ものごと) を 歯(は) に 衣(きぬ) を きせず はっきり と 言っ(いっ)た。

The butcher made no bones about the matter. (90)

祝 Congratulations! 祝

You have now attained the eighth *dan*:

ホ
AFOOT

See the full list of KLC kanji ranks at
keystojapanese.com/kanji-ranks

Paste your own kanji *dan* color badges
to give yourself positive reinforcement as you progress:
keystojapanese.com/stickers

Volume 5

Volume 5 takes you to kanji 1000 and the eleventh *dan*:

わざ

SKILLED

For printed versions of this series, visit keystojapanese.com/klcgrs-printed.

For ebook versions, visit keystojapanese.com/klcgrs-volumes.

Original Works

This list identifies the works from which items have been drawn for the KLC Graded Reading Sets series. Note the following:

* The numbers at the left appear at the end of the English version of each exercise to identify the original work from which it was drawn. Exercises having no such number are original.

* "Sources: E10/J8", to give one example, indicates that the source of the English and Japanese versions of an exercise are shown respectively at numbers 10 and 8 of the Sources, which follows immediately after this list of Original Works.

* "Transl.:" precedes the name of the person who translated the English version to Japanese, or vice versa. In instances where the English version was translated from a third language, the name of person who translated the original work into English is given as part of the work's title.

* Names of authors and translators, including one-word pen names (marked with *), are listed precisely as given in their original sources. Japanese names are listed either in kanji or in romaji, according to the original source.

* "[C/I]" indicates collective or institutional authorship (such as of a government edict).

* The materials listed below are available to you freely and directly from the original sources (see "Sources" section below). I encourage you to use the links provided to download these works for your own bilingual reading library, and to support the worthy projects that have made these texts available.

1. *Adventure of the Dancing Men, The,* by Arthur Conan Doyle [暗号舞踏人の謎 / コナン・ドイル 著]; Transl: 三上於菟吉; Sources: E10, J8.

2. *Adventure of the Devil's Foot, The,* by Arthur Conan Doyle [悪魔の足 / アーサー・コナン・ドイル 著]; Transl: 枯葉; Sources: E10, J8.

3. *Adventure of the Empty House, The,* by Arthur Conan Doyle [空家の冒険 / コナン・ドイル 著]; Transl: 三上於菟吉; Sources: E10, J8.

4. *Adventures of Sherlock Holmes, The,* by Arthur Conan Doyle [シャーロック・ホームズの冒険 / コナン・ドイル 著]; Transl: Coderati*; Sources: E10, J8.

5. *Aesop's Fables* (George Fyler Townsend, English trans.), by Aesop [イソップ寓話集 / イソップ 著]; Transl: Hanama*; Sources: E10, J8.

6. *Araby,* by James Joyce [アラビー / ジェイムズ・ジョイス 著]; Transl: Coderati*; Sources: E10, J8.

410

7. *Around the World in 80 Days*, by Jules Verne [80 日間世界一周 / ヴェルヌ、ジュール 著]; Transl: SOGO E-text Library; Sources: E10, J8.

8. *Arrest of Arsene Lupin, The*, by Maurice LeBlanc [アルセーヌ・ルパンの逮捕 / モーリス・ルブラン 著]; Transl: SOGO E-text Library; Sources: E10, J8.

9. *As You Like It*, by Mary Lamb [お気に召すまま / メアリー・ラム 著]; Transl: SOGO E-text Library; Sources: E10, J8.

10. *Basic Japanese Sentence Data and Basic English Sentence Data*, by [C/I] [日本語基本文データ及び英語基本文データ]; Transl: [C/I]; Sources: E8, J3.

11. *Beginning of Ownership, The*, by Thorstein Veblen [所有権の起源 / ヴェブレン、ソースタイン 著]; Transl: 永江良一; Sources: E10, J8.

12. *Biographical Sketch of an Infant, A*, by Charles Darwin [幼児の伝記的スケッチ / チャールズ・ダーウィン 著]; Transl: SOGO E-text Library; Sources: E10, J8.

13. *Black Cat, The*, by Edgar Allan Poe [黒猫 / エドガー・アラン・ポー 著]; Transl: 佐々木直次郎; Sources: E10, J8.

14. *Blue & Green*, by Virginia Woolf [青と緑 / ヴァージニア・ウルフ 著]; Transl: 枯葉; Sources: E10, J8.

15. *Boarding House, The*, by James Joyce [下宿屋 / ジェイムズ・ジョイス 著]; Transl: Coderati*; Sources: E10, J8.

16. *Bolted Door, The*, by Edith Wharton [閉ざされたドア / イーディス・ウォートン 著]; Transl: 陰陽師; Sources: E10, J8.

17. *Botchan* (Master Darling), by Soseki Natsume [坊っちゃん / 夏目漱石 著]; Transl: Mori, Yasotaro (revised by J. R. Kennedy); Sources: E10, J1.

18. *Overcoat, The*, by Nikolai V. Gogol [外套 / ニコライ・ヴァシリエヴィチ・ゴーゴリ 著]; Transl: 平井肇; Sources: E10, J1.

19. *Constitution of Japan, The*, by [C/I] [日本國憲法]; Transl: [C/I]; Sources: E15, J15.

20. *Constitution of the United States, The*, by [C/I] [アメリカ合衆国憲法]; Transl: Embassy of the United States in Japan; Sources: E2, J2.

21. *Count of Monte Cristo, The*, by Alexandre Dumas [モンテ・クリスト伯 / アレクサンドル・デュマ 著]; Transl: Andrew Scott Conning; Sources: E10, J4.

22. *Creationism in the Science Curriculum?*, by Ian Johnston [科学のカリキュラムで創造説？ / イアン・ジョンストン 著]; Transl: 永江良一; Sources: E10, J8.

23. *Crito* (Benjamin Jowett, Eng. trans.), by Plato [クリトン / プラトン 著]; Transl: SOGO E-text Library; Sources: E10, J1.

24. *Damned Thing, The*, by Ambrose Bierce [妖物 / アンブローズ・ビヤース 著]; Transl: 岡本綺堂; Sources: E10, J8.

25. *Dead, The*, by James Joyce [死者たち / ジェイムズ・ジョイス 著]; Transl: Coderati*; Sources: E10, J8.

26. *Declaration of Independence, The*, by [C/I] [独立宣言]; Transl: Katokt*; Sources: E10, J8.

27. *Depleted uranium: sources, exposure and health effects*, by World Health Organization [劣化ウラン：原因、被曝および健康への影響 / 世界保健機構 著]; Transl: TriNary*; Sources:

E10, J8.

28. *Discourse on the Method of Rightly Conducting the Reason, and Seeking Truth in the Sciences*, by Rene Descartes [もろもろの学問分野で正しく理詰めで真理を探究するための方法についての考察 / ルネ・デカルト 著]; Transl: 山形浩生; Sources: E10, J8.

29. *Dog of Flanders, A*, by Ouida [フランダースの犬 / ウィーダ 著]; Transl: 荒木 光二郎; Sources: E10, J8.

30. *Fad Of The Fisherman, The*, by Gilbert K. Chesterton [知りすぎた男・釣り人の習慣 / ギルバート・キース・チェスタトン 著]; Transl: Wilder*; Sources: E10, J8.

31. *Fall of the House of Usher, The*, by Edgar Allan Poe [アッシャー家の崩壊 / エドガー・アラン・ポー 著]; Transl: 佐々木直次郎; Sources: E10, J8.

32. *First Inaugural Address of William Jefferson Clinton* (January 20, 1993), by William J. Clinton [ビル・クリントン第一期大統領就任演説（1993年1月20日） / ビル・クリントン 著]; Transl: Katokt*; Sources: E10, J8.

33. *Genesis, The Book of*, by [Traditional] [創世記]; Transl: [C/I]; Sources: E16, J16.

34. *Gettysburg Address, The*, by Abraham Lincoln [ゲティスバーグ演説 / イブラハム・リンカーン]; Transl: Katokt*; Sources: E10, J12.

35. *Gloria Scott, The*, by Arthur Conan Doyle [グロリア・スコット号 / コナンドイル 著]; Transl: 三上於菟吉; Sources: E10, J8.

36. *Great Gatsby, The*, by F. Scott Fitzgerald [グレイト・ギャツビー / F・スコット・フィッツジェラルド 著]; Transl: 枯葉; Sources: E10, J8.

37. *Happy Prince, The*, by Oscar Wilde [幸福の王子 / オスカー・ワイルド 著]; Transl: 結城浩; Sources: E10, J8.

38. *Harlem Shadows: The Poems of Claude McKay*, by Claude McKay [ハーレムの影:クロード・マケー詩集 / クロード・マケー 著]; Transl: Andrew Scott Conning; Sources: E11, J4.

39. Heart Of The Spring, The, by William Butler Yeats [春の心臓 / ウィリアム・バトラー・イエーツ 著]; Transl: 芥川龍之介; Sources: E10, J1.

40. *Hearts and Hands*, by O. Henry [心と手 / O・ヘンリー 著]; Transl: 枯葉; Sources: E10, J8.

41. *Homesteading the Noosphere*, by Eric S. Raymond [ノウアスフィアの開墾 / レイモンド、エリック・S 著]; Transl: 山形浩生; Sources: E10, J8.

42. *Horse Dealer's Daughter, The*, by D.H. Lawrence [馬商の娘馬商の娘 / デイヴィド・ハーバート・ロレンス 著]; Transl: Yusuke Inatomi; Sources: E10, J8.

43. *Imperfect Conflagration, An*, by Ambrose Bierce [不完全火災 / アンブローズ・ビアス 著]; Transl: 枯葉; Sources: E10, J8.

44. *In Midsummer Days*, by August Strindberg [真夏の夢 / ストリンドベルヒ 著]; Transl: 有島武郎; Sources: E10, J8.

45. *Inaugural Address of John Fitzgerald Kennedy* (January 20, 1963), by John F. Kennedy [大統領就任演説（1963年1月20日） / J．F　ケネディ 著]; Transl: Katokt*; Sources: E10, J8.

46. *Inner Landscape, An*, by Motojiro Kajii [ある心の風景 / 梶井基次郎 著]; Transl: Tony Gonzalez; Sources: E10, J8.

47. *Instinct of Workmanship and the Irksomeness of Labor, The*, by Thorstein Veblen [ワークマンシップの本能と労働の煩わしさ / ソースタイン・ヴェブレン 著]; Transl: 永江良一; Sources: E10, J8.

48. *Isaiah, The Book of*, by [Traditional] [イザヤ書]; Transl: [C/I]; Sources: E16, J16.

49. *Ivy Day in the Committee Room*, by James Joyce [アイビーデイの委員会室 / ジェイムズ・ジョイス 著]; Transl: Coderati*; Sources: E10, J8.

50. *Japanese Law Translation Database System*, by [C/I] [日本法令外国語訳データベースシステム]; Transl: [C/I]; Sources: E7, J7.

51. *Little Cloud, A*, by James Joyce [小さな雲 / ジェイムズ・ジョイス 著]; Transl: Coderati*; Sources: E10, J8.

52. *Lykkens Kalosker*, by Hans Christian Andersen [幸福のうわおいぐつ / ハンス・クリスティアン・アンデルセン 著]; Transl: 楠山正雄; Sources: E10, J8.

53. *Manager FAQ, The*, by Peter Seebach [管理職のためのハッカー FAQ / シーバック、ピーター 著]; Transl: Yomoyomo*; Sources: E10, J8.

54. *Manifesto of the Communist Party*, by Karl & Engels Marx [共産党宣言 / カール・マルクス、フリードリッヒ・エンゲルス 著]; Transl: 永江良一; Sources: E10, J1.

55. *Mermaid, The*, by Hans Christian Andersen [人魚のひいさま / ハンス・クリスティアン・アンデルセン 著]; Transl: 楠山正雄; Sources: E10, J8.

56. *Minnie's Sacrifice*, by Frances Harper [ミニーが払った犠牲 / フランセス・ハーパー 著]; Transl: Andrew Scott Conning; Sources: E10, J4.

57. *Monday or Tuesday*, by Virginia Woolf [月曜日か火曜日 / ヴァージニア・ウルフ 著]; Transl: 枯葉; Sources: E10, J8.

58. *Mother, A*, by James Joyce [母親 / ジェイムズ・ジョイス 著]; Transl: Coderati*; Sources: E10, J8.

59. *Narrative of the Life of Frederick Douglass, an American Slave*, by Frederick Douglass [フレデリック・ダグラス自叙伝；アメリカの奴隷 / フレデリック・ダグラス 著]; Transl: Andrew Scott Conning; Sources: E15, J15.

60. *Nighthawk's Star, The*, by Kenji Miyazawa [よだかの星 / 宮沢賢治 著]; Transl: Tony Gonzalez; Sources: E10, J8.

61. *Nose, The* (John Cournos, Eng. trans.), by Nikolai V. Gogol [鼻 / ニコライ・ヴァシリエヴィチ・ゴーゴリ 著]; Transl: 平井肇; Sources: E10, J1.

62. *On Liberty*, by John Stuart Mill [自由について / ジョン・スチュアート・ミル 著]; Transl: 永江良一; Sources: E10, J8.

63. *Our Nig: Sketches from the Life of a Free Black*, by Harriet E. Wilson [うちのニッグ / ヘリエット・ウィルソン 著]; Transl: Andrew Scott Conning; Sources: E15, J15.

64. *Peter Pan*, by James Matthew Barrie [ピーターパンとウェンディ / Ｊ．Ｍ　バリ 著]; Transl: Katokt*; Sources: E10, J8.

65. *Poems on various subjects, religious and moral*, by Phillis Wheatley [宗教や道徳に関する詩 / フィリス・ホウィートリー 著]; Transl: Andrew Scott Conning; Sources: E10, J4.

66. *Poker*, by Zora Neale Hurston [ポーカー / ゾラ・ニール・ハーストン 著]; Transl: Andrew Scott Conning; Sources: E15, J15.

67. *Prince, The* (W.K. Marriott, Eng. trans.), by Nicolo Machiavelli [君主 / ニッコロ・マキャヴェリ 著]; Transl: 永江良一; Sources: E10, J8.

68. *Principles of Scientific Management, The*, by Fredrick Winslow Taylor [科学的管理法の原理 / フレデリック　ウィンスロー　テイラー 著]; Transl: 大阪市立大学商学部、プロジェクト杉田玄白、参加メンバー; Sources: E10, J8.

69. *Progress Against the Law: Fan Distribution, Copyright, and the Explosive Growth of Japanese Animation*, by Sean Leonard [法に抗っての進歩：アメリカにおける日本アニメの爆発的成長とファン流通、著作権 / ショーン・レナード 著]; Transl: 山形浩生; Sources: E10, J8.

70. *Prussian Officer, The*, by D.H. Lawrence [プロシア士官 / デイヴィド・ハーバート・ロレンス 著]; Transl: Inatomi, Yusuke; Sources: E10, J8.

71. *Restaurant of Many Orders, The*, by Kenji Miyazawa [注文の多い料理店 / 宮沢賢治 著]; Transl: Tony Gonzalez; Sources: E10, J8.

72. *RMS Lecture at KTH*, by Richard M. Stallman [RMS スウェーデン王立工科大学講演 / リチャード・M・ストールマン 著]; Transl: 山形浩生; Sources: E10, J8.

73. *Scandal in Bohemia, A*, by Arthur Conan Doyle [ボヘミアの醜聞 / コナン・ドイル 著]; Transl: 大久保ゆう; Sources: E10, J8.

74. *Second Inaugural Address of Abraham Lincoln* (March 4, 1865), by Abraham Lincoln [アブラハム・リンカーン第2期大統領就任演説（1865年3月4日）]; Transl: Katokt*; Sources: E10, J12.

75. *Selfish Giant, The*, by Oscar Wilde [わがままな大男 / オスカー・ワイルド 著]; Transl: 結城 浩; Sources: E10, J8.

76. *Sense of History, A*, by Gerald W. Schlabach [歴史学における常識 / シュラバック、ジェラルド・W 著]; Transl: SOGO E-text Library; Sources: E10, J8.

77. *Shadow and the Flash, The*, by Jack London [影と光 / ジャック・ロンドン 著]; Transl: 枯葉; Sources: E10, J8.

78. *Souls of Black Folk, The*, by W.E.B. DuBois [黒人たちの心 / W・E・B・デュボイス 著]; Transl: Andrew Scott Conning; Sources: E15, J15.

79. *Spider's Thread, The*, by Ryunosuke Akutagawa [蜘蛛の糸 / 芥川龍之介 著]; Transl: Tony Gonzalez; Sources: E10, J8.

80. *Sport of the Gods, The*, by Paul Laurence Dunbar [神様の嘲り / ポール・ローレンス・ダンバー 著]; Transl: Andrew Scott Conning; Sources: E10, J4.

81. *Status of Forces Agreement between Japan and the United States*, by [C/I] [日米地位協定]; Transl: [C/I]; Sources: E6, J6.

82. *Story of Mimi-Nashi Hoichi, The*, by Lafcadio Hearn [耳無芳一の話 / 小泉八雲 著]; Transl: 戸川明三; Sources: E10, J8.

83. *Story of the Three Little Pigs, The*, by Joseph Jacobs [三匹の子ぶたのお話 / ヨセフ・ヤコブ 著]; Transl: SOGO E-text Library; Sources: E10, J8.

84. *Strange Case of Dr. Jekyll and Mr. Hyde, The*, by Robert Louis Stevenson [ジキルとハイド / ロバート・ルイス・バルフォア・スティーヴンソン 著]; Transl: Katokt*; Sources: E10, J8.

85. *Tale of the Fatty Coon, The*, by Arthur Scott Bailey [寝つかせ話：ふとっちょあらいぐま

の物語 / アーサー・スコット・ベイリー 著]; Transl: Kameo*; Sources: E10, J8.

86. *Tales of Troy: Ulysses the Sacker of Cities*, by Andrew Lang [トロイア物語：都市の略奪者ユリシーズ / アンドリュー・ラング 著]; Transl: 永江良一; Sources: E10, J8.

87. *Tatoeba Corpus*, by [C/I] [Tatoeba コーパス]; Transl: [C/I]; Sources: E13, J13.

88. *The Stock-Broker's Clerk*, by Arthur Conan Doyle [株式仲買店々員 / コナンドイル 著]; Transl: 三上於菟吉; Sources: E10, J8.

89. *Time Machine, The*, by H.G. Wells [タイムマシン / ハーバート・ジョージ・ウェルズ 著]; Transl: 山形浩生; Sources: E10, J8.

90. *Treasure Island*, by Robert Louis Stevenson [宝島 / ロバート・ルイス・バルフォア・スティーヴンソン 著]; Transl: Katokt*; Sources: E10, J8.

91. *Treaty of Mutual Cooperation and Security between Japan and the United States of America*, by [C/I] [日本国とアメリカ合衆国との間の相互協力及び安全保障条約]; Transl: [C/I]; Sources: E15, J15.

92. *Treaty of San Francisco*, by [C/I] [日本国との平和条約]; Transl: [C/I]; Sources: E15, J15.

93. *Truck, The*, by Ryunosuke Akutagawa [トロッコ / 芥川龍之介 著]; Transl: Tony Gonzalez; Sources: E10, J8.

94. *Twelve Years a Slave*, by Solomon Northup [奴隷としての12年間 / ソロモン・ノーサップ 著]; Transl: Andrew Scott Conning; Sources: E5, J4.

95. *Universal Declaration of Human Rights, The*, by [C/I] [世界人権宣言]; Transl: [C/I]; Sources: E14, J14.

96. *Usable GUI Design: A Quick Guide for F/OSS Developers*, by Benjamin Roe [使える GUI デザイン / ベンジャミン・ロウ 著]; Transl: 柴田正明; Sources: E10, J8.

97. *Waiting for the Knock*, by Richard M. Stallman [ノックを待ちながら / リチャード・ストールマン 著]; Transl: 結城 浩; Sources: E10, J8.

98. *What the Moon Saw*, by Hans Christian Andersen [絵のない絵本 / クリスチャン・アンデルセン 著]; Transl: Katokt*; Sources: E10, J8.

99. *Wonderful Wizard of Oz, The*, by L. Frank Baum [オズの魔法使い / Ｌ・フランク・ボーム 著]; Transl: 武田正代・山形浩生; Sources: E10, J8.

100. *Wordnet 3.0 and Japanese Wordnet* (lemmata file), by [C/I] [WordNet・日本語WordNet（見出し語ファイル）]; Transl: [C/I]; Sources: E9, J8.

101. *Wordnet 3.0 and Japanese Wordnet* (sentences file), by [C/I] [WordNet・日本語WordNet（例文ファイル）]; Transl: [C/I]; Sources: E9, J8.

102. *Work of Art in the Age of Mechanical Reproduction, The*, by Walter Benjamin [複製技術の時代におけるアート作品 / ヴァルター・ベンヤミン 著]; Transl: 佐藤魚; Sources: E10, J8.

Sources

The author wishes to thank the organizations listed below for licensing their copyrighted materials and/or helping to disseminate public domain materials. Title to copyright in all materials not in the public domain remains with the organizations listed below. All licenses listed below extend also to the reader, under the same conditions provided at each license's linked webpage.

1. **Aozora Bunko** [青空文庫]: All cited materials are in the public domain. To access, visit aozora.gr.jp.

2. **Embassy of the United States in Japan**: All cited materials are in the public domain. To access, visit japan.usembassy.gov.

3. **Kurohashi/Kawahara Lab at Kyoto University** [京都大学黒橋・河原研究室]: All cited materials are used under the Creative Commons Attribution 3.0 Unported license (creativecommons.org/licenses/by/3.0). To access, visit nlp.ist.i.kyoto-u.ac.jp.

4. **Andrew Scott Conning**: The author donates his Japanese translations (covering original works #21, 38, 56, 59, 63, 65, 66, 78, 80, and 94) to the public domain.

5. **Librivox.org**: All cited materials are in the public domain. To access, visit librivox.org.

6. **Ministry of Foreign Affairs, Japan**: All cited materials are in the public domain. To access, visit mofa.go.jp/region/n-america/us/q&a/ref/2.html.

7. **Ministry of Justice, Japan**: All cited materials are in the public domain. To access, visit japaneselawtranslation.go.jp/index/terms_of_use/?re=02.

8. **National Institute of Information and Communications Technology (NICT), Japan** [情報通信研究機構]:

> Basic English Sentence Data [英語基本文データ] used under the Creative Commons Attribution 3.0 Unported License (creativecommons.org/licenses/by/3.0). To access, visit nlp.ist.i.kyoto-u.ac.jp.

> Japanese Wordnet used under public license granted by NICT. To access, visit nlpwww.nict.go.jp/wn-ja/index.en.html.

> All other cited materials used under the Creative Commons Attribution 1.0 License. To access, visit nict.go.jp.

9. **Princeton University**: Wordnet 3.0 used under public license granted by Princeton University. To access, visit wordnet.princeton.edu/wordnet.

10. **Project Gutenberg**: All cited materials are in the public domain. To access, visit gutenberg.org.

11. **Saylor.org**: All cited materials are in the public domain. To access, visit saylor.org.

12. **Sugita Genpaku Project** [プロジェクト杉田玄白]: Free public license granted for all cited materials. To access, visit genpaku.org/sugitalist01.html.

13. **Tatoeba.org**: All cited materials are used under the Creative Commons Attribution 2.0 license (creativecommons.org/licenses/by/2.0/). To access, visit tatoeba.org.

14. **United Nations**: All cited materials are in the public domain. To access, visit:

   (English text): un.org/en/universal-declaration-human-rights

   (Japanese text): ohchr.org/en/udhr/pages/language.aspx?langID=jpn.

15. **Wikisource.org**: The English and Japanese versions of the Treaty of San Francisco, and the English version of the Treaty of Mutual Cooperation and Security between Japan and the United States of America, are used under the Creative Commons Attribution-ShareAlike License (creativecommons.org/licenses/by-sa/3.0/). All other cited materials are in the public domain. To access these materials, visit wikisource.org.

16. **Wordplanet.org**: All cited materials are in the public domain. To access, visit wordplanet.org.

About the Author

Andrew Scott Conning is the founder of PlusOne Learning. He has previously been active as a research scholar at Harvard University, Peking University, the University of Tokyo, the Escuela Nacional de Antropología e Historia, and the Weatherhead Center for International Affairs.

Andrew created the Kanji Learner's Course series because it was the kind of tool he wished had existed when he was studying kanji himself. He sincerely hopes that it will help you on your way toward a more direct and profound understanding of Japan and its people.

Connect with Andrew and the growing community of KLC users at the Kanji Learner's Course User Group on Facebook.

Thank You

Thank you very much for reading this book. If you found it helpful, won't you please take a moment to leave a brief rating at your favorite retailer and/or share your experience with other learners? Please note that Amazon now allows quick one-tap ratings for verified buyers.

ありがとうございます

Made in the USA
Monee, IL
12 February 2022

91170639R00233